黄河大系

水利卷

下卷

姚汉源 著

The Yellow River Series

齊鲁書社
·济南·

第三篇

黄河与水运史

京杭运河史述略

一、引言

“河从西北来，势建东南瓴。万艘水上下，浩浩无时停。”

这是元代初年王恽描写运河泗水段的诗。当时正值南北兵争之后，百业荒残，经济凋弊，可是运河上的运输仍然很繁忙。

历代有名的城市无不靠近水道，有航运之便，例如：汉、隋、唐各代的长安与洛阳，隋、唐、北宋各代的开封，唐、宋、元、明、清各代的扬州与武汉，南宋、元、明、清各代的杭州，隋、唐、金、元、明、清各代的北京。政治、经济中心都因水道的促进而繁荣，也因繁荣而需要更大规模的水运。于是运河的开凿和航道的整治就必然应运而生。

水运交通是最古老的交通方式之一。我国黄、淮、海、江各流域的中下游开发较早，这一带成为主要的农业经济区。这一区域的水道绝大多数是东西流向，浩瀚万里的长江、黄河自古以来就是水运交通的大动脉，特别是长江干支流形成一脉络形的水运网。黄河干支流虽不如它，可是北可以通沁、卫，南可以通伊、洛，中游通汾、渭，下游通汶、泗，控制了大片流域。淮河、海河的水运呈扇形展开，也沟通了广大面积。所缺的就是一条南北水道，把黄、淮、海、江各水系串联起来。于是我国自春秋时开始，从南方多水地区向北开凿运河，历时1800多年，到元代终于完成了南起杭州北至北京，全长1700多公里（民国时测量长1782公里，历代因运道变动，数字不同）的大

京杭大运河杭州临平段塘栖古镇广济桥

运河，沟通了钱塘江流域、太湖流域、长江流域、淮南各湖、淮水流域、黄河流域和海河流域。

（一）所经省、市、城镇

运河从杭州向北经过现在的浙江、江苏、山东、河北四省和天津、北京两市。这些省市，自古以来在经济、政治、文化等方面都是中国的重要地区。它们中的重要城市，在运河沿线的有杭州、嘉兴、苏州、常州、镇江、扬州、淮安、淮阴、济宁、聊城、临清、德州、沧州、天津、通州和北京。这些城市随运河的发展而日益发展。到运河衰落时，如无其他交通路线代替，也往往随之衰落。其余沿运小城镇也是如此。

自杭州向北，首先穿过太湖流域的多湖泊区，多半利用天然湖河修治开凿，再北由镇江过长江至扬州。扬州以北，又利用淮阴以南的湖泊群穿渠。自淮阴以北过淮水后，由泗水北航。泗水被黄河侵夺时，就沿黄河至徐州，再北仍由泗水故道，今山东南四湖地区，利用湖泊洼地，加以整修后至济宁。经多次改建，特别是明万历时开泇运河，清康

明钱谷、张复合画《水程图》册之张秋

熙时开中运河，自淮北由这两段人工运渠直通山东南四湖。济宁以北，元代利用一连串湖泊和汶、泗二水等水源，开会通河至临清，和卫水汇合。运河和黄河的交叉点，1855年黄河改道入大清河以前在泗水入淮处的清口；1855年以后改在张秋镇以南。临清以北至天津是加以整修的卫河。由天津至北京是白河水道。自通州至北京是人工运渠——通惠河。

（二）所经地形

从运河所经的地形看，其水道三起三落，能爬高，能趋下，和一般天然河道不同。自北而南，北京到天津，地面下降至海河为最低点；自天津以南至今黄河河道间逐渐上升，至黄河为最高点；自黄河以南又逐渐下降至长江为最低点；长江以南又上升至丹阳市最高；再东南又下降至苏州穿吴淞江为最低点；苏州以南至杭州又稍有上升。可注意者，运河过天然河道多在最低点，只有过黄河在最高点，所以交叉点以上的黄河河身都比运河高，黄河决口下冲运河都有高屋建瓴的形势。

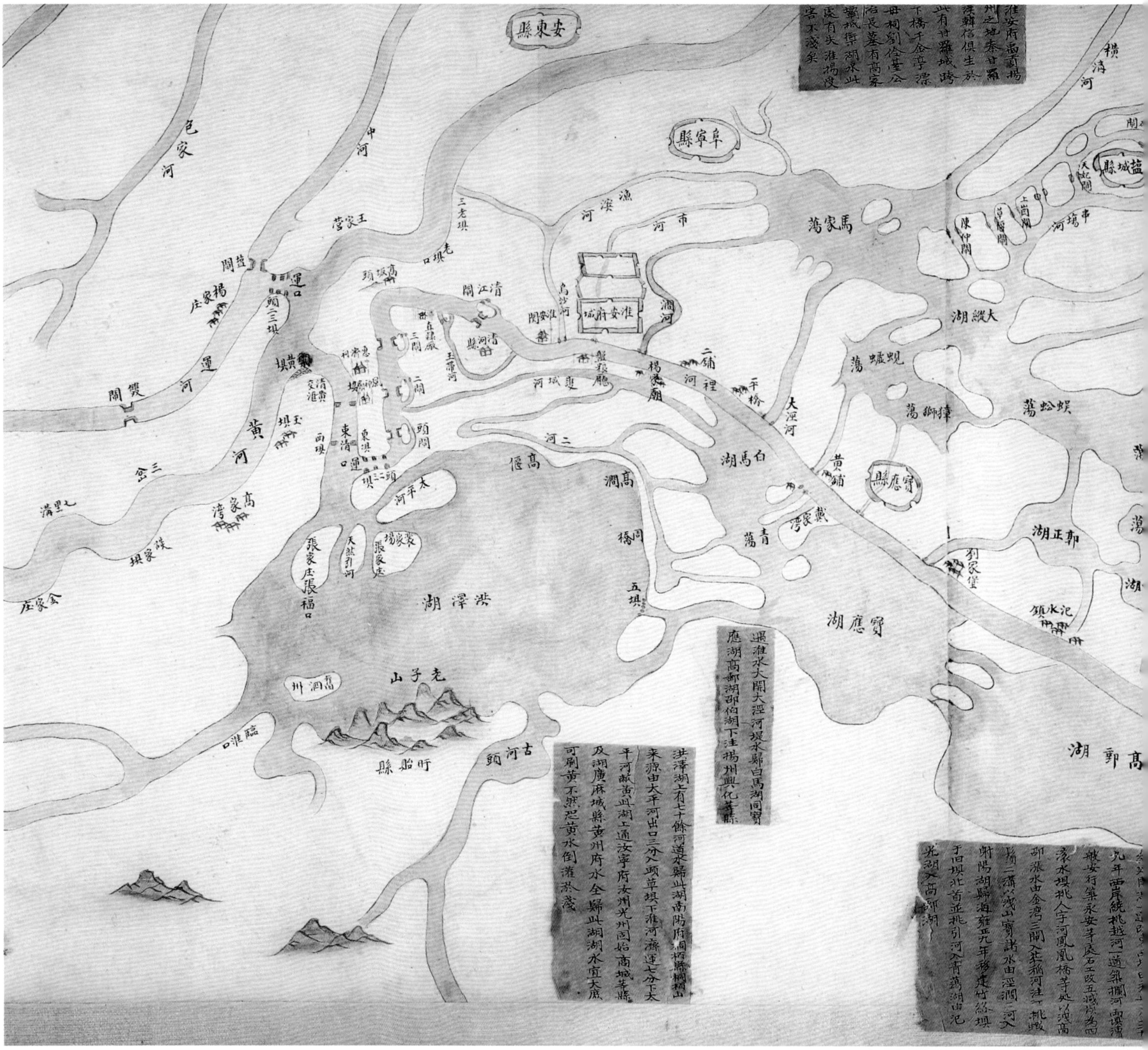

清《八省运河泉源水利情形图》中的高宝运河、瓜仪运河等

自南而北，运河首先进入长江三角洲（古三江五湖地区），海拔不过三五米，地面平坦，气候温暖湿润，水网密布。这对农业生产极有利。有时低洼地带也有洪涝灾害。平原上有大小湖泊250多个，最大的太湖有2000多平方公里；还分布有一些小山。

长江以北，通扬运河以南还是长江三角洲平原的一部分，再北进入黄、淮、海大平原。

黄、淮、海平原面积达30余万平方公里。平原西部和北部，黄河、海滦河等由黄土高原

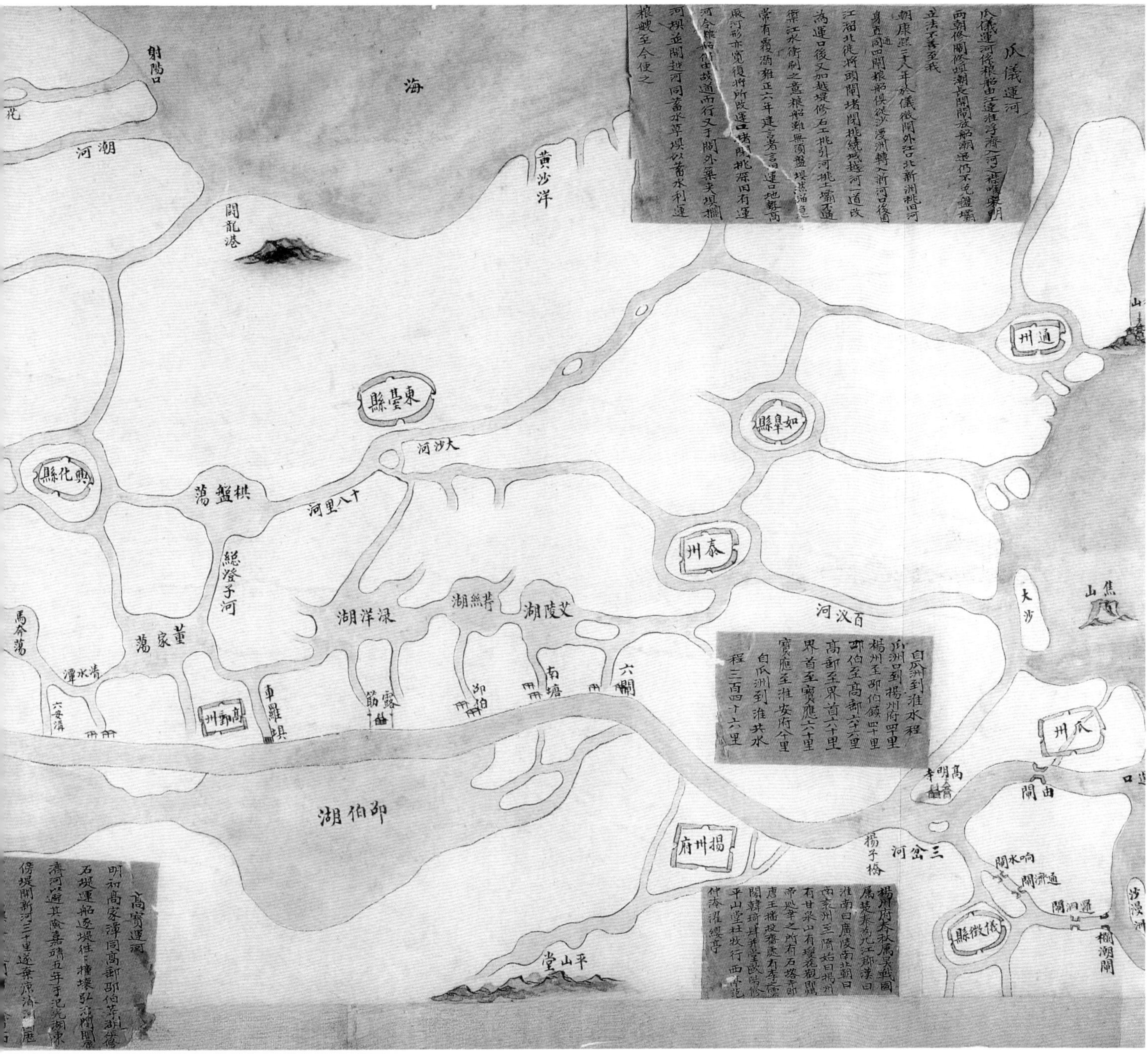

冲下大量泥沙，形成一条沿山麓的冲积扇带。冲积扇带海拔常在50米以上，坡度较大，容易排水，有利于农业生产。自古以来，一些重要城市如北京等分布在这些冲积扇上。

黄河挟沙最多，冲积扇最大，向东突出，横亘平原中部。整个平原地势也就以它为中心，向北、东、南二面微有倾斜，北连海河流域，南连黄淮流域，东至山东丘陵，与汶水、泗水的冲积扇相接。

黄、淮、海冲积扇带外缘是地势更平的冲积平原，一般海拔只有30米左右。冲积平原的外围濒海地带，由于各河流三角洲相连，以及海潮、海浪的拥沙，形成平坦的沿海平原，海拔一般在5米以下。

平原上河流含沙量大，淤积严重，在堤防形成后就变为地上河，遇洪水容易成灾。平原各冲积扇之间或两条河流之间，地势往往较低，形成湖泊洼地。平原南部，淮水下游是黄淮平原的低洼区，有淮南各湖泊，其中最大的是3000多平方公里的洪泽湖，运河穿过湖泊区，自洪泽湖东出淮河的清口北上。淮北沂沭河下游也有一系列湖泊洼地，运河穿过它们进入山东境。山东济宁市南北，在山脉丘陵西缘和黄河冲积扇交接处，还有一个低洼区，南自微山湖北至东平湖形成一系列湖泊洼地，运河也穿过它们，北通卫河。河北中部还有一个湖泊洼地区，作为南北运河的卫河和白河则在洼地的东侧。这些低洼区往往排水不畅，容易形成涝灾；而且由于地下水位高，形成了不少盐碱地。

（三）水文气象

运河自南而北，南起北纬30度，北迄北纬40度，沿线气候变化显著，全年平均气温，大致太湖流域为16摄氏度，镇江至济宁间为14摄氏度，天津为12摄氏度，北京为10摄氏度。年平均雨量，长江下游1200—1400毫米，淮河以南约1000毫米，淮河以北至天津600—800毫米，北京约为500毫米。雨季南早北迟，雨量多集中在夏秋，长江流域夏秋雨水一般占全年的百分之四五十；华北地区夏秋雨水占全年的百分之六七十，所以华北容易发生春旱现象。黄、淮、海平原土地肥沃，千万年来中华民族辛勤开发，盛产小麦、棉花等旱田作物，但洪、涝、旱、碱等灾害是频繁的。长江下游平原，旱灾很少，洪涝灾害经千百年的治理，也不十分严重，所以太湖流域成为鱼米之乡，是古代由运河北运的南方漕粮的主要产地。

（四）运河水运网

运河水运经过天然河道，可以通连的地区，自杭州向南可通航富春江，向东接杭州湾或经浙江运河通宁波；自苏州、镇江、扬州向东可通海，向西溯长江直入四川。通过支流，自湖、江而南，经灵渠通珠江水系直至南海；自岷江、嘉陵江、乌江可通西南、西北数省；自赣江通江西全省，陆路过大庾岭可接北江到广州。自淮阴而东通海，溯淮河干支流西通河南各地。自山东临清由卫水西南通冀南、豫北，自天津而西由海河各支通河北省各地。所以京杭运河是南北水运的大动脉，可转向各水系，周游大半个中国。

二、开凿简史

开凿是逐段进行的，自南而北是江南运河、江淮间运河、泗水、中河、泇河、会通河、南运河、北运河和通惠河共9段。9段的开凿有些共同点，都是尽量利用天然湖河等水体作为航道和水源，经过整治加工，成为运渠，再开人工渠把它们联系起来。

我国南北运河网形成的过程大致可以分四个时期：第一期春秋至秦，第二期两汉至南北朝，第三期隋唐至北宋，第四期是南宋（金）至近代初期。整个过程都包括京杭运河9段中某一段的开凿或较大改道。

（一）春秋至秦（前770—前207年）

这期间的500多年，是由人工运渠萌芽到南北水运网雏形的形成期。

2000多年前，司马迁在《史记·河渠书》中叙述我国先秦的运河已遍布江、淮、黄等各流域，“荥阳下引河东南为鸿沟，以通宋、郑、陈、蔡、曹、卫，与济、汝、淮、泗会。于楚，西方则通渠汉水、云梦之野，东方则通鸿沟江淮之间。于吴，则通渠三江五湖”。

“通渠三江五湖”指太湖流域开运河，即江南运河的前身。“通鸿沟江淮之间”一般解释为开邗沟。春秋后期，《左传》鲁哀公九年（前486）记吴王夫差为了北上争霸中原筑城（今扬州），开通江淮河运道，后来叫邗沟，自今扬州南引江水至今淮阴北入淮水。江南运河和邗沟开发最早，后代经过多次整修改道，但大体上没有很大变化。

吴开邗沟后4年，吴兵自邗沟北上过淮入泗水，再北航至今山东鱼台县南，向西开菏水运渠，至今菏泽附近和当时的黄河分支济水汇合。水运可由济水通黄河，这是最早沟通黄、淮的运道。

《史记》所说“引河东南为鸿沟，以通宋、郑、陈、蔡、曹、卫，与济、汝、淮、泗会”，指的是战国早期魏惠王开鸿沟（前361年开始），后航道遍布今河南东半部、山东西南部以及江苏、安徽北部，连通了泗水、淮水、颍水、涡水等淮水支流和济水，打通了更直接

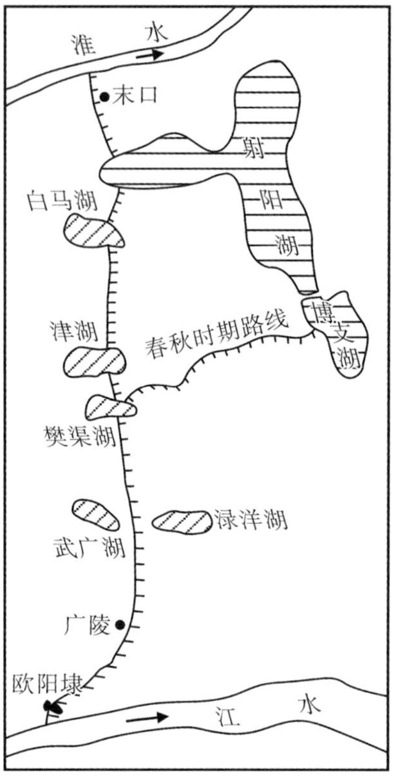

邗沟示意图

的黄淮运道。其中，经今开封到徐州接泗水的一段叫汴渠，后来特别重要。

秦始皇二十六年（前221）灭六国，为了统一岭南（今广东、广西等地），于二十八年命史禄（监郡御史，名禄）在今广西兴安县开灵渠，沟通湘江、漓江，打通了长江和珠江水系。

当时黄河自今河南北部向北流，由今天津市南入海，和海河水系混而为一。当时如果有人乘木船从今北京市（当时的蓟县）出发，顺永定河分支东航转入黄河，溯黄河可以到鸿沟水口，再由汴渠到今徐州入泗水，顺流通淮河转入邗沟通长江，溯长江转入湘江，过灵渠入漓江，由漓江通珠江，可以到今广州（当时的番禺）。所以说当时南北水运网已初具雏形。

（二）西汉至南北朝（前206—581年）

在这一阶段的700多年间，通过一系列人工运渠的开凿，南北水运网形成，包括京杭运河的南运河段开通，天津以北的渠道以及山东南部一些航道的开浚。

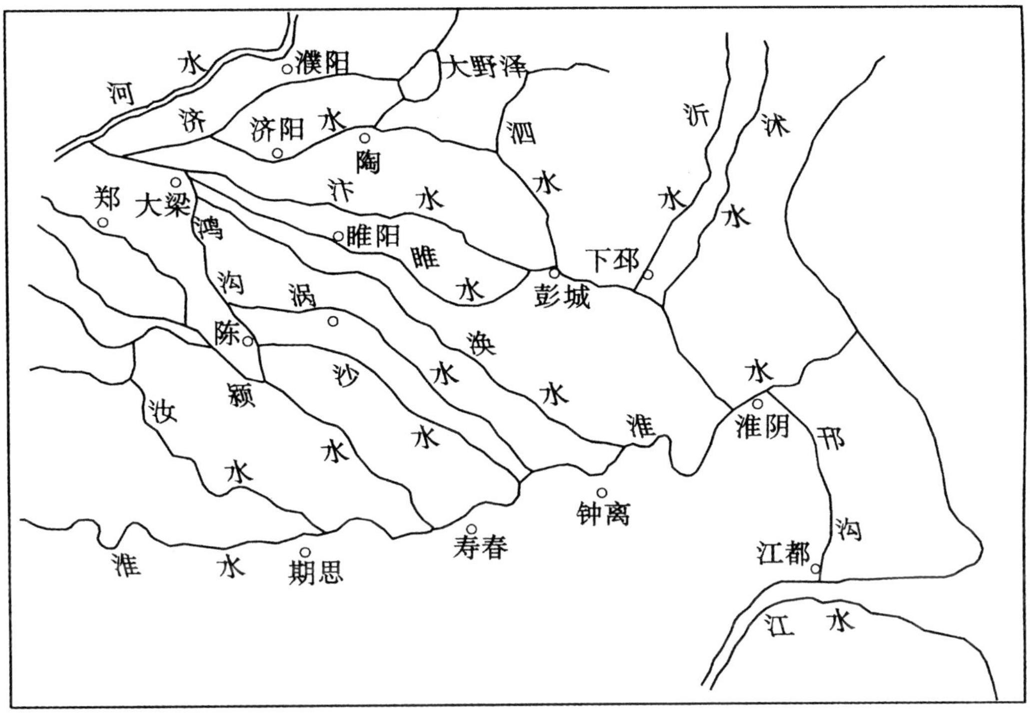

鸿沟、汴水与各大水系连接示意图

两汉时政治中心在长安、洛阳，江淮农业经济逐渐开发，自西北向东南的水运日见重要。鸿沟在西汉时名狼汤渠，为黄淮水运通道；东汉初年大修汴渠，代替了狼汤渠的其他分支。

东汉末年，曹操当政时，于建安七年（202）疏浚睢阳渠（即汴渠）。当时的黄河水道，水小则浅涩，水大则湍急，不便通航。为了向北用兵，又于建安九年自黄河北引淇水，开白沟运河。白沟下游又叫清水或淇水，和漳水也相通。在今天津市以南，白沟有一支向北通连海河水系各支，这是建安十一年开的平虏渠，约相当于今南运河北段。平虏渠北边有同年开的泉州渠，渠北口通鲍丘水（在今天津市宝坻区西北）。从鲍丘水向东还有曹操开的新河，直通滦河。平虏、泉州新河，基本上是平行于渤海运道开凿的，用意在避海运风涛之险。这是历史上第一次沟通海河、滦河。

经过曹操所开的一系列运渠，水运有可能从滦河直航珠江。尽管由于当时南北政权分立，这一运道无法充分利用，还是可以说南北运河网已经形成。

在这条由各段连成的运道上还有分支，如曹操开的利漕渠，自鄴（今河北临漳县西南的鄴城镇）引漳水通白沟；在江南有孙吴于赤乌八年（245）开的破岗渎，自今丹阳境向西到句容通秦淮河至今南京。破岗渎长不过四五十里，修筑了14个堰埭。堰或埭是横拦渠道的坝，把渠道分成梯级，可以蓄水、平水。

船过埭时需用人力或畜力拖过，或利用绞盘等机械，后者即最初的升船机。东晋南北朝时，江淮各运渠及天然河道上修建了大量堰埭。

东晋南北朝时，自今仪征至扬州的运河已经形成。南北用兵，南方水军多由邗沟通泗水至彭城（今徐州），由此向西走汴渠通黄河；向北多溯泗水，接汶水、济水和黄河的分支通黄河。东晋时，在泗水西岸开过一条桓公沟，北接济水，还曾疏浚东面的洸水通汶水。

（三）隋、唐至北宋（581—1127年）

这一阶段共计500多年，是南北运河网改建、扩大和畅通期，包括江南运河、邗沟和南运河的扩建及泗水段的衰落。

隋唐政治中心在长安、洛阳，北宋在开封，财赋多来自江淮，每年漕粮自东南而西北，唐代约400万石，最多至600万石；北宋约600万石，最多至800万石。百货商旅号称极盛。唐人有诗曰："汴水通淮利最多，生人为害亦相和。东南四十三州地，取尽脂膏是此河。"（李敬方《汴河直进船》）这是讽刺统治者剥削压榨之重。

隋文帝为对南方陈政权用兵而改建邗沟，名山阳渎。南北统一后，隋炀帝为了政治上的控制、经济上的平衡，大开运河。大业元年（605）发民夫百余万，自洛阳起，开通济渠，经洛水、黄河沿古汴渠至开封以东，改向东南直到泗州（在今安徽盱眙县北）入淮水。这条渠道是古汴渠的改道，后来也叫汴渠。又发10余万人扩大邗沟。当时两渠宽40步（约合六七十米），两岸有"御路"，遍栽杨柳。

后三年，又发男女100多万人开永济渠，是古白沟的延伸和改道，南端引沁水通黄河，北至涿郡（治蓟城，今北京）。自今德州以北至天津市西，大体上是现在的南运河道，再向西折北通今北京。再后两年，又大规模整修江南运河。至此，后代艳称的隋唐南北大运河形成。

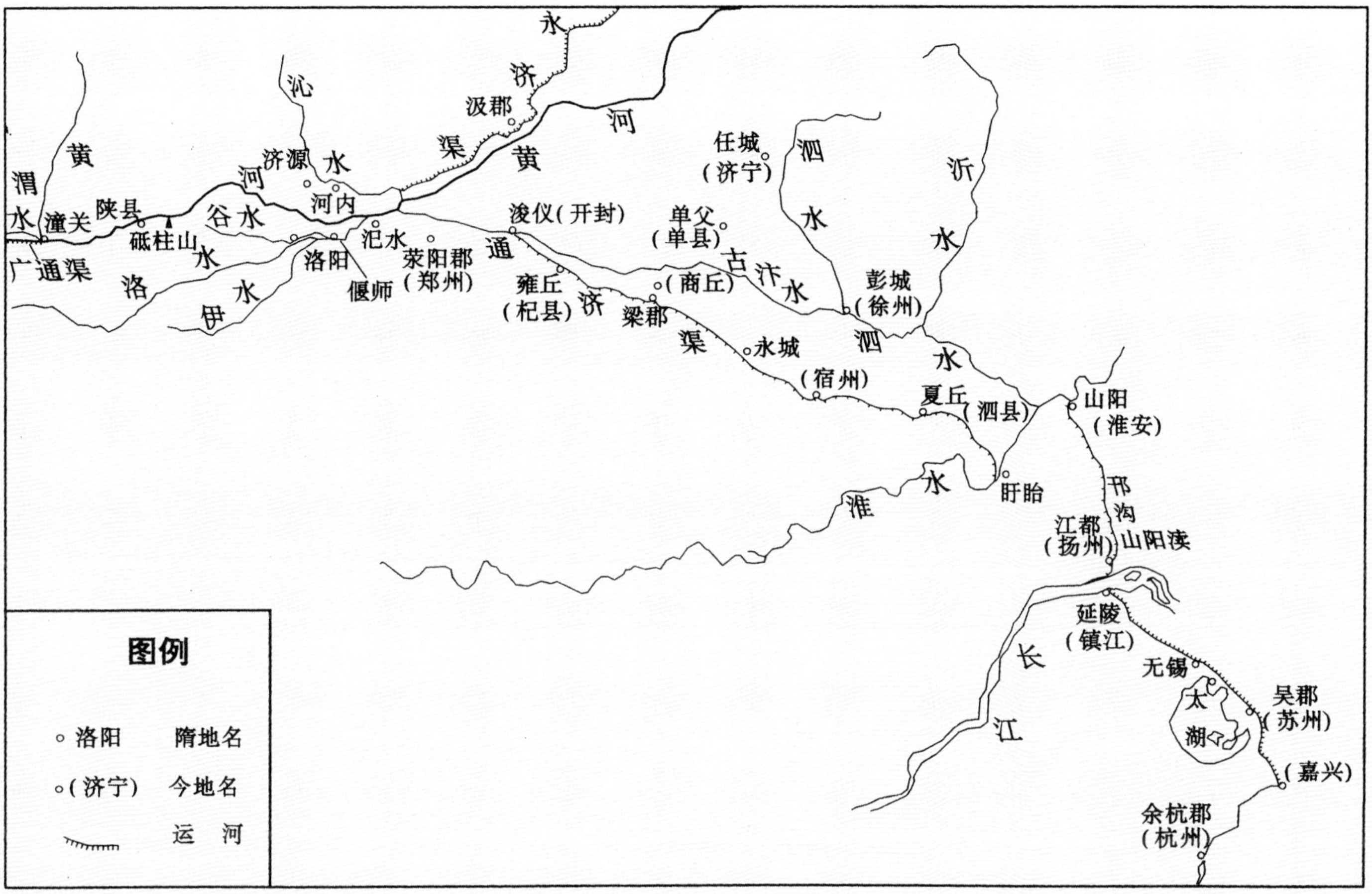

隋代运河示意图

大业七年（611），隋炀帝率领几万人，乘大小船数千只，自扬州经通济渠，过黄河入永济渠到涿郡。他自己所乘的龙舟高45尺，分4层，长200尺。当时又因用兵辽东，将全国军用物资都集中到涿郡，故这条运道上“舳舻相次千余里”。

唐代对汴渠、邗沟、江南运河多次整修并局部改道，添建堰埭，设水柜（调蓄运河水量的水库），建立严密的管理制度及船舶规定。当时在扬州附近已建有两座斗门（单闸）。

北宋对汴渠、邗沟及江南运河的工程设置和管理措施，发展到一个高峰。渠道上的堰埭多改为复闸，类似现代的船闸，最早的一座于雍熙元年（984）修建在邗沟北段，后来推广到邗沟及江南运河各处。这比意大利1481年修建的西方最早船闸，早了将近500年。

（四）南宋（金）到近代初期（1127—1855年）

此间700多年，为京杭运河形成及畅通期，包括元代开会通河、通惠河使全线通航，以及明清改道、定型和加强运输管理。

南宋初年，黄河南迁夺泗水入淮，此后泗水段运河和黄河混而为一。邗沟段因南北兵争，屡次受到摧残。南宋都临安（今杭州），江南运河为北通长江的主要运道，极受重视。

北方金政权都中都（今北京），为了漕运，南运河及北运河段常保持畅通。又为了打通中都至通州的运道，曾于大定十一年（1171）引卢沟河（今永定河）水向东，开金口河至通州，北接白河（北运河）。由于卢沟河水多泥沙，以失败告终。后来又引高梁河水及玉泉山

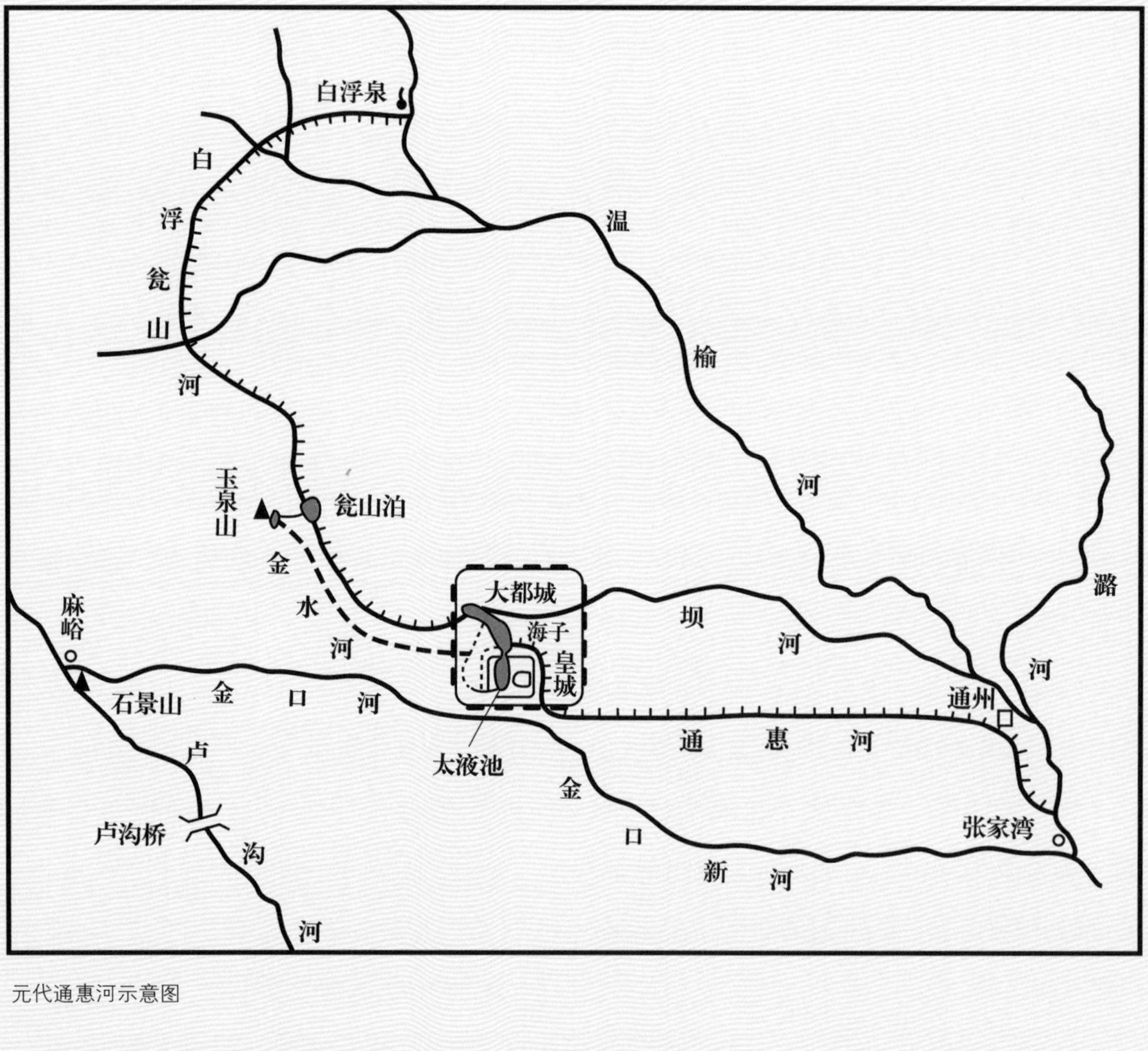

元代通惠河示意图

水开通济河（简称闸河）至通州，又以水源不足，不能畅通。

元代统一全国后，分两段开通了京杭运河的关键性一段，名会通河。至元二十年（1283）打通了济宁至安山段，名济州河；后六年又开安山至临清段，名会通河，后来这两段通称为会通河，引泗水和汶水至济宁济运，北通卫水。至元三十年，开通了大都至通州南接白河的通惠河。会通河和通惠河上都建有节制水流的闸座。于是京杭运河才算全线完成了。

元代会通河水源不足，运量受很大限制，每年漕运江南米粮300万石至大都，主要依靠海运。明初黄河向北决口，会通河淤塞。至政治中心由南京迁北京，于永乐九年（1411）重开会通河，宋礼改汶水济运口于南旺（属汶上县），陈瑄大规模整修邗沟段，添建闸座，订定严密的河道管理制度、维修制度和漕运制度。此后四五百年，每年南方400万石米粮北运，主要依靠运河。

唯明清通惠河已不能通北京城内，仅至东便门外大通桥，又叫大通河。又因水源不足，且通州至北京需通过五六道闸，仅能用小船驳运（两闸间用小船，过闸用人力搬送）。

明后期到清前期泗水段经过三次改道，运道与黄河分开，受黄河干扰减少。济宁以南至徐州，运河原在昭阳、微山等湖西面，嘉靖四十四年（1565）改在湖东，名南阳新河；万历三十二年（1604）自夏镇（今微山县治）开泇运河至宿迁西才接黄河，运道不再经徐州至宿迁西的黄河道。清康熙二十七年（1688），自宿迁西至清口开通了中运河。这样，运河和黄河全部分开，仅在清口和黄淮交叉。可以说这是古京杭运河的最后定型，定型后使用了将近200年。

三、河道情况

中运河开通后，河道及工程设备仍不断改变，但大体上可以说定型了。

（一）定型后概况

定型后的情况可以代表以后的一般情况。清康熙后期人们叙述的情况大致如下。

1. 江南段

自南而北，杭州、嘉兴、湖州三府，苏州、松江、常州、镇江四府运河为江南段。

清康熙四十二年《运河全图》中的瓜洲至仪真（今仪征）段

杭州城北有上塘、下塘两河汇合城内外湖河的水，上塘东北至长安坝为宋元旧运道，尚可通行；下塘北接元末新开运河，过塘楼入石门县为主要运道，汇合东西各泾的水，过桐乡界，60里至嘉兴，东分为三支，北流的是运河，过杉青闸，20里至吴江县界王江泾，河旁有土塘。

苏州运河自王江泾北过平望合西面的荻塘河，西北40里至吴江城，又北50里经苏州城西，又北30里到浒墅，又15里至望亭接无锡界，50里过县城东南，西北合江阴运河，90里至常州府城南，再西北50里至奔牛闸。府城至奔牛运河北岸接孟渎、得胜等三条河，都北通大江。府城北至江阴大江也有两条河。

自奔牛以西18里为吕城闸，入镇江丹阳境，过丹阳城东北有分支通大江，再北有上下练塘通运河，再北、折西过镇江城西，有分支通江，至城西北由京口（江口）闸入江。江口至奔牛160里。

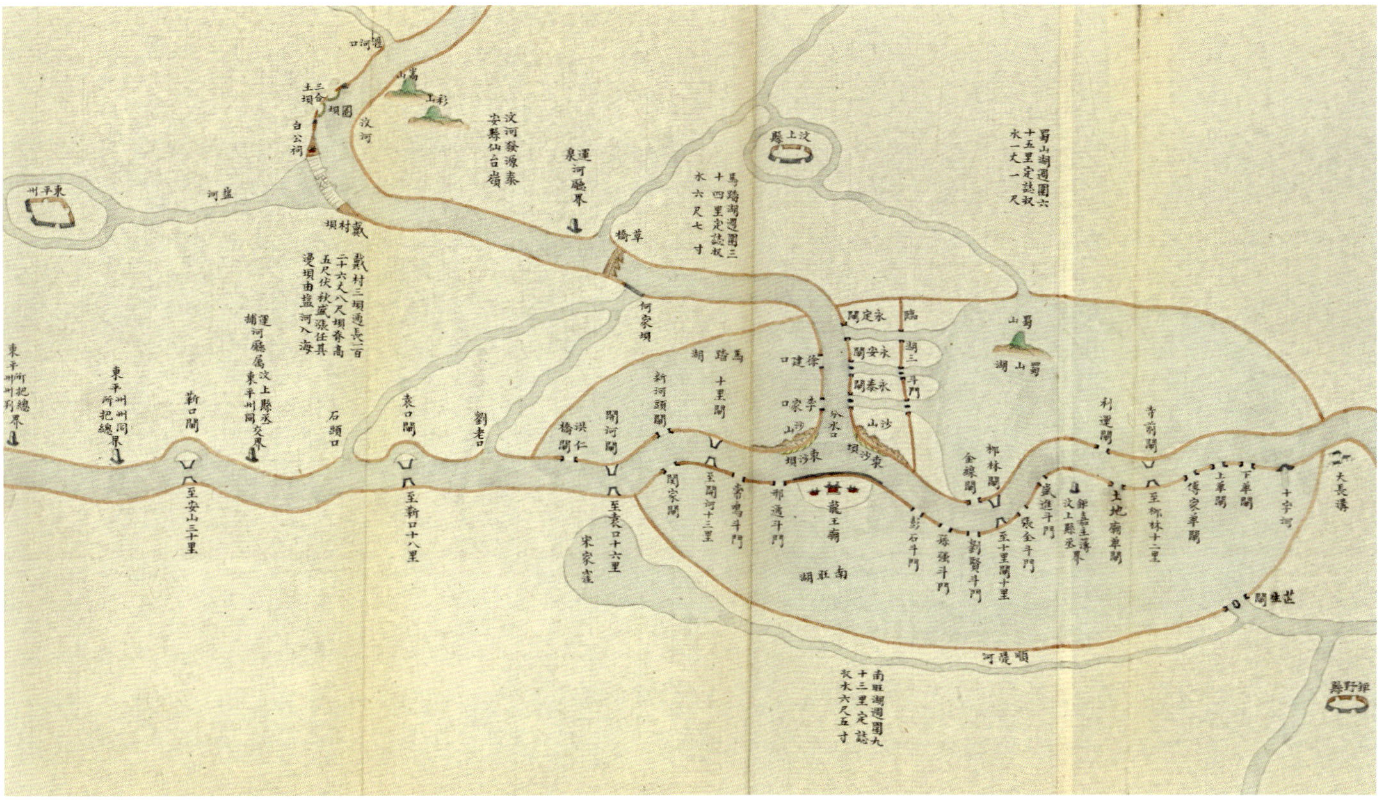

清光绪年间《山东通省运河情形全图》中的何家坝与戴村坝

2. 苏北扬州、淮安二府属运河

渡江至瓜洲有二闸，北27里至三汊河，会仪真运河，河长72里通江口，口有四闸。从长江上游来的船都从这条河入运河。自三汊河北过扬州、高邮、宝应到淮安府山阳县界黄浦止，共260里，运西多湖泊，沿运堤闸、坝、涵洞极多。

自黄浦北过淮安至清口共96里。清口西洪泽湖口有五条引河引淮水东出。

3. 苏北徐州、海州二府的中、泇河

自清口过黄河，由北运口（中河口）入中河。北运口至宿迁县境张庄运口157里。张庄口为中河头，北至邳州界窑湾47里，又北至山东峄县（今枣庄市峄城区）界黄林庄120里，东岸有三座石坝、四处竹络坝，泄运河涨水由隅头河入骆马湖。

4. 山东段

兖州、东昌两府及济南府所属德州的运河。南端有江苏沛县一段，北端有直隶清河县、

清《八省运河泉源水利情形图》中直隶段运河

故城县各一段。

河过当时的滕县（今滕州）、峄县，长98里，有八闸节制；滕县河长50里；峄县河48里至鱼台县王家口，有3闸。

自王家口北为会通河，过济宁、巨野、嘉祥至汶上县袁口闸北，东平州交界止共275里，两旁多湖。鱼台境内长85里，有3闸；济宁州及济宁卫河道92里，有10闸；济宁城南另有月河闸三。巨野、嘉祥河道长41里，有1闸；汶上河长56里，有5闸，县境西南有南旺湖，运河两岸筑堤穿湖，分湖为东西二部，周长180里。运东汶河又分东湖为南北两部，南叫蜀山湖，北叫马踏湖。西湖后就叫南旺湖，周长93里。明代修石堤，后屡次修筑，又建闸坝蓄泄济运。湖内筑子堤，开小渠，明后期湖面有2400余顷是水柜，300顷是湖田，逐渐淤塞，济运水量也逐渐减少。东湖东部汶河上有何家坝控制汶河洪水，水溢就流入马踏湖。南旺分水南北有闸控制，和各湖联合运用，接济运道。

运河自汶上县北界，东平州靳口闸，北过东平州、寿张、东阿、阳谷等境，至东昌府聊城界共155里，又叫张秋河。东平州河长30里，有3闸；汶河的戴村坝在州城东60里，坝长

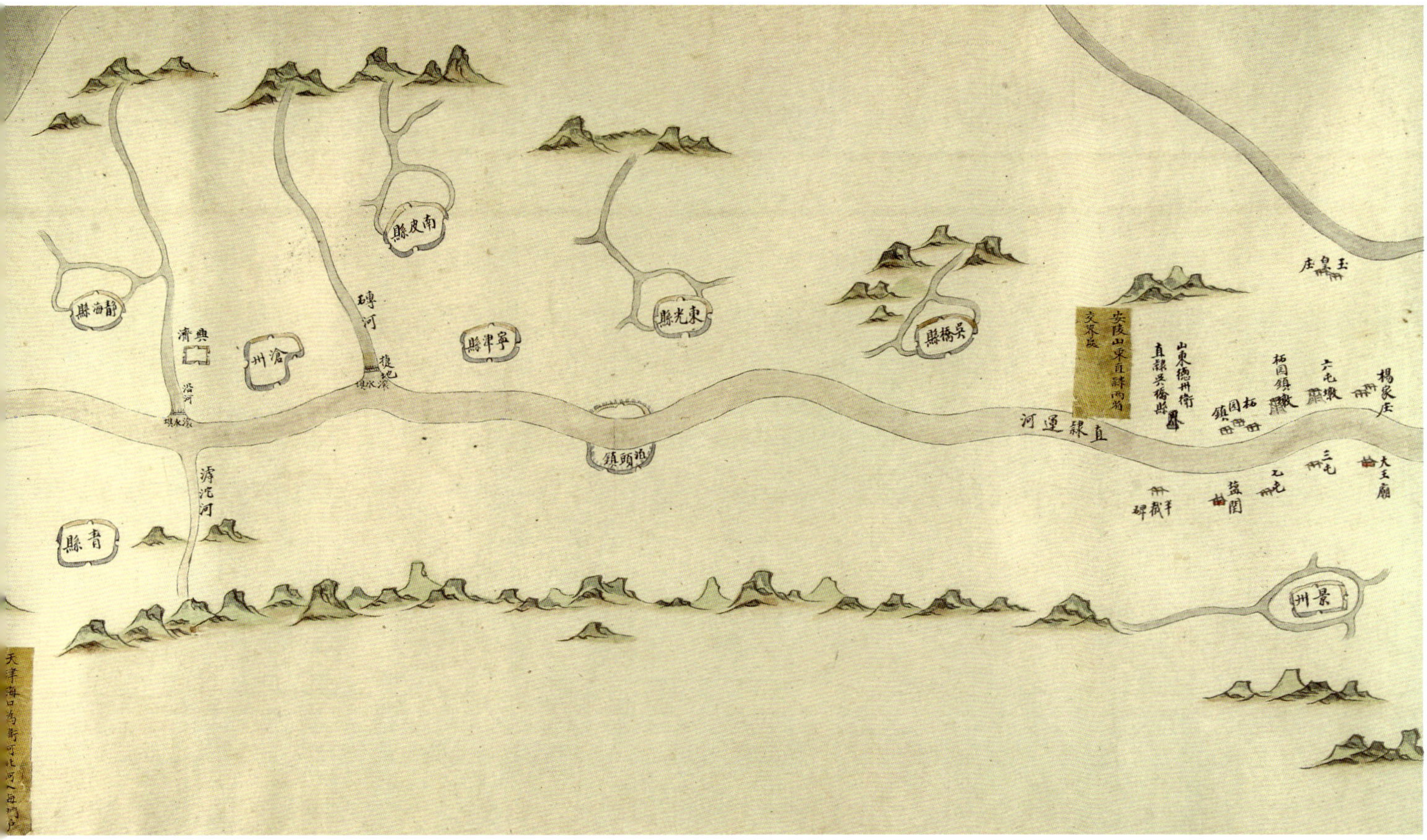

5里。寿张县河长20里，有沙湾积水闸，蓄河西坡水入河济运。东阿县河长15里，河穿张秋而过，张秋为漕运要地。阳谷县河长60里，有6闸。

自阳谷北界过聊城、东昌卫、堂邑、博平、清平等县及临清州盐店止，共177里。聊城河长63里，有闸口；西岸有进水闸二，蓄河西坡水引入运河；东岸有出水闸四，泄运河涨水。堂邑、博平河道长35里，各管17.5里，有闸二；西岸有进水闸三，东岸有减水闸五。清平县河长46里，有闸一。临清州河长40里，经州城中有闸二，上水自西南来接会通河。

南自临清界盐店北至直隶河间府吴桥县界，过清河、夏津、武城、故城、恩县、德州、德州卫等，共长327里。清河、夏津河道共37里，武城县河长146里，故城、恩县河长28里，德州及德州卫河长共104里。

5. 直隶段，河间、天津、顺天三府运河

河间府景州、吴桥、东光、南皮、交河五州县河道南接德州卫，北至天津卫界，共长184里，景州河24里；吴桥河西岸接景州界，东岸接德州卫，长24里，有10浅；东光县河长60里；南皮县管运河东岸长86里，交河县管西岸长82里。

天津运河南界，东岸接南皮县河，西岸接交河县河，过沧州、青县、静海至顺天府武清县界三岔河，共345里。各县、卫河道错杂交叉，沧州河有7浅；青县河东岸有7浅，西岸有6浅，有滹沱河自三岔入运河；有盘古沟在县南15里，俱东流入运；静海县河长145里；天津各卫河道，东岸有23浅，西岸有6浅。

北运河北自白河、富河（温榆河）合流处南至张家湾40里，合通惠、桑干、永定等河南至天津，过通州、香河、武清等县。自天津卫界至通州城北石坝共342里，武清河道长196里，香河河长31里，通州河道至本州石坝长15里。

通惠河，积水潭以南段已圈入皇城，南出玉河桥水门，向东至大通桥，过五闸至通州，州城北有石坝，城东有土坝，俱通白河。

（二）运河上的重要工程措施

运河河道修浚、闸坝兴废，随时都有。有两类较重要的措施值得特别提出。

1. 水源开发与节蓄

自南而北，杭州附近一段有时水量不足，唐宋时曾引西湖及临平湖水济运；常州以北至镇江江口常患缺水，历代常以练湖为济运水柜，蓄水济运及引江潮自镇江各闸堰入运，并以奔牛、吕城、京口各闸节蓄，有时由孟渎河（常州西40里）引江潮。

仪征至扬州段的真扬运河，常靠扬州五塘（陈公塘等）蓄水济运；仪征及瓜洲江口闸坝都蓄纳江潮。

水源最缺的是会通河和后开的泇河。解决的办法有五种。①引黄河水济运，元代已有，明中期以前是主要办法，后以多沙易淤、利不胜弊就较少使用此法了，清乾隆、嘉庆时还不时引用。②改善引汶分水，元代自堽城引水，自济宁分水，济宁向北地势高，水流不易；明代改戴村引水，南旺分水，南旺为水脊，也最高。③广开山东各泉，水分由汶、泗、沂（泗水支流）、洸、济（济宁、兖州间的泗水一支，又名府河）及鲁南诸小河入会通河及泇河，泉多至四五百处。④利用湖泊为调节水柜，自明至清济宁之北有安山、南旺、马踏、蜀山、马场诸湖，济宁之南有昭阳、独山及微山诸湖；清代微山湖用于蓄水济泇，特别重要，管理严密；济泇之湖在苏北的还有隅头、骆马等湖，也能接济中河。⑤多建闸坝以节制运水，明代会通河上有40余闸，泇河至清代有10余闸。

通惠河，明清已不能引白浮等泉，仅靠玉泉等水和昆明湖等调蓄，水量太少。大通桥至通州间五六座闸用于积水制运，过闸时用人工搬运，只在水大时开闸放泄。

2. 天然水道与运渠

直隶段运道系利用卫河及白河。卫河冬春苦水少，夏秋苦洪涝。明清时漳卫都曾合流，水量充裕；漳卫分流时或引漳济卫，每年春季又禁卫水上游引水灌田。夏秋水大，易决溢。除堤防外，明永乐以后于东岸开减河，分泄洪水，至清代前后多至五六处。白河运道宽浅，除疏浚裁弯外，清代于东岸亦设减河三四处。

元初至明万历开泇河以前的300年间，徐州至清口400余里由黄河行运；开泇后仍剩宿迁至清口180余里走黄河，直至清开中运河；开中运河后黄运在清口相交，共同河道不过数里。明代水利政策以保漕为主，如果想使河漕畅通，就必须治黄。治黄又受保漕限制，只要漕运能维持，决溢为灾是次要的。

但黄河北决，易冲断山东运道。正统十三年（1448）黄河北决，在张秋以南，沙湾冲毁运渠，兴工修堵，直到景泰五年（1454）才堵塞成功。弘治五年（1492）又北决冲毁张秋运河，也堵了两三年。这两次名为治河，实是堵运，是明中期以前有名的大工。弘治以后在黄河北岸筑太行堤300余里，北岸决口减少；南岸分水或向南决口是明隆庆以前治黄的经常现象。但黄河南行，徐州以东航道有时又苦淤浅，需要人工引黄或引沁水济运。隆庆以后黄河南岸大堤形成，河道虽较固定，淤或决还是难免的。

清代黄、淮、运在清口交汇，黄河长期淤积，河身逐渐抬高，水大时常倒灌入洪泽湖或淮扬运河，使清口成为治黄、治运重点。“治黄、导淮、济运三策群萃于淮安、清口一隅。施工之勤，縻帑之巨，人民田庐之频岁受灾，未有甚于此者。盖清口一隅意在蓄清敌黄，然淮强固可刷黄，而过盛则运堤莫保；淮弱末由济运，黄流又有倒灌之虞。”当时采取的措施是在洪泽湖口和南运口附近不断增修闸、坝、堤、护岸，开引河等，逼淮水畅流冲刷黄河淤沙，至少保持运船往来。可是每次增修仅短期有效，不能解决黄河淤沙问题，淮水不能顺利地出湖口，运船出南运口（淮扬运河口）时常需几百人牵挽。如果抬高淮水，或淮水大时，可以少量流出而大量南入运河，破堤成灾。至嘉庆时筑御黄坝、拦黄坝隔断黄淮，淮水高时才开坝过船。道光时，航运维持不易，最后采取“倒塘灌运”方式，就是临时修筑一个类似现代船闸的塘河以通漕。咸丰时漕运改为海运。

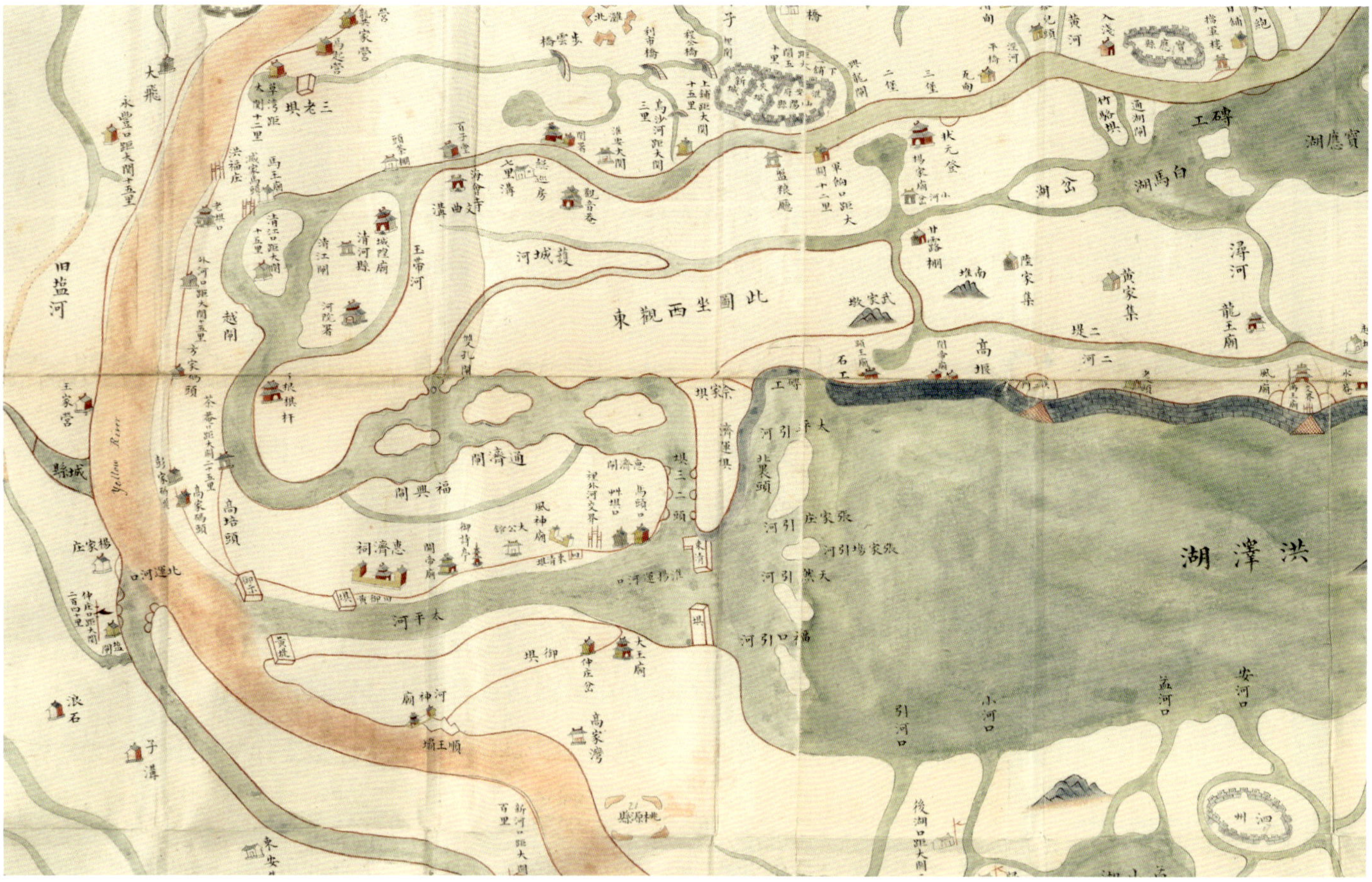

清嘉庆年间《淮扬水道图》中的洪泽湖、淮扬运口与御黄坝

淮扬运河最初利用高邮、宝应各地湖泊行运，后来由于风浪危险，修建河堤，分隔河湖，河内建闸堰控制。西堤建有连通河湖的闸堰，东堰建排水闸、涵，向东排水。自黄河夺淮，淮水出路不畅，出现了洪泽湖大调洪水库，中游常有水灾。清代洪泽湖大堤高家堰愈筑愈高，南端减水（溢洪）闸坝泄洪量增加，泄入运河南流分若干支入江，清代多至10余支。支河上有闸坝控制，有归江十坝之称。洪水过大，排泄不及时，则越运河东堤减水坝经里下河地区入海，里下河二三百年常受水灾。东堤减坝数常有增减，有所谓归海五坝。这些措施并未彻底解决淮河问题，运道也受影响。

运河过江，北岸运口有瓜、仪两处，南岸运口也在小范围内稍有变动。由于镇江至常州段运河高仰，常患浅涩，明前期曾浚常州孟渎河行运，过江后由开浚之白塔河，自江口三江营至扬州东之宜陵镇，经通扬运盐河西至湾头接运河，乾嘉后渐废。当时又曾一度议开常州西的德胜新河通江，接北岸泰兴县北新河行运，未实现。

（三）工程技术

13世纪时中国科技水平超越世界各国，在水利方面如黄河及运河的各项工程也是先进的。当时最有名的科学家郭守敬，最擅长水利与天文。他对开京杭运河的贡献是多方面的。明代的宋礼、白英和陈瑄等也都有所贡献，清代也有技术上的改进。下面举几个重要例子来说明。

1. 郭守敬的规划勘测

在开会通河以前，他勘测了现在的河南、山东、河北一带的地形和形势，提出了计划，并在高程测量上提出以海平面为基准的海拔概念。后来他主持开通惠河，勘测、规划、设计、施工都经过他。他解决水源困难问题最为出色，从昌平引自浮泉水，向西，转南开白浮瓮山河入瓮山泊，沿线遍收西山泉溪水源以瓮山泊为调蓄水库，这段路线极近现在的京密运河。从瓮山泊顺今南长河至积水潭，穿大都城，转向东穿通州城至城南接白河。他设计了积水潭码头，船舶可以直航积水潭。沿河他计划设置10座复闸，类似现代的船闸。可惜后来都改用了单闸，一共有24座。

邮票上的郭守敬像

北运河通州段（2020年）

通惠河（2020年）

通惠河东端，桥另一侧就是与北运河交汇处（2020年）

北运河与通惠河交汇处的燃灯佛舍利塔（2020年）

2. 白英的南旺分水

元代京杭运河不能十分畅通，是由于会通河段水源问题解决得不好。元初于今山东宁阳县的堽城建汶水上的堽城坝和引水斗门，引汶入洸河至济宁汇泗水水源同入运河，南北分流。济宁北面地势高，水不易北上。明宋礼用白英的计划，改于汶水上筑戴村坝，拦汶水西南流至南旺入运河，分济南北，南旺地最高。全部汶河水再加上一些泉水由南旺分流，水多流顺。分水比例计划是北七南三。

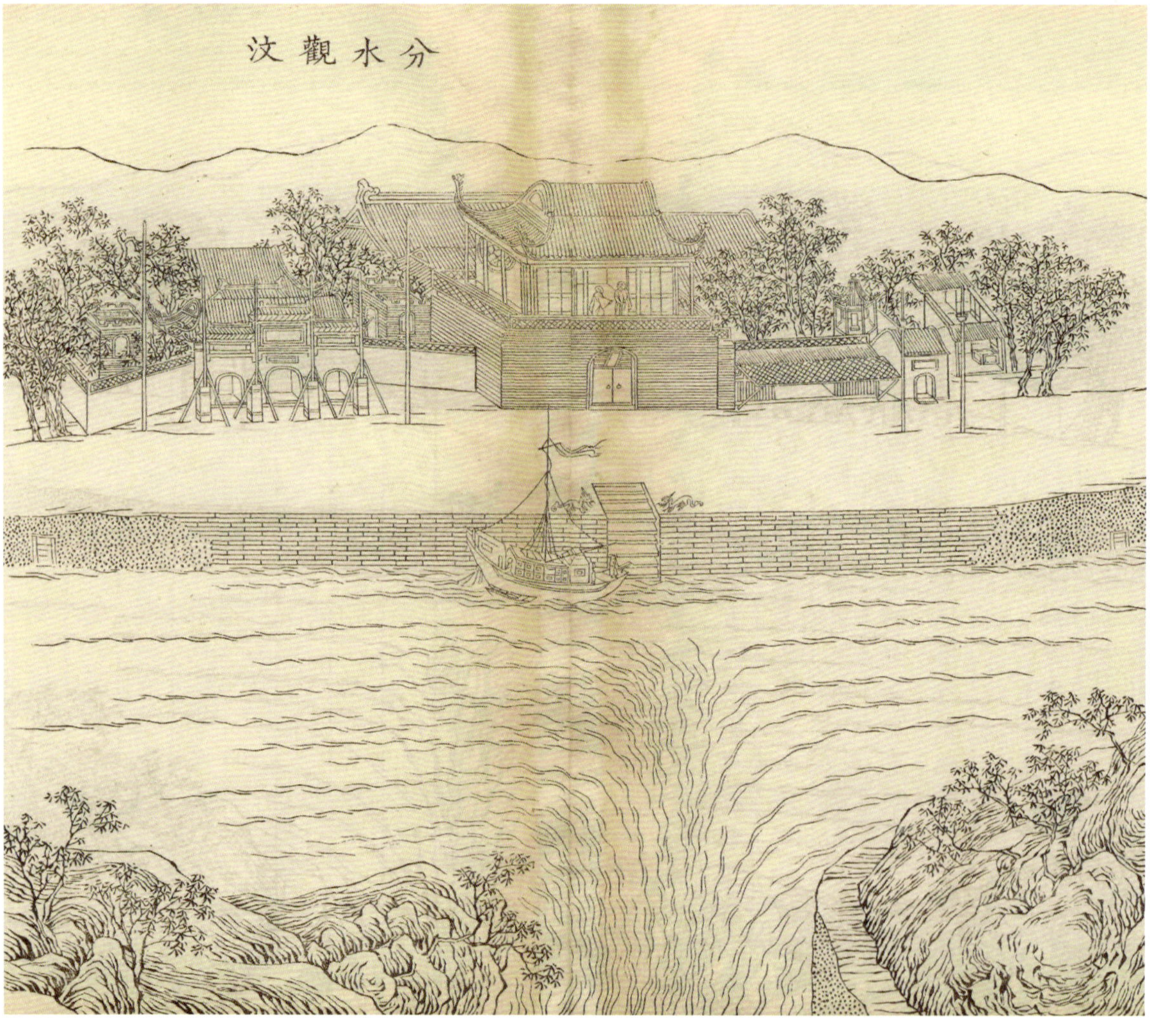

《鸿雪因缘图记》中的分水观汶图

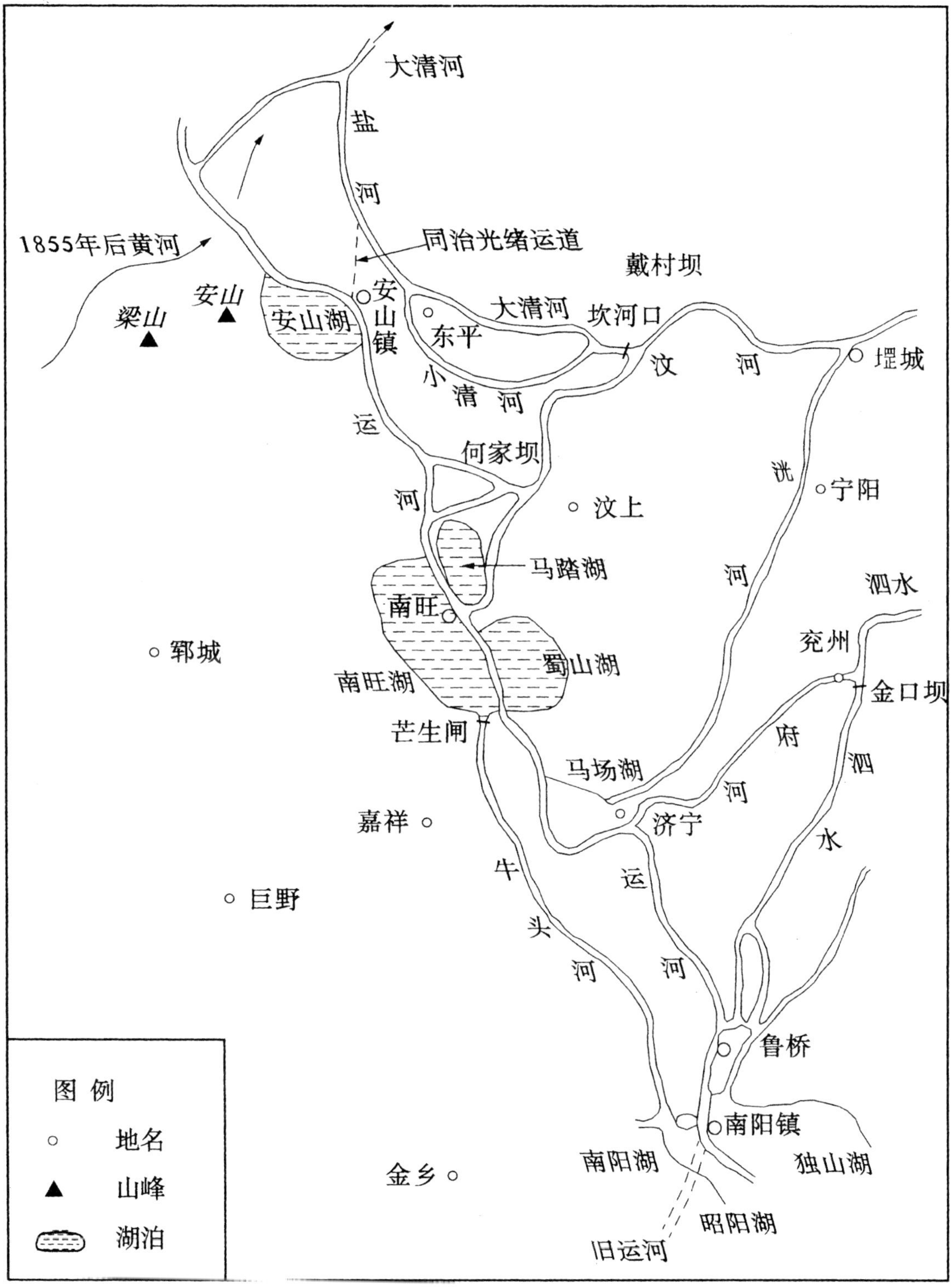

清代东平至济宁间运河示意图

到清代南旺分水演变成一个操作复杂的枢纽。大致是戴村坝上游有坎河口坝，是溢洪入汶河故道的设备；下游有何家坝，也是分减多余汶水的设施，由坝北入马踏湖，由湖接济运道；再下游，汶水南北岸各有三座斗门通蜀山湖和马踏湖，用以收蓄冬春南旺段挑浚不通运时的汶河水，通运后再直接放入运河，自斗门入湖还有沉沙河段。挑浚分水口附近运河时，在汶河口筑临时坝断流。分水口南北各有闸控制南北分流水量；对岸（运河西岸）有多座斗门收多余的水和挟带的泥沙入南旺湖，湖水可由两头的闸放水济运。

3. 运河上的水工建筑物

渠道、港口、水柜和取水枢纽等都有堤、闸、坝、涵洞、管道、桥梁等，可细分为下列各类。

（1）堤。三千里运河几乎普遍有堤，既防内水溢出，又防外水侵入，可以作为道路及纤道，堤上要求普遍植树。堤上或堤旁建铺或堡房，是运河工浚住所。

一般为土堤，冲要处及过湖的堤往往改成石堤，也有时有些护岸工程。运河宽浅处常筑临时性缕水小堤，逼水走中泓，增加水深。原系天然河道的堤防往往为双重。

（2）闸。大致有两种：横拦渠道，调节水流，控制水深的闸；建于堤线上控制水流出入的闸。前者有单、复两类。单闸起源于秦汉，复闸大盛于北宋，和现代船闸一样有一级、多级之别。

复闸还有一种叫澳闸。在两门之间（闸室）的岸上挖有蓄水池，叫澳，用以蓄水灌闸室。还有挖两个澳的，自闸室排出的水蓄入下澳，叫归水澳。

复闸到元代反而很少了，只有几处变形的复闸还使用过，如清道光时运道在清口穿黄，实行“倒塘灌运”，就是筑一个大型船闸；又如卫河及会通河在临清衔接处，当卫水水面太低时，明代曾于运河口板闸外面，用草土坝、木板门建一临时“活闸”，和板闸联合运用，形成一个复闸；再如仪征、镇江等江口，明清在运河口段都建有三四处单闸，再临江建一拦潮闸，拦蓄潮水。这一系列相距很近的单闸，实际构成了多级复闸。

元代以后最多的是单闸，只有一道闸门，和相邻的闸（相距数里至十数里不等）形成塘河，多为石墙，木叠梁门，以启闭叠梁（板）的多少控制上下游水量。闸旁常开有月河，沟通闸上下游，平衡上下游的悬殊水位。月河上也建有闸（或坝），叫备用闸或越闸，可以和正闸交替使用。有时利用月河做停泊港。

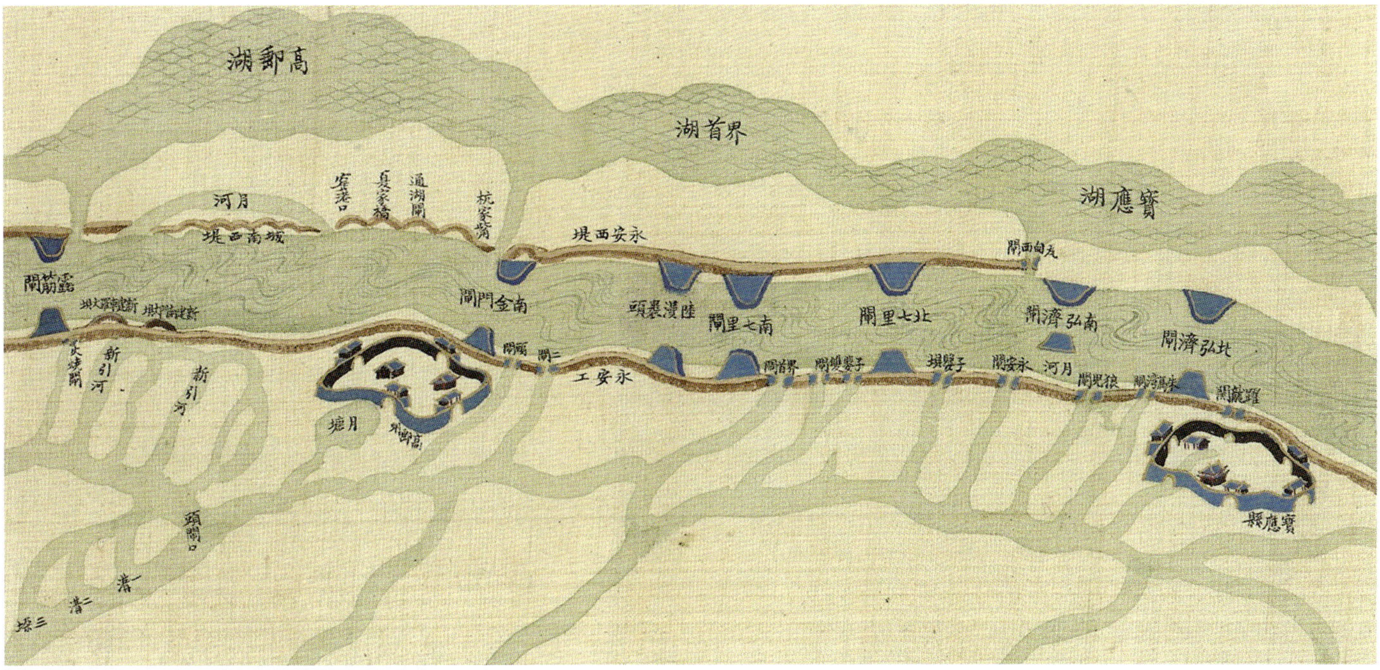

清康熙四十二年《运河全图》中的裹头、双闸与月河

清代还有一种裹头，只有闸墙，没有闸门，靠骤然缩窄河道，节制水流。从复闸到单闸再到裹头是倒退，主要原因是管理不易。由于官吏豪强的船不愿等候开闸，遂强迫守闸官役提早开放。过往官吏多了，闸就失掉作用，所以退成裹头，还有的改闸为坝，防河水大量流失。

元代在会通河南北两端修建过“隘船闸”，闸门仅宽1丈，限制大船进入会通河。

运河横亘南北，截断了不少东西向的排水河道。在西岸往往建有进水闸或积水闸，引进从西边来的小河水，一方面是排坡水，一方面是济运。

还有减水闸和平水闸，多修在东岸堤上，用以消减运河过量的大水，还常和西岸进水闸遥遥相对，排泄交叉河道的洪水。闸下一般都有排水减河。

（3）坝。又叫堰、埭、堨等。除挑水、逼溜、护岸等坝外，其余多和闸作用相通。元代人说：“地高平则水疾泄，故为堨以蓄之……谓之坝；地下迤则水疾涸，故为防以节之……谓之闸。”高平处水源少，坝可以蓄水不流失；地坡陡水流急，用闸可以调节。实际用时二者区别不大。元代以前江淮及江南段多用堰埭，元代以后多改用闸。淮安城北分隔淮水与运河的五坝，使用了很久。通州的土坝和石坝分隔通惠河和白河，建于明代。

另一类横拦渠道但可以过水的叫滚水坝或石础，常为石坝。用于分水或拦蓄江潮的坝常用滚水坝；修于堤上减泄河内洪水的坝叫减水坝或滚水坝，有时在坝上还建有多孔闸门，以控制过水流量。

除石坝、土坝外，还有草土坝、竹笼装石坝、乱石（堆石）坝等。汶河上坎河口坝很特殊，到清代分为三段，一段是石砌留有孔洞的玲珑坝，一段是乱石坝，一段是滚水石坝。当时认为此坝不但可泄洪水，还可以从玲珑坝孔和乱石坝缝隙中排沙。

（4）涵洞、桥梁等。除排运河水或放河水灌田的涵管外，还有穿过运河底的立交涵管。北宋人记江南段“古之所创，泾函在运河之下，用长梓木为之。中用铜轮刀，水冲之则草可刈也”。这是一种特制的涵管，水冲铜轮刀转动可以割断流入管的杂草，类似现代水轮机的叶片，可以说是一种发明。

桥亦有跨河和顺堤两种。北宋汴河水急，船易碰撞跨河桥墩或桥柱，后来创造了一种“飞桥”，河中不设柱墩。宋代张择端所画的《清明上河图》中的汴河桥，就是这一种。

运河各港口都有各类停泊码头，也经常改进和掏浚、维修。

运河上各类建筑物的修建也都经过勘测、计算、施工等步骤。测量定线、定高程和绘图都有专人；计算工、料都有规定的定额；一些常用的建筑物如闸坝等，都有标准图样，已经规范化。

四、运输管理

会通河及通惠河开后，京杭运河完成，但元代在工程及管理上都存在问题，使运输受很大限制。明代进行了大规模整修，建立了较完善的管理制度，大运河才充分发挥应有作用，下至清代400多年间，一直是南北交通要道，对政治、经济、文化等各方面的影响是巨大的。

元代人欧阳玄描写运河上“舳舻尾相衔，密次若鳞甲”，并指出元代都燕京，漕粮自南而北，由海上运输，每年几百万石都经过白河和通惠河；东南的贡赋和供朝廷官吏的消费品每年不下亿万件，都过江渡淮，经会通河北运；民间日用商品百货或南或北，往来交流转运，遍通全国，也离不开运河。他还说通向海外的运输“自昆仑西南，水入海者绕出南诏之后，历交趾、阇婆、真腊、占城、百粤之国；东南过流求、日本，东至三韩，远人之名琛、异宝、神马、奇产，航海而至或逾年之程皆由漕河以至阙下，斯又古今载籍之所未有者也”。

这是说海外商货入中国境后也要通过运河到燕京。元代还有人说会通河之所以名会通，是因为江淮之漕浮汶泗径达临清，而商旅贸迁、游宦往来暨闽粤、交广、邛僰、川蜀航海诸番“凡贡篚之入，莫不由是而达”。

（一）漕运及商运

由水道运输粮米供给政治中心或边防的官吏军士叫漕运。元代南粮北运，每年有二三百万石，主要经海运至直沽海口（明代始设天津卫），再由白河、通惠河至大都，而会通河上的漕运每年不过二三十万石。自明永乐迁都北京至清代道光咸丰以前，每年大约400万石粮米由运河北上，海运已微不足道。600年间商运繁盛，沿运主要城市多以商业为主。

1. 漕运量

明重开会通河，罢海运后，在淮安、徐州、临清、德州四处建粮仓，令里程较近的老百姓运应纳租米至仓，例如：宣德四年（1429）令江西、湖广、浙江民运米至淮安仓；苏州、松江、宁国、池州、庐州、安庆、广德等府州民运米至徐州仓；应天（南京）、常州、镇江、淮安、扬州、凤阳、太平、滁州、和州、徐州等府州民运至临清仓；后来又令山东、河南民运米至德州仓。各仓米再由军运至通州、北京。这种办法叫支运。宣德七年以民运费时失业，令民运至淮安、瓜洲运河边兑给卫所官军，运载北上，另加路费、耗米，按路程远近每石加4斗至8斗不等，例如湖广加8斗，北直隶（今河北省）加5斗等，以后又屡次变更。此外再加过徐、吕二洪，过闸等盘驳运费。这种办法叫兑运。后来兑运完全代替了支运。至成化七年（1471）又令运军直接到江南航运方便的水边交兑附近州县的运米，另加过江费，由军运至通州、北京。这种办法叫长运，直到清代，成为固定制度。淮、徐、临、德四处米仓归并减少，通州和北京仓加多。另有专供给宫廷和官吏食用的白粮每年数十万石，一直由民运至京，到清中期才并入一般漕运。

运粮数量，永乐十六年（1418）由会通河支运粮料460余万石至北京等处；正统二年（1437）支运共450万石；成化八年兑运粮400万石，山东、河南粟米麦豆不在内。另太湖流域民运白粮18万石。从这一年开始，一般漕粮每年以400万石为定额，其中北粮（山东、河南米）75.56万石，南粮（南直隶、浙江、江西、湖广米）324.44万石，除少部分折成银两外，

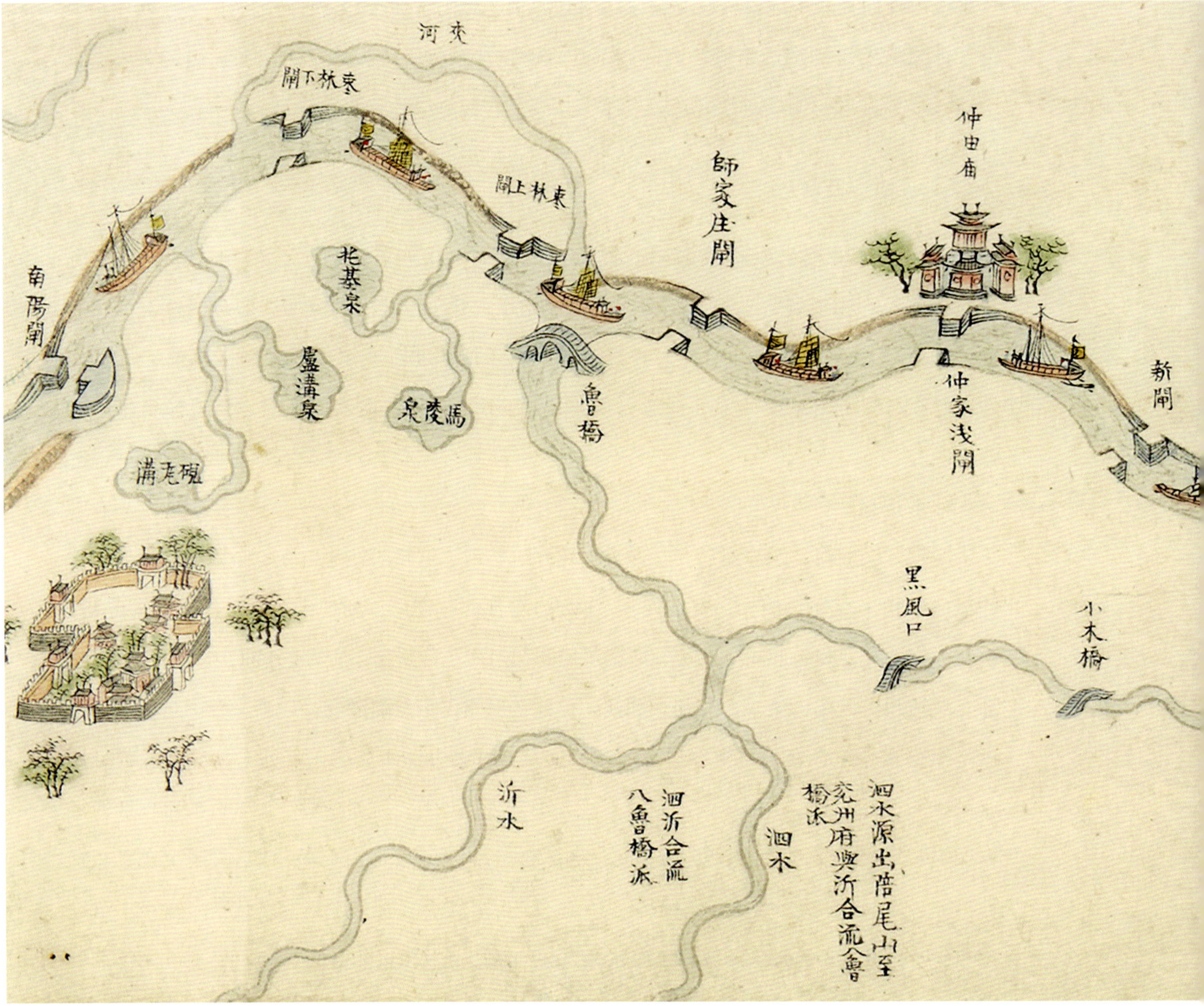

清康熙年间《王石谷全黄图》中的运河漕船

正粮加耗米实共运入京、通两处仓库518.97万石。南粮中南直隶正粮占180万石，其中苏州一府占70万石，加耗不在内；湖广最少为25万石。

清代漕运沿用明代旧法，有正兑、改兑（明代后期改支为兑）、改征、折征等名目。每

年正粮定额仍为400万石，运京仓的是正兑米330万石，运通仓的是改兑米70万石，各省分摊数量和明代差不多。改征是临时改征杂粮，折征又分折银和折征灰、石、工料等。清代白粮约22万石糯米，另每石加耗三四斗，清中期约减一半并改为随一般漕粮北运，不再由民运。

明清漕粮虽有定额，实际另加耗、加脚费等，名目繁多，层层加码。有规定名目的，清初人估计民间需加米800万石，即为定额的两倍；官吏层层贪污、军卒运丁额外搜刮等无名目的尚不在内。漕运成为最大贪污窟穴之一，几百年来议论漕运弊病的论著汗牛充栋，即使有时稍有改正，收效也不大。

运河漕船明代定额为11770只，行运官军12万人。船3年一小修，6年一大修，10年需更换。每船载正耗米472石。后来船数减少，一船载米至七八百石。原规定每船运军可以附载土产10石，后加至60石，实际多挟带私货，招揽商货。

清代漕船定额10455只，至嘉庆时实剩6200多只，每年抽换十分之一，每船载正耗米规定不能过500石；运军带土产60石，后加至120石，又加到200石，招揽商货成为常轨。每船运丁10名至十一二名不等。

明清漕船还有过浅、过闸、过洪等短程驳运的小驳船，沿河有多处，总数亦有几千只。

2. 其他官运估计

官运除漕船外，还有贡船等其他官船。供应南方各地土产及北京宫廷享用的衣、食、杂物的运船，在河内优先行驶。物品种类繁多，有岁办及临时采办两种，包括南方的水果、野味、鱼肉、油、糖、作料、药材等。其中鲜船（运新鲜食品），明中期仅南京一地每年定额就160多只。正统初减少宫廷用的牛奶酥油，就减少了南直隶（清代论为江苏、安徽两省）畜养黄牛4万头。嘉靖时，“采木采香，采珠玉宝石，吏民奔命不暇，用黄白蜡至三十余万斤”，“沈香、降香、海漆诸香至十余万斤”，大半采自南方或海外，由运河北送。应用器物如瓷器、漆器等，如正统初一度节约“上用膳食器皿”超过30.7万件，嘉靖初遣宦官到景德镇督烧瓷器30余万件，万历中督烧24万件，都历时一二十年才完工。这些都由运河北运。江南设有织造、织染等机构，多集中在太湖流域各府州。万历年间，苏、杭织造丝织品每年至15万匹，这也由运河运输。

清代沿袭明代办法，除贡鲜外，采办杂物如桐油、白矾、熟铜、银珠、珍贵木材等几十种，早期每年花费10万两银子，到后期每年500万两。其中十分之八九买自江南，由运河北运。清沿用明代制度，设江宁、苏州、杭州三织造局，专办御用、官用绸、缎、纱、罗、布匹及其他丝织品，每年用银一二十万两至100万两不等，有时还临时采购北运，如康熙中苏州织造一次为户部采购30万匹青兰布等。

官运中还有运竹、木、矿产等船筏。北京等地官用木料多采自湖广、川、黔等地，浮江而下，入运河北上。例如永乐时建北京宫殿，弘治、正德时修宫殿，嘉靖时修宗庙，采办规模庞大，嘉靖时仅湖广一省即费银339万多两，沿河州县均苦于运送。万历时更甚，采木湖广、川、黔，费银930余万两。

南方的矿产，特别是铸钱的铜铅大部分也是顺江而下，沿运河而上。清乾隆时云南采铜，每年由长江、运河运北京，定额630万斤，需船数千只。

建筑材料除木料外，明清两代在临清以运输之便设砖厂，永乐时每年定额100万块由运河北运，后增至数百万块。明代苏州亦设砖厂。

运河之东，濒海地区有不少盐场，多经运河外运，如苏北的两淮盐场行销安徽一带、浙江盐场行销太湖流域、长芦盐场行销河南及北直隶、山东盐场行销山东及北直隶都要通过一段运河，是半官半商的运输。

3. 商运及沿运商业城镇

商运民运，自元至清虽无系统记载，其繁盛情况在各类史料中亦可略见一斑。

《马可·波罗游记》记至元二十九年（1292）会通河修成后3年，通惠河尚未修时，顺运河南下各城邑商业运输情况：将陵（后来的德州）运河上南北运输商品极多，如丝、香料等；济宁（新筑码头）商业、手工业都很发达，并且由于运河通向南北，河上船只非常多，马可·波罗诧为奇观，认为没看到的人绝不相信；徐州、邳州商业、手工业也很繁华；清口、淮安为黄淮及运河交汇处，商、工、农业都极繁富，河上有船15000只。他说：不但这个地方船数之多使人难以相信，在许多别的地方也是这样。实在说起来不论在河边哪一处，有城市的地方都是如此。淮安为商品集散地，都靠运河运输，还有大量的盐也由这里分送到四十几个城市。宝应、高邮、扬州都是以商业、手工业为主的城市，很繁华。真州（后来的仪征）是运河通江口岸，他在这里看到1万只船。据说长江上每年有20万艘船航运，每船载重50万斤到150万斤。真州是盐、木料、煤、麻等商品集散地。瓜洲漕运极盛，船也很大。镇江、常州都是以工商业为主的城市，产丝及丝织品和农产品。苏州是最人工商业城市，丝织品最多。杭州最繁华，"商人如此之多和如此之富，其中全部确实情形，就没有人能说了"。

清乾隆年间《两淮盐场及四省行盐图》

清徐扬《姑苏繁华图》中描绘的运河两岸繁华景象

香水浴堂

明袁尚统《晓关舟挤图》，描绘了苏州阊门一角群舟争渡的情景

明永乐九年（1411）恢复运河，二十一年（1423）沿运各主要城市淮安、济宁、东昌、临清、德州、直沽（后设天津卫）设官征商税，山东巡按陈济言：“今都北平，百货倍往时。”宣德中以纸钞流行不畅，沿水道设钞关，按船只大小征收往来船税（叫作“船料”）。当时有漷县、济宁、淮安、扬州、上新河、浒墅、九江、金沙洲、临清、北新等钞关。除上新河、九江、金沙洲是长江口岸外，其余7处都是运河上的。

运河上商货多，历代政权都把它看作有油水的财源。明中后期，运河上设多重征税关卡或分关，如临清至天津有五六处，河西务、张家湾商货有五种税，淮安有四种税等。万历二十六年（1598）明神宗派一批宦官直接到各地征收商税，全国16人中，运河上就有京口、仪真、临清、东昌、苏州、杭州6处5人。他们“肆为攘夺，没其全资”，导致当时河西务布店有160家，3年后剩了30多家；临清有贩运布商38人，剩了2人；缎店32座，剩了11座；布店73家，剩了28家；杂货店65家，剩了54家。淮安也有同样情况。这也反映出各码头的商业情况。当时崇文门、河西务、临清、九江、浒墅、扬州、北新、淮安各钞关税银年定额417000两，两年中减到26万多两。

清代道光以前各地征商设关大致和明代相同，沿运河各关中，天津关较明代重要。康熙八年税收较多的关全国共有12个，运河上占一半，它们是浒墅、北新、淮安、扬州、临清、天津。据《石渠余纪》载，道光二十年（1840）左右，户部所属全国24关年定额税银400万两，运河上6关定额约126万两，几乎占三分之一。另外工部设关征竹、木税，乾隆时全国共有15关，年税额不足30万两，其中运河上占三处（临清、宿迁、瓜仪由闸），税额6万余两，约占五分之一。这些商税情况，大体上可以反映明清两代运河商运在全国水陆商运中的重要位置。

南北商货交流如明代植棉已普及北方，而纺织业在江南，棉花南运、布匹北运都经运河。后来北方织布业虽大量发展，太湖流域的丝织品和棉布仍有相当数量北运，五六百年来始终是运河上的主要货物。南方竹、木北运也是历久不衰。

沿运城市如杭州、苏州、扬州、淮安、济安、临清、天津等都是依靠运河成为商品集散地，有的城市的商业盛衰与运河相始终。清乾隆时期《运河纪略》记沿运城镇土产及货物，如苏州胥门、阊门外运河码头上各省客货聚集，无物不有，“自古称为天下第一码头”，而且阊门内外居民都设三层楼，一间门面可值百金。所到货物44种，如棉、丝、麻等纺织品，皮货、毡货、藤、竹、铜、铁等用品，木料、砖、瓦等建筑材料，玉、瓷、

清《商盐坨图》，描绘了天津段运河及运河两岸的繁忙景象

鹽坨
萬古長

象牙等珍玩，各类药材、香货等。还说洋货店内，穷水陆之奇珍、极天地之稀见，求诸店中必得。较小市镇如邵伯镇，以棉、夏、葛、标、黄草等布及米、豆、竹、木为主要货物。

会通河上如济宁“四方辐辏，烟火万家，往来孔道，水陆要冲”。明成化时以船多拥挤，在天井闸南开月河4里许为停泊港。《运河纪略》约载商货16种、土产22种：货物以纺织品、茶、纸、铸铜锡器及调味杂品为主，土产以干果、毛毡、羊绒及菜类为主。再北之临清，明人说“四方商贾辏集，多于居民者十倍，诚繁华之地，贸易之所，天下之都会，京师所倚重者也”。据近人调查，清代临清商业主要为粮、棉、南货，南货以瓷、糖、竹、木等为多。当地工业品除砖外，有哈达多运往北京分售各地。皮货业（千张袄等）可远溯至明代，酱园、毡货业亦有名。清道光中包世臣说：“闸河以台庄入东境为商贾所聚，而夏镇，而南阳，而济宁，而张秋，而阿城，而东昌，而临清，皆为水马头，而济宁为尤大……其出产以烟叶为大宗，业此者六家，每年买卖至白金二百万两，其工人四千余名。”这是清后期的情况。

德州亦为商货所聚，北至天津、北京，所谓洋货、广货、南货及各地土产之集散，无不与运河运输有关。

运河有时为军运要道，大规模的如明初徐达、常遇春北征及清初清兵南下，都是靠运河运输。行旅来往，元代自北京积水潭即可登船南下，明清则多自通州以南李二寺、张家湾上下船。运河上客运繁忙，例如明嘉靖四十一年（1562）文学家归有光赴北京会试，正月末过兴济县（今为镇）“以冰阻，光后来者皆聚，几及千艘，半天下之士在此矣”，描写的是载会试举人的船。三月，南回举人“同行者常有百艘”。

（二）行政管理

元、明、清三代对运河漕运管理极为注意，设置大量文武官吏、军丁夫役，订定水程期限、船舶大小、河道管理等各种制度，500多年中变化很多。

1. 元代

元设都水监掌全国水政，运河管理是重点。元初设置，后废，至元二十八年（1291）复设，有监、少监、丞各二员。在寿张景德镇（后名张秋）设分监管理会通河，有官一、令史

二、奏差二、壕寨官二。都水监所属机构有大都河道提举司，有官三、幕官一。元中期通惠河有闸官28名，会通河有闸官33名。当时都水监直接管理大都的金水河、阜通七坝、积水潭码头和白河、御河堤防的修守，以及淤浅河段的疏浚。

景德镇分监管理临清至徐州700里运河的疏浚，修防，建坝、闸、涵洞，堤上植树、种马蔺草、禁止放牧，疏通泉源，修桥梁、通纤道。当时这段河道上有桥58座，临时便桥98座。运河各段都有军队防守，还有大量夫役。

2. 明清设官

明清制度大致相同，明前期变化较多，后期固定下来，清前期沿袭明后期，乾隆以后又稍不同。大体上愈往后愈简化。

明永乐时设漕运总兵官管理漕运及河道，首任漕运总兵官是平江伯陈瑄。他自永乐十二年到宣德八年（1414—1433）任职20年，做了大量工作。在修河方面，为了避免淮安盘坝和走淮水险湾，重开淮安至清江浦的旧河道。他还疏浚仪征、瓜洲二坝港湾，凿平徐吕二洪乱石，在济宁南北各湖内修筑运河堤，在高宝诸湖内筑堤开渠，开白塔河，自淮至临清增建闸至47座等。行漕方面，他造浅船数千只，在淮安等地建仓转输，沿河设浅夫导航，筑铺568所为夫役房舍，河堤普遍植树，沿河凿井以便夫卒行旅，改民运为支运等。

此后设官以江北运河为主，江南段多归地方管辖。全国水政原属工部，漕运又用军卒，所以最初以工部尚书、侍郎或侯、伯、都督等提督运河兼理黄河。后以御史巡察监督，景泰二年（1451）才命都御史为总督漕运兼领河道。到成化七年（1471）才设总理河道与总漕平行，前者管黄、运河道维修，后者管漕运。以后常废、置、合并，并不固定，但都兼都御史或副都御史，兼尚书或侍郎，兼提督军务等职。嘉靖以后就多分而不合。

下面的属官有御史及锦衣卫官吏巡查；有工部都水司的郎中、主事或通政司少卿分段驻扎管理河道、闸、泉、洪等。另有地方官吏如山东、河南巡抚都御史下设专职管河的按察司副使或参政、佥事等官吏。河道所过的府州县都设专职管河同知、通判、州判、主簿等官。诸卫所则设巡河指挥。闸坝则有专职小官。江南河至万历初年才属总理河道管辖。

清代逐渐简化。漕运设漕运总督驻淮安，管理直隶（河北）、山东、河南、江西、江南

（安徽、江苏）、浙江、湖广（两湖）各省漕务，下属有各省之粮储道或相应官吏，押运文官有同知、通判，武官有守备、千总等。沿河的总兵和道以下的文武官吏有催运责任。

黄、运两河之治理，则设河道总督。到雍正时分为江南河道总督（南河）、河南山东河道总督（东河）和直隶河道总督（北河），都兼有右都御史、兵部尚书等衔。后以直隶总督兼领北河，以通永道及天津道管理河务、漕运。山东省设运河道专管运河，江南则由徐州道、淮海道、淮扬道等管理，都由河督及地方督抚双重领导。

明代御史台和工部派出的巡查及分段管理官吏，到清雍正以后逐渐废除。河督以下是道，道以下设所，所设同知、通判等府级官吏，所以下设汛，汛设州同、州判或县丞、主簿、巡检等州县级官吏。河督所辖修守、防汛的兵丁有河营，各所设都司、守备，汛设千总、把总、外委等。

运河管理方面的分段情况，明清变化很多，清后期运河分属北、东、南三河督。北河下有五道，通惠河及北运河属通永道，而仓场侍郎亦有维修责任，下分三所。南运河属天津道，有二所一营。东河下属四道，运河道管会通河、泇河、卫河，下分六所一营。南河有三道，中河属徐州道，下有一所；淮扬运河属淮扬海道，下分三所。江南则属地方、徒阳运河属常镇道，下分二所；更南则无所汛专职官吏。

3. 明清夫役

河官下设大量夫役，常设夫有定额，还有临时征集的兵夫。明前期自通州至瓜洲、仪征常设夫定额47000余人。工种有：浅夫，人数最多，管巡视堤防、修堤、植树、浚河、捕盗贼及导船避浅滩等；闸夫，负责启闭闸门，当时运道中有节制闸62座；溜夫，负责挽舟过急溜；坝夫，负责拖船过坝；泉夫，负责看守、修浚济运诸泉，多设在山东；湖夫，负责看守沿运各湖；塘夫，负责修守济运诸塘泊；洪夫，负责看守及挽船过徐吕二洪。这些夫役沿堤有铺（堡）住宿，每铺平均10夫设一老人管理；修堤时尚有总甲、小甲等民夫管理人员。这些工种后来归并混淆，如挽舟过洪亦称溜夫，修堤又有堤夫等。

临时征民夫人数视需要而定，最常用的有三年两次的南旺大挑的捞沙夫，常征夫5万；仪征坝港三年一浚的挑港夫，征夫近万人。

役夫后期，裁革、停役、改折纳银的有不少，人数渐减，名目也乱。万历时除闸夫、泉夫、浅夫外，另有看浅夫、捞浅夫；堤夫有守堤夫名称；溜夫多设于有闸处；开泇后废除洪夫；另有修坝夫设在闸旁月河及戴村坝等处。此外尚有少量渡夫、桥夫以及一度征调打冰的冰夫。明代河道上兵士原为防卫而设，而沿运卫所亦出夫捞浅、修堤，叫作军夫。

清初仍用明制，康熙时整顿裁革，全运定额不过数千，以临时征夫代替。不久，设河兵营以军卒代替部分河夫，军夫杂用。河夫又分徭夫即额设浅夫等，原系征派，由民间津贴，官给工食；募夫为招雇工役；白夫系地方借派，民间出工钱，官给食粮。后来废白夫，减少徭夫，大量改为募夫。河兵亦出自招募。

清中期以后，自北运河至镇江运河夫役总数在6000人上下，最少不下5000人。另有河兵3000人左右，兵夫定额不及万人。乾隆时期，山东运河每二里设堡房一座，共280座。此后至道光时总趋向是日渐减少，河兵常调作杂役，遇工程则临时征丁。夫役名称有十种：浅夫、闸夫、坝夫、标夫、堡夫、泉夫、桥夫、渡夫、军夫、徭夫。标夫设于北运河上，以标志标出浅滩。堡夫在江南河道上系浅夫等总名，堡就是铺。山东有泉480余处，设泉夫800人。

4. 船舶

会通河狭浅，船舶在这一段受限制。明重开时深1丈3尺，宽3丈2尺；万历时浚宽至4丈，深以7尺为准。清前期会通河及山东河段约面宽6丈，底宽3丈，深仍为7尺；至后期宽至10丈，而江苏境内泇、中河都宽至20丈，是逐渐变宽变浅的。

元代会通河及通惠河只限150料船进入，每料容重60斤，150料载重9000斤。每石米重106斤，而以100斤折合，每船不过载米90石。后来三五百料的船强行挤入，充塞难行，就在会通河南端沽头、北端临清设宽仅9尺的隘闸，使200料以上的船不能行驶。当时200料船宽8尺半，长65尺。再后大船宽仍8尺半，长加至百尺，成为五六百料的船，于是又于隘闸处设“石则”量度船长，进入的船以65尺为限。

明代初行漕运，用马船、快船。二三百料的不过载米五六十石，加上二三十个人，每人重量折米2石，其载重也不过90石到150石，和元代相似。后来造浅船，船平而宽，吃水浅，载重500石左右，不再以料计。吃水一般限3尺。后来载重七八百石至千石，船数减少。

清初限船宽1丈，深4尺，吃水3尺，载米500石，实际已宽至一丈七八尺，深七八尺，

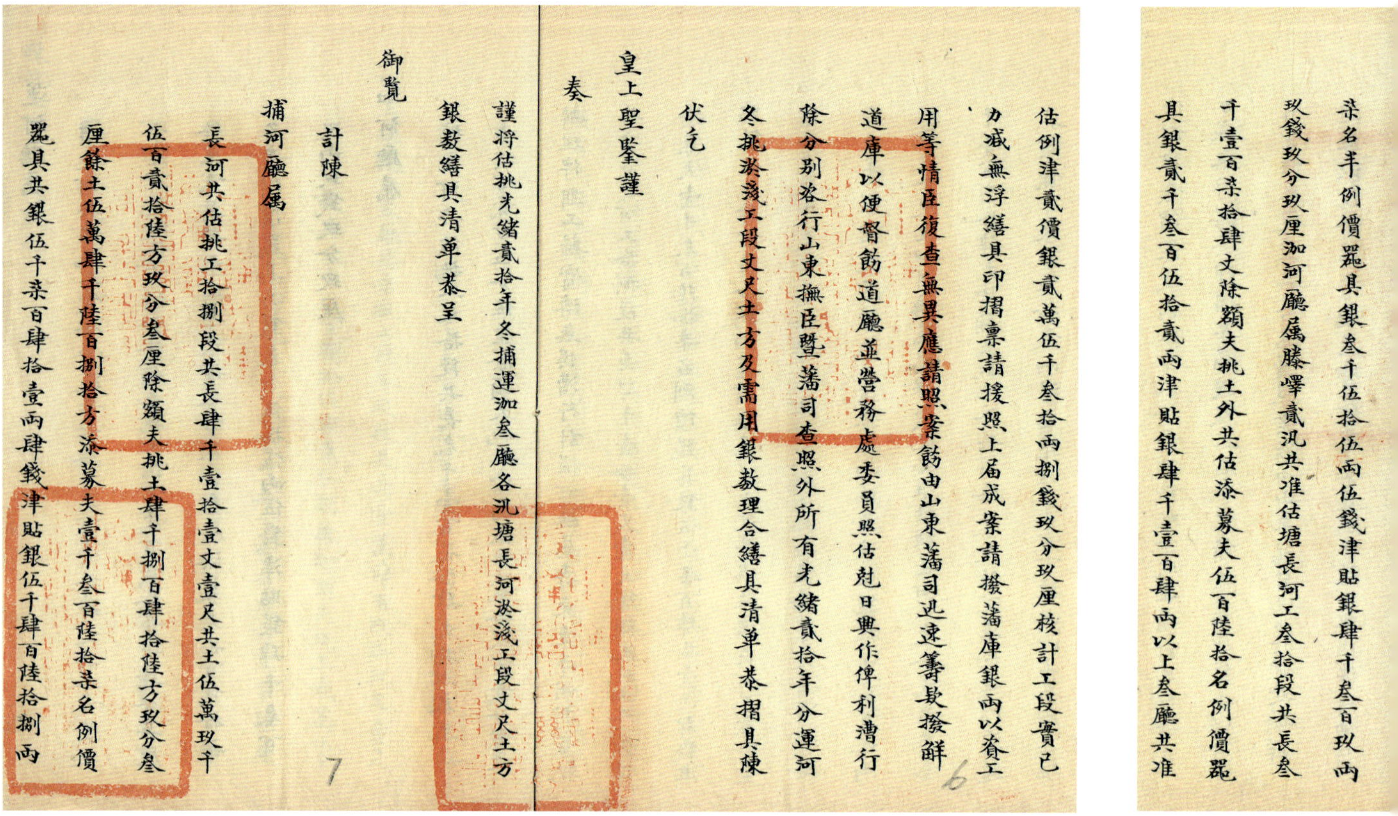

山东运河兵备道奏请募夫挑河工程银两

吃水5尺以上。乾隆时议限江浙漕船长8丈，深6尺，入水3尺4寸；江广漕船限长9丈5尺，深6尺9寸，入水3尺9寸，准带私货200石。到嘉庆道光时船数减至6000只以下，船愈来愈大，过浅过闸难以通行，沿河有公私小驳船数千只，临时驳运。

5. 航道

元代会通河狭浅，明清通惠河只能驳运漕粮，不通商旅。北运河自北而南是顺水，水大易决堤，水小多横、多浅。横是要横行绕过的浅沙。南运河自北而南是逆水，航道和北运河相似而弯曲更多。至临清，闸、卫二河衔接处水位相差大时，利用两道闸或临时筑坝节制行航。自临清至南旺是逆水，南旺南行是顺水，船行迟速要看数十座闸的操作而定。各闸都是单闸座，二闸相距，近者数里，远者十余里至七八十里。操作时，一闸启闭需通知相邻两闸，原则上是上启下闭，下启上闭。闸门为叠梁式，以若干板为一门，

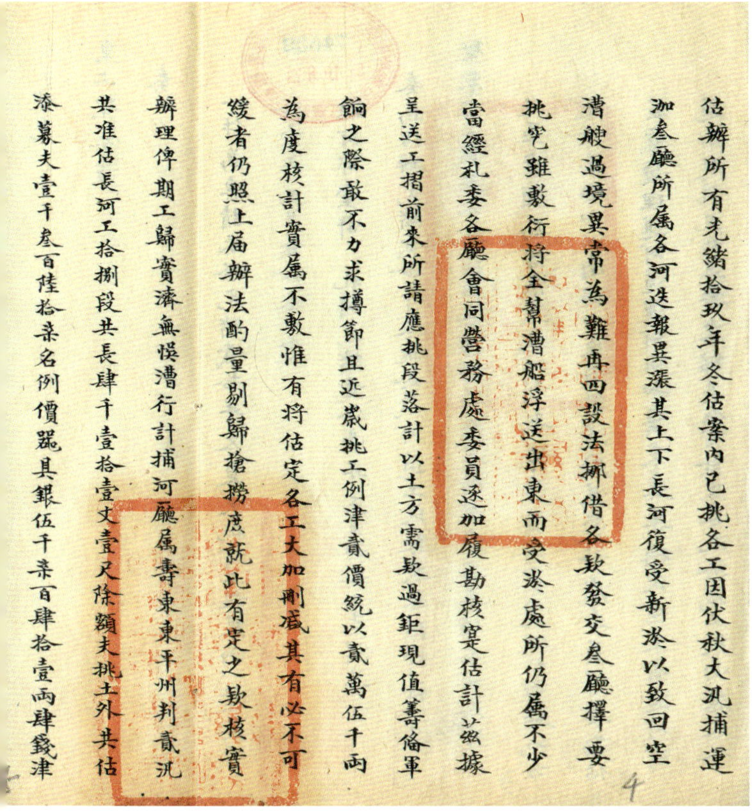

估辦所有光緒拾玖年冬估案內已挑各工因伏秋大汛捕運
泇叁廳所屬各河迭報異漲其上下長河復受新淤以致回空
漕艘過境異常為難再四設法挪借各款發交叁廳撑要
挑挖雖敷衍將全幫漕船浮送出東而受淤處所仍屬不少
當經札委各廳會同營務處委員逐加履勘核寔估計茲據
呈送工揭前來所請應挑段落計以土方需款過鉅現值籌備軍
餉之際敢不力求撙節且近歲挑工例津貳價統以貳萬伍千兩
為度核計實屬不敷惟有將估定各工大加刪減其有必不可
緩者仍照上屆辦法酌量剔歸搶撈庶就此有定之款核實
辦理俾期工歸實濟無悞漕行計捕河廳屬壽東東平州判貳汛
共准估長河工拾捌段共長肆千壹拾壹丈壹尺除額夫挑土外共估
添募夫壹千叁百陸拾柒名例價器具銀伍千柒百肆拾壹兩肆錢津

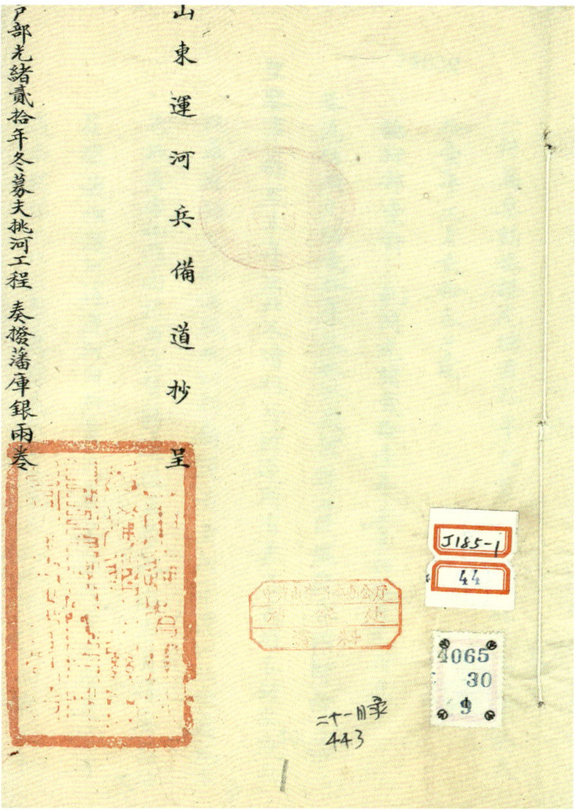

戶部光緒貳拾年冬募夫挑河工程奏撥藩庫銀兩卷
山東運河兵備道抄呈

蓄放水时以下板或启板多少来节制。两闸之间往往有浅，必要时筑逼水草坝或临时拦河草坝蓄水。

运河和天然河道交汇处，常患淤沙，需要定期疏浚，挑浚时船就不能畅行。其中以南旺分水南北两闸间的挑浚最重要，明代定例三年二挑。自正月十五兴工，二月中旬完工。万历以后改为隔年一大挑，隔年一小挑。小挑是浚闸旁月河；大挑浚正河，船走月河。挑浚时间改为九月至十月。明末月河堙塞，又改为十一月至正月挑浚，其间船不通行。清代沿袭不改。其他要挑浚的三处是临清两闸间、济宁天井闸旁和当时泇河上滕县（今滕州）的彭口（又叫三河口），规模都较小。

济宁以南常受黄河决溢、淤积影响，开泇河以前，在徐州附近接黄河处每年淤浅，徐州以东顺黄而下，船速而多险。徐吕二洪最艰涩，上水船常需数百人牵挽，凿平后稍通

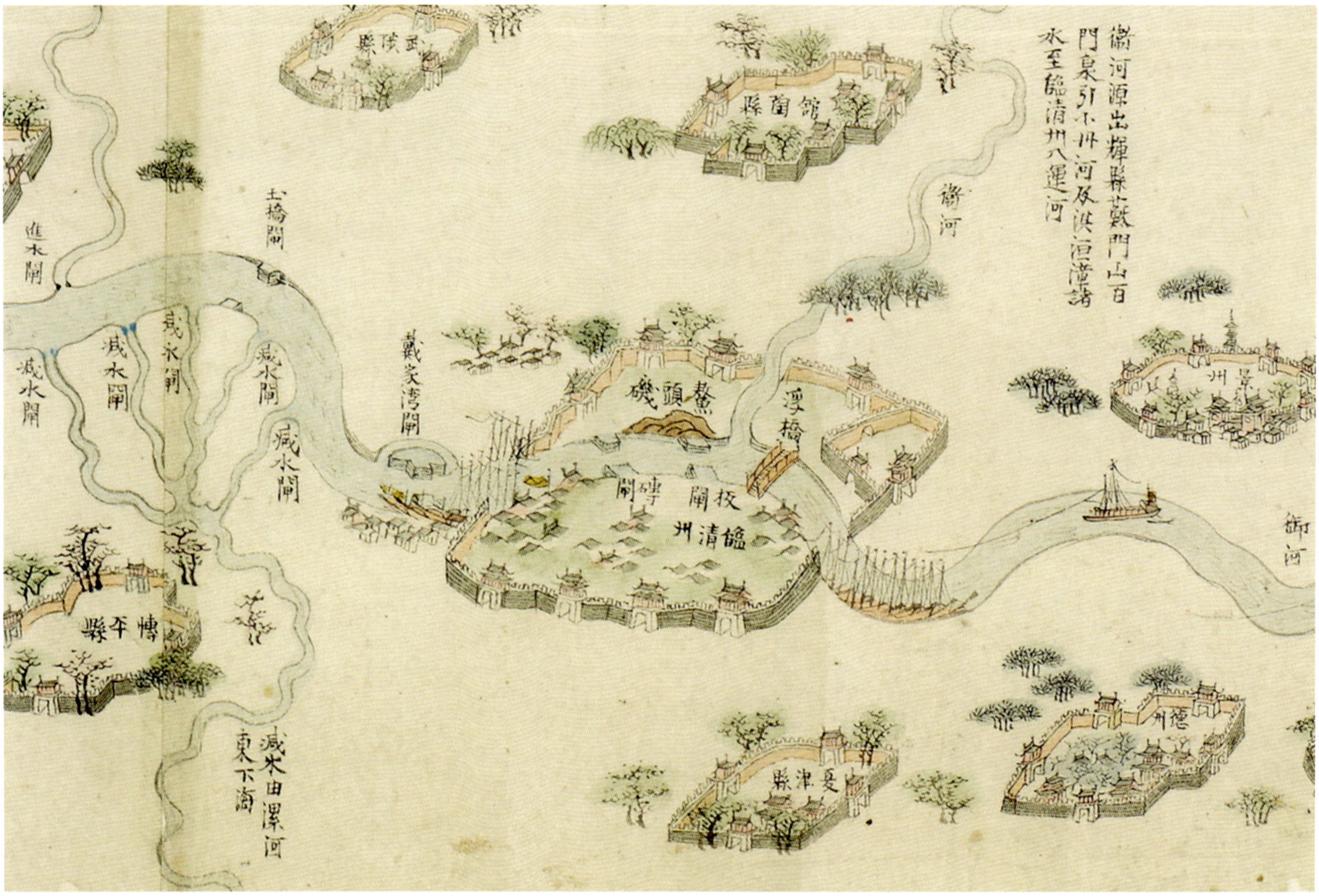

清康熙年间《王石谷全黄图》中的临清州

顺。开洳河后，自北而南是顺水，水源少，迟速也看闸的操作。开中河以前，洳、黄相接处由于淤塞常改变入黄口，并建闸坝控制。开中河后，黄、淮、运交叉的清口成为航道上的难点。

陈瑄开淮安至清江浦河道并建闸前，船需由淮安城北五坝盘过，入淮水，再溯流至清口。开河后漕船由闸过，商货仍多走五盘坝。淮南湖漕必须蓄泄得当以免淮河洪水冲渍运堤。扬州以南三汊河可由仪征、瓜洲两处入江。上江船多走仪征，江浙船多走瓜洲，两处也常有通塞，可以互相代替。

6. 里程

由于计算方式不同，加之水道变更，各时期、各记载所记水程都有出入。江南运河，隋代称800里，后代所记在641里至720里之间。清乾隆时记杭州至嘉兴190里，嘉兴至苏州140里，苏州至常州180里，常州至镇江江口160里，过江至瓜洲口15里，杭镇段共长670里。民国实测杭镇段340公里，其中苏杭段174公里。

江北运程，明弘治时记通州至仪征3000里，水驿42站，大体上北运河360里，分4驿；南运河915里，12驿；会通河至徐州接黄河800里，12驿；黄河运道至清口南岸420里，7驿；淮扬运河370里，6驿；真扬运河75里，首尾2驿。总计通州至扬州2865里，至仪征2940里，过3省，州县37个，节制闸62座，铺舍576间。以后所记由北京东便门至瓜洲江口或仪征江口里程自2600余里至2800余里，说法不一。清道光时记：大通河45里，北运河356里，南运河945里，会通河528里，新河（自鱼台县南阳闸至夏镇）108里，泇河262里，皂河（泇河最南端）57里，中河213里，黄河8里，官河（瓜洲至淮阴）405里，过45州县，共2927里。民国实测江淮段180公里，黄（新道）淮段460公里，天津至黄河新道段636公里，北京至天津段166公里，共1442公里。

金代官定水程，重船上水每天35里，下水100里；空船上水50里，下水200里，过闸河则行程缓慢。

明弘治定通州至仪征漕程42驿，就是42天的路程。清乾隆时杭州至京号称3689里，49驿；扬州至京41驿，和明代没有多大差别。清初中河未开前，粮船自淮安北上至邳州江苏边界518里，限30日，由于南段行黄河逆水，平均每天只17里；山东境内自峄县（今枣庄市峄城区）至德州1302里，限40日，平均每天32里多；直隶境，南运河至天津关578里，限10日，每天约58里；天津关至通州石坝362里，行北运河，限12日，每天30里，共92天行2760里，平均每天30里。山阳县（治淮安）以南，重运每天顺流限40里，逆流限20里。

运粮回空轻船，通州石坝至天津关限7日，天津关至德州限12日，德州至峄县限30日14小时，峄县至淮限14日12小时，共64日2小时，每天平均43里余。更南顺流限每天50里，逆流限每天30里。

明成化时定粮船至京期限，河南、山东、北直隶五月初一；南直隶七月初一，江以南展限一月；浙江、江西、湖广九月初一。正德时定“水程图格”，按日填起止地名。嘉靖时定过淮期限：江北十二月，江南正月，湖广、江浙二月（后改二月）。万历时提前到京期限，原定五月的提前两月，原定七月、八月、九月的提前三个月。并定每年十月征粮完毕，十一月兑军，十二月开帮北上，二月过淮，三月、四月过洪入闸河。

清代虽常有变更，但大体相近，过淮期限：江北各府州县为十二月，江南苏、杭限正月，江西、浙江限二月。到通州期限：鲁、豫限三月初，江北四月初，江南五月初，江西、浙江、湖广六月初一。到通州后限三个月内交米入仓，十月中回空南返。实际运行不畅时，大半拖延时日，清后期往往迟至五月始过淮，入冬回空南归，需打冰行船。

商旅行程迟速难定，下面举几个例子。

明嘉靖四十一年（1562），南阳新河未开，船行黄河，经徐州、沽头入闸河。归有光赴京会试，前一年十二月二十七日自苏州动身，二月初二抵天津西之杨柳青，共35日。因冰阻，改陆行，两日到京；同年四月南归，初一由张家湾上船，30日至瓜洲，平均每天走八九十里。

清顺治十年（1653），中河尚未开，船自黄河入泇在宿迁县西的董口。谈迁随官船由嘉兴至京，闰六月初九动身，七月初六至瓜洲，九月二十五日至河西务，以冰阻登陆，共船行105日；后三年附回空粮船南返，二月初七由张家湾上船，五月初七至瓜洲，二十三日至嘉兴，也走了105天。清初秩序混乱，船行特慢。

嘉庆二年（1797），中河、泇河早已畅通，吴锡麒由京回杭州，三月十三日自通州东门下船，二十二日至天津，四月二十八日至济宁，五月十三日至黄河北岸杨庄运口，先由于黄河淤塞，后大雨溜急，停了21天，到六月初五才到南运口，十四日至扬州。至闰六月初六复自扬州南行，十五日至苏州，二十三日至杭州，共走了128天，实际坐船89天。船行顺利的如道光九年（1829）包世臣于六月初七自临清上船，二十四日即到扬州，只18天。

7. 漕河禁例

明代定“漕河禁例”十七条：第一条是关于启闭闸的规定，除贡鲜船外，非积水满不能开闸过船，权贵豪强如强迫开闸及已开抢先者都重罚。元、明、清三代都屡次下诏书申明，但始终行不通，以致妨碍行运，最后闸门大量改为裹头。裹头实际是没有闸门的闸座，闸头呈弧形，用以缩窄河道、抬高水位。水溜急，需绞拉过船。

其余各条是规定军丁带货及土产数量，禁止普通船只敲锣鼓响器，禁止盗决堤防及水柜湖堤以引水灌田，禁止在纤路上建房屋，以及规定官吏夫役职责等。清初又加五条：规定堤防保固期为1—3年，如冲决须及时如实上报，修建及防守官吏都要受惩罚；水程定限与沿途河官催运及押运官延误等惩罚条例；沿堤植柳树惩奖条例等。乾隆时期，山东段沿堤栽柳40余万株，还有决堤者惩罚条例等。

五、维修及衰落

明清两代运河设官制法虽周密，但实际施行起来则较混乱。官吏用各种方式蒙蔽欺骗，舞文弄法。明成化七年（1471），在陈瑄后不过六七十年，已有“近年以来河道旧规日以废弛，滩沙壅塞不加挑洗，泉源漫伏不加搜涤，湖泊占为田园，铺舍废为荒落，人夫虚设，树井皆枯，运船遇浅动经旬日，转雇盘剥，财殚力耗……因循既久，日坏一日”局面。于是设官，加强管理。以后情况大体上差不多，往往需要大力整顿，及时维修，但效果常有局限。

（一）维修问题

（1）明万历中常居敬提出整顿漕河八条建议：①浚山东泉源；②收回水柜湖地；③筑戴村坝之坎河口溢洪坝；④河内增加永久闸座，少用活闸及临时土坝，活闸是临时性的草土闸；⑤多设闸官，严格启闭制度；⑥加强主管河官的权力；⑦南旺挑浚筑拦河坝严格按规定及时筑拆；⑧恢复原设夫役。

（2）清嘉庆十四年（1809），吴邦庆奏整理临清至清口段运河四条建议：①疏通湖河，广开水源，严查堵塞、妄泄；禁垦湖种田，筑堰阻水及浅处种蒲苇妨碍水道；禁截泉水灌田；疏通堤上的进水口、涵洞，收集坡水入运；堤上的泄洪闸、桥空要修堵控制，不可漫流。②严格微山湖口闸启闭定则，按志桩收蓄水量以接济迦河、中河。湖口闸在韩庄，设有闸、坝、水志，按制收放。收水每年以水志到1丈2尺左右为准，河末段尚嫌水深不够，又定每年春重运到时以山东、江苏交界之黄林庄水位志桩5尺为度，不能或多或少。这一时期蜀山湖水柜亦设水志，收蓄水位以1丈1尺为准。③漕粮帮船遇有起驳时，应规定先卸土产，次起军丁食米，再驳正米。清代驳船载重百石左右，有官造，有雇募，有各帮自带。当时漕船规定带土产140余石，食米六七十石，押运官丁在规定之外大量附搭私货。起驳时常先起正米至岸，任其雨淋日晒。④沿运府道分段驻催以便州县雇募丁大，捞浅起驳等及稽查吏胥运丁等不法行为。最后又谈及回空船需认真打冰行走，不致耽误南旺等处挑浚。

（3）嘉庆二十一年陶澍奏江南河段四条维修建议：①请浚练湖以济镇江运道。康熙时上湖已成民田，下湖周40里亦渐淤，应挑浚利运。②请开甘露港。镇江运河入江口太窄，收蓄潮水太少。在江口东面有甘露港，原系纳潮济运港口，亦淤垫需疏浚。③请修丹阳、丹徒各闸以便蓄潮、节水。④挑除积土。运河两岸堆积长时期挑浚之淤土，高峻陡立二三十丈，再挑出之土无处堆放，又无路径远运，再往上堆积，雨水又冲刷入河。当时每年一小挑，五年一大挑，河仍淤积，需恢复旧法搬走积土或开土巷通道，以便再挑浚时绕运土山后。

后两例是清后期常遇到的问题，更大的是清口附近的治理，已不是一般的维修。

（二）运河的副作用

解决运道的问题只从有利于漕运着想，可以看出和其他水利要求的矛盾。如泉、湖原可用于灌溉，由于济运，被禁止引用；山东运河西堤建有积水闸、进水涵洞等收集河西坡水，若失修则坡水排泄不畅，形成灾害；东堤设闸涵排泄河内洪水，可能淹及河东等。这都是运河带来的一些不利后果。

运河横亘南北，打乱了东西方向的水系。例如海河水系各大河都受运河影响，永定河洪水只能在东淀一带滞蓄，下游合子牙、南北运河为沽河入海，不能另穿运堤，单独排洪入海。南北运河的减河主要是为了刷深运河。卫河上游原有灌溉之利，为了漕运，只能在运道不需水时才能引灌。鲁西南各排泄坡水河道，因微山等湖抬高水位蓄水，也限制了坡水入湖，成了多涝灾区。苏北淮海一带及里下河地区的水灾主要受黄河夺淮影响，而治水只为了保运，也带来了不良后果。

至于人为的恶果如沿运征丁、征银、征实物，官吏借以贪污横行，军丁的沿途骚扰，更是数不胜数。为了运河，劳动人民付出的代价是巨大的。

（三）运河的衰落

清代嘉庆以后，运河逐渐衰落，原因是：内政腐败，管理不善，运道难以维持；黄河的淤决影响运河，无法治理，还要引黄济运，形成恶性循环；还有其他自然因素如淮河入运等问题。决定性的原因是：太平天国义军攻占江南一带，运河阻塞；继之以帝国主义侵略和轮船引入，海运大兴；黄河改道自大清河入海，运渠山东段几乎中断；再后除轮船海运外，铁路交通增多，运河就弃而不治了！

（1）管理不善的例子，如道光中漕船过黄北上的减少到三四千只，后来仅剩2000多只，船行误期为常事，每年二月中旬首帮才到清口，尾帮拖延到六月中旬才过去；九月下旬回空到清口，十一月中才过完。船身逐渐加大，附带加载愈来愈多，由200石加到400石。河浅船大，行运滞迟。

（2）受黄河淤决影响，如清口在乾隆末年就发生过黄淤严重、成为平陆的现象，后来虽隔断黄淮，仍不免倒灌淮口，逼淮南流，几乎每年都要开归海坝；清口通运艰难，直到黄河改道北去，中河和里运河沟通才解决。

苏北骆马湖等淤积失效，不能接济中河，苏北挑水受阻成灾；微山湖在嘉庆十八年、十九年（1813—1814）曾一度干涸，有水时亦因湖底淤高，蓄水不足，不得已引徐州以西黄河水入湖接济，饮鸩止渴。此外，黄河北决亦常干扰会通运道。

（3）漕粮改行海运。在嘉庆时已有不少人主张以海运代替河运，这本来是明代以来的老问题，但始终未实行。道光六年（1826）才首次试行，末年又屡次海运。咸丰初以太平军截断河运，就完全由海运了。同治、光绪时仍以海运为主。

（4）咸丰五年（1855）黄河北徙，于张秋南北漫流穿运堤，下由大清河入海。后来黄河主溜走张秋以南，黄流倒漾入运河，张秋南北都淤积堵塞了，运河荒废了十几年。直到太平军政权覆亡以后（同治四年，即1865年），清政权又恢复河运，当时又有义兵遍布运河一带而过黄河新道，只能借漫流黄水走少量漕船，每年不过一二十万石，稍后绕行附近的坡河及黄河正溜，修了少量工程，始终不能畅通。

张秋以北运河缺乏水源，以南由于失修到处浅阻，下至光绪二十年（1894）左右虽仍有河运，最多不过20万石。到二十七年（1901）漕粮改为折色（改纳现银），次年裁撤管河官吏，河道漕运就完全废了！以后几年还有挑浚运河、由内河轮船行运的主张，用意在防备海上战争，海运被阻，北方缺粮，但也未实行过。漕运就成了历史名词。

局部河段还可以通民运，如江南段，江淮段，南、北运河段；中河、伽河也可通小船；会通河段可在济宁南北通航。黄河新道以北至临清段淤成平陆，后来开为良田，始终未再恢复。到南北铁路建成，民运交通改由陆路。民国时虽有重开议论，1935年还提出过计划，也只是纸上谈兵而已！

新中国成立以来，水利事业蓬勃发展，运河亦逐渐复苏，特别是利用古运河江北水道作为南水北调的东线以后，已全面展开了规划、建设工作，自江都扬水站向北，分若干梯级提水，过江苏后经山东、河北、天津至北京。利用沿线湖泊洼地调蓄水量，改建扩宽河道，修筑大量建筑物，调长江水北上，供给沿线城市用水、农业用水和航运用水，多方面综合利用。路线较旧运河稍偏西，如山东南四湖段运河改在湖西，大致相当于明嘉靖四十四年（1565）以前的河道。除重开泇运河（现名韩庄运河）外，也利用徐州北的不牢河道通微山湖，二线并行。

京杭大运河复航入东平湖的“八里湾”船闸

南水北调八里湾泵站工程全貌（西面）

南水北调八里湾泵站工程全貌（东面）

《水经注》中的鸿沟水道

河南东部天然河流多半是从西北向东南流，下入淮、泗，并且河道平行，流域狭窄，上源较短，下入平地，大多为季节性河流。雨季洪水泛滥，旱季水小，有时成为干沙河。旱季常苦航运、灌溉水量不足。平行河道虽相距不远却互不通航。黄河常向东泛滥，这些河流被黄水淤淀，容易改道或淤断。

从《水经注》中的记载情况看，鸿沟自北而南，横截众流，引黄河水灌注各河，可补各河水量之不足，又可以串通各河，相互通航。如果想维持这一局面，黄水淤塞的河段就需要人工疏浚。

一般来说，鸿沟是战国时魏人所开。春秋时这一地区分属郑、宋、陈、蔡、楚诸国，无通航需要，也没有通力合作疏浚开河的可能。战国时魏恰恰统一了这一地区的大部分，连通各河成为一个水系，便于漕运，有需要也有可能。

秦统一全国后，情况变了，由江淮通黄河的漕运量逐渐增加，需要有较大运量的汴渠。豫东南地区虽然还需要航运，但有天然河流颍、汝、沙、涡等的通航，也能勉强应付。只有出现南北分裂或割据政权时才对它稍重视些，如三国、南北朝以及唐中叶以后的情况。

另外一方面，分引黄河的水量毕竟有限，供给汴渠的需要还够用，如果分散到南北济、汴、睢、涣、沙、涡等水就不易应付了，所以汴渠的发展代替了鸿沟，鸿沟退居次要地位。唐代想恢复它也只能局部利用。宋代演变成蔡河，已非旧有河道。金、元以后黄河南泛，鸿沟被湮没。

《古今图书集成》之广武山图中绘注鸿沟

一、释名——古鸿沟见于《史记》《战国策》等书

《史记·河渠书》记“（禹）功施于三代。自是之后，荥阳下引河东南为鸿沟，以通宋、郑、陈、蔡、曹、卫，与济、汝、淮、泗会。于楚，西方则通渠汉水、云梦之野，东方则通鸿沟江淮之间……此渠皆可行舟，有余则用灌浸”。这说明鸿沟水源引自黄河，水系连接济、汝、淮、泗。经过这些水道可通往春秋时宋、郑、陈、蔡、曹、卫诸国境内，包括现在的河南省东半部、山东省西半部、安徽及江苏两省北半部。最南段在“江淮之间”，沟首在荥阳县北。

鸿沟中段为南北向，末段偏向东南。《史记·项羽本纪》载：“项王乃与汉约，中分天下，割鸿沟以西者为汉，鸿沟而东者为楚。”既是中分天下，就不是指一小段，而应为在今河南省东部的一长段，南端达颍、汝流域，甚或至江淮之间。《战国策·魏策一》所记“苏子为赵合从，说魏王曰：‘大王之地，南有鸿沟、陈、汝南……’”就说明在魏南境、颍水流域有鸿沟。

《史记》所述本来很明白，后人的注解反倒造成混乱。例如：《苏秦列传》集解：“徐广曰：在荥阳。”荥阳为沟首所在，并非正文中所说魏南境的鸿沟。《高祖本纪》索隐：“应劭云：在荥阳东南三（《项羽本纪》正义引无南字，三作二）十里。盖引河东南入淮、泗也。”楚汉中分天下不能以荥阳一段来分，引黄河东入淮泗为东西向，又和“沟西为汉、沟东为楚”矛盾。东入淮泗是汴渠，可指为鸿沟水系但非鸿沟正流。

此外《索隐》又接引“张华云：一渠东南流，经浚仪，是始皇所凿，引河灌大梁，谓之鸿沟。一渠东经阳武南，为官渡水。《北征记》云：中牟台下临汴水，是为官渡水也”。《项羽本纪》正义：“张华云：大梁城在浚仪县北，县西北渠水东经此城南，又北屈分为二渠（按：这几句和下文不衔接，浚仪县北应作浚仪县南）。其一渠东南流，始皇凿引河水以灌大梁，谓之鸿沟，楚汉会此处也。其一渠东经阳武县南，为官渡水。按：张华此说是。”《正义》所引似误合张说的两段为一段，又把描述下游至大梁城南的一段错摆在描述上游至阳武南一段的前面，遂致不易理解。

《项羽本纪》集解：“文颖曰：于荥阳下引河东南为鸿沟……即今官渡水也。”《河渠书·索隐》引“文颖云：（鸿沟）即今官渡水也。盖为二渠，一南经阳武为官渡水，一东经大梁城，即鸿沟，今之汴河是也”。文说与张说似同而有异。张以官渡水为东流，文以为南流，反之张以鸿沟为东南流，文以为东流。文以为一源二流，鸿沟和官渡水既为通名，又分指二渠。张意不明显，《正义》所引则指为一渠。

《北征记》以汴水为官渡水，文颖则以鸿沟为汴水。若汴水、鸿沟、官渡水都为这段水道的通名用，就没有什么不同。《索隐》《集解》又似指为二渠，不是通名。《项羽本纪》正义在解释广武时云：“《括地志》云……戴延之《西征记》云：三皇山上有二城，东曰东广武，西曰西广武，各在一山头，相去百步。汴水从广涧中东南流，今涸无水。”这又自成一说。

张、文二说略同《水经》之阴沟及浪荡渠（狼汤渠）。郦注以名称通用解释，无关实质。《西征记》之汴水，郦注以为柳泉，水流方向相反。《西征记》可能是一时的情况。

这些分歧杂乱，一是由于情况复杂，不实际查证，不易弄清楚；二是由于时代不同，水道有变化；三是由于名称繁多并随时变化。《汉书·高帝纪》作鸿，《晋书·地理志》浚仪县下作洪。洪、鸿音义全同，不致引起混乱，另一些名称就不同了！

张华说秦始皇开渠“引河灌大梁，谓之鸿沟”，和《河渠书》不甚相合。灌大梁见《史记·秦始皇本纪》(《魏世家》略同)：“二十二年，王贲攻魏，引河沟灌大梁。大梁城坏，其王请降。”《续述征记》说：“案《河渠书》《沟洫志》引河为洪沟一说，秦攻(原文误为至字)魏凿渠引河灌大梁，名曰洪沟焉。”已分为二说。实际鸿、洪、河可能是音的转变。河也有大的意思，都可解释作大沟。沟有分流的意思，河沟或鸿沟可解释成黄河的一条分流大水道。

“引河沟灌大梁”是从鸿沟(河沟)引水灌大梁。张华说好像鸿沟是秦人所凿，显与事实不符。除非张华所说的鸿沟是指另一条引黄河水的渠道，如《水经注》中的阴沟。

《宋史·河渠志》记张洎说：“禹又于荥泽下分大河为阴沟，引注东南，以通淮、泗。至大梁浚仪县西北，复分为二渠：一渠元经阳武县中牟台下为官渡水；一渠始皇疏凿以灌魏郡，谓之鸿沟，莨菪渠自荥阳五出池口来注之。其鸿沟即出河之沟，亦曰莨菪渠。”莨菪渠即《汉书·地理志》(以下简称《汉志》)之狼汤渠，汉人又把鸿沟叫狼汤渠。这一段综合旧说，较混乱。

不过它提出鸿沟又名阴沟。阴古音通翁音，翁、鸿音近，所以鸿、阴也是音转。分成两渠，和文颖、张华说同，莨菪渠注入秦凿之鸿沟是新说。莨菪渠即鸿沟则系旧说。阴沟、鸿沟是一是二，没说清楚。其说或系以《水经注》之阴沟(另有渠首)为秦凿之沟而亦名鸿沟，遂纠缠不清。

总之，古鸿沟有洪沟、河沟、阴沟等名，是音通讹转。狼汤渠及以后各名称也只是名称不同。

二、《水经注》中的鸿沟大致为先秦旧道

鸿沟在《汉志》中叫狼汤渠，在《水经》中多叫浪荡渠。狼汤以音取义，字无定形，意思就是现在常说的浪荡、游荡、变迁，没有一定轨道。大概由于渠水含沙量大，渠道容易变迁；同时渠首也如宋代汴渠口一样“大河向背不常，故河口岁易”，所以有这样一个名称。经过人工整治，自然会稳定些。

《汉志》载河南荥阳县“有狼汤渠，首受泲（即济），东南至陈入颍，过郡四（即河南、陈留、汝南、淮阳），行七百八十里”。又陈留浚仪县“睢水首受狼汤水”，陈留县“鲁渠水首受狼汤渠，东至阳夏入涡渠”。又淮阳、扶沟县“涡水首受狼汤渠，东至向入淮”。水道所经基本和《史记》《战国策》所述先秦情况相同，唯指出与泲水关系，以济为渠首。这可以代表西汉时的情况。

《水经》和《说文》所叙，可以认为是东汉时的情况。《水经》“（河水）又东过荥阳县，蒗荡渠出焉”“（蒗荡）渠出荥阳北河，东南过中牟县之北”“汳（即汴）水出阴沟于浚仪县北”“阴沟水出河南阳武县蒗荡渠，东南至沛为涡水”，《说文》“涡水受淮阳扶沟浪汤渠，东入淮”“汳水受陈留浚仪阴沟，至蒙为雍水，东入于泗”，所叙渠道亦无大异于《汉志》。可见自先秦至东汉，鸿沟水道基本无变化，唯睢水不再接浪荡渠。

《水经注》根据所知情况解释《史记》、《汉书》和《水经》的记载，其解释与原文虽有分歧，但实质区别不多。

《济水注》“济水又东南流入阳武县，历长城东南流，蒗荡渠出焉”的说法，与《史记》《水经》不同，和《汉志》相近，唯《汉志》说渠首在荥阳，这里移到阳武。这也仅是说法的不同，所以《渠水注》“渠水自河与泲乱流，东（经）荥泽北，东南分泲。历中牟县之圃田泽北，与阳武分水”。《济水注》以济水为主，把浪荡渠当作分支，这里以渠（即浪荡渠）为主，就说与济合流。这样就和《史记》《汉书》《水经》没有实质的差异。

《济水注》又根据旧说解释鸿沟别源。“索水（按旃然水下游）又东流、北屈、西转，北径荥阳城东而北流注济水。杜预曰：旃然水出荥阳成皋县，东入汴……济渠水断（按：黄河水小即断），汴沟唯承此始，故云汳受旃然矣！亦谓之鸿沟水，盖因汉楚分王，指水为断故也。《郡国志》曰：荥阳有鸿沟水是也。盖因城地而变名，为川流之异目。”汴、鸿首段不可分，济与汴、鸿首段亦不可分。下游虽分而名称也可以互相转移。郦道元说名称因城地而变，实际并不一定。

《渠水注》所指分汳地点与前代无不同。“渠又北屈，分为二水。《续述征记》曰：汴、沙到浚仪而分也。汴东注，沙南流。其水更南流径梁王吹台东……梁（按：应作渠）水于此有阴沟、鸿沟之称焉。项羽与汉高分王，指是水以为东西之别。故苏秦说魏襄王曰大王之地南有鸿沟是也。故尉氏县有波乡亭、波亭、鸿沟乡、鸿沟亭，皆借水以立称也。今萧县西亦有鸿沟亭，梁国睢阳县东有鸿口亭，先后谈者亦指此以为楚汉之分王，非也！”鸿沟名称的传播可以说明，名称转移无与于水道实质。郦道元极力做各种解释，也只说明这种转移现象。这里又掺入阴沟一名。

阴沟水首，《水经》与《水经注》有实质差异，《水经》载：“阴沟水出河南阳武县蒗荡渠。”注云：“阴沟首受于大河卷县故渎。”郦氏反以名称转移来解释，认为不是实质差异。“（阴沟水）东南至大梁合蒗荡渠。梁沟既开，浪荡故渎实兼阴沟、浚仪之称，故云出武阳（按：应为阳武），径大梁城北，左（按：杨守敬校改右）屈，沟与梁（按：清人校增沟字）合，俱东南流，同受鸿沟、沙水之目。其川流之会，左渎东导者即汳水也。盖津源之变名矣，故《经》云阴沟出蒗荡者也。”认为《水经》所说的阴沟就是指浪荡故渎，浪荡新渎是经梁沟再合故渎。这里浪荡渠与阴沟、鸿沟、浚仪渠、沙水已混称。郦氏只肯定某一段同名，实际浚仪渠、沙水可以这样说，渠、鸿、阴三名可以首尾通称。

大梁以南之鸿沟，《渠水注》称沙水，并指出“音蔡，许慎正作沙音”（后世即称蔡河）。所述鲁沟分水处和涡水分水处与前代相同。又以沙水至陈县东面分为两支，以东流者为正流，南流入颍水的是分支。《汉志》以南流入颍水的为狼汤渠末段。《水经·颍水注》同《汉志》，渠篇又以东流为渠正流，似乎把渠和浪荡渠分为两事。

总之，《水经注》所叙鸿沟水道和《史记》所叙先秦旧道没有很大差异，中间经过王景分治河汴及修浚仪渠。北宋张洎说：“盖循河沟故渎。”并未大改道。两汉下至南北朝各种记载虽有分歧，也都是就自己的认识或当时见闻立说，看不出很大的差异。

较大的差异是江淮之间的鸿沟。《史记》说：“于楚……东方则通鸿沟江淮之间。”《汉书》改为“东方则通沟江淮之间”。沟通江淮最早的记载是《左传》鲁哀公九年（前486）“吴城邗，沟通江淮”。《汉书》可能是指邗沟。明、清不少人认为《史记》所说的鸿沟就是邗沟，或者干脆认为“鸿”字是衍文。

也可能是另有一条水道，和上段鸿沟相通，因而也叫鸿沟，班固已不能确指。《淮水注》：“淮水又北，沙水注之，经所谓浪荡渠也。”浪荡渠就是鸿沟。北水向南可通的江淮间水道只有东肥河、南肥河，巢湖入江的一道。《史记》所指的江淮间鸿沟也可能是这一条。

三、鸿沟的上游段（大梁以西）

《水经·渠水注》载："渠水自河与沛乱流，东径荥泽北，东南分沛，历中牟县之圃田泽北……泽在中牟县西，西限长城，东极官渡，北佩渠水……水盛则北注，渠溢则南播。故《竹书纪年》梁惠成王十年入河水于圃田，又为大沟而引圃水者也。又有一渎自酸枣受河，道自濮渎，历酸枣径阳武县南出，世谓之十字沟，而属于渠。或谓是渎为梁惠之年所开，而不能详也……渠又右合五池沟，上承泽水，下流渠，谓之五池口。"

这一段叙述战国时魏最初开鸿沟的情况。自济水引河水入圃田泽，"又为大沟引圃水"，是自泽向东开沟，大沟就是鸿沟。渠经过圃田泽，利用泽水通航。泽可以作为调节水库，亦可作为沉沙池。泽通渠水口尚有五池口。另《渠水注》还记载有不家水口、清沟口等。不家水、清沟都是过泽入渠的天然水道，也是鸿沟的一些补充水源。

通濮水的十字沟是渠的另一引河水源。有人认为是梁惠王时所开，也许这就是魏人开鸿沟，最初的直接引黄河水口。

《渠水注》又说："又东至浚仪县……《竹书纪年》梁惠成王六年四月甲寅，徙都于大梁是也。秦灭魏以为县……《竹书纪年》梁惠成王三十一年三月为大沟于北郛以行圃田之水。"

魏惠王六年（前365）迁都大梁（今开封），十年（前361）开鸿沟上游段，三十一年（前340）又在大梁北郊接向东南开。这是就自然形势逐段开浚。十年至三十一年间，上段有人工沟，下段亦应有天然水道或沼泽为下泄出路。

《水经》载"阴沟水出河南阳武县蒗荡渠"，"（渠）又东至浚仪县"，"汳水出阴沟于浚仪县北"。阳武到浚仪（今开封西北）就有两条平行水道：浪荡渠和阴沟。这和文颍说略同，文称渠为官渡水，称阴沟为鸿沟（按：张华说，名称似相反）。

《水经注》谓浪荡渠自阳武才分济东南流，并没有再分一沟，并谓《水经》的阴沟就是指浪荡渠，是"津源之变名"，是名称问题。《渠水注》叙浪荡渠以梁沟为正流，浪荡故渎为分支，经大梁之北即阴沟。梁沟就是秦王贲攻魏，引沟灌大梁，南出大梁城南之新渎，张华叫鸿沟。

《渠水注》又说浪荡故渎自大梁城北南折，梁沟自城南北折，二水汇合后又分为二支：一南流为沙水，一东流为汳水。

汳水不见于《汉志》，荥阳之汴水仅为一小水。东汉治河、汴，而汴之名大著。汴、汳同音异形，是同一名称。王景治河、汴前，修过浚仪渠，浚仪渠是汴水的一段。《水经》、《说文》、《陈留风俗传》（《汳水注》引）都说汳从浚仪县开始。沙水，《说文》说在“楚东”，浪荡渠自大梁以南叫沙水不知始于何时，郦道元称为沙，当时又叫蔡（见《魏书·崔亮传》等记载）。据郦说蔡读沙音，应当是同音异形的两字。

大梁古以地低洼、多沼泽而闻名。《水经注》载，城东有牧泽，又叫蒲关泽，北有沙海，南有逢忌之薮，诸水环绕。梁的字义是堤、堰、桥、石绝水（临时性桥梁）。大梁可能是因有较长的堤、桥等建筑物而得名。

东面的蒲关泽旁有西汉梁王吹台，又叫婆台。蒲关急读合音极近汳，婆音亦可通汳。汳水的名称可能与此有关，如汳或汴因荥阳卞水得名，那么，泽、台就可能因汳得名。

城北的浚仪渠又称浚水。郦注解释浚仪之名是因疏浚阴沟得名。实际浚通梭音即近沙音，或沙、浚为音之转。仪古读俄，浚仪急读合音亦即沙音。

《战国策·东周策》载：“夫梁之君臣欲得九鼎，谋之晖台之下，少海之上，其日久矣！”少海又作沙海，旧说沙海在今开封城西北12里，隋时湮没。其地正浚仪所在，很可能浚仪就是沙海的音转，沙水之名和沙海有关。梁惠王十年开鸿沟上游段，三十一年又接开大梁北郊段，其间20年所引圃田之水大概就是以沙海、蒲关泽等为尾闾。再东天然水道，据《汉志》有睢水首受狼汤渠于浚仪县，古或通连，至东汉睢水已改道。

四、鸿沟中游段（大梁至陈县）

关于鸿沟上游名称及解释，各文献异说纷纭，中游段也有些歧异。

《水经》以阴沟水出阳武县浪荡渠，下游“东南至沛为涡水”；《汉志》则记涡水首受狼汤渠；《说文》云涡出浪宕渠；郦注说，阴沟出于河“始乱蒗荡，终别于沙而涡水出焉”。沙水上段和阴沟下段是同走浪荡渠，阴沟东分为涡水，这是弥缝《水经》之说，但沙水分涡在扶沟县，郦氏只好说至沛郡始分涡。是《水经》错了！

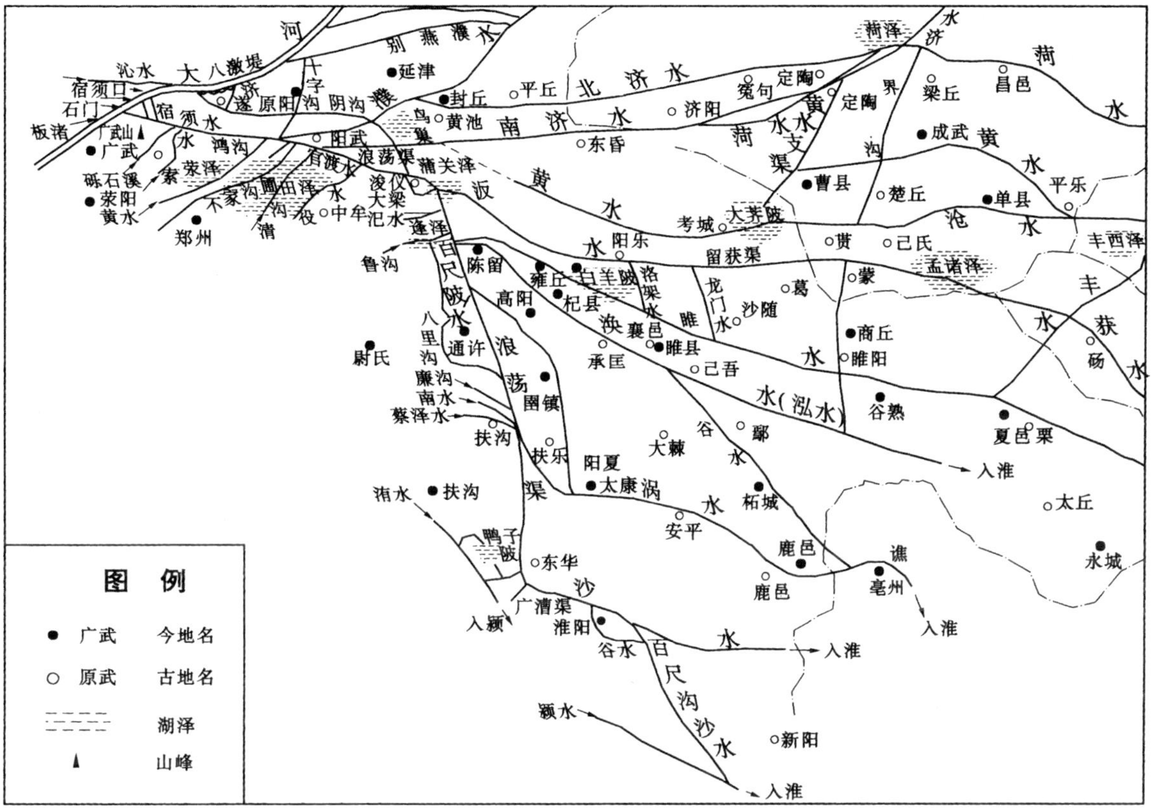

《水经注》中的鸿沟示意图

《水经》所述阴沟源流实自为一说，或别有古资料作依据，所说或即鸿沟初开时情况。阴沟即鸿沟，可能魏开鸿沟至阳夏（今太康县）转向东通涡水，并非经扶沟南下至陈（今淮阳）。因为战国时阳夏以南已入楚境，魏人不能开渠。所谓“至沛为涡水”，可能沛郡以上的一段涡水是人工渠。《汉志》载陈留县“鲁梁水首受狼汤渠，东至阳夏入涡渠”。鲁渠，《渠水注》叫鲁沟，至阳夏西入涡。涡叫涡渠，表示涡水上段是人工渠。

另一个旁证是《尔雅·释水》：“水自河出为灉……涡为洵。”郭璞注：“皆大水溢出别为小水之名。”洵、浚、沙古音都可通，《尔雅》可能以沙、涡分流，把沙看作涡水的别支。

《水经》无沙水之名，自扶沟而南仍称渠水，东南至陈分为两支。陈在战国时为楚东北境重镇，魏不能于此开渠，自扶沟至陈及陈以南一段只能是楚人或秦统一后，后人继续开挖的。

从陈留到阳夏，分渠入涡的鲁渠又叫鲁沟，可能是人工渠。《渠水注》叙鲁沟水最上源是役水分支，东南流至古开封县（今开封市南25公里）北入逢池（又叫逢泽、逢忌之薮），自池东北流叫新沟，又东北在古开封县东北注入渠水。渠水再南流至陈留县西南分出鲁渠水，又叫宋沟。鲁渠东南流至阳夏县西入涡，鲁渠可能是利用原有水道开挖的，鸿沟利用它一段。

这种横断的东西向天然水道，使鸿沟得以汇集西来水源再向东分配。从《水经注》所叙，尚可约略看出鸿沟未开前天然水道的情况。大梁以西之卞水、旃然水（索水）、黄水、不家沟、清沟、役水都东北入济，并通连荥泽、圃田泽，也可能是二泽的天然水源。大梁以南，役水分支的汜水和鲁沟东面接近汳、睢、涣、鲁沟等，好像是这些水的上源。

洧水分支的康沟、南水和蔡泽水东面接近涡水，也很像涡水上源。洧水正流则东接东流之沙水，很可能是沙水原有的上源。《洧水注》载："又东南过长社县北。洧水东南流，南濮、北濮二水入焉……洧水又东南分为二水也，其枝水东北流注沙。"《潩水注》载："潩水又东南径长社成林城西北，南濮、北濮二水出焉……川渠双引，俱东注洧。洧与之过沙，枝流脉乱，互得通称。是以春秋昭公九年迁城父人于陈，以夷濮西田益之。京相璠云：以夷之濮西田益也。杜预亦言以夷田在濮水西者与城父人。"沙水一源是通连洧、潩的濮水。濮水之名也转到沙水下游及其分支夏肥水（西肥河）。

五、鸿沟的下游段（陈县以南的两支）

渠水至陈城东又叫百尺沟，又南分为两支。《汉志》以南流入颍的为狼汤渠，《水经·颍水》篇同，《颍水注》解作"蒗荡渠者，百尺沟之别名也"。向东流的《汉志》没记载，《水经》以为渠的正流，《淮水注》认为是浪荡渠。同时《水经注》把两支都叫作沙水。

陈县以东的沙水至皖北入淮，从陈县至城父一段大致由西向东流，向南分支有细水（约当今之茨河）、夏肥水；向北分支，有两支入涡水。和现在河道相比是截断了茨河、西肥河和芡河。城父以下沙水大致相当于今芡河道。这种形势很像鸿沟中游西面有很多支流，东西有若干分支。从东西流向、横截众流看，很像人工渠道。

《济水注》引刘成国《徐州地理志》说："（徐）偃王治国，仁义著闻，欲舟行上国，乃通沟陈蔡之间。得朱弓矢，以得天瑞，遂因名为号，自称徐偃王。江淮诸侯服从者

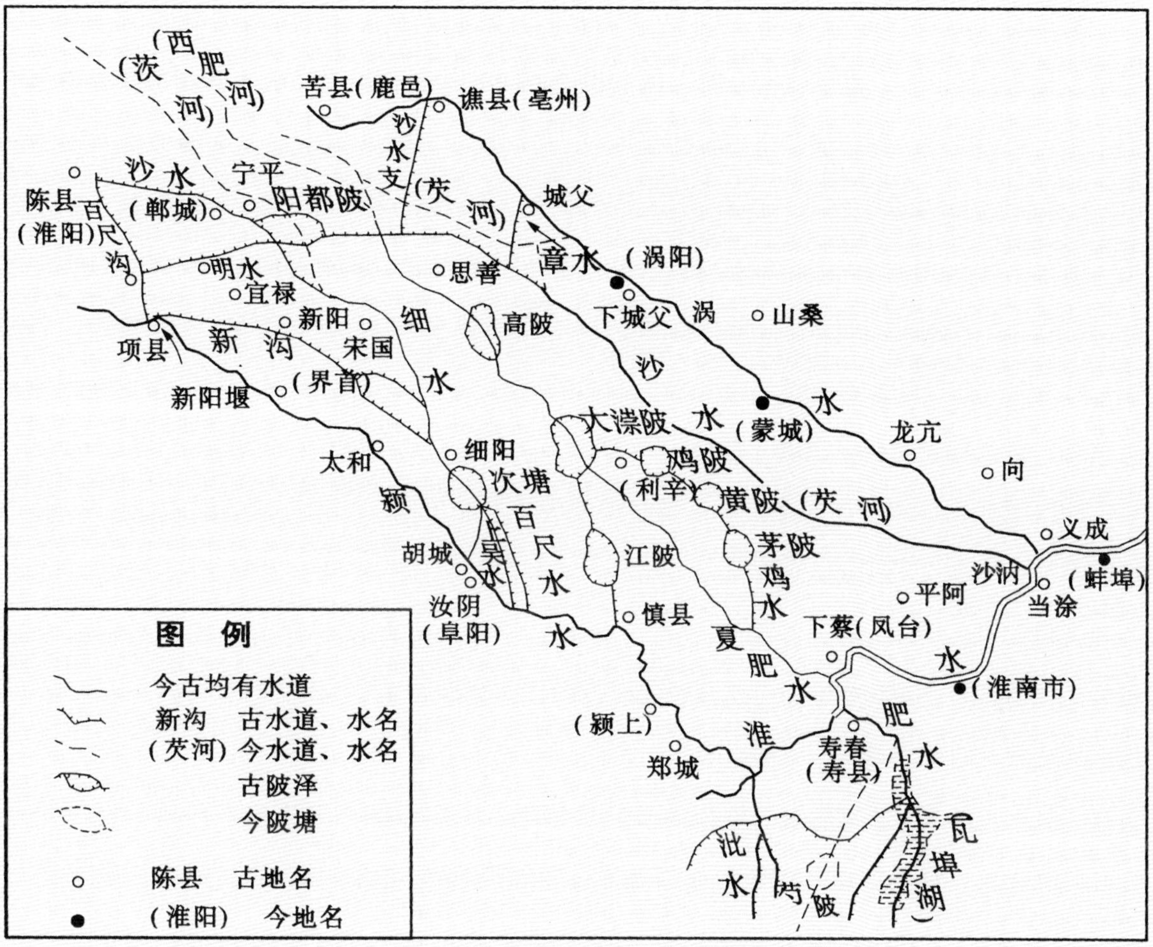

《水经注》中沙水入下游示意图

三十六国。”徐偃王的时代，有在周穆王时、楚文王时、楚庄王时等说法。楚庄王时较合理些。

“通沟陈蔡之间”可能是这一段渠水的前身。自陈至城父一段可以认为是人工渠；城父向南分二支，沙水末段及夏肥水，都可能是天然水道。如果认为蔡指下蔡，陈指陈国，陈蔡之间的沟可以解释为由沙水至城父再转入夏肥至下蔡。《渠水注》说：沙水“又东，高陂水东出焉。沙水又东分为二水，即春秋所谓夷濮之水也”。高陂水就是夏肥水，《淮水注》曰：“然则濮水即沙水之兼称，得夏肥之通目矣！”这样，夏肥水和沙水这一段，就是春秋时濮水。事见《左传》昭公九年（前533）。

楚灵王于昭公八年（前534）灭陈，十一年（前531）灭蔡，十二年（前530）至乾溪（城父南5里）经营东方。当时乾溪之所以被重视，被当作向东方扩张的大本营，可能是因为水道方便，西可通陈，南可通州来（下蔡）。

《水经》无夏肥水，似有缺略。《汉志》无沙水自陈以东一段，只有夏肥水。“城父，夏肥水东南至下蔡入淮，过郡二，行六百二十里。”所记里程太长，且所经似亦只一郡，是否包括一段沙水，不能确定。如西汉无此段沙水，《水经》所述系东汉三国时情况，则可能西汉已湮没（以《淮水注》沙水原有浊岩渠之名，似西汉应有），东汉又通。魏大兴淮颍水利时又重新整修，事在魏正始四年（243）左右。

两汉漕运，汴渠较鸿沟重要。三国时淮南为魏吴交争地，邗沟流域当时残破，少居民。鸿沟又成为主要交通渠道。《三国志·魏书·文帝纪》载，黄初五年（224）八月曹丕“为水军，亲御龙舟，循蔡、颍，浮淮幸寿春”。蔡即沙水，是由鸿沟入颍、入淮。次年三月“为舟师东征。五月戊申，幸谯……八月帝遂以舟师自谯循涡入淮”，由鸿沟转入涡，再转入淮。两次均未涉及自陈至城父一段的沙水。

《晋书·宣帝纪》魏正始三年（242）开广漕渠，引河水溉田及通漕。广漕渠在《渠水注》中曾提及，已不能详其源流，应当是浪荡渠的局部改道及整修。第二年“开淮阳、百尺二渠”，似乎就是百尺沟及东支沙水的疏浚。此后魏兵东伐，常循鸿沟入颍，如嘉平三年（251）司马懿征王凌等。

东晋、南北朝时也常利用这一水道。东晋太元八年（383）苻坚侵晋，运漕万艘自河入石门，到达汝颍，就是循鸿沟而东南。北魏宣武帝时（500—515），修汴蔡二渠以通边运。二者都在郦道元以前。

六、江淮间的鸿沟（东肥河及南肥河）

沙水为浪荡渠即鸿沟，由沙水或分支夏肥水（西肥河）过淮，可由肥水（东肥河），南通合肥转入施水（南肥河），通巢湖、通江。《施水注》以肥水、施水相通，则这一水道可认为是鸿沟的向南延伸，也可以当作江淮间的鸿沟。

肥字义据《尔雅·释水》为“归异出同流”，就是二水同源异流。西汉已有合肥县，应劭谓："夏水出城父东南至此与肥合，故曰合肥。"阚骃谓："出沛国城父东至此合为肥。"郦道元已斥二说之非，谓："盖夏水暴长，施合于肥，故曰合肥也。"一应注意古或有东、西肥原为一水之说，所以有应、阚的误说。施、肥相通，则南肥之名亦非偶然。二应注意东南二肥之通为夏水暴涨，不是经常通流。

施、肥相通可能自先秦时已有此说。除《尔雅》对字义的解释可作证明外，《左传》记载：成公十七年（前574）"舒庸人……道吴人（侵楚）围巢，伐驾，围厘、虺"。虺字义为"一身两口"的虫，又名肥遗，虺字音极近合肥急读的合音。虺地即汉之合肥县，春秋时楚之东境，与吴相邻。两水同源异流正像一身两口的虫。春秋名虺演变成汉名合肥。

春秋时吴楚兵争，多次在施、肥水附近发生。上述成公十七年一次，所涉及的城邑大致在这两条水道左右，即沿这一线作战。另一次为昭公二十四年（前518），"楚子为舟师，以略吴疆。沈尹戌曰：此行也，楚必亡邑。……越大夫胥犴劳王于豫章之汭，越公子仓归王乘舟，仓及寿梦帅师从王，王及圉阳而还。吴人踵楚，而边人不备，遂灭巢及钟离而还"。这次楚的舟师很可能是溯长江转入巢湖、施水、肥水入淮水，至今淮南市以东。这说明，施、肥间可以通航。

《史记·货殖列传》载："郢之后徙寿春，亦一都会也。而合肥受南北潮，皮革、鲍、木输会也。""受南北潮"的传统解释是，长江、淮水的潮从南北两面都能到合肥。这也可能指施、肥水相通。《汉书·地理志》改成："寿春、合肥受南北湖皮革、鲍、木之输，亦一都会也。"加入寿春一地，与《史记》说不同。湖、潮形似，可能是字误，也可能是改了。虽为两地，却说"亦一都会"，是更改不彻底的痕迹。如班氏说，无施、肥通连的内涵。

《水经》记载："肥水出九江成德县广阳乡西。肥水别，北过其县西，北入芍陂……施水亦从广阳乡，东南入于湖。"清人校改"肥水别"于"施水亦从广阳乡"下，就肯定了二水相通。郦注施、肥二水有三线相通：自广阳乡西发源处北流不远，即分为二水；肥水北流至成德县南，施水支津自合肥城东来会；肥水至成德县北，芍陂东之死马（亦作死虎、死雩、宛唐）塘，再北阎涧水从东面流入。阎涧水上源是施水支津。

近人论施、肥通连者多注意第一线发源处之有无人工运渠，实际第三线最应注意。郦注叙施水于合肥城东分为二支，支津北出。流入阳渊。阳渊一名阳湖，在逡遒县（大致相当今肥东县）西境。阳湖水北出叫阎涧水（清人校改为阎涧水，似无据），阎涧水《淮水注》叫阎溪。由横塘西流又分一支北出为洛涧水入淮，正流西入肥。

三国时魏吴兵争，常由两肥水进军。最足以说明两肥水可能相通的是《三国志·魏书·武帝纪》：“（建安）十四年（209）春三月军至谯（今亳县），作轻舟，治水军。秋七月自涡入淮出肥水，军合肥。”秋七月是洪水季节，轻舟吃水浅，易航行。这就是说水大时可由肥入施，通轻舟，至合肥。但通过的是第一线还是第三线，却不易确定。此后不及50年，魏甘露二年（257）阳渊有魏吴交战记载，或系由阳湖水行军。

两晋、南北朝时，施、肥水道仍为兵争要道。郦道元时，合肥曾一度属元魏。所叙不应谬误太甚，唯跨分水岭而过，需要人工开凿。施肥通流尽管在技术上可能，在实际上需要，迄未见人工开凿记载。

只有东晋兴宁二年（364）四月燕兵南侵，“桓温遣西中郎将袁真、江夏相刘岵等凿杨仪道以通运，温帅舟师次于合肥”。杨仪道应为合肥附近之水道。

《三国志·魏书·满宠传》记太和六年（232）“吴将陆逊向庐江……宠曰：庐江虽小，将劲兵精，守则经时。又贼舍船二百里来，后尾空县，尚欲诱致。今宜听其遂进，但恐走不可及耳。整军趋杨宜口。贼闻大兵东下，即夜遁”。杨宜和杨仪应当是同一水道。满宠自寿春向杨宜口是“大兵东下”，杨宜口在寿春之东。陆逊向庐江（魏庐江郡在六安），当自巢湖登岸西上，在寿春之西南。两军一东一西，只能解释为：魏兵东下是由杨宜口向合肥、巢湖截吴兵归路。所以陆逊忽促撤兵。

阳渊、阳湖、阎润、杨宜、杨仪很可能是同一名称的音转。杨宜口似指阳湖水注入肥水之口，可由此入阳湖水至合肥。桓温遣袁真等所凿的杨仪道应当就是阳湖水道，可由此通漕支援寿春。当时汝南太守朱斌为燕兵所败，退守寿春。桓温遣袁真等协助他御敌。

这条施水支津上，南北朝时期似乎还有堰埭等建筑物。《太平寰宇记·寿州·安丰县》载：“废小史埭在县东五十二里。此埭上原号施水，又曰支津。魏志云：武帝东征孙权，从东漕口至江际各为栅。栅口遣小史何文宪开，因以为名。”古安丰县在今寿县南偏西30公里，芍陂北岸。安丰之东52里大约相当于今瓦埠河下游即为瓦埠湖东支和瓦埠湖通连处。瓦埠河成湖处可能即古横塘所在，正阎润水合肥水处。此处建埭可以控制阎润水道。

所谓魏武帝遣小史何文宪开栅口事，今《三国志》无记载，当系传闻。或因有魏武帝开这一条水道的传说，因而附会。

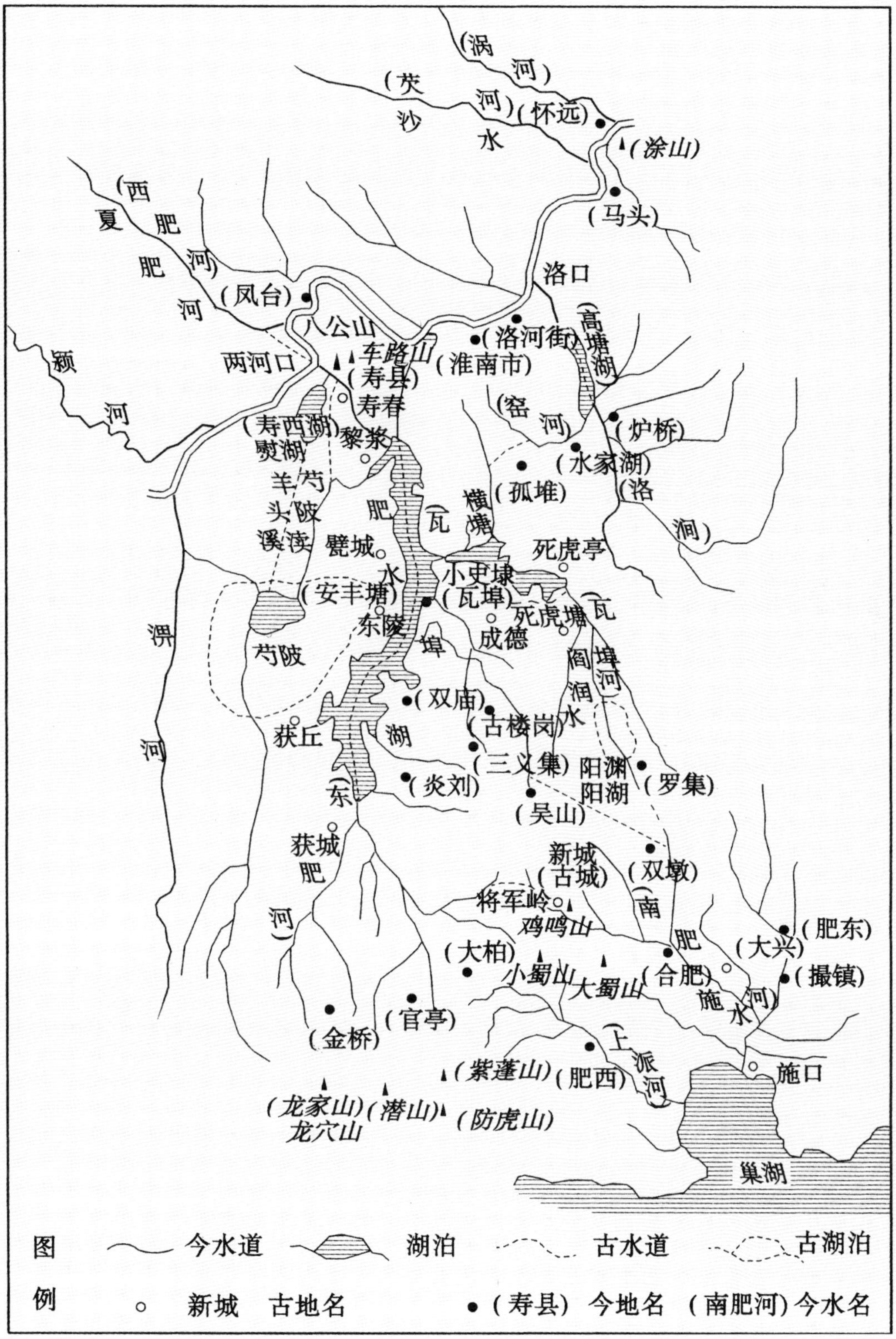

《水经注》中的施、肥水道示意图

小史埭之名见《南齐书·垣崇祖传》。齐建元二年(480)二月，崇祖守寿春，魏兵来攻。崇祖“于城西北立堰塞肥水。堰北起小城，周为深堑，使数千人守之。崇祖谓长史封延伯曰：‘虏贪而少虑，必悉力攻小城，图破此堰，见堑狭城小，谓一往可克，当以蚁附攻之。放水一激，急逾三峡，事穷奔透，自然沈溺。此岂非小劳而大利邪？’……至日晡时，决小史埭。水势奔下，虏攻城之众，漂坠堑中，人马溺死数千人”。

垣崇祖决的小史埭应当就是《寰宇记》中所说的小史埭，在寿春东南五六十里处。当时，决小史埭的积水入肥水，冲击城西北的临时堰，水急骤涨，自然破堰，淹没攻小城的魏军。所谓“放水一激，急逾三峡，事穷奔透，自然沈溺”，日晡时决埭，水至寿春当在黄昏后。

这一条施水支津曾经袁真等开凿，且有堰埭，是一条运渠。南北朝时还有两次战役似乎也利用过它。

《梁书·韦睿传》记载：天监四年(505)梁兵北伐魏。韦睿自历阳(今和县)西克小岘(今昭关)，进攻合肥，堰肥水灌城。“堰成水通，舟舰继至……魏人……势甚盛，军监潘灵祐劝睿退还巢湖，诸将又请走保三叉……魏军少却，因筑垒于堤以自固。睿起斗舰，高与合肥城等，四面临之……睿攻具既成，堰水又满，魏救兵无所用……城遂溃。”

所堰肥水即施水，现在的南肥河，当时自西北向东南流，经合肥城北、城东，再东南入巢湖。拦水灌城只能在合肥城东南角筑拦河堰。韦睿所帅者为步兵。一般南方水军是由巢湖入施水至合肥，即有人劝韦睿退兵的道路。于城东、南筑堰则施水被截断水源，无法行船。原文“堰成水通，舟舰继至”，显然不是船从南来。只能是船由北来，经阳湖至合肥，这条水道并不通畅，所以堰修成，抬高水拉后，北船始能南来。据《水经·淮水注》，阳湖水有一支自横塘北分为洛涧。洛涧自洛口入淮。当时梁北伐的主帅临川王萧宏正屯兵洛口，前锋已攻克洛口西25里之梁城，指向寿阳。魏人守寿阳，梁兵则从东、南、西三面进军。所以，自淮水分一部水军由洛涧入阳湖水至合肥，是完全可能的。

此后20年(梁普通七年，即526年)，梁将夏侯亶自合肥北攻寿阳，“夏，淮堰水盛，寿阳城将没……亶帅湛僧智、鱼弘、张澄等通清流涧，将入淮、肥。魏军夹肥筑城，出亶军后，亶与僧智还袭，破之。进攻黎浆……所向皆降下”，于十一月攻下寿阳(《梁书·夏侯亶传》)。

淮堰是梁人第二次修的淮水拦河堰。夏侯亶在淮堰水盛时，准备率水军由合肥经清流涧入淮水和肥水。清流涧应当就是清洛涧，是洛涧的主要支流。这里可能就是指洛涧。自合肥通清洛涧是经过阳湖水北上。淮水被拦，盛涨，洛涧倒灌可能通至阳湖上下，所以这一次也是借涨水通航。

自阳湖水可通洛涧入淮，也可向西通肥水。魏人夹肥筑城，在入肥梁兵的后面，所以夏侯亶又返回来攻破该城再北进，攻黎浆。

和这些记载对照，魏、晋、南北朝始终没有记载可以解释为由施肥同源处通航者。反之，三国魏太和六年(232)，满宠以孙权连年由施水进军攻合肥，建议于合肥城西北30里鸡鸣山下改建新城，以便于守御。后遂移守新城。孙权来攻，以离水远不敢下船。今地图，合肥市西北15公里有古城，即三国之新城，南距施水并不远。似乎当时合肥以西并不能航行，所以有远水之说。

因此，阳湖水道可能是魏、晋、南北朝常用的施、肥通道，而不是在鸡鸣山下沟通施、肥。

到唐代建中二年(781)，已在《水经注》成书后250余年，江淮水陆转运使杜佑建议开凿合肥西的鸡鸣岗(即鸡鸣山)40里，打通江淮水系，漕运可由长江转入巢湖、肥水入淮。事未施行，但说明当时南肥、东肥是隔绝的。

此后七八十年(859年左右)庐州刺史卢潘作《庐江四辩》说："今按肥水出鸡鸣山，北流二十里许，分而为二。其一东南流，经合肥县南，又东南入巢湖；其一西北流二百里，出寿春西，投于淮，二水皆曰肥……"其说与杜佑不同，不知卢氏为地方官，曾实际查勘否？此后地方志多引卢氏说为二肥同源的证据。

阳湖或阎润水，唐宋以后很少提到，但明清地方志中有沿河之名，似即阎润水遗迹。

清人据当时舆图，所言沿河及肥水水道很特别。齐召南《水道提纲》记"(淮水)又东北经寿州北，有芍陂沿河水自东南来注之(芍陂塘在寿州东南，周数十里……其西北支津，西北流曰沿河，经州城东北，又北经两山入淮)。又东北，有水东南自庐州府北来注之(水二源，出六安州东南龙穴山，一出大尖山，皆东北流经官亭镇……合北流，经伊家集东，又北至北炉镇南，有清洛涧水东北自定远来会。又西北流百余里，经两山，又西北入淮)"。

杨守敬《水经注图》根据《大清一统舆图》，把齐召南所说发源于龙穴、大尖，东北流之水叫南肥河。实际它的上源是东肥河，中游是瓦埠河，下游是洛涧。杨氏又把瓦埠河下游西流入东肥这一段当作古肥水，当时叫沿河。

清洛涧为肥水，《淮水注》已斥其谬。唯古以沙水为鸿沟，南接江淮间更有鸿沟，则由沙汭南至洛口，溯淮不过二三十里（涡口至洛口稍远，亦不过数十里），远较溯淮至肥口将近百里者为直捷。江淮间水道，由洛口入洛涧，通阳湖水至合肥，入施水，通巢湖，入江是应当注意的。

总之，东肥、南肥相通水道，古说有三线，今皆有灌渠纵横串通。古代通航是走哪一线？有无人工渠？文献记载较混乱，今亦不敢作最后定论。如果进一步做实地勘测，详查地形、河道、涧谷、平原及古代遗迹，再配合古代记载巢湖、芍陂（远较今日为大）之大致范围，推测大致水位高程，计算回水影响所及等，应当能有一个较可靠的结论。

黄河三门峡以下峡谷段两岸的堆台

河南渑池县北境任家堆一带峡谷河段，北岸有白浪堆、老鸦石堆、任家堆、小堆、大堆五个堆，南岸也有四五个堆。堆的位置都在河湾的凸出山嘴处。两堆之间视线无阻隔。堆下距河面30米左右。其中任家堆保存较完整，系夯土筑成，原建筑可能是方形，现在能看到的是一个柱状黄土台，总高度约有10米，跨两级梯田；直径约有6米，顶部直径有3米多。据当地群众讲，原先顶部周围有砖饰女儿墙，中间方砖铺砌，现在还有残留的方砖碎块。究其建筑年代和用途，当地人都说不完全，只说它的作用类似长城上的烽火台，是当地的一处古迹，因此还加以保护。

这类堆台的用途，缺少记载，不易确定，但从这段河道的有关历史记载看，可能是古漕运遗迹。

一、三门以下，渑池北境黄河峡谷段古称阏流

《水经·河水注》曰：“砥柱，山名也……河水分流包山而过，山见水中若柱然，故曰砥柱也。三穿既决，水流疏分，指状表目，亦谓之三门矣……河水翼岸夹山，巍峰峻举，群山叠秀，重岭干霄。郑玄案《地说》：河水东流贯砥柱，触阏流，今世所谓砥柱者，盖乃阏流也……自砥柱已下，五户已上，其间一百二丨里，河水竦石杰出，势连襄陆，盖亦禹凿以通河，疑此阏流也。其山虽辟，尚梗湍流，激石云洄，澴波怒深。合有一十九滩，水流迅

清康熙年间《黄河图》中的三门峡和砥柱

砥柱
鳌耳山

元王振鹏《大明宫图卷》局部

急，势同三峡，破害舟船，自古所患……虽世代加功，水流湍濬，涛波尚屯。及其商舟是次，鲜不踟蹰难济，故有众峡诸滩之言。五户滩名也。”三门以下峡谷段自古以来为航道险段，漕运艰难亦不只是三门附近二三十里为然。19滩绵亘至120里，即今渑池北境的河段。

东汉人谓自陕“以东有三十六滩”。元末想疏凿这一段，立水陆站以通关陕，地方官吏勘查的结果是：“河中滩碛百有余里，礁石错出……遂寝其议。”都是记载这段河道的。

二、汉唐宋明等各代黄河漕运都曾通过这里，因而筑有一些工程

自秦以后黄河常通漕运，三门峡段的人工整修，西汉时已有记载。史载鸿嘉四年（前17）凿砥柱，这段险滩是否也加工过，无明文记载，但也是可能的。上文引《水经注》指出的“世代加功”不是只指砥柱上下的二三十里航程，应当包括120里的阏流险滩。魏晋设“平河岨”“治河滩”工匠5000人，就是修治包括这一段的“众峡诸滩”。

隋代曾凿砥柱，唐代亦屡次对砥柱施工。三门上下自东汉以后傍山开凿栈道以便引纤，阌流段也应包括在内（如实地勘查，还可能发现遗迹）。开元、天宝间曾于三门东置集津仓，距三门峡十六七里，于三门西置三门仓，距三门峡约5里。二仓间当时开山路18里通车运。黄河下游西上之漕船至集津仓而止。后于三门北岸开凿开元新河，曾一度废陆行水。这一时期通过阌流的漕运量达到高峰。

安史乱时漕运停止，乱后立即恢复，又特制“上门填阙船”航行河阴县至三门一段。后来又开凿三门北岸陆道18里，在原置二仓间转运。汉代这段漕运情况缺乏记载，见于记载的最盛时期是唐代200余年。北宋及明代虽曾通过三门阌流段航道运粮，但运量不大。宋、明在三门也有所修凿。

三、航路艰险，历代都有些相应措施

三门峡上下通航情况，历史上多半着重记载三门一小段。阌流各滩虽不如三门艰险，但

清康熙年间《黄河图》中的黄河险滩

可以推知也会有种种困难，需要采取措施来克服。上文已提到开凿、修纤道、开新河、转陆运及设计建造特种船只等。除开新河外，其余各项都涉及这段险滩。此外，东汉时已有在这段险滩航行的领航技术人员，称“河师”，唐人还记载有指挥上三门的“门匠”。有时漕卒（军事编制的漕船船夫兵役等）也会受专门训练。

关于漕船在三门段通航的困难情况，唐人有不少描写。阏流险滩情况虽好些，从这些描述中也可以看出通航的艰难。例如唐人李繁说：“自集津上至三门，皆一纲船夫并牵一船，仍和雇相近数百人挽之。”当时10船为一纲，每船米千石，每纲300人，篙工50人。这样牵一只船的人要有四五百，似乎夸大了些。

又说：“河流如激箭。又三门常有波浪，每日不能进一二百船，触一暗石即船碎如末。”“一二百船”似太多，百或为十之误。因为即使每天以进50只计算，1000只不过20天，与下文“每纲上三门，无损伤，亦近百日方毕”矛盾，此处之“每纲”不是10船一纲，是泛指一个漕船队。当时这段水路运粮每年不过百、数十万石。每船千石，100万石不过1000只船。每天上船10只，需100天。

李繁又说：“上三门篙工谓之门匠，悉平陆人为之。执一标指挥，以风水之声，人语不相闻。陕人云‘自古无门匠墓’，言皆沉死也。”门匠是篙工，实际是导航技术人员，执标竿或旗帜等指挥。阏流一段也应有这类引水人员。

他又说：“故三门之下，河中有山，名米堆、谷堆。”这正是现在发现的一类“堆”。米、谷之名是由于堆前常沉漕船。明人也有关于这种“堆”的记载。

另外，雍正《河南通志》中记载了这段航道的情况：“康熙四十三年八月……虽船只可行，但溜急滩多，水涨则无纤路。今挽空船于二百六十里足行十有七日。若系重载，必濡滞时日，多费人工。似此水路不如陆路为便。倘将漕粮贮于河南府，由陆路运至陕州西门外太阳渡上船，计程不过三百余里，驮送不过四五程，车行只需七八日，更比河路费省矣。”

四、峡谷河段所见多数“堆”似为指挥或导引漕船的指挥台

上水船每日不过行10余里，在峡谷险段要走十几天。航行期间，应有类似“门匠”的指挥，也应有岸上的“导航设施”。在河湾的凸出山嘴上设这类堆（墩台），两台之间视线无阻隔，在河中可直接望见。台内可以有人以信号指示航向、迟速等。这段航路一般不能夜航，但夜间过船或白日能见度小时，可以在堆台上燃火或点灯指挥。当地人传说这类堆的用途类似“烽火台”，可能是指这种情况。

另外，明代京杭运河通漕时也修过类似设施。明永乐中陈瑄全面整修京杭运河，“虑漕舟昧河深浅，自淮抵通州滨河置舍五百六十八所。舍置卒，俾导舟可行处”。后来演变为

“浅夫”“溜夫”，主要职责也变成浚沙浅和挽舟过滩或闸下的急溜，但导航时还是需要他们帮助。历史上还有些海港及长江导航措施的记载，与上述也有相似处。

笔者还认为，这种堆台不像报水情用的，一是因为这一段似无此需要，不如从陕州取陆路直报下游；二是如系报水情用，台应设在更高处，以便在很远处即可看见信号；三是台不需要筑得这样密、这样多。

通过以上论述，可以认为三门以东黄河峡谷段的“堆”是古代漕运导航设施的遗迹，其修筑年代可能是唐代。但这仅是初步推测，详细考证还有待进一步实地勘查和查阅文献。

唐代幽州至营州的漕运

——黄、海、滦水系之沟通

东汉末年（3世纪初）曹操北征乌桓，开白沟、平虏、泉州、新河等漕渠，沟通黄河、海河及滦河水系。漕运可自黄河流域直至今滦县南，入滦河。溯滦河而上可到今长城喜峰口附近，古所谓卢龙塞。出塞即当时的乌桓境，乌桓的政治中心在柳城。晋时柳城稍东北移，为龙城，一名和龙，为鲜卑慕容燕的都城，即今朝阳。唐代为营州治所，仍名柳城。

滦河在今长城喜峰口外有支流瀑（或写作豹）河，瀑河上源与大凌河上源相距不远。大凌河古称白狼水，东北流经朝阳。唯瀑河及大凌河上段古无通航记载。

汉、唐幽州均治蓟城（今北京）。自蓟城向东南可经湿水（今永定河，古又名桑干水）或其分支通各漕渠。隋代开永济渠，漕运可由黄河直通蓟城。唐代因袭前人遗迹通漕幽州至营州间，也有些兴建开凿。

一、幽州向东南的航道（约当今北京、天津间）

蓟城近桑干水，最早的水运是利用桑干水。东汉初年（约建武九年至永平二年，即33—59年），王霸为上谷太守（治沮阳，旧怀来县治），《后汉书·王霸传》载："陈委输可从温水漕，以省陆转输之劳，事皆施行。"旧说以温水为温榆河，很可能温字为湿字之讹。湿水即桑干河，今永定河。这可能是湿水

喜峰口

最早的通漕记载。

蓟城北有温榆水，东入潞水。利用这条水道通漕也有可能，但古无记载，至辽代以后才逐渐发展为北运河航道。曹操开泉州渠后40余年（魏嘉平二年，即250年），刘靖引湿水，开车箱渠，改高梁河道，东通潞水。渠道经蓟城之北，是一条灌溉干渠，亦无通航记载。

这一地区最早的人工漕渠是隋代的永济渠北段。隋大业四年（608）开永济渠，自黄河“北通涿郡”。涿郡即幽州。自黄河向南有通济渠通江、淮。隋炀帝曾自今杭州、扬州由水路直到蓟城，并曾在此航线上进行大规模运输。

永济渠北段所走的路线，隋、唐无记载。北宋记御河（永济渠别名）自乾宁军（治今青县）“东北一百九十里入潮河，合流向东七十里于浊流口入海”，又“此水西通淤口（即后之信安军）、雄、霸等州水路”，东北入海一支约相当于今卫河汇海河入海一段；向西一支在今大清河北，旧洼淀通连处。二支在北宋时均与辽、宋边境的人工塘泊汇合。

所谓“塘水东起沧州界，拒海岸黑龙港，西至乾宁军，沿永济河合破船淀、灰淀、方淀

清嘉庆年间《四省运河水利泉源河道全图》中的桑干河（永定河）与运河

为一水”，即东支在乾宁军以东所汇之塘泊。又“东起乾宁军、西信安军永济渠为一水，西合鹅巢淀、陈人淀、燕丹淀、大光淀为一水”。这是西支在乾宁军以西所汇的塘泊。

西支就是通向幽州的永济渠北段。永济渠至信安军即折向西北。宋人记信安以西塘泊“东起信安军永济渠，西至霸州莫金口……凡并边诸河，若滹沱、胡卢、永济等河，皆汇于塘”，说明永济渠未再向西延伸。

永济渠自信安附近折向北稍偏西，经今永清县、廊坊之间通向幽州。北宋人记“永济河霸州永清县界来，经（信安）军界下入淀泊，连海水”，这说明渠水流向是自西北而东南，水源应来自桑干河水系，通向桑干河，永清西北属桑干河流域。

渠更北经旧安次县治（在今廊坊西之旧州镇）东，所谓“县东枕永济渠”。自此更西北百里许至蓟城，通桑干河。永济渠北段引桑干河水，成为该河下游的一个分支。桑干河下游很容易摆动、改道及散漫分支，就可能有人指渠道为河道。当然，永济渠原为利用一条分支修浚而成，也是完全可能的。

隋开永济渠后36年（唐贞观十八年，即644年），唐太宗将征辽东，遣韦挺自幽州运粮至营州，由桑干河东航，当即沿永济渠而下。隋代不利用桑干正流，别开此渠，正因其便于航行。唐人也不会舍易就难，改行正流。永济渠这一水道应为唐代常走的运道。

下至五代后唐长兴三年（932）春夏，幽州重开东南河路并绘图上奏。河路自王马口至淤口长165里，宽65步，深1丈2尺，能航行千石的漕船。淤口即宋代的信安军，当时称淤口关。王马口不知所在，如在淤口之北，可能就是改开永济渠道；如在其他方向就可能是永济渠之延伸，因为由淤口通运至幽州，只永济渠一条水道。

此后27年（后周显德六年，即959年），周世宗北取三关，在这一年四五月间，开乾宁军以北、以西水道，“补坏防，开游口三十六，遂通瀛（今河间市）莫（今鄚州镇）”。这是指修堤防、开淤塞。水军自乾宁军顺流而北，120里至独流口，再逆流折向西，过淤口至益津关（即霸州）。再向西，水道浅窄不能容大船，登陆沿河至瓦桥关（即雄州）。由乾宁至淤口段走永济渠。

二、海、滦河间的漕运水道

渤海海运起源甚古，秦、汉都有记载。海河口至滦河口也不过四五百里。所以最初沟通二河间的水运是海运；曹操沿海岸开漕渠，是避海上风浪之险。唐人也开渠道避海运的艰难。但从整个历史时期看，海运还是主要的。

（一）渤海西北岸的人工漕渠

渤海西北岸的人工漕渠最早是曹操所开的一系列渠道，最南面的是平虏渠，南接白沟（永济渠前身），约相当于现在沧州以北的南运河。平虏渠北接泉州渠。泉州渠从泉州县（在旧武清县东南40里）东南引滹沱水，北过县东，又北过雍奴县（在旧武清城东8里）东，距县120里，又180里入鲍丘水（约相当于后代的白河，唯下游分入蓟运河），水口名泉州口（在今天津市宝坻区西北）。这两条渠都开于东汉建安十一年（206），郦道元作《水经注》时（约6世纪20年代）已无水。据《水经注》所载，自鲍丘水再向东还有一条运渠叫新河，是和上两渠同时开的。新河向东北穿过庚水（今州河），过昌城县（在今唐山市西15公里余）

北，再东有分支通海，正流向东穿过封大水（又名陡河），再东流经海阳县（在今滦县西10公里）故城南，又东穿过清水（今沂水），又有两分支通海，正流再东会濡水（即滦河）。这条渠在郦道元时也没有水。

隋炀帝用兵辽东在《水经注》成书后80余年，唐太宗用兵辽东在成书后120年，曹操所开三渠业已废弃，只平虏渠南段为永济渠所代替。自幽州向辽东运饷这一段水运只能由海上运。

唐太宗用兵辽东后60余年（神龙三年，即707年），姜师度"又约魏武旧渠，傍海穿漕，号为平虏渠，以避海艰，粮运者至今利焉"。姜师度所开平虏渠是否即曹操的平虏渠？姜氏的平虏渠在哪里？《新唐书·地理志》载：蓟州渔阳郡"有平虏渠傍海穿漕，以避海难……神龙中，沧州刺史姜师度开"。《元和郡县图志》谓"沧州……鲁城县……平鲁渠在郭内，魏武北伐匈奴，开之"。鲁城县在今沧州市东北40公里。如二说无误，则姜氏所开并非曹操的平虏渠。曹操的平虏渠在沧州境内，姜氏的平虏渠在蓟州渔阳郡境内。隋、唐的渔阳郡辖境北至今天津蓟州区、河北兴隆县境，南至渤海。

姜氏所开渠，各书都说是按照曹操旧迹开的。在渔阳郡境内只有曹操的新河故道，则姜氏平虏渠实为重开曹操新河。

当时沧州境内永济渠为漕运要道，自不必另开古平虏渠，亦无避海难的问题。由永济渠通幽州不再过海，漕运过海只有自永济渠而北通饷平州、营州时才是不可避免的。姜氏开渠避海运，所开的不只是古新河，还应当包括相当于古泉州渠及古平虏渠北段的渠道，沟通海河、滦河行运，否则是无法代替海运的。也正因为姜氏所开渠包括古平虏渠北段，所以也称为平虏渠。各记载都说"号为平虏渠"，而不说重开古平虏渠，是有道理的。

姜师度是唐代的水利名家，有的书说他开平虏渠时是沧州刺史，有的说他是河北道监察兼支度营田使，应当是沧州刺史兼河北道监察兼支度营田使。沧州刺史只管一州事务，河北道监察兼支度营田使则负责河北一道的漕运、营田等，所以姜师度能够开渔阳郡漕渠及管理营、平等州通漕事宜。

平州治卢龙（即今卢龙县）在滦水上。营州原治柳城（今朝阳县），万岁通天元年（696）为契丹所占，州治临时移渔阳县。到开元五年（717）才回到旧治。姜师度开渠时营州治渔阳。后来回到柳城时，姜又从太子詹事改任营田支度修筑使，负责修城并开营州屯

河北沽源滦河神韵风光美景

田，屯田丰收后，就不再由海运运军饷。可见这一时期是有海运的。开元十四年（726）尚有海运馈营州的记载。

上文引《旧唐书》姜传，姜氏开渠后“粮运者至今利焉”，“今”当指唐史成书时，即《旧唐书》所本原稿写成时。唐开元十七年，吴兢已成国史65卷；二十七年（739），韦述始成国史113卷，唐史才成型，上距姜氏开渠已30余年，渠仍利用。这不一定指运粮柳城，柳城前一二十年尚用海运，后屯田有储备粮，就不需要漕运。这应当指运粮至蓟州或平州。蓟州渔阳郡置于开元十八年（730），此前仅为渔阳县。《新唐书·地理志》所记蓟州开渠是用后来地名追记前事。所以后代不少人认为姜氏所开平虏渠只通蓟州境。如蓟州城南阴流河（又名紫金泄）发源于城南，下流数十里至玉田县境入今蓟运河。这条河又叫辽运河，有人认为即姜氏故渠，辽代利用行运者，向东并未开，与曹操所开新河不同。

地方志有谓元初不但有漕渠

通蓟州，而且有漕渠自芦台东通滦县，恐不可信。并海穿渠通漕，明代曾有过。天顺二年（1458）由于自直沽（今天津）海口运粮至蓟运河口需经海道70里，很不方便。有人建议开渠10里连通新开沽河（在天津东90里）及水套沽河（北塘南，可通蓟运河），共长40余里，即可由海河经渠道通蓟运河，运粮至蓟州。第二年发民工1万人进行开浚。这条河后来就叫新河。明代经常修浚利用，末年始废。清康熙时又开，乾隆中期以后又废。有人疑此河即姜师度渠旧迹，也没有确切根据。

明代运饷永平府（治卢龙县）各地，曾利用丰润县北之还乡（一作环香）河，自蓟运河经还乡河东运。成化间曾浚河，于丰润县设仓贮粮，饷东路，后淤废。嘉靖四十五年（1566）又开浚，并设闸三处蓄水通运。当时喜峰口、三屯营等处官兵粮饷都从这里供给。

与还乡河平行，亦自东向西流，经蓟州城南的是州河，又名淋河、梨河，古称庚水或沽水，较还乡河为大，下合泃河为蓟运河。明代亦由此运粮至蓟州，再向东则无漕运记载。唐代神龙时姜师度"于蓟州之北，涨水为沟，以备奚、契丹之寇"。当时占据辽河及滦河上游的奚部及契丹部族很强盛，常南下攻略。渔阳为营州临时治所，地位冲要，所以姜氏有这种措施。"涨水为沟"，很可能是从蓟州之东沽河上筑坝遏水，开沟自城北绕过，再西南回入正道。沽河这段河道有变迁记载，蓟州城北还有一些山溪小河南流入沽。

（二）海、滦河口间唐代一次大规模海运

海、滦河口间大规模海运见于记载者，东晋时后赵石虎建武六年（340），准备伐前燕慕容皝，当时前燕都棘城（在今辽宁义县西，西北距朝阳85公里），曾征兵50万，"具船万艘，自河通海，运谷千一百万斛于乐安城（在今乐亭县东北）"。乐安城近滦水口。后赵都邺（在今临漳县西南邺城镇），应当是自漳河、滹沱河等水道出海，运至滦河口。

唐代的一次大规模运输在贞观十八年（644）秋冬。唐太宗在十七年即酝酿用兵辽东，十八年七月以韦挺为馈运使，是因为他父亲在隋代做过营州总管，有经略辽东的计划，副使是崔仁师。韦挺的任务是主持海运，征河北诸州粮贮营州；当时用兵的两个集结点是幽州和营州。因为"幽州以北（至）辽水二千余里，无州县，军行资粮无所取给"，所以资粮要由幽州运至营州（柳城）。崔仁师的任务是主持河南道水运，还有太仆少卿萧锐转运河南道诸

州粮入海，集结在登州黄县以东23里的古大人城，准备由此海运向东。

韦挺的权力很大，河北诸州都听他指挥。他先到幽州，一面差燕州司马王安德查勘水道的情况，一面就购料造船运米，自桑干河东下，走了800里到卢思台，碰到王安德回来报告说："自此之外，漕渠壅塞。"于是"欲进不得，还复水涸"。韦挺认为北方苦寒，不能再走，就在卢思台旁囤积起来，想待明年春天开冻时再运。当时到达卢思台的船有600只。唐太宗斥责他拖延，赶不上十九年春出兵，于十九年正月将其贬黜，另任命李道裕代替他。

旧说以卢思台为幽州西郊40里之卢师祠，运米为自河东道治桑干河800里至卢师祠。除卢思与卢师名字相近外，无更多理由。《旧唐书·韦挺传》明言"自桑干河下至卢思台，去幽州八百里"，指出卢思台距幽州800里，不是40里；出兵辽东，向营州运粮，不是从桑干河上游运至幽州，桑干河上游既非产粮区又非水运通道；韦挺所征集的是河北道诸州粮，河东道不由他指挥；韦挺在幽州造船，不可能溯桑干河上游800里再运粮下来，如果这样，则渠道之通不通早已知道；如果卢思台是卢师祠，距幽州仅40里，则附近渠道的情况很容易了解，不至于运米到后，听王安德的回报，才知道不通；桑干河上游运道险阻远过卢师祠以下，如水小则上游早已不通航了。

自幽州东运，先走一段桑干河（永济渠），再走水道。当时只有入海（韦挺亦主持海运），由海再走漕渠向营州柳城，则除自滦水上溯，去柳城较近外，别无水道。所以当时行运是走这条水道无疑。

入海一段，由海河口至滦河口，明代行运大半沿海岸走，只一小段放洋，共426里。唐代海岸较七八百年后之明代海岸应稍向内移，海道稍直捷。可以认为自幽州至海口约为200里，海道约400里，滦河口至卢思台段亦约200里。卢思台应在滦河旁。

三、滦水上的运道及卢思台

滦河古作濡水。濡音乃官切，滦为濡音之稍转。音转字异，古代地名、水名等专名词是最常见的。济、漯之漯亦作湿，桑干之湿水亦作灅等，都是这样的情况。

滦河水运唐代至卢思台而止，元代曾试行漕运至上都，未成功。明代后期尚有水运可通至滦阳营记载。滦阳营亦作兰阳营，在迁安北偏西400里，北距喜峰口不远，滦河东岸。

滦河今自喜峰口西潘家口穿长城南流。《畿辅安澜志》记滦河自“潘家口转东南流，十里过走马哨。潘家口前后滩哨甚多，惟走马哨乱石磷磷……较他哨为险。又二十四里与澈河合，又三十里径烟台山、团亭寨，又三十八里与恒河合”。自恒河口以下，“又三里至旧城村，折而东流十一里至米峪口与长河合，又六十三里与清河合，又七里至归口。自入潘家口，山势大开，至此则一关锁也。两岸怪石参错，不通行路。过此，山势仍复开阔。由归口转东南流至峡口与蛤螺河合，又二十九里径迁安县西”。

据此，在滦河口以上二三百里内，航道最易阻塞者为走马哨及归口峡。所谓滦阳营，即在走马哨之南不远处。

颇疑唐代行漕至卢思台而止，其所受阻处，最可能在归口峡或走马哨附近。

（一）卢思台与古令支城

据明清地方志记载，迁安城北18里许（一作20里、15里）滦水东岸有龙纪城（一作龙启），正当归口峡之南，疑即古令支。令支县汉属辽西郡。令支之名甚古，秦已为县，古文献或作离枝、令疵；支字或读祇。令支音稍转即讹为龙纪。唯《水经·濡水注》载：“濡水又东南流径令支县故城东，王莽之令氏亭也。”则城在滦水西，后世多以为在迁安城（在河东）西，河西岸，与在滦水东的龙纪城不符合。

实际迁安附近一段滦河多迁徙摆动，龙纪故址后亦被河水冲没。元代记载迁安城亦在河西，今则远在河东。郦道元所记令支城在河西，千百年后因河道西移而在河东，也是可能的。

颇疑卢思是令支、龙纪等音的讹转；所谓“台”，因故墟高起而形成。粮运至此，再北上即入峡，遂壅塞难前。

又迁安城北40里有楼子山，蛤螺河由山发源，南流入滦。山之东距滦水支流青龙河不远。青龙河为滦水东岸较大支流，导源于辽宁凌源县之南，与大凌河上源隔一分水岭。《水经·濡水注》称为玄水，西南流至今迁安东北，西岸有支流汇入，《水经注》称为卢水，今名沙河。玄、卢汇合处之北为西汉肥如县所在。玄水至卢龙县西南入滦。

如果唐代韦挺误认玄水可以通漕，又可越分水岭通白狼水（大凌河）至柳城，则楼子山也有可能是古卢思台。卢思、楼子读音很相近。所谓“台”，即山。自滦通青龙河恐怕也只有自古肥如城以下能勉强行船。

（二）卢思台与三台山及古卢龙城

胡三省注《通鉴》，认为卢思台在曹操所开泉州渠旁。今天津市宁河区有芦台，亦作卢台，名和卢思台相近，距古泉州渠不远。唯此地之卢台似始于五代以后，且距幽州亦不及800里，虽地名相似，实非唐卢思台。

《读史方舆纪要》谓“卢思台在营州南界。志云：台去幽州八百里，唐贞观十八年……”顾祖禹所据，虽为泛说，意实以为应在营州境或州南界不远处。若以古令支城当卢思台，嫌稍偏南。上文指出走马哨为滦水另一险阻，其南即可行船，则卢思台也可能在这一地区。

明清地方志记滦阳营南不远，滦水西岸又有一楼子山，楼子或即卢思。山对岸为团亭寨，即大、小团亭山所在。上文引《畿辅安澜志》澈河口之南“三十里径烟台山、团亭寨”，团亭或作团汀、疃汀、团头。烟台山或作烟墩山、烟筒山。烟台、烟墩指山形似烽火台，烟筒也差不多。楼子山形似楼台。烟台山在滦水西，与楼子山在同一地区，形相似，应即一山。

在这一地区还有三台山，其山“盘曲三层”或“盘曲若台”，也是形状像台。三、烟声音相近，应即一山。三台亦即卢思台。

明代于长城各口设关以守边，潘家口滦水之东，西距潘家口关3里为团亭寨关，更东10里为小喜峰口关，又东3里为大喜峰口关；滦水之西，潘家口关西2里为东常谷（或作城峪、昌峪，皆音转字异）关，再西6里为西常谷关，更西15里为三台山关，又西为龙井关。关多以山名。此等关塞即古代的卢龙塞，先秦则称令支或令疵之塞。

《水经·濡水注》：“濡水又东南径卢龙塞……濡水又东南经卢龙故城东，汉建安十二年魏武征蹋顿所筑也。濡水又南，黄洛水注之。水北出卢龙山，南流入于濡。”黄洛水相当于后代的哪条河？《辽史·地理志》《金史·地理志》已误指当时之义丰县为古黄洛城，其北之横河为黄洛水，显与《水经注》不合。后来亦无明确定论。

自黄洛水以下，《水经·濡水注》又叙及相当于今长河的洛水，相当于今清河、蛤螺河的润水、敖水等支流，然后始经令支故城东而南，都和现在的地理志符合。如此，则相当于黄洛水者只有澈河或恒河，以方位等情况言自以恒河为是。

恒河一名横河（恒、横、黄洛可能是单转字异），发源于三屯营北之鹿儿（一作鹿路、芦儿）岭，应即郦道元所说之卢龙山。卢龙、鹿路亦音转字异。恒河东南流于今迁西县城北入滦河。

迁西县城旧名兴城，或即古黄洛城。另滦河北岸有地名旧城，西距恒河口3里，或即兴城之旧城，很像《辽史·地理志》描述的“滦河环绕”的黄洛城。北距古松亭关不过200里，亦像《金史·地理志》所说的滦州古黄洛城“有松亭关”。

《水经·濡水注》谓卢龙塞南、黄洛水口之北的濡水西岸有曹操修建的卢龙城，亦在楼子山附近，或即与卢思台、韦挺屯粮处为一地。

胶莱运河修浚

元明两代南粮北运，漕运所经水道先后有4条，其自东而西为：①海运；②海运及胶莱河；③大运河；④淮、黄河道，由一段陆路转卫河。元代主要为海运，大运河为辅助；明代主要由大运河航运；元初及明初，京杭运河不通时曾走淮、黄、卫运道。海运及胶莱河实为河海联运，为走海、走河之折中办法。元代开胶莱河是为了缩短海程，避绕山东半岛的风险。明代曾议：自淮北出海，沿海岸多岛屿，形势如半海半河，至胶州湾入胶莱河，由河北出莱州湾再入海至天津甚直捷。元代开胶莱运河在元代早期，明代议复胶莱行漕在明代后期之嘉靖至万历时。

一、元开胶莱河

（一）元代开河经过

元至元十七年（1280）七月，用姚演言开胶东河及收集逃民屯田涟海，大致是南粮北运计划的一部分。当地似用左丞相阿合马建议。《元史·世祖本纪》原文为“十七年……秋七月……戊午，从阿合马言，以参知政事郝祯、耿仁并为中书左丞”。《元史·河渠志》记：“至元十七年七月，耿参政、阿里尚书奏：‘为姚演言开河事，令阿合马与耆旧臣集议，以钞万锭为佣直，仍给粮食。’”经批准。耿参政即耿仁，旋升左丞，尚书阿里亦升参知政事。据后人记载，姚演为莱州人。屯田涟海指至元十六年募民开垦涟水

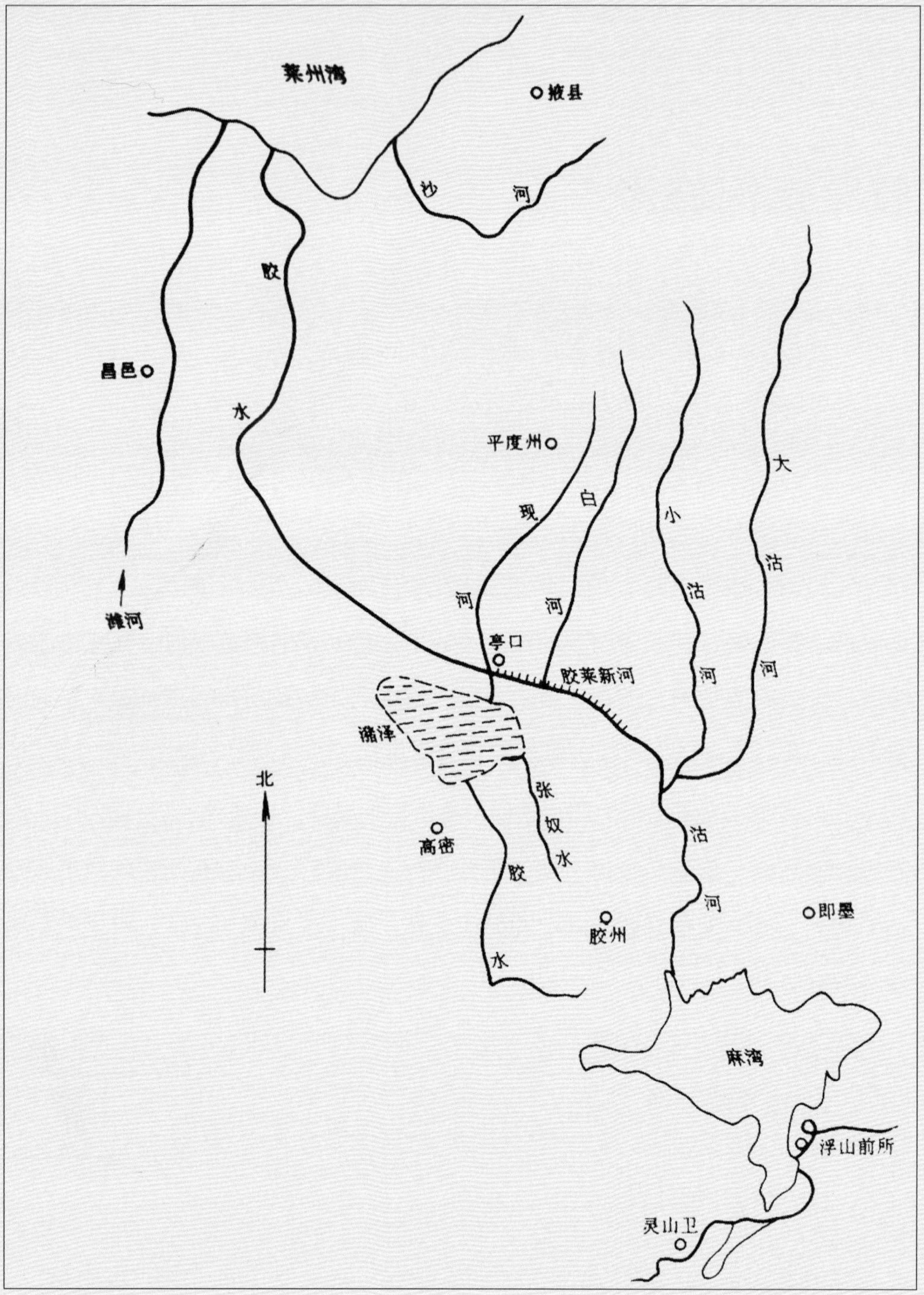

胶莱河示意图

军、海州荒地。给禾种，自备牛具。所得子粒官得十之四，民得十之六，仍免屯户徭役。姚演为总管府总管。

《明史·河渠志》记："胶莱河在山东平度州东南，胶州东北。源出高密县，分南北流。南流自胶州麻湾口入海，北流经平度州至掖县海仓口入海，议海运者所必讲也。"又谓："莱人姚演献议开新河，凿地三百余里，起胶西县东陈村海口，西北达胶河，出海仓口，谓之胶莱新河。”此河开通则海运可由江淮顺海岸至此入河，出莱州湾再海行至直沽仅数百里，可避免绕山东半岛风涛之险，路直捷易行。

《元史·世祖本纪》记载：至元十八年（1281）六月，命中书省会计姚演所领涟、海屯田官给之资与岁入之数，便则继续，否则废罢。终未废。十二月命免益都、淄莱、宁海开河夫今年租赋，仍给佣值。宁海州在最东。《元史·河渠志》记至元十八年九月，中书丞相火鲁火孙等奏：姚总管请免三州一岁赋，抵折佣值充开河费用。平章阿合马以为民赋虽不少，比较官给佣值仍便宜，故予以批准。

是年阿八赤（一作失）参与开河。《元史·来阿八赤传》记载：“十八年，佩三珠虎符，授通奉大夫、益都等路宣慰使、都元帅。发兵万人开运河，阿八赤往来督视，寒暑不辍。有两卒自伤其手以示不可用，阿八赤檄枢密并行省奏闻，斩之以惩不律。运河既开，迁胶莱海道漕运使。二十一年，调同佥宣徽院事。”阿八赤在开河后任胶莱海道漕运使，则其所开为胶莱河无疑。至《河渠志》所记“阿八失所开河。经济州……”，应在开河后断句。“经济州……”为另一事。原文较含糊。

至元十九年（1282）八月辛卯，“以阿八赤督运粮”。若承上文说是督征罗氏鬼国粮饷，但亦可能泛言指在别处督运。唯此人习于漕运则可知。九月庚申，“汰冗官，游显乞罢涟、海州屯田，以其事隶管民官。从其请，仍以显平章政事，行省扬州”，似罢姚演等屯田总管等职。同年十二月“浚济州河”。次年八月“济州新开河成，立都漕运司”。

至元二十年（1283）五月，用王积翁言，诏江南运粮于阿八赤新开神山河及海运两道行运。神山河应即胶莱河。令海运分行胶莱河及山东半岛沿海。及七月清理贪污，阿八赤、姚演以开神山桥渠侵吞官钞2400锭，折阅粮米73万石，诏征偿，仍议其罪，足证神山河即胶莱河，神山桥渠当指分水岭河道难开处。十月，中书省臣言：阿八赤新开河二处，均有仓，应造小船分海运。这是五月申令胶莱河运与海运并行，胶莱实不甚通，七月遂清查阿八赤、姚演贪污侵冒罪，至十月中书省认为胶莱虽不甚通，仍可用小船驳运至两仓处转运。是时海运已成熟通畅，至次年（至元二十一年）二月遂罢阿八赤开河之役，以其军及水手各万人运海道粮。亦罢胶莱运粮。

（二）罢胶莱河运，纯行海运

《明史·河渠志》记废阿八失（赤，下同）所开河事于三十一年，谓御史台奏：胶莱海道浅涩，不能行舟。台官玉速贴木儿奏，阿八失所开河，行省人来称，泛河较泛海损失少。而漕臣囊加觫、万户孙伟则言，海舟快且方便。右丞麦术丁亦言，斡奴兀权觫凡三次来文谓阿八失所开河，益少损多，不便漕运。水手军人二万，舟千艘，现闲置无用，如用于海运，一年可运百万石。经令俟海运万户府达鲁花赤忙古（亦作兀）觫来共议，忙古觫来后，漕臣囊加觫、孙伟复请用阿八失河所用水手五千、军五千、船千艘，可发给扬州省教习漕运。拟请用这些水手军人，就用平滦船，从利津海漕运。忽必烈批准后，阿八失开河事遂罢。至十二月别集丁夫万人，完成神山河尾工，别立万户府领导。

《食货志》叙用海运经过，谓伯颜平临安曾命朱清、张瑄自海道由崇明州运所得米入库藏，图籍至京师。运粮则自浙西过江入淮，逆黄河至中滦旱站，陆运至淇门入御河以至京师。后开济州泗河道，自淮至新河由大清河至利津入海，北运。后因海口沙壅，又改从东阿陆运至临清入御河。又开胶莱河通海，劳费无效。至元十九年伯颜忆前时海运事，请于朝廷行海运。造平底海船试运，以风信失期，明年始至京。其利不显，仍由内河运。二十年又用王积翁言，令阿八赤等广开新河。然新河候潮以入，船多损坏，民亦苦其役。忙兀觫言海运舟皆如期至。于是罢新开河，行海运。立万户府，以朱清为中万户，张瑄为千户，忙兀觫为达鲁花赤。未几又分新河军士、水手及船只于扬州、平滦两处运粮。同时造船2000艘于济州河运，犹未专行海运。至二十四年增置二万户府为四府，遂罢东平河运粮。

至元二十一年（1284）春，罢阿八赤开河之役。然至冬十二月又有“以丁壮万人开神山河，立万户府以总之”，是又重立机构，再行开新河之役。次年二月增济州漕舟3000艘，役夫12000人。“初，江淮岁漕米百万石于京师：海运十万石，胶莱六十万石，而济之所运三十万石，水浅舟大，恒不能达，更以百名之舟，舟用四人。故夫数增多。”同时，“诏罢胶、莱所凿新河，以军万人隶江浙行省习水战，万人载江淮米泛海，由利津达京师”。即去年二月罢胶莱开河，今年二月始实行。又“增济州漕运司军万二千人”，十月“敕枢密院计胶、莱诸处漕船，高丽、江南诸处所造海舶，括佣江淮民船，备征日本”。

二十六年正月海船万户府奏："山东宣慰使乐实所运江南米，陆负至淮安，易闸者七，然后入海，岁止二十万石。若由江阴入江直至直沽仓，民无陆负之苦，且米石省运估八贯有奇。乞罢胶莱海道运粮万户府，而以漕事责臣（海船万户府），当岁运三十万石。"经批准。此时似遂罢胶莱河运。是年会通河开成。然海运成功，海道畅通，终元之世行漕以海运为主，无再言胶莱河道者。

二、明代重开胶莱河

明后期京杭运河受黄河干扰，特别是泗、泇段运道，徐州以东走黄河，急于改善。于是嘉靖末开南阳新河，万历中开泇运河。治河名家如潘季驯等则倡黄、运不分，治黄即以治运。更有述元代旧制，请以海运行漕。海道既多风波，遂有重开胶莱河之说。下迄明亡，倡议者不断。其间曾试开若干次，终于成功。

（一）明嘉靖、隆庆时（1522—1572年）的胶莱新河

元于钦著《齐乘》谓曾过其地，居民谓此河为海沙所壅，终不能通。明正统六年（1441）昌邑民王坦献议：运河水浅涩，运卒终年不得休息。以前江南曾海运，自太仓抵胶州，有故河通掖县，可以开通。由掖出海抵直沽，可避东北海险数千里，较运河近便。工部驳复不纳。

1. 嘉靖前期勘议及试开

嘉靖十一年（1532）御史方远宜等复议开新河。方氏亲勘其地，历海滨，辑为图说上奏。大略谓：淮河北岸1里名支家河为由安东县（涟水）至海州路。自支家河至涟河海口380里。出涟河口浮海，经赣榆县至安东卫（在赣榆东北、日照西南沿海，为两省交界处）入山东界。再沿海东北行，过石臼所、夏河所、灵山卫至胶州入麻湾口，共280里，均循海边而行。只马家湾有一段陆地需开掘，然只5里。再循天然河道北行，经平度州南，更北至莱州所属之海仓口，均小河，共270里。自海仓口放洋可直抵直沽口，至天津卫，海路只400里，顺风半日可达。

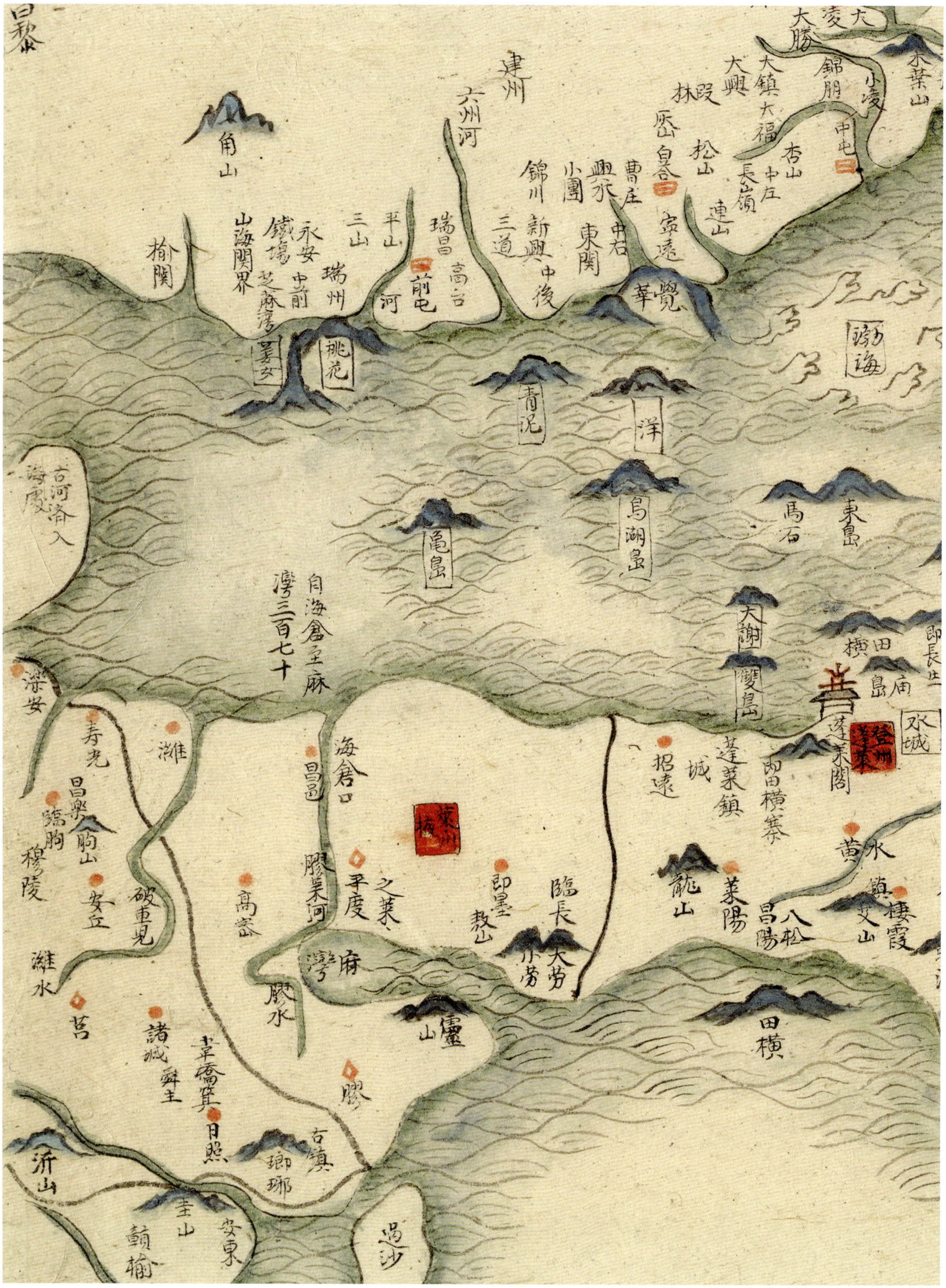

《皇明职方地图》山东地图中的胶莱河、麻湾与海仓口

至明季支家河已淤塞无迹，由海州至山东界虽系海道，实经云台、鹰游诸山之西，与大洋隔。灵山卫之东有淮子口，自口经灵山、浮山之间入麻湾口即达胶莱新河。浮山之西有陈家岛及薛家岛，多礁石，甚险；薛家岛之西10里许有平岗，南北约5里，名马家濠（《明史·河渠志》名马家墩、马家壕、马壕，皆指此。亦称马濠），数里石岗不易开凿，未批准。至嘉靖十七年，方氏献议后六年春，山东巡抚胡缵宗奏：登、莱、青三府旧有元时新河一道，南北距海300余里。原设闸座，故迹犹在。唯马家濠中产顽石，乃元人疏凿未完者。今已募夫凿通。尚有亭口、窝铺浅隘淤塞，乞动支官帑开浚，永为民利。经批准。所称淤塞段长30余里，浅隘100余里。

此实为明人再开胶莱新河之始。所称原有闸座故迹犹存，据清雍正三年勘查结果，由麻湾出把浪庙，经胶州、平度、高密、昌邑各地至海仓口出海，计282里（即胡缵宗所称300余里），中设八闸：距麻湾口20里为陈村闸，北30里为吴家口闸，又30里为窝铺闸。吴家口、窝铺之间地势最高，为南北分流之分水岭。窝铺闸以北25里为亭口闸，又30里为周家闸，又30里为玉皇庙闸，又30里为杨家圈闸，又30里为新河闸，又30里为海仓闸，又27里至海口。以上各闸创自元代，至今沿河仍有旧名，而闸座均堙废。

清人以上所列实有九闸八段，与《明史·河渠志》同。其中有一闸或实未设。胡氏所说之“亭口、窝铺”实指亭口、窝铺之间数十里，为本河最难开段，后卒以此未成功。

后两年（嘉靖十九年）副使王献又言：劳山之西有薛岛、陈岛，石砑林立，多伏礁，最险。元代海运避险礁，走成山正东，绕抵莱州至直沽。今胶莱地图，薛岛西有小竺山，两峰夹峙，中有石岗名马濠。山麓南北皆接海崖，北即麻湾。又北接新河西北抵莱州海仓。由麻湾至海仓才330里，由淮安逾马濠抵直沽才1500里，可免绕海之险。元人曾开凿，遇石而止。现凿马濠以通麻湾，浚新河以出海仓。

当时胡缵宗的意见已被批准。王献续凿马家濠，于旧凿处西边7丈左右开凿。其初土石搅杂，以下皆石，又下石坚如铁，用火烧、水浇，石崩裂，终通麻湾，长14里，宽6丈余，深3丈许。由是江淮船只可通胶莱。次年复浚新河，水泉旁溢，其势深广。设9闸，置浮桥，设官署守护维修。唯中间分水岭难开者30余里。是年（嘉靖二十年）五月督理河道王以旂条陈河道事宜，其一谓：海运困难，中间平度州东南有新河一道，元时尝浚治设闸等，亦应讲求，择便而从。同时湖广布政司右参议方远宜亦上言请开海运。皆经批驳妄议烦扰。王献适迁官他去，新河工未就而罢。

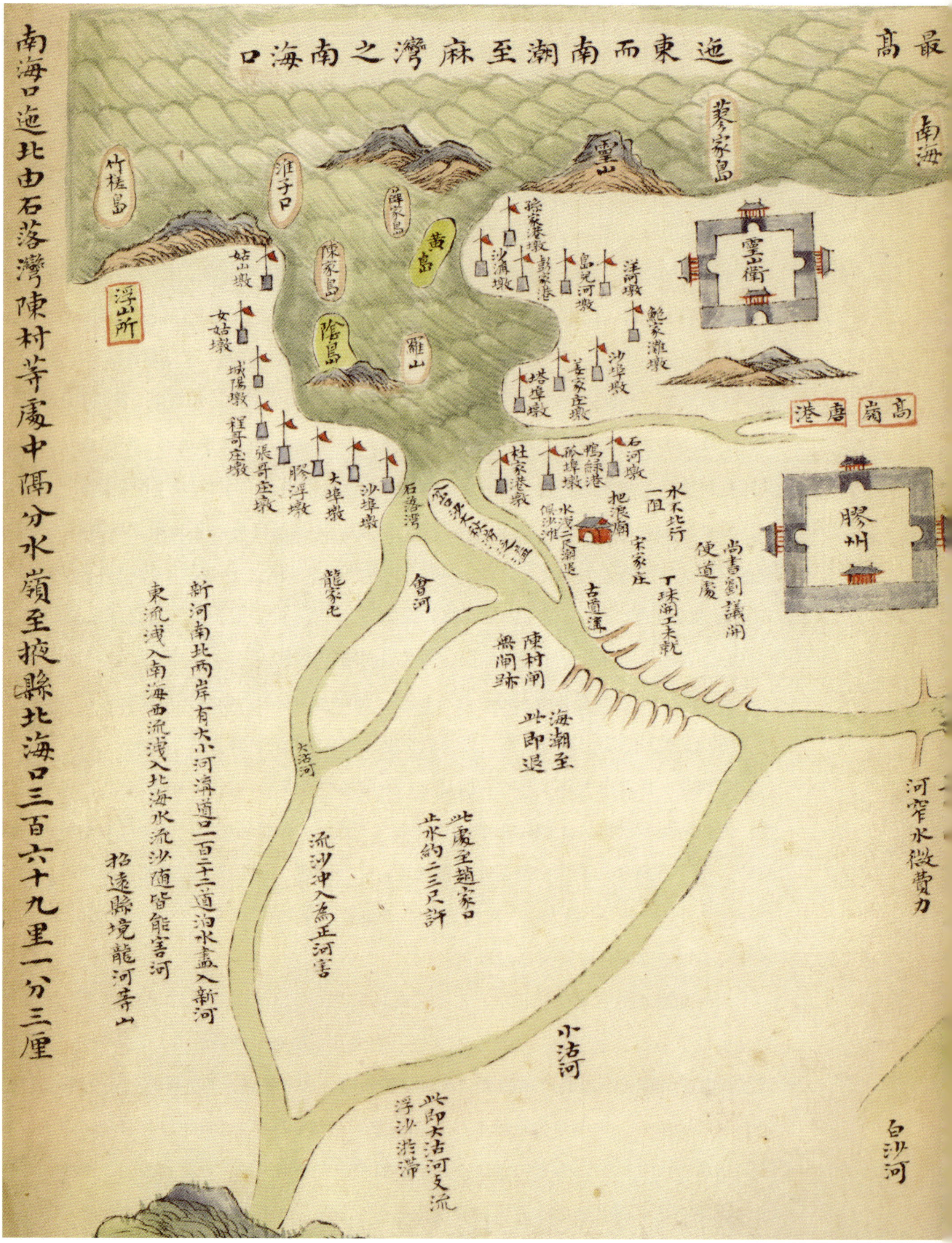

明万历年间《胶莱河总图》(1)

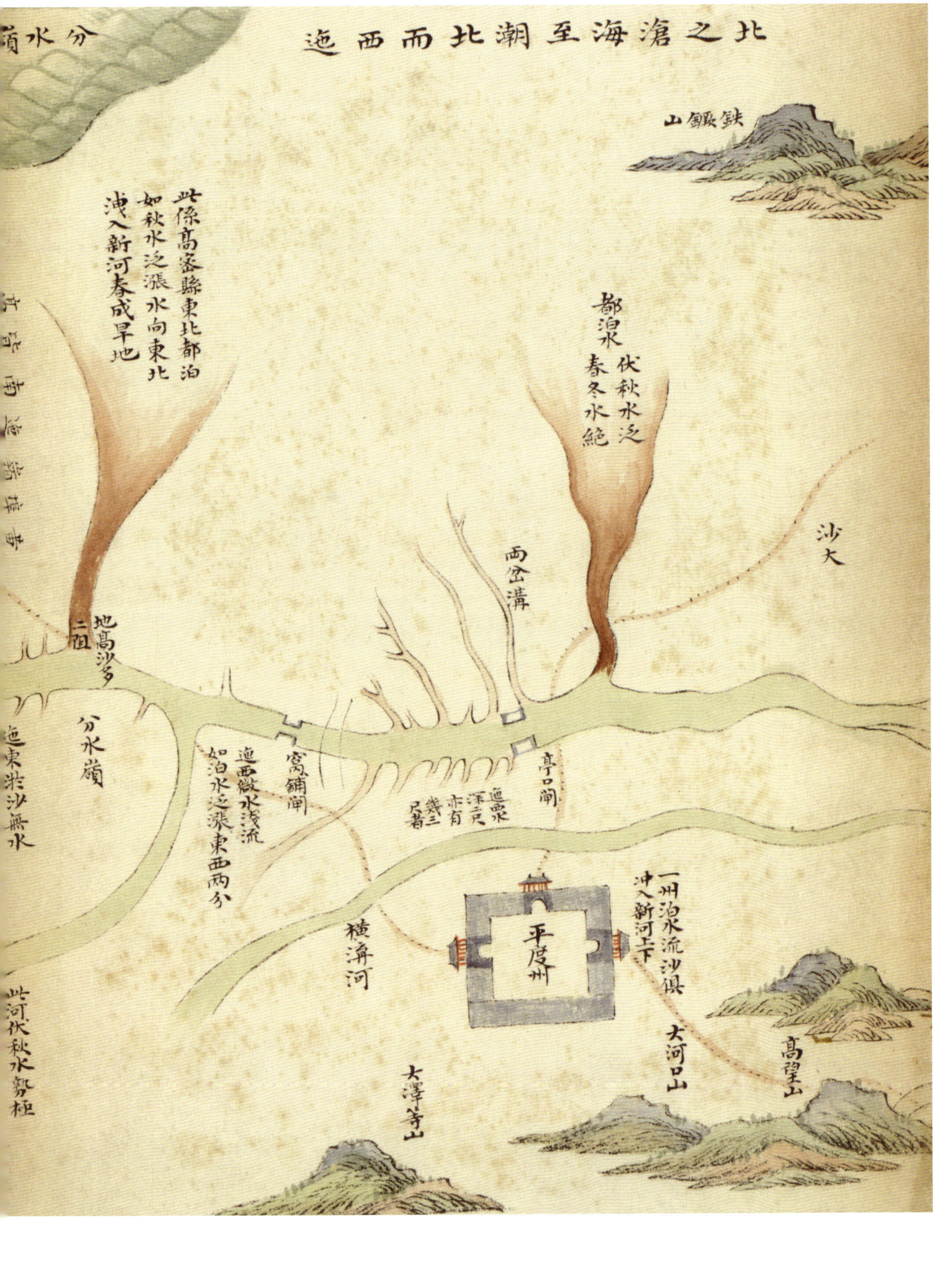
北之滄海至潮北而西迤
分水嶺
鉄鑛山
此係高密縣東北都泊
如秋水泛漲水向東北
沖入新河春成旱地
都泊水
伏秋水泛
春冬水絶
西岔溝
大沙
地高沙多
分水嶺
窩鋪閘
迤西微水淺流
如泊水泛漲東西兩分
亭口閘
平度州
一州泊水流沙俱
沖入新河上下
高望山
此河伏秋水勢極

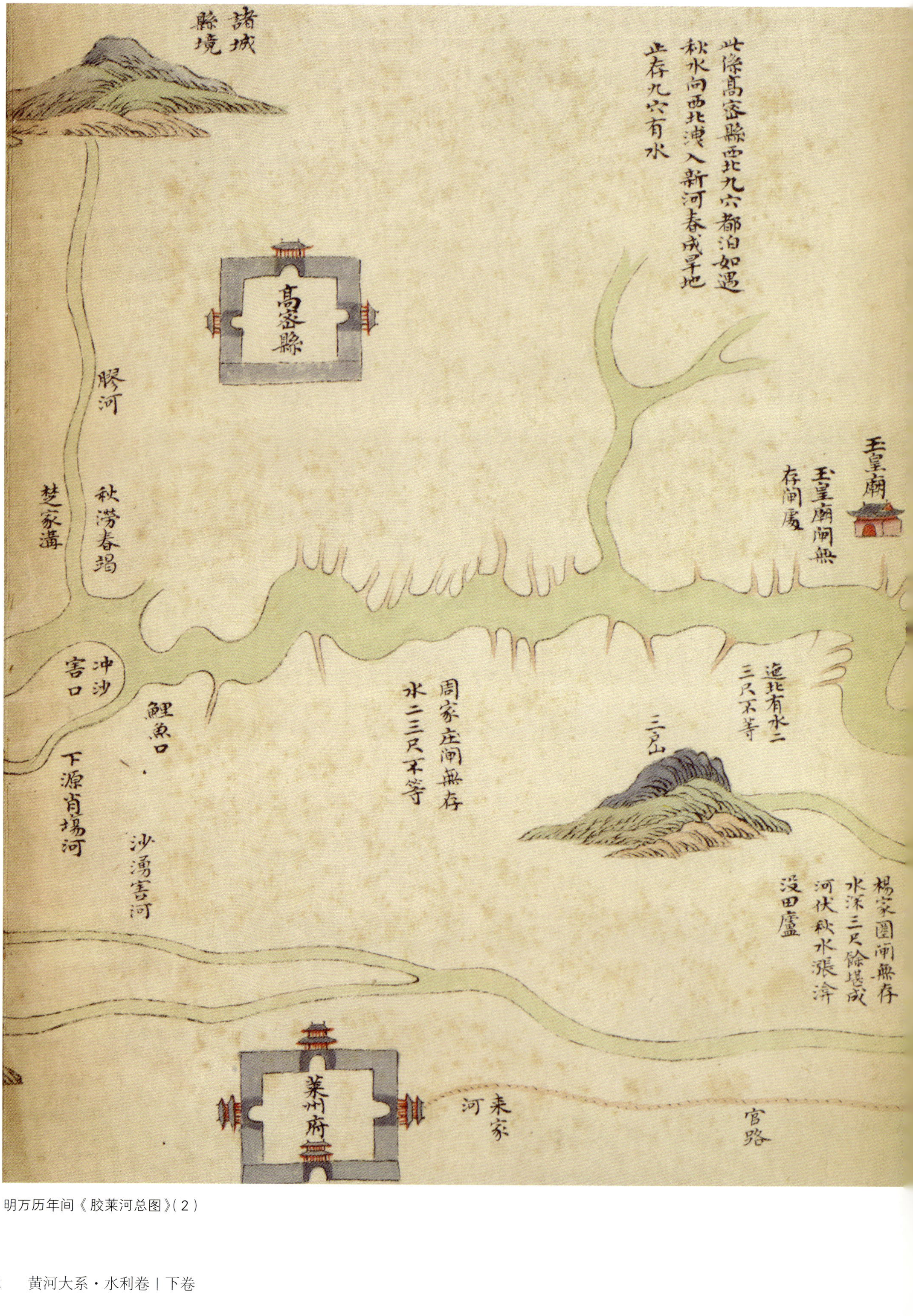

明万历年间《胶莱河总图》(2)

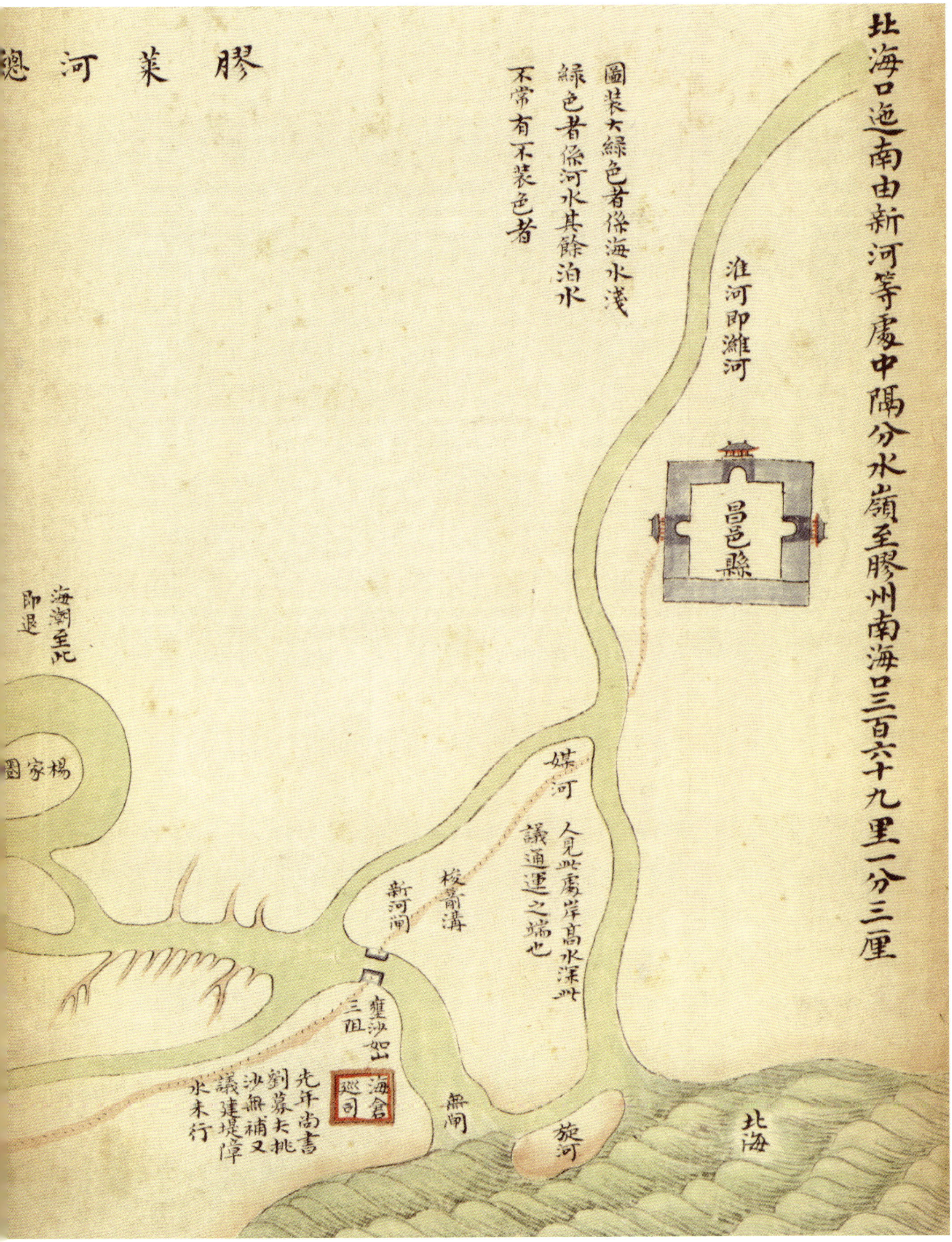
北海口迤南由新河等處中隔分水嶺至膠州南海口三百六十九里一分三厘
膠萊河總
圖裝大綠色者係海水淺綠色者係河水其餘泊水不常有不裝色者
淮河即濰河
昌邑縣
海潮至此即退
楊家圈
媒河
人見此處岸高水深此議通運之端也
新河閘
壅沙如山三阻
海倉巡司
先年尚書劉慕夫挑沙無補又議建堤障水未行
旋河
北海

2. 嘉靖后期及隆庆中勘议，未试行

由于运河受黄河决溢影响，经常告急，至嘉靖后期请开胶莱河及行海运者愈多。嘉靖三十一年（1552）十二月，工科右给事中李用敬奏请开胶莱新河，略谓：近时运河堙塞，深妨国家财政，闻胶莱间有新河，乃元代开而未成者，前副使王献认为登莱之民土瘠人贫是由于不通水运，尝凿马濠，通淮安商运。建新河闸八座以蓄泄水。导张鲁、白、现诸河以济运。见今淮安船可抵新河南口麻湾，由北口海仓可抵天津。自南口至北口仅330余里，各有潮水深入。中有九穴湖、大沽河，皆可引用。淤塞应浚者105里，应深浚者30余里。元人已开其二（一作三），今当开其余之一（一作二）。工部复：令所在抚、按详议回奏。

同年（嘉靖三十一年）黄河决，徐邳漕运阻塞，言官请开胶莱新河通海道。工部请以工部主事陈茂礼往勘。茂礼历勘南北，回奏：石矿既难开凿，又无他泉可引。引海水通航，非掘地十余丈不可，工大难成。又造海船航海，海寇出没难防，事更重大。遂罢开河议。所谓言官请开，当指十二月李用敬奏及次年二月南京兵科给事中贺泾条陈。陈氏往勘当在贺泾奏后。贺氏条陈，其一开新河，谓“自胶州由新河以达沧州仅百七十里”，中间不通者唯分水岭15里，宜疏凿。工部请下主管部门勘查处理。于是遂有陈茂礼之命。

三十三年，以黄河为患愈甚，三月又试开胶莱新河。遣云南道监察御史何廷钰奉敕往勘查，至次年二月复议勘查结果，遂决定不开，以工大费多故。

何廷钰会山东巡抚、巡按勘报，谓：元人开河，以马家濠南北长4里且内有石岗难凿，遂中止。王献曾焚以烈火凿通。遂挑浚分水岭南北河道，设八闸，工已成十之三四。以升迁，工竟未就。现此濠旧迹犹存，唯以岸崩塌淤塞，挑浚不难。分水岭本高阜，故白河由此分流。然地势不甚峻峭。现向南积沙淤堵，水只北流。若开浚深广，中间虽有冈矿滩濑诸石，亦可施人力。司道人员谓旧估费270余万两。实应有增减，经委通判罗士贤更估为160万两。如施工时第一年拟先给三分之一，50余万两。年终总结工费若干，次岁即可依此为准。

中间地高，若欲两端通潮。需掘深八九丈，恐地水溢出，难以施工。费用将不下数百万。唯可引河、疏泉，因势设闸，可稍省费。只现、白二河水微易涸，夏秋水涨又多沙。胶河稍好，又在岭北，无法南济。张鲁河无源，而河中有泉，亦必从东都泊引来，计20余里。沽河水大沙多，于吴家口闸之下分引可济南流，但恐沙淤。因人力所开，潮水可入，势较平缓，大水不致冲决，但遇潮虽可随水冲沙，亦可水缓沙停，需年年挑浚。

拟广搜泉源，添设新闸，修复王献旧闸，胶河等处之口亦建小闸，大小十三四座。若犹虑水微闸小，可如罗士贤等建议，建坝蓄水，但虑山洪冲激及运船盘坝费多。

南北两海，在北无风可以篙橹行船。在南自淮安由云梯关至马家濠，顺风三四日可到。且多盐船旧运道，少加疏通即可，新河南北迂回240余里，挑浚不易，然不惜工费，亦可成功。

难在水源不足，岁修挑浚费多，近时南北多兵争（指倭寇骚扰），天灾不断。即三年完成，每年亦需50万两，经费困难。转驳又需多造船只，费更无来源。山东较穷苦，开河后又必设官、征夫，愈增困难。请工部审定行止。后决定不兴工。所述情况较详细。

此后10余年，至隆庆五年（1571）三月，户科给事中李贵和复请根据王献成绩再开胶莱。是时黄河决溢，运河艰涩，遂遣工科给事中胡槚勘视。六月胡槚勘视后经与山东巡抚、巡按会议，认为不便疏浚，上奏谓：王献未能普遍勘查。现亲浚分水岭及验问王献所开之渠皆流沙善崩。白河水源仅涓涓细流，现河、小胶河、张鲁河、九穴、都泊亦不深广。胶河虽有水源，但地势东下不能北引，且陈村闸以下夏秋多积沙。纵有诸水可引，亦难济全河之用；新河虽有积水，一浚深必悉泄无余；又有引潍水之说，不知相去百二十余里，中多山岭亦难开引；水分岭南，陈家闸以北至周家庄虽近海通潮，又皆岗石碎沙，难于凿治。总之，上源水泉干涸，下源浮沙易溃不能持久。元人劳费无成，王献以后屡勘不行，皆由于此，请亟罢其事。经批示，今后不必更议，徒滋烦扰，山东巡抚梁梦龙亦言春夏泉涸无水，秋冬暴涨成灾，南北通沙易塞。

（二）万历至明季（1573—1644年）的胶莱新河

万历以后京杭运道仍多艰阻，群谋补救。于是开泇、海运、开胶莱之议又起，且多试行，成功者唯泇河。海运、胶莱终未大成功。

1. 万历早期，刘应节、徐栻开河失败

万历初政，张居正当权，欲有为。胶莱河一度试开，以失败告终。先是万历三年（1575）九月南京工部尚书刘应节复议开胶莱，上距隆庆五年仅4年时间。刘氏疏谓：转输万里，仅赖一线之运河。于是有识之士谓宜别通海运一路与漕河并行以备意外。今黄河难治，漕河无策经理。万一河流迁徙，转运不通，为计已晚。近开泇河等议亦思预防。窃以为海运

所患在道险及覆溺，唯山东胶州一河自淮子口入海，由斋堂岛、鹰游口入淮，常通商贾，风顺不过五六日。中间仅胶州杨家圈以南一百五六十里未开。其中深沟大水又占一半，应挑浚者不过百里。平原疏通无高山长坂，施工易，耗财少。往年勘视者未睹河道之利，多计未形之害，只据现存故河，未求别有便道。故河迂曲，积沙宽20余丈，且一水分为两海，浅浚则潮不通，深浚则力难及，水至必淤，沙高必崩。于是有人力难施之说。引水灌输又无水可引，于是遂罢开挑。欲开胶河必舍故河别求便道。胶州南自淮子口大港头出海。由州城而西至匡家庄约40里俱岗沟黄土宜挑治，自刘家庄北至抬头河、张奴河，至亭口闸30里俱黑泥洼地水深数尺宜疏浚；自亭口闸历陶家崖、陈家口、孙店口60里至玉皇庙，河宽水浅，宜在旧河旁另开一渠；玉皇庙至杨家圈20里，水势深五六尺，宜量行疏浚。杨家圈以北则通海潮，无需施工。

大抵宜开创者十之五，挑浚者十之三，量行疏浚者十之二。宜挑深丈余者十之一，挑深数尺者十之九。以水圭量测，高下无讹，以锥下探，上下均无石，可开无疑。功成凡有七利：①海潮成渠不需盘剥，挨帮，挑浚；②循港而行，遇风即停，外无放洋覆溺之害，内免黄河迁徙之患；③河运耗费多，海运省运费，可免支加耗，自宜减省；④江南米粟，先年邱浚议一半入海，一半由河，海运通便，可更迅速，彼滞此来，两利俱得；⑤海船之载一船可抵河船三只，海船用50人可减河船之半，退为兵，可还备海寇；⑥每年改拨数万石济蓟辽军饷，可省空运之费、招买之苦；⑦以万人之力、数月之功，掘地仅数十里，所费仅数万两，审时量力，似无甚难。

窃以事理甚明，不必往来会勘，聚讼道谋。若委用非人则畏难避事，阻挠无成。乞免复勘，季任事大臣往督其事，听便宜行事。应会议者会同河、漕、抚、按计议妥当，则功可成。又查班军4支，除2支赴边外，尚有6000在籍操练，分屯胶、青二州。即墨亦能起军数千，共可用一万军兵施工，稍加津贴，每日给银四五分即可成功。

工部题复：原议闻见既真，计划又熟。若以他臣督理，恐别生异见，宜专敕本官，专诣胶州经营，听便宜行事。圣旨：胶莱河议，往为浮议所阻，刘应节既确有所见，不必复勘。即令徐栻改工部右侍郎兼都察院右佥都御史，会同山东抚、按，计划开浚，上奏执行。朝廷屡议开河，只为通漕，与治河事务不相干涉。再有造言阻扰的，拿来重处！

当时刘应节太乐观，政府决心甚大，但实施起来滞碍甚多。

四年正月议施工，徐栻称河长258里，中间凿山引水筑堤建闸，工不能省。漕河旧规每长宽各1丈、深1尺为1方。每方两工，一工给银4分，共需银908761.8两，费必预备。得旨申斥谓：胶河在嘉靖时，道官自行开浚，工成十之六七。当时未闻给钱粮，多用夫役。今续其未成部分，何至动称百万？委勘各官多畏难避事，工程大多虚估，欲以阻坏成事。且就近委官，岂可委及王府长史。徐栻一反初议，措施殊无诚心任事之忠。令户工两部及刘应节并户工两科勘议。

徐栻又奏：匡家庄高峻，今改迁黄阜岭，道里稍近，高峻不减。泉水仍不可通。唯治都泊，由船路沟一带系便路。相传都泊潴水，船路沟通船。在黄阜以北距高峻处较远。在分水岭以南可避淤沙，下流张奴等河为支脉。建闸设水柜，立堤御沙，开月河泄洪。大旱可用驳船驳浅，每年春初大挑小挑。海仓口恢复旧仓廒等。经批准，实际较刘氏原议更改不少。

二月，户科都给事中光懋上奏指出刘、徐之议矛盾，谓：初议挑浚仅百里，起夫约数千，经费仅数万，即可通潮引海水。现又谓潮必不通，匡家庄迁改，改至都泊，计长百七十里，引水接济远至160里与正河等；夫役过4万，时限过3年，工费又几百万等，前后矛盾。朝命刘赴开河地方与徐讲求行止。工部尚书郭朝宾等议：刘应节原以通海为主。今查姚家庄以南至集墓沟30里，孙家口以南至高崖头、玉皇庙共118里，又自高崖头至旋河嘴量浚70丈，俱系海水必由之路，宜即兴工。开引河146里应停止。唯徐栻亲见海不可通，故议引泉，应令刘应节亲去会商行止。朝命刘应节前往，同徐栻及山东抚、按计议，先择难处试开，细估费上奏，不可固执原议，含糊两可。户、工二部先发银3万两交应节支用。以后工费，另议。徐栻又奏山东灾，饬乞免登、莱、青三府隆庆六年以前拖欠钱粮，缓征元年、二年钱粮。经下主管部门斟酌。刑科给事中王道成言：胶州在南海口之中，万一坚石隐伏，如何挑浚？又漕运迂远，泉河细脉易涸；河海运船不能通用；经费如百万不足，能否再加？经批示：现正议处，不必预为难成之说。徐栻又因奏疏抄录有误，受申斥。

三月山东巡按商为正言：今奉命往胶州试开分水岭难开处。用夫1100名，长宽10余丈，挑数尺即硇矿石，又数尺即沙，以下皆黑沙土，未丈余即有涌泉。随挑随汲，愈深愈难。现已10日余，挑深只1丈2尺，费银500余两，尚未与水面相平。若欲通海，更需增深1丈，虽200余万银，尚恐不敷。且麻湾海仓淖沙数十里，随挑随淤。即别开渠，海口潮来亦复如是。况海运出淮安海口必先过高邮、宝应。高、宝不治，此河无用。观其先后缓急之势，此河不必通，亦未必能通，乞停止！下工部议。

四月刘应节又言：新河地形如掌，水势成渠，较黄阜岭实较好。两海口水甚深阔，下皆实地，乘潮自可通舟。唯南海口以北15里积沙数段，从古路口另开13里许直接麻湾可以避之。又横建一闸于新旧河水交处则潮通，沙不入矣！北海口以南30里为龙王庙，有客沙2里40步，若捞沙数尺，旁开一渠，筑堤500余丈以约水障沙，自无他患。由庙前至新河闸口，中间一二浅阻，挑深即可。分水岭一带本高，泉水多，施工难。然施工当自卑而高。泄水当自高而下，难易未可执一。王家丘、船路沟一段地洼，白水适当其冲，秋汛可虑，宜岸口建闸，上流建坝，常时水流坝下可以济河。秋涨则水经坝上，内以停沙亦善策。大抵北海口至亭口，南自麻湾朱铺通潮最宜。所虑者唯朱铺至亭口40余里。然原意主于通漕，原不泥于通海。若造船宜准总漕王宗沐所造海船式而稍俭其制，载粮不过400石，纳水不过三四尺，则河海俱可并行。

山东巡抚李世达驳刘说，谓刘以麻湾以北积沙难除，改开古路沟，每里约费5800余两，13里总约75000余两。然南接鸭绿港，东连龙家屯，沙积甚高，开渠沙随潮入。故又有建闸障沙之说。窃以为闸闭时潮不能入，闸开沙不能障，仓口以南至新河闸，大多沙淤潮浅。刘尚书从东岸试挑2里，仅挑沙2尺，已用工食银2100两。而大潮一来沙壅如旧，故又有筑堤约水障沙之说。窃以为可障两岸沙，不能障随潮之沙。分水岭高，试挑20丈而费近1500两。旧河深1.1丈，新挑只深1.5—1.9丈，下多硇矽石，引水甚难，故又有改挑王家丘之说。窃以吴家口至亭口高地共50里，以试挑之工计费当若干？已试三工，俱不可行，全河长170里又如何？潮信有常，大潮稍远。亦只至陈村闸、杨家圈，曾未至朱铺、亭口，况日止二潮，不足恃赖。自店口至新河口迂曲200里，张鲁、白、胶三河微细，都泊已涸，遇旱亦难恃引泉。海舟300石者，纳水必六七尺始可。王宗沐船可行乎？元人劳费无成，可为前鉴。现急于葺高邮、宝应之堤，何必费财开不可成之河乎？

刘氏与抚、按意见相左，朝廷命工部集议。工部请停开，谓：刘、徐称南海口有积沙，已从古路沟另开11里以避沙；又议于新旧河水接处横建一闸，拦浮沙。北海口议筑堤500余丈约水障沙。分水岭一带试开一处，深3丈以上，运水甚难，因而停工。自王家丘至船路沟另开7里便路。此处白河适当分水岭之冲，议建闸坝防遏，仍引水为用。造船欲以王宗沐海船为准，稍损其制。载粮三四百石，纳水三四尺，河海并行。要用原奏留银30万，其余费用另估补发。巡抚李世达称：试过三工，均不可行；潮水引泉，俱不可恃。请撤回刘、徐二人。巡按商为正称：淖沙梗阻，海水难通；淖沙难去，丈尺难据，工程难计，沙石难去，潮不足恃，河亦难引，海运难行，请停罢。

议：刘、徐开新舍故，求便道。在开匡家庄一带，以通海为主。两海相通，河渠充水，河海通行，甚便。后二人改议黄阜岭，又改船路沟。现于分水岭试开，河高海下不可通。遂议及乘潮导河、障沙造舟等，多方设法，大约两头恃潮：南自麻湾至朱铺50里，北自海口至亭口180里，皆可通潮。李世达则谓南潮仅及陈村闸，距海口仅20里；北潮只及杨家圈，距海口60里，有时至朱铺、亭口者为一年之内大风迅猛，潮流疾速时，并非常有。且潮水涨落倏忽，落时需守候耽延。况所及有限乎？中段所恃者张奴河，至胶地最洼，秋雨积水，十月后潮渐消耗。春月泉脉微细，适值粮运季节，虽置闸柜，终不能使水源不断。至谓白河流沙为患，议建二坝，遏水之入而谓水流坝下引以济河，秋涨水经坝上则沙水俱入而谓内以停沙？均难理解！两海口各有淖沙，谓为浅沙客沙，亦能为害。全河270里，沙洲颇多。自王家丘至船路沟7里，虽为便路，亦不知下有沙否？海沙随潮涌入；河沙随浚而出，虽土沙相半而沙多下沉。日久积多非挑除所能绝，亦非堤闸所能御。

乘潮导河皆不足恃，沙多水浅，舟易胶浅，载粮三四百石亦难胜任，剥浅、换船、建仓等说又将复起，刘尚书亦谓善后之策难以预料，恐利未必利，害将不止于十一，以百万银两，数十万役夫而图不可必成之功，非万全之策，亦非刘、徐二人建议原意。且前有明旨令刘、徐会同抚、按虚心计议，先试开难点，看是否可行。今抚、按官俱亲到该地，共同试开，而议论相左如此，则刘氏所谓可成、可恃者，计议并未统一。事多碍难，请停罢，省劳费。

朝廷同意停工，召刘、徐还朝，并罢添设员役。六月刘应节犹以用过32220余两，请主管部门处理。当时反对开胶者尚有山东参政冯敏功等。以当地居民闻讯迁逃故，山东巡抚采其意见上报。

2. 刘应节的最后保留意见

开胶莱虽明令停罢，刘应节仍持己意，谓非工程不可行，时势不可。众意不同，流言群起，朝廷主持不定，漫然两可而中止。窃以今之漕运，自徐邳至淮扬岁有溢决淤塞。然黄河未至遽迁，运道尚无大阻，又海上多瘟疫，国帑有盈余，自可不开新河。但河不必开并非河不可开。元人无成，因淮子口伏石之险，非开河之难。王献首务开山遂通马家濠，无复伏石之患。南北引潮，舟楫可通。中间未及开者仅30余里。而献以升任迁去，欲开未能及。现不能继续前人之功。徒增一河不可开之案，杜后来任事者之心，是非不明，辄冒昧再陈。壁沟河以北应量挑者约175里，深挑者约50里，共225里。其河两岸之如胶，一水中流若练，下无流沙，旁无疏土所谓铜帮铁底，止有沽河积沙约5里，乘潮行舟本自无碍。主持者以为不然，议开壁沟河13里以避沽河之沙；另有白河一道正当分水岭之冲，岁久积沙约3里，初议建闸坝障之，主持者又以为不然，议开船路沟7里以避白河之沙。河之有沙但问为害与否，可治与否。数百里之河，千百年之久，流沙之积才有此数，一除可尽，何害于河。此南北全河形势，地形高下有定，然每次丈量则高下悬殊，今督同部道诸人约量地势，截水筑坝，使坝与水面相平，水与海面对照。乃知由麻湾北至壁沟河口，地高于海面者才制尺5尺，由壁沟河至吴家口地高于海面者约1丈5尺，由吴家口至分水岭，地面高于海面者共约2丈2尺4寸，比王献所量只多4寸。过此至崔家口渐低5尺4寸，由崔家口至赵家铺渐低1丈5尺，由赵家铺至刘家铺渐低2丈，由刘家铺至海仓口界渐低2丈2尺4寸，与南海平。上述但对海面而言，较海面再挑深5尺，使海水流通，不潮亦常有5尺之水，潮来常有丈余之水，则引水建闸皆不必问。此南北地形高下，每地1里约360步，每步合制尺5尺，共约180丈。“今全河应修之地二百二十五里六十六步，以深阔折算共约四万五百三十三丈。照依西河规格，每地方广一丈、深一尺为之一工，共约五百七十五万七千四百一十四工。每工给银四分，共该银二十三万三百九十六两有奇。此修河相沿之通利也。大约以人夫四万为准，每日约工四万，计一百四十四日，约工五百七十五万七千四百一十余工，可以竣事。”此以挑至海面以下而言。若乘潮行船，以海面为准，不必更深于海面则工程省一半。又或括取地方班军、壮伕等人可万余人，除自带月粮，每日量给伙食银一二分则所省又十之八九。此全河工费。河患无水，海水潮水既来，无盈涸无常之患。河形中高，岸底皆固，稍加堤防，功可经久。乞将此议与前案并存，可辨是非利害！“此河今虽不开，后必有开之者矣！”

大抵一工程，主兴建的多力言施工易，费用省，利益大；反对者反之，力言其难，费昂，利小害多。双方驳议蹈瑕抵隙，补己之短，抑人之长。刘应节三变其说，末一疏深怨当局不能判断是非，徐栻与刘意见不同，改变工程等，实不免委过他人。末谓修建甚易，可达通海不需闸坝等较高要求，实亦言之过轻矣。又欲动军兵及捕役等而减其伙食费。张元忭为徐栻墓志，谓开胶河之罢由于山东当局反对及役夫乏饷而群哗言不便。《行水金鉴》引《两浙名贤录》冯敏功传谓，“人疲不胜役，甫举事而惊溃者再矣”，费至13万金而无尺寸利。敏功因反对开胶，为当时执政者（似指张居正）所恶。似虐待夫役为停工原因之一。刘氏再欲减军夫之费，恐亦不能协舆论。

3. 万历后期议论

刘、徐之役后20余年，万历二十九年（1601）正月，武英殿中书舍人管理山东矿务程守训请开胶莱河，为言官所劾，朝廷不报。同年十一月，因黄河淤决阻运道，河南道御史高举上三策，其中之一论开胶莱河，谓：王献曾委崔引礼治河。今但疏壅去塞即可。崔引礼子同知崔淳能言其详。事成当与河运轮替使用，两利并存。至以前刘应节失败以舍故道而凿黄阜岭，误听当地人言，非河之罪。时方忙于开泇河，高举疏下工部议，未议开胶莱事。

至三十七年，巡漕御史颜思忠直陈胶莱新河可开，谓麻湾、海仓口南北海相距340里，中间河宽水深，工力省便者，麻湾至把浪庙等处约190里；河窄水浅及未挖修者，把浪庙至陈村闸等处共150里。分水岭高尤应深浚，其费大约不及15万两。大致小沽河可以灌中段，大沽河可灌陈村之南，白河可灌分水岭，南旺山河可灌新店之北以及以中间诸河沟之水济助之。有水必有沙，不能尽避，唯当如临清、济宁例，建闸设夫时常修浚，于大小沽河上游建坝御沙，建斗门防洪。此役既无海洋之险，又无黄河迁徙之患。常时与运河两路并行，遇事变则可彼此补救。下工部议，不行。后九年（四十六年），山东巡按毕懋康又请开修，不报。

4. 崇祯中的计划

及明末农民军起，运道时有梗阻，又屡议修浚。崇祯十三年（1640），登莱巡抚徐人龙奏，海运不如开胶河，谓：270里间计工可开。马家濠已开凿可通，两沽河200年沙仅尺许，易加挑刷；分水岭高，然河底有泉水，河旁有支流可引，更修闸坝蓄泄；三点皆易克服，可与运河并用。可用海船，亦可用河船，较运河迅速十倍，计费不过数十万，仅为会通河一年挑浅之费。崇祯帝谓遇事变与运河艰难相同，挑浚造船费不下数十万。令主管部门详议。十四年七月，户部主事邢国玺疏奏：胶河可开，今日宜急开。麻湾、海仓口之间仅246里，河乃铜帮铁底（同上刘应节末一疏），各闸遗迹尚存。王献所开仅35里未通。刘应节勘议以异议停罢。前时运道畅通可以不开，今内外交讧，运道受阻，犹以费多不敢开。试括山东东三府班军令其服役。除月粮外，将节裁快壮工食项下，每日给盐菜银一二分，大约七八万金即足。河内积沙只沽河、白河有沙七八里，均易疏浚。运河每年数千里岂止所费十倍于此！

中有伏石尽没沙中，不碍舟行潮上。海运之险又岂止十倍？总之，此河一开万无一失且转输迅速，省盘剥折耗之费。与运河并行，粮运自速。有变则200里防护甚易。山东可通商运，蓟辽一水可达。此正济漕运，免海险，无寇盗之最上策。章下主管部着议。次年（崇祯十五年）正月，淮海总兵黄允恩奏：胶莱河可不烦创凿，永通漕运。以往因分水岭不能开而中止，其间约40里，可用运船盘驳办法，浚小河，造小船，于岭上建仓廒，辅以车运，可事捷功倍。六月，户部以开胶需费10万两，以军饷急需，户部无款，请工部筹措。十一月，工科给事中金汝砺又请速开胶河。十六年十二月，查询工部曾否支用开胶河银10万两。时发帑给山东巡抚曾樱开河，未兴工，去官。次年正月，大仆寺寺丞贺玉盛奏胶莱海运，并绘图以上。后两月明亡。

三、清代勘测议论

清雍正间（雍正三年，即1725年），大学士朱轼奏请开胶莱运河，令内阁学士何国宗会同山东巡抚陈世倌详议，回奏：明人议开其说有二,一欲自分水岭深挖，使河底与海口平，南北河口各建一闸，每日潮至则开闸纳潮，船可乘潮而入，潮将退时闭闸蓄水，船可入河；二欲自分水岭开通河渠，修复闸座，广引来源，设水柜，按时启闭蓄泄，以便通运。经细加测量，分水岭以南比麻湾口高2.2丈，以北比新河闸高1.88丈。又试开分水岭，虽有硇石糜沙尚可挑浚，唯南潮只至陈村闸，北潮只至新河闸，两地相隔200余里，若欲通流必开深至二三丈。况朔望大潮深不过四五尺，其余小潮不过三四尺，潮退后仅一二尺。于河口建闸不过引数尺涨落之水不能通200余里之流。况麻湾以南水底多大石，海仓以北多沙，故商船绝难停泊，故通潮不足恃。分水岭水脊唯白河为分水之源，泉微水小；雨多则涨沙，雨少则干涸。分水岭北有胶河，东与五龙、张鲁等河会至亭口闸入新河，水源稍盛。中有百脉湖，周围百余里，筑堤可为水柜，犹可开引使分流南北。然一河一湖以济280余里之运道，势必不能。此引水蓄泄不可恃。余若工费及造船费用尚非主要问题。商船碍于海口淤浅亦难通行。唯两岸民田陂水猥宣泄入胶河，若民力自开，每人日给米一升尚可通泄水流。若转漕通商，势所不能。疏上议遂罢。晚清海轮通运，更无需论开河矣！

明代山东、河南的借黄行运

以水转谷曰漕。即水运食粮叫漕，特别指运输公粮。所经之人工水道汉代称漕渠，后又称漕河，隋唐有御河、官河等名。北宋始有称运河者。运河成为京杭运河的专名，当在明代，近代才有大运河之称。

明代的京杭运河，随地另有专名："淮（安）、扬（州）至京口（镇江）以南之河，通谓之转运河，而由瓜（洲）、仪（征）达淮安者，又谓之南河（后又称下河），由黄河达丰（县）、沛（县）曰中河，由山东达天津曰北河，由天津达张家湾曰通济河，而总名曰漕河。"

漕河有时专指通州至长江段之运河，又称里河。以江船不入海而入河故称为"里"。漕河各段及江南段又有白漕、卫漕、闸漕、河漕、湖漕、江漕、浙漕等别称，"因地为号，流俗所通称也"。自漕河北端张家湾至北京，明代称大通河，即元代之通惠河。通济河名不常用，常称为北运河，即白漕。卫漕常名南运河。闸漕又称闸河，指临清南接会通河和更南行泗水故道抵黄河段。河漕指黄河行漕段。湖漕指淮河至长江段，赖湖水通运。自仪征西通大江，上江各省漕粮常自仪征入运河，称江漕。长江以南段隋唐称江南河，后称江南运河，转运河之名不常用。经江南运河之漕称浙漕。

一、明代黄河与运河的关系

明代利用黄河航道行运，借黄行运。除河漕外，北有明初之塌场河通会通

明钱谷、张复合画《水程图》册之张家湾

河，南有淮河接黄河南流分支。河漕北起徐州，南至清口，虽时有断续，使用时间最长，至万历三十二年（1604）泇运河开成后，河漕缩短为北起泇运河南端，南至清口。直到清代康熙二十七年（1688）开中河后，河漕才没有了。

引用黄河水补充运河水源，即引黄济运，明代前期最为频繁。引用范围，会通河自张秋以南至徐州。徐州以下在上游决口断流时，亦有引黄水济运问题。直到清代，运河有时仍需要引黄。

明后期主要是避黄行运。明代治理黄、淮、运三河，以保漕运畅通为主。从漕运来说，借黄行运和引黄济运都是黄河有利的一面。实际利不胜弊，黄河干扰运河有害漕运。黄河自开封上下向北决口，就能冲断运河和淤塞运道。大规模冲淤运道的事例，明代前期有：洪武二十四年（1391）黄河决河南原武县黑洋山，决水分流南北，北支由旧曹州（今菏泽）两河口、郓城，漫东平之安山，淤会通河，直至永乐九年（1411）宋礼重开才恢复山东段运河；正统十三年（1448）黄河决河南新乡八柳树，主流北经曹州、濮州至寿张县沙湾，冲决运河堤，入海。屡次堵运堤决口，未成功，直至景泰六年始堵塞复旧，黄河北流凡8年；弘治二年（1489）黄河决开封境6处，北流一支经封丘、长垣、曹州、濮州冲决张秋运河，次年堵。弘治五年（1492）复决金龙口及黄陵岗，又冲断张秋运河，至七年始堵筑成功；八年堵黄陵岗等决口，黄河始东走徐州、宿迁一线。于是修筑黄河北岸太行堤数百里，断黄河北决路线及济宁以北引黄济运水路，以避免张秋等段被黄河决水冲淤。

明代后期，正德、嘉靖间，徐州上游黄河常决曹县、单县一带。河道在徐州附近南北摆动，最北曾至鱼台县、谷亭等处入运河。会通河南段泗水故道冲淤频繁，治理疲于奔命，嘉靖末（1566）开南阳新河，移这段运河于昭阳等湖之东，地势较高避免黄河决水直接冲击，又可借诸湖缓冲，避黄行运。此后开泇运河、中运河，避黄河行漕之险，都是这一政策的继续。

二、明代山东、河南境内的借黄行运

明洪武初年至永乐九年（1368—1411）重开会通河以前，首都在南京，北向漕运数量不大。唯洪武早年北伐中原，军运较多，间有工程兴筑如耐牢坡闸之建、塌场口之开等。稍后北漕戍边军饷，多由海运。及会通河淤堵下迄永乐早年，北漕多由淮、颍、黄河，再转陆路入卫河北上。永乐五年建北京宫殿，准备迁都，漕河又多兴建，九年遂重开会通河，十八年宣告迁都北京，次年正式北迁。此后漕河遂成南北运输主要通道。

（一）济宁西河

济宁西河即塌场河，又称塔章河、耐牢坡河，后下游名永通河，演变为牛头河。这条河的形成，缘于明初之借黄行运。

元贾鲁治黄河后不数年，黄河即相继北决。到至正二十六年（1366）二月黄河北徙，上自东明、曹、濮，下至济宁，均被其害，其水道大致沿运河在济宁南北与运河相交。这条黄河新道漫流无系统堤防，重要城市可能有局部防护堤防，如济宁之西沿运河建有堤坝等。

次年即1367年冬，明大将军徐达及常遇春等北伐，入山东，自沂州趋益都，取益都后，西克济南，以都督同知张兴祖率偏师自徐州北上。十二月初五张兴祖取东平，至东阿，又至

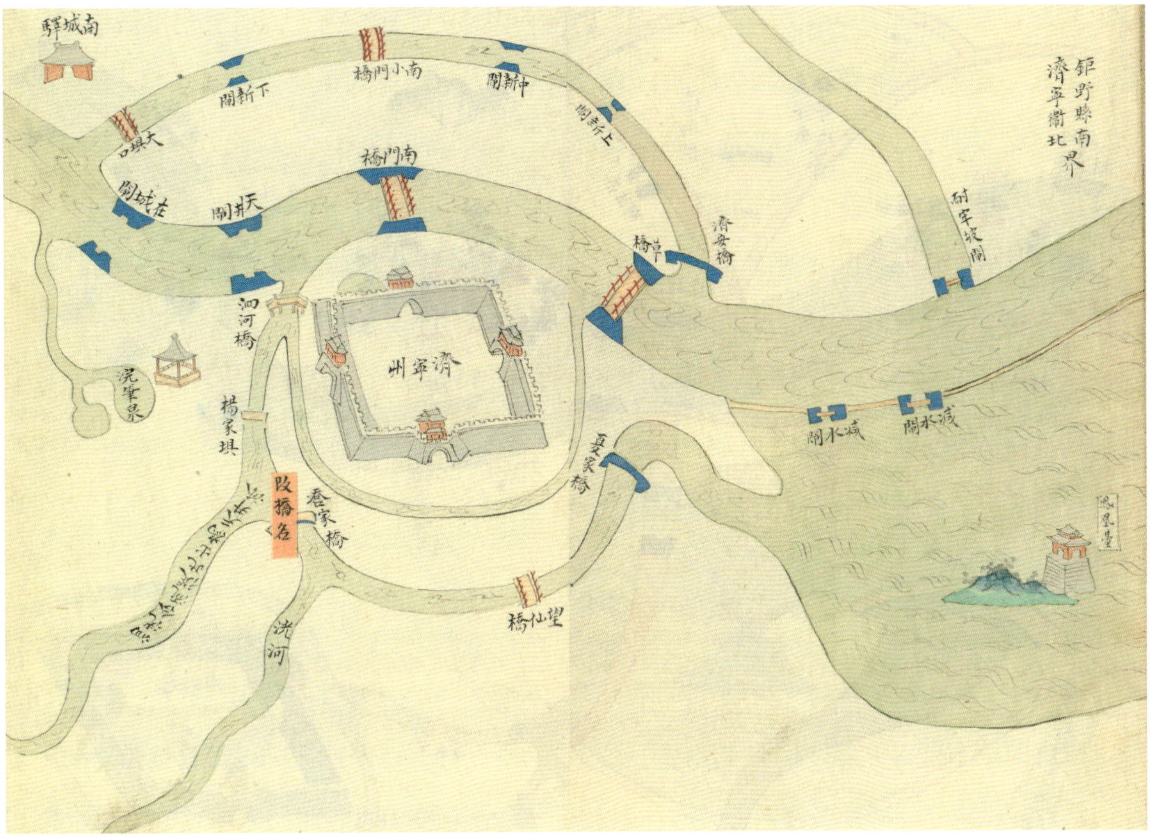

《圣谟治河全书》运河全图中的济宁州草桥与耐牢坡闸

安山镇，得元兵船150余只。兖州以东俱降。初八日克济宁。

次年为洪武元年（1368），二月初二日明始于明州（今宁波）造海船行漕，饷北伐军。初五日常遇春引兵自济南趋东昌，十二日克东昌。二十四日令各军集中于济宁草桥（在城西南，距南门二里）。三月十六日徐达始至济宁。是日即开耐牢坡堤防，引舟师溯黄河西上，经郓城、曹州至汴梁。二十九日至汴梁北之陈桥，克汴梁。凡行13日。

耐牢坡口在济宁西20里余，有堤数十里防黄河东决。自坡顺运河可北上，开堤溯黄河可西至河南，为西北两路交叉点。当时徐达、常遇春及张兴祖舟师自北来，亦可能有自南来者，均集中于此，开堤西行。

是年春汛黄河决曹州东5里许之双河口（即两河口），分支入郓城境。其中一支转向东南经巨野境，过嘉祥县北10里，入济宁境，东南入鱼台境。徐达当时开谷亭（今鱼台县治）北10里之塌场口，引黄水入泗水故道济运。南方漕运可由塌场口入黄河，转运河南供军饷。自耐牢坡至塌场口90余里。塌场河道经耐牢坡稍南。徐达大军于三月十六日开耐牢坡堤坝，溯黄河西上，是趁春汛黄河决双河口之水行舟。双河口之水南流入鱼台。徐军开塌场口可能较早或时间相差不多，大军过耐牢坡口后应即堵塞，仅于塌场口通运。《明文衡》载“舳舻千里，鱼贯蝉联，贡赋供需，有程无阻”，可见当时情况。

是年夏秋旱。“后以黄河变易，济宁之南阳，西暨周村涯淤壅，数坏舟楫。乃遵循师庄、石佛诸闸，北溯汶、济，以达燕冀；西循曹、郓，以抵梁晋。济宁州城西二十里许耐牢坡口者实西北分路之会。坡有堤，绵数十里，以防河决于是时，遂开通焉。”黄河改易当在秋后，水退落淤，塌场一带堵塞，改行原运河道。至耐牢坡口，开堤西入黄河行运，亦可循运河（汶、济）北航。这是重开耐牢坡堤，与春三月暂开复堵不同，是长期通运，代替塌场口。

1. 耐牢坡建石闸

耐牢坡开堤行运，口门无控制，临时开掘、塞堵，“水势散泄”，导疏费力。洪武二年，济宁官吏向山东行省申请，获批准建闸。十二月勘察设计，以旧口冲刷过甚，选定口北一里许为闸址。洪武三年二月二日兴工，三月二十日竣工，历时50日。闸门东西宽16.5尺，高10尺1寸。设闸官一员管理。闸在漕河南岸，其南即当时黄河河道。

2. 重开塌场口

弘治中王琼著《漕河图志》，论明前期黄河流道，谓“自汴梁以下数千里间，河流支派牵连分合虽难悉纪，然其大派不过六条：其一自汴梁东北，经兰阳、仪封、曹、郓至阳谷县入漕河；其一至曹州，由双河口分流至鱼台县塌场口入漕河；其一至仪封县东，经归德州至徐州入漕河；其一至归德州东南，经虹县、宿州、睢宁至宿迁入漕河；其一自汴梁东南，经陈留、通许、亳县至怀远县入淮河；其一自汴梁城西南，经荥泽、中牟、尉氏、陈、颍至寿州入淮河。六派或势均并流，或并归一二，虽涸溢不时，趋向各异，而大抵不出此六派之中也”，以曹州双河口至鱼台塌场口为一大派。由于维持较久，曾大修。

自塌场口淤后，上游亦逐渐堙塞。成化中，商辂记平江伯陈锐开耐牢坡，谓：“盖是河故迹，郡志载至元六年黄河水溢，自曹县界东北流潴巨野泽，从东南经嘉祥县莲花池，抵古济州以西二十五里为耐牢坡，南经鱼台县大塌场，入会通河，即今运河。当时江南舟楫俱此经行。洪武戊辰，河水复溢，而此河因塞。自鲁桥以北，皆舍舟从陆，设为车站。”

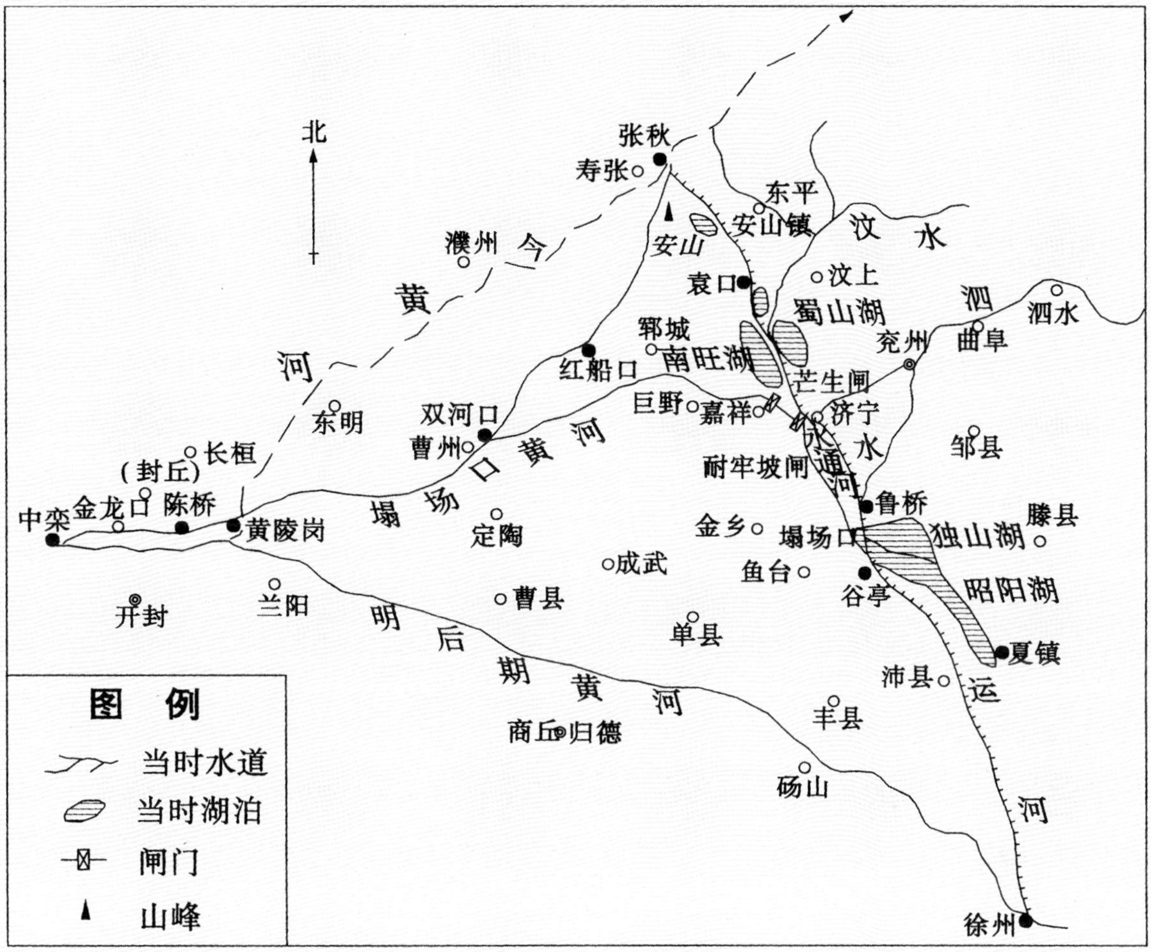

明代塌场口黄河示意图

商辂所记多不见于其他文献，所言郡志应指兖州府志。现存时代较晚之万历兖州府志无此记载。所言至元六年黄河水溢自曹县东北流，经查各文献，前至元六年及后至元六年均无黄河北决记载。至正六年亦无之，唯至正二十六年有相似记录。洪武戊辰系洪武二十一年，亦不见其他文献载有黄河北溢事。唯二十四年河决原武黑洋山情况近似。

洪武二十四年（1391），黄河决原武黑洋山，主流南徙，分一支由曹州（今菏泽）、郓城两河口（即双河口，应在曹州下）漫东平之安山，会通河淤，自济宁以北转陆运。鲁桥在济宁南55里。双河口以下河道当大淤于此时。

永乐元年（1403）十月以河道淤塞，革撤济宁州之耐牢坡，聊城县（今聊城市）之周家店、李海务，临清县（今临清市）之临清闸、会通闸五闸官。耐牢坡闸可能内外俱淤堵。永乐初年屡有请重开会通河者。

至永乐九年（1411）命工部尚书宋礼等兴工重开会通河，自二月开始。因黄河连年为害，三月令同时开河南、山东黄河故道，分流自北岸封丘县西南之中滦及金龙口至祥符县北之鱼王口，凡20里有黄河故道、开通行水。东北入山东，经曹州、郓城至鱼台塌场口入漕，即重开洪武元年故道。宋礼以工部尚书总理黄运两河工程。兼二河开浚者尚有刑部侍郎金纯，专浚黄河者有兴安伯徐亨、工部侍郎蒋廷瓒。至七月竣工，凡役民丁11万余。实自六月始赶工疏浚，仅月余而毕。七月二十日遣工部及锦衣卫官吏乘舟自黄河新分水口至曹州双河口，再分路一至济宁北会通河，一至谷亭验看水势及漫安山湖处以及淤塞河段，原漫处堤岸低薄，需令增筑。验看结果，通知宋礼。

王琼《漕河图志》谓九月完工，与《明实录》不同，可能是增加了筑堤工程。商辂记此次开浚“止从近州闸河用工而是河遂废”。可能疏浚虽赶工完成，实有潦草处，故有此说。

3. 建广运闸及永通闸

商辂记宣德初陈瑄疏浚耐牢坡旧河，未成而卒。宣德中曾有几次疏浚金龙口、黄陵岗等处河道，引黄济运。陈瑄亦参与过。正统中黄河屡北决，曾淹鱼台境。三年革耐牢坡闸官，闸改为减水闸，旧河道可排运河水南入湖。十年黄河决金龙口，冲阳谷运堤，旋堵塞。十三年（1448）黄河决河南八柳树，漫流山东曹州、濮州至阳谷入漕河，溃沙湾东堤，入海。景泰二年（1451），以沙湾口久未堵，有些人建议引塌场水济徐州一带运道浅涸。是时塌场口似有黄河水进入。还有人建议引耐牢坡灌运河，但须防其北冲沙湾，又虑水南去则以北浅阻。黄河水似亦由耐牢坡灌入运河。

成化十一年（1475），漕运总兵平江伯陈锐，系陈瑄曾孙，以济宁段运舟上闸艰难，查询耐牢坡旧河，居民有进而告者曰：“是河不通舟楫已逾百年。”陈锐亲自查勘后与漕运总督李裕、山东管河副使陈善、通判陈翼决定开浚耐牢坡至塌场口98里旧河，修沿河桥堰，疏浚滩浅。移耐牢坡减水闸北进二里许，改为大闸，改名永通闸；于塌场口建闸名广运闸，控制下流。改河名永通河。二闸俱设官署，置闸官。自二月开工，五月完工。

王琼《漕河图志》记成化间复于永通闸之南建一闸，名永通上闸，广运闸在塌场口北，又曾议建广运上闸，未实行。永通河上有浅铺15处。黄河虽自双河口通永通河，但盈涸不常。

明钱谷、张复合画《水程图》册之徐州

当时打算以新河（永通河）代替旧河（运河原道），但各有利弊。弘治二年，巡抚山东都御史钱钺上奏：

“济宁天井迤南河道，地形南峻，水势湍急。自天井闸至塌场口不满百里，建闸十一座，每年四五月间，河水浅涩，船只至此，少则六七日，多五十四五日，方得经过各闸。该用夫三千余名，雇后用银不下一二万两，财力俱弊。其济宁西北耐牢坡河地形低下，水势平夷。每年六七月汶水盛发，南由广运闸，北出永通闸，不过二日可以越过旧河一十一闸之险，无坐食之费。合于广运闸上十里，增建一闸。若有滩浅，于中停地方再建一闸。冻开即可行船。”

反对者如工部巡河郎中曹元论奏：

“新河窄隘，每年夏秋，山水泛涨，暂通舟楫。其余月日，水自干涸。其天井迤南闸洪边，设有驿递衙门并水次仓廒。事久人便，不宜更改。”

两方意见，经漕运部门勘查商议：两河各有利弊，难以偏废。遂折中定例：水大开永通闸

魅力黄河（王成永作品）

行船，水小关闭永通闸仍由旧河行，仍增建广运上闸一座，但闸迄未增建。唯清叶方恒《山东全河备考》及董恂《江北运程》引《河程记》谓弘治四年在吉家浅建广运上闸，不甚可靠。

是年（弘治二年）黄河北决，自金龙口、黄陵岗，东北经曹、濮，冲张秋运河。连年治理，五年又大决。六年都御史刘大夏治河，以黄河自曹州双河口分流，至广运闸入漕河。议奏欲令漕船由广运闸入黄河至双河口，借黄河北行直达张秋，亦未施行。次年堵张秋运河决口，八年堵黄陵岗等黄河口，建太行堤，断黄河北决冲张秋之路，形势一变。此后黄河北决多由曹县、单县一带东流入漕，亦有入塌场口者，如正德四年（1509）河北徙，由鱼台塌场口入运河等。

弘治中论永通河之利者谓：

"近日著例：自耐牢坡闸至广运闸一带河道许于水大之时行舟，得免济宁一带闸座之险。但初建议者欲尽弃济宁闸河不用，悉由此河行。又虑浅阻，故增置永通、广运等闸于河之南北，以节水利。然广运闸口束隘，重船逆水而上为难，又水退留沙易壅。今若止存耐牢坡口一闸，再于旧闸左右增建闸口四座，其广运等闸悉皆撤去。又开浚河身比旧倍宽，以待汶河

水小之时只由济宁闸河经行：水若泛涨，然后尽开耐牢坡五闸口放水而南，既足以纾南旺迤北冲溢之害，又免涉历济宁一带闸路之险。因时制宜，计莫有善于此者也。”

当时永通河仍需加宽及改建闸座，始能顺利与原运河轮替使用。“因时制宜”，时变则变。太行堤既建，塌场河上游变；数十年后南阳新河开，永通河作用亦大变。

4. 嘉靖后之牛头河

嘉靖八年（1529）河决飞云桥，北徙鱼台谷亭，舟行闸面；九年河决塌场口，冲谷亭，历三年水灾不息；二十六年河决曹县，东冲谷亭，运道复淤。此后下迄明末，黄河北决，淹及鱼台，仅万历三十二年（1604）单县决口，鱼、济间平地成湖等一二次，唯嘉靖九年之决，有议及借黄行漕者。是年六月河决曹县，一支抵鱼台，傍谷亭入运河。总河潘希曾上言：永乐间开浚开封北支河，通鱼台入运。弘治时鱼台支河堙塞。今河复通鱼台，可为漕运之利。十一年总河戴时宗亦请弃鱼台为受水之地，导水入昭阳湖。十二年总河朱裳上奏治河二事，其一“借黄河之水以资运河。夫黄河自谷亭镇转入运河，顺流而南，二日即抵徐州。徐州逆流而北，四日乃抵谷亭。黄河之利莫大于此”。是时黄河出谷亭口入运。鲁桥下至徐、沛闸座尽废。十三年秋忽改道分二支，一支北出鱼台塌场口，赖以济运。至十月全河始南徙，二支断流。

是时总河为刘天和，以南旺湖西堤尽坏，不能蓄水，谓当利用永通河行运。永通河北通南旺湖，北口在南旺南堤建有芒（一作忙）生闸控制，闸始建日期不详，大约在弘治至正德时。此后常称永通河为牛头河。

刘氏谓修南旺湖堤后可积水，但湖中地洼只能从“旧忙生闸下出广运闸口，济鱼台以下运河”。“如仍仿宋司空（即宋礼）引河就下之遗意，导汶直至今南旺西湖中之最洼下处，南则从忙生闸旧河出广运闸口或出永通闸口，北则从旧河直出安山闸口，以避此南旺二百余里之浅涩，固运道无疆之利也，且皆旧河，先年凡水涨即从此行舟。故道近虽淤废，不过修治及移南旺数闸而已。如以改创为难，姑修复以为南旺一月河，未为不可也。”

弘治中定制（水大走永通河，水小走运河正道），嘉靖时已废，且河道淤塞。刘氏欲因旧河，加以修治及改移南旺数闸，成运河新道，南由广运闸入塌场口或由永通闸附近入济宁。但其意见亦未被采纳。

嘉靖末至隆庆初（1566—1567），济宁之南开南阳新河，移运河自昭阳湖之西至湖东。运河旧道不复行船，牛头河与新河不衔接，水大则溢入旧河而已。河道亦渐堙塞。

隆庆三年（1569），总河翁大立奏开废渠泄积水，略谓：永通河道上有芒生闸通南旺，中有永通闸通济宁，下有广运闸通谷亭者，谓之旧黄河。自旧黄河以下，湖陵城水道尚通舟航。湖陵城以下黄水退后，地形反高。现自留城之回回墓大开决口，浚淤淀，下通鸿沟。使谷亭、湖陵之水入昭阳湖，湖水又由鸿沟以出。若汶泗水涨则由斗门泄入鸿沟，汶泗水消则闭斗门，防漕河干涸。由芒生闸至广运闸，由广运至湖陵城，由湖陵城出回回墓，上下300里皆与漕河接。首尾相衔，漕河为主，鸿沟为辅，缓急相济。这与旧河道为运河之辅助，颇似开一长月河。牛头河一变而为排泄西水之排水沟。辅河作用并不显著。

万历中，巨野、郓城、定陶、嘉祥四县泊水来自西北；曹县、单县、成武、金乡四县泊水来自西南，均由牛头河出广运闸南之钓钩嘴，由旧运河经谷亭、沛县至留城入漕。下流阻塞，漫为巨浸。韩庄支渠可以分泄。

下流阻塞是由于黄河水涨，故闭运河各闸以防灌入。汇为大湖，即原吕孟、赤山、微山、张庄诸小湖成一大湖，后称微山湖，为清代济泇河的主要水柜。韩庄支渠即韩庄河，万历二十二年（1594）开，时在峄县界，西起韩庄，东至彭河长40里，通泇河泄湖水。又东会沂水及诸小湖，出邳州、宿迁入黄河。此后牛头河收西面坡水，形势无大变。万历三十二年由韩庄支渠更东开成泇运河，通黄河。韩庄河成为泇运河西段。

明末永通闸堵塞，牛头河不复通运河。芒生闸在清康熙二十年（1681）左右为管理运道官吏所堵塞。康熙中曾有人建议疏浚河道，未施行。乾隆五十年至五十二年（1785—1787）疏浚牛头河，五十二年改修芒生废闸为双涵洞，两口各宽1丈，高8尺4寸，并开挑引渠，通入牛头河。伏秋水大，即由涵洞分泄，南入南阳、昭阳等湖。嘉庆五年（1800）以圮毁重修，稍向东移，高度增至1丈零8寸。

嘉庆十二年（1807）兴工挑浚牛头河，十三年竣工。经运河道王念孙等勘估：牛头河自南旺芒生闸至南阳湖长21095丈，未浚前间有积水，深浅不一，亦有淤成平地者。用水平测量，南旺湖水面高出芒生闸金门水面3尺余，闸处水深2尺，即以此2尺为准，向下游渐次加深，以淤积厚度定挑浚深浅。估计应挑口宽39.2—64.4尺，底宽36—54尺，深3—8.6尺。共估挑土409570方，每方例价8.1分，共该银33175两余。加其他附属工程、涵洞、堤防等，共估银35217两余。此系例价，定额太少，另需加帮价银每方土4分，涵洞帮价523两。共帮价银16906两余。例、帮二价，实共银52123两余。牛头河后虽亦有疏浚，但无全面大修，仅维持能收西面坡水入湖而已。至1949年后因当地沟道迁改，仅有局部遗迹。

（二）明初颍蔡运道

明初至永乐九年（1411）重开会通河以前，自南而北漕运多以淮安为枢纽，向右可自淮河入海，由海运北上（海运亦或由江入海）。向左则走内河。一由黄河经会通河等北上。会通等未淤堵塞前已不甚通畅，淤堵后断航。二由淮河西行，经颍河、沙河至开封之西过黄河，再转卫河北上。后者略同元初运道。沙河即蔡河，为古运道。明代沙河下通颍、淮。明初沙颍水道大都为元代黄河南流旧道，至洪武二十四五年以后，遂为黄河再南行的主流，形成淮、颍、黄运道至河南，转运北上。“至洪武三十年，海运七十万石于辽东，以供军饷。太宗文皇帝肇建北京，江南粮饷一由江入海，出直沽，由白河运至通州；一由江入淮，由淮入黄河至阳武县，陆运至卫辉府，由卫河运至通州。”

1. 会通河未淤塞前情况——洪武二十四年（1391）前

明初宋濂《安道堂记》载，朱元璋侍臣杜安道“侍左右未尝暂违。凡上征吴、越，略淮、楚，攻齐、鲁、汴、蔡，舟车所临四五千里……安道皆得身从而目见之”。朱元璋一生只于洪武元年（1368）两次至开封。第一次于四月二十四日率兵数万发南京，五月二十一日至汴梁，共走27日。所经路线为乘船至扬州，经淮安，溯黄河。当时黄河自塌场口夺运河至徐州，朱氏自徐州至山东转开封，所谓“攻齐鲁”。七月二十八日，自开封南还，闰七月初九抵南京，凡行11日。时当伏秋大汛，是否顺黄河而下或自蔡、颍、淮运道南返，不能确知，但以后者可能性最大。

八月己巳朔，改开封为北京。朱元璋复于八月十四日自南京往汴梁，二十五日抵汴，凡行11日。这一次肯定是走淮颍运道，溯黄河没有这样快。十月戊辰朔自汴南返，初十日抵南京，凡行9日。当时塌场口黄河道已淤堵，大概也是走颍淮运道。所以“攻齐、鲁、汴、蔡”，蔡即指这两三次所经过的蔡颍水道（在古蔡境）。

十月二十二日置京畿都漕运司，以龚鲁、薛祥为漕运使。“管长、淮、大河等卫官军，分司淮安。自扬至蔡，达济，坝堰皆沙塞崩塌。疏通修筑，昼夜无息，役使均平，众皆悦从。”所辖范围，一为“至蔡”，即蔡颍淮运道；一为“达济”，即运河水道。济指济宁或济州。置分司于淮安可兼顾两路。

洪武四年二月以临濠（今凤阳）前既置中都，以傍近州县通水路漕运者划归管辖，计有寿、邳、徐、宿、颍、息、光、六安、信阳9州，五河、怀远、定远、中立（中都附郭）、蒙城、霍邱、英山、宿迁、睢宁、砀山、灵璧、颍上、太和、固始、光山、丰、沛、萧18县，可见淮泗水系通运情况。北面开封等地，因当时开封成为北京，和中都地位相等，所辖州县自不能划属中都。

当时蔡颍运道，修治工程记载不多，但确已渠化。洪武六年十二月发役夫25万人疏浚开封运河。当时从小木至陈州沙河口共18闸，淤塞63处，阻碍漕运，需要疏通，大致是从开封附近至陈州沙河入颍水口。18闸始建年月不详。

自洪武七年以后，黄河多次决开封上下，分向东流及南流，沙颍运道破坏甚多。至二十四五年黄河主流向南，漕运借黄行运更为明显。自洪武八年黄河决开封太黄寺堤，虽发夫3万堵塞而南决之水挟颍入淮，蔡河下流逐渐淤塞。

这一时期沙颍漕运，转运更北者似不多，或多供豫、陕等军政需要。

2. 会通河淤塞及重开前情况——洪武二十四年至永乐九年（1391—1411）

洪武二十四年（1391）夏黄河决原武黑洋山，东经开封城北5里，又南经项城、颍州、颍上，东至寿州正阳镇全入于淮，而东流故道遂淤。又一支北由曹州、郓城漫东平之安山，会通河亦淤塞，水道形势大变。蔡河被冲淤，河水直入颍。次年正月，黄河决阳武，浸淫及陈州、中牟、原武、封丘、祥符、兰阳、陈留、通许、太康、扶沟、杞11州县。在开封东西大片漫流南行入颍，渐次形成南流河道。冬，军民丁夫修筑堤岸，因天气太冷，停工。

洪武二十九年（1396）四月，以黄河南流，沙颍运道冲淤迁移，废开封府之冯陵、十字河、龙堂、快活林、伞儿、三里、万龙及陈州之东桥八闸，似洪武六年所记十八闸之八，已失作用。次年，以黄河南决水灾，除怀庆以下至正阳河口黄河两岸河泊所鱼税，听民捕捞自救。是时黄河似全夺沙颍运道。是年秋八月河溢开封，城三面受水。冬十一月汛水退后，蔡河水道南徙至陈州之西。原河道本由开封府城北东流，因下流淤塞，遂决向西南。

永乐元年（1403）三月，军士唐顺建议由卫河可直通直沽。卫河距黄河陆路最近处50余里，若开卫河至黄河百步处建仓，转运南方漕粮，由卫河北运，公私俱便。朝廷命廷臣详仪，待民力少复，施行。七月，户部尚书郁新等提出转运方案：由于淮河至黄河多浅滩跌坡，航运艰难，因此，自淮安西行可用载重300石以上的船，运粮经淮河、沙河达陈州颍岐口（在陈州西南）处跌坡下。再以浅船或载200石以上者，运至跌坡上，更以大船转入黄河至新乡八柳树等处，再以车辆陆运至卫河转输北京。是时改北平为北京，明成祖大力经营，准备迁都，南粮北运多根据上述方案进行。

永乐元年至九年（1403—1411），河南黄河每年决溢为灾。其中永乐二年及八年决坏开封城；元年九月陈州西华县沙河水溢，决堤通黄河，发丁夫修筑；七年春冲决陈州城垣、堤岸，发军民修筑。

沙颍漕运亦不断进行，如永乐元年冬右军都督佥事陈俊等运淮扬仓粟1576280石至阳武，又转运北京，永乐七年春命都督佥事马荣率山东、河南官军卫河饷运，九年春都督佥事费义运卫辉积粟324400石赴北京，等等。

这一运道至永乐九年会通河重开后，就很少利用了。

明清时期京杭运河南旺枢纽

元开京杭运河，山东的会通河一段是最主要的。会通河水源是汶水和泗、沂二水以及流域内的泉水，汶水又是其中最主要的。元人建堽城坝引汶入洸，洸水至济宁合泗、沂，于会源闸向南北分流济运。明永乐中重开会通河，又筑戴村坝，遏汶水至汶上县南旺镇入运，分济南北。南旺地势高于济宁，由济宁会源闸分水，北流是由低向高，运道艰涩。元代运河漕运量小，大量漕粮主要依靠海运。明代改由南旺分水，《明史·河渠志》载："南旺者，南北之脊也。"南北顺流，运道通畅。明代漕运主要依靠京杭运河，这是关键性措施之一。

由堽城分汶入洸和戴村遏汶入南旺都有一个控制枢纽，即所谓堽城坝和戴村坝。分水地点的更换、两个枢纽的兴废都有一个过程。明清人记载多沿袭《明史》旧说，《明史》又根据各种不同资料编辑，有许多矛盾错讹的说法，至少是不够清楚，以讹传讹，使真相混淆。南旺分水枢纽成功地运用了400多年，为南北水运交通做出了巨大贡献，我们有必要弄清楚它兴建及运用的情况，为我国内河航运史提供相关借鉴资料。

一、分汶入洸和堽城枢纽

凿洸引汶入泗水，通南北向航运，东晋永和十二年（356）即有记载。黄淮平原东部南北向河流只有泗水。古人由长江经邗沟，过淮水，顺泗水北航，自春秋末已开始。自泗水再向北，只有由洸水通汶水或于泗水西别开运渠，通古

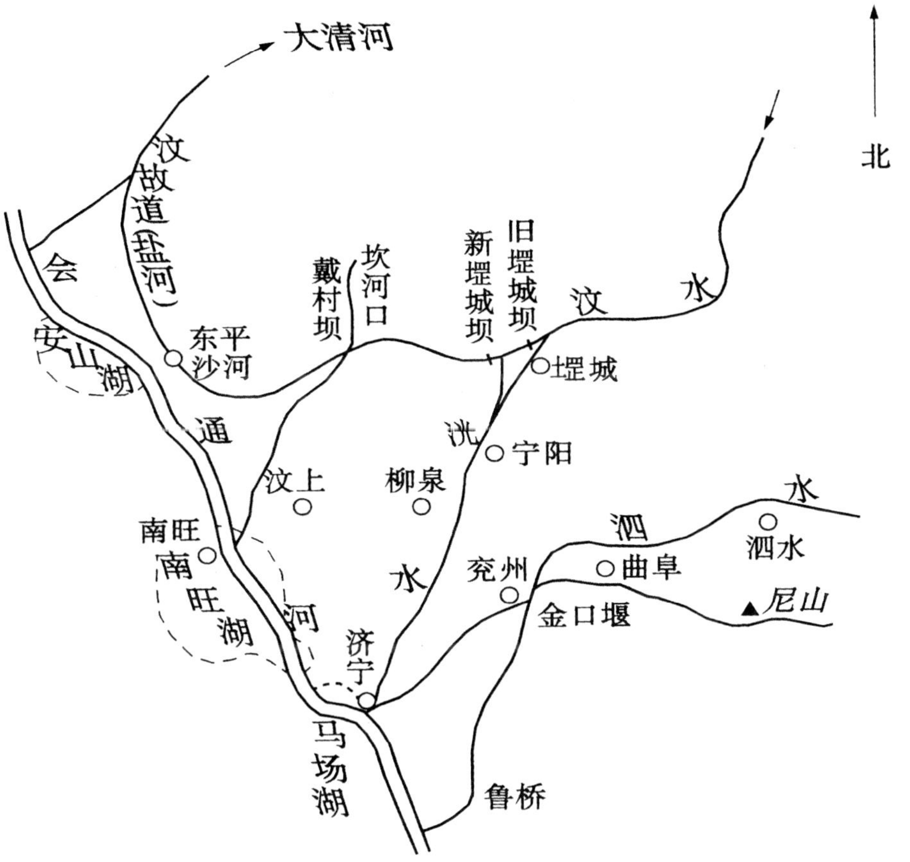

汶泗济运示意图

济水。6世纪初成书的郦道元《水经注》记“吕忱曰：‘洸水出东平，上承汶水于冈县西，阐亭东。’《尔雅》曰：‘汶别为阐。’……洸水西南流，径盛乡城西……又南径泰山、宁阳县故城西……又西南径泰山郡乐丘县故城东……又东南流注于洙水，（洙水）又南至高平南入于泗水。”据所引吕忱《字林》，西晋时洸水已由汶水分出；据《尔雅》，则汶水分支又名阐，阐即阐亭之阐，即洸水，远在秦汉时已有了。从后来的情况看，洸水虽自古即从汶水分出，但时有通塞，东晋凿洸水可能是因其淤塞，加以疏浚。

《水经注》所说的冈县，西汉时已有，也就是后来的堽城，在今山东宁阳县东北。分水处建筑的枢纽，即名堽城坝。最早的闸坝是元宪宗七年（1257）建的，在堽城西北，汶水南岸，修了一个斗门（闸）引洸水。当时，蒙古的东平路行军万户、管民长官严忠济以东平为根据

戴村坝

地，负责淮北宿县（今宿州）一带的防务（防南宋兵），为了从东平运兵饷到淮北，疏通由东平溯汶入洸入泗向南的水道，建筑堽城枢纽。

后来开会通河（至元二十六年，即1289年），需要更多的水量分流南北济运，又于斗门东修双孔东闸，增加引洸水量。原斗门叫西闸（经过修改），因为太高了，不能进水，只有东闸起作用。拦汶堰是草土临时坝，分汶水三分之二的水量入洸水，夏秋洪水时闭闸门，坝

被冲坏，水由汶水河道入海，每年秋后重筑。后来（延祐五年，即1318年）改建成石堰，当年即被冲毁。又后20年，洪水冲毁东闸。第二年（后至元五年，即1339年）在原双孔闸址的东边改建成一孔大石闸，石闸的工程质量很高。

明洪武二十四年（1391）黄河在原武黑洋山决口，北流至安山，会通河淤塞，水运就不通了。明成祖迁都北京，由于急需南粮北运，永乐九年（1411）工部尚书宋礼等发动军

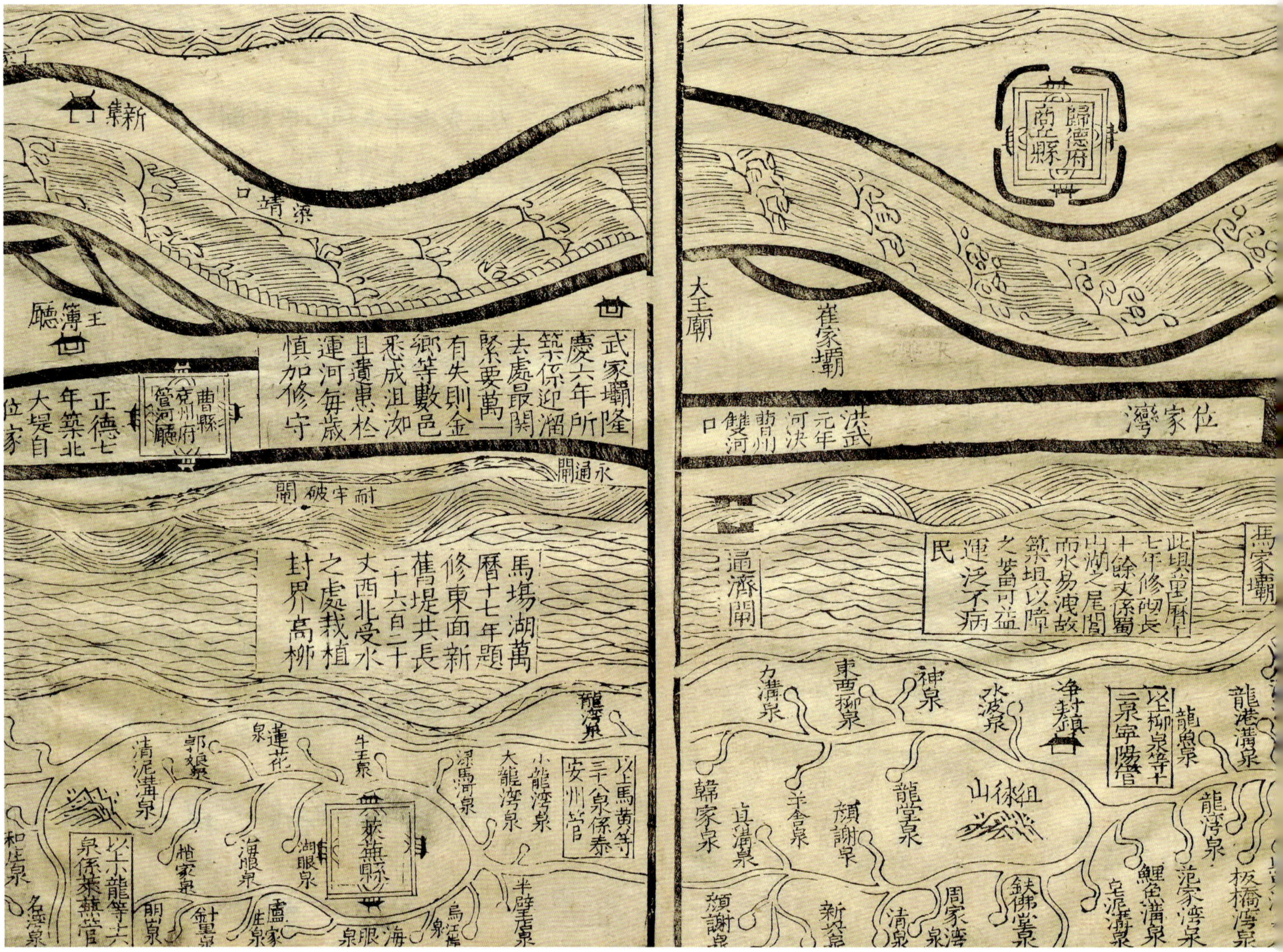

《河防一览》全河图说中的堽城坝

工和民夫共30万人重开会通河，仍由旧道引汶合泗至天井闸分流。自二月至六月完工，用了100天。宋礼上奏说：“今汶河上流，自宁阳县堽城闸已筑坝堰，使其水尽入新河。”说明堽城堰闸又修复了，仍是主要引汶枢纽。当年秋冬又开沙河至南旺分水，作为一项辅助工程。

此后60余年情况并未改变，成化九年（1473）工部员外郎张盛改修堽城坝和闸，至成化十年冬完工。新坝移到旧坝址西南八里的青川驿，改每年修筑的临时土堰为永久性石坝，高11尺，底宽25尺，面宽17尺，长1200尺。分7个过水孔，各宽10尺、高11尺，用木闸门启闭，调节入洸的分水量。坝东20步建引水闸，分两孔，各宽9尺、高11尺，闸南开新河9里，接洸河旧道。当时仍以这里为引水的主要枢纽。

不过南旺分水已逐渐受到重视，堽城改石坝后7年（成化十七年，即1481年），南旺就

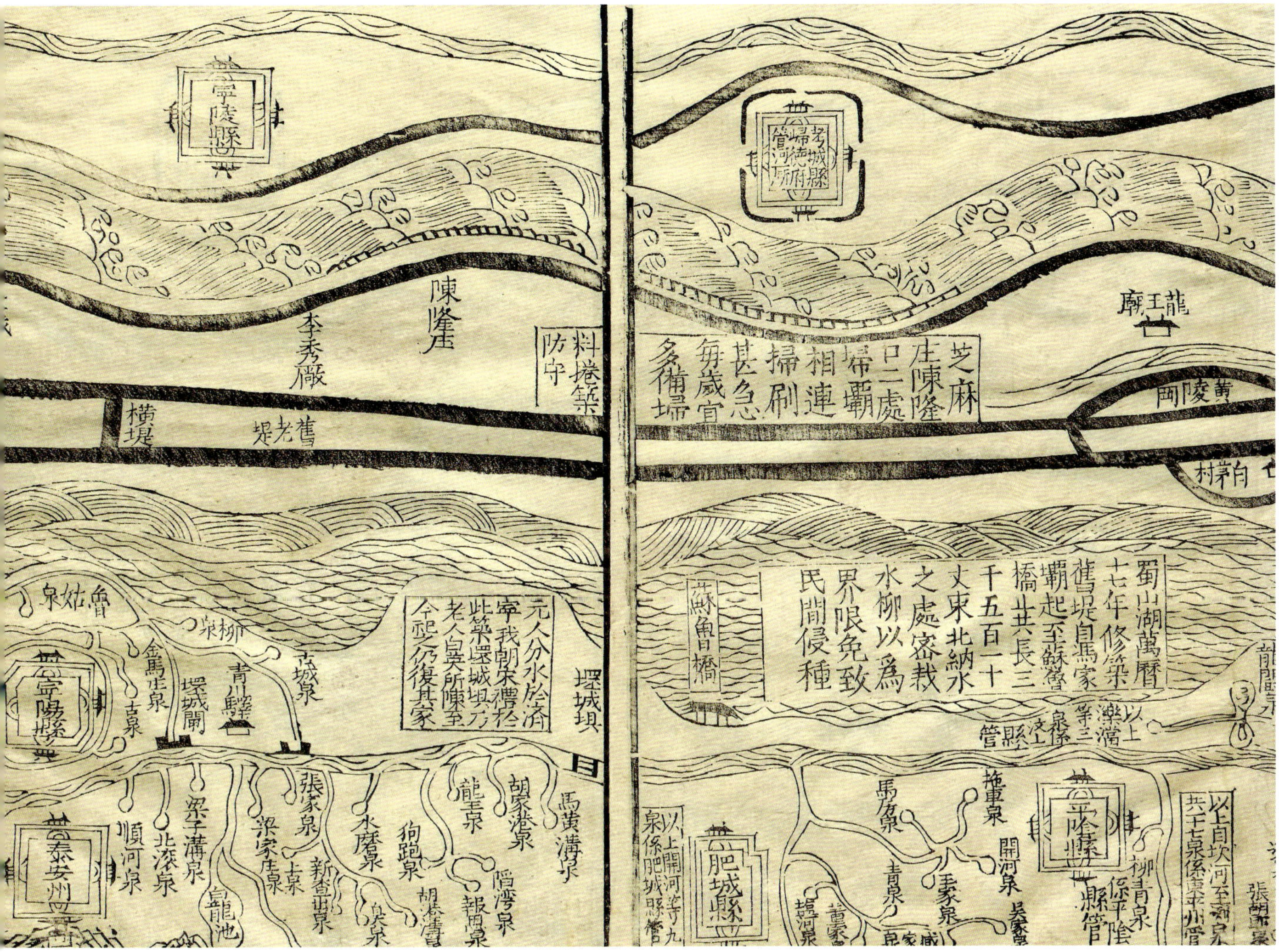

建了南北闸，节制南北分水；又修戴村坝的坎河口减水石堰。

堽城改石坝后30年（弘治十六年，即1503年），山东巡抚徐源奏请拆毁堽城石坝，恢复原来的临时土堰。工部主事张文渊认为，堽城石坝有害无利，不如拆除闸顶，纯用南旺分水。第二年派工部侍郎李镃会同徐源及管河诸官勘查，回奏中主张对堽城坝予以保留，已坏三分之一应修补，坝上下积沙应挑浚；元初筑堽城坝，原只引汶向南接济泗水；永乐筑戴村坝遏汶至南旺是分流南北，南旺比天井闸高3丈多，汶水由洸河到济宁，不易向北济运，所以洸河不应再挖深。洸河自旧堽城坝至柳泉一段90余里，废弃已久；柳泉至济宁段应疏导引汶水余波合泗水，至天井闸，专向南济运。汶水堤防和戴村坝应大修。这一段话是当时堽城、戴村二坝和天井、南旺分水的历史总结。

实行以后，南旺分水完全代替了天井分水，堽城坝完成了历史任务。上距堽城初建坝已

247年，距戴村初建坝已93年。当时并未堵筑堽城引水闸，只是洸河淤塞不易南流而已。又后90年（万历二十一年，即1593年），因春雨过多，济宁一带湖水涨溢，运河决堤，又兴工堵筑堽城闸，截断汶水南流水路。

二、戴村坝及南旺分水枢纽的逐渐完善

《明史·宋礼传》及《明史·河渠志》叙宋礼开会通河，采用汶上老人白英的建议筑戴村坝，由南旺分水。又说："其秋（即永乐九年秋）礼还，又请疏东平东境沙河淤沙三里，筑堰障之，合马常泊之流入会通济运。"据《宪章录》，所谓疏沙河、筑堰、合马常泊、济运，即修南旺分水事。

《宪章录》载："（永乐九年八月）工部尚书宋礼……言：'会通河以汶泗为源，夏秋霖潦泛溢则马常泊之流亦入焉。汶泗合流至济宁分为二河，一入徐州，一入临清，河流深浅，舟楫通塞，系乎泊水之消长。泊水夏秋有余，冬春不足，非经理河源及引别水以益之，必有浅涩之患。今汶河上游自宁阳县闸已筑坝堰，使其水尽入新河。东平州之东境有沙河一道，本汶河支流，至十路口通马常泊。比年流沙淤塞河口，宜趁时开浚。况沙河至十路口故道具存，不必施工。河口当浚者仅三里。河中宜筑堰计百八十丈。'从之。"

这是他修堽城坝闸"使其水（即汶水）尽入新河"后的事。新河指新开的会通河，汶水既全被引入洸河，则汶水下游不应再有大量水流。宋氏所说的沙河很含糊，若为东平境的汶河支流，何以通入西邻运河的马常泊？若一端入汶一端通泊，则为泊水流入汶河，又和地势不合，若由汶入泊则为汶水分支而非支流。除非沙河自东向西有两分支，一支入汶，一支通泊，但此处又没有这样的河。明清人记载都说沙河就是戴村以下的汶河正流，原流向西北，过东平境入大清河。所谓"河中宜筑堰计百八十丈"，就是指筑戴村坝，河中就是沙河中，亦即汶河干流上。宋氏既说汶水尽由堽城引走（可能建堽城坝时这样上报的），就不好说下游还有水济泊，就只能说水源来自支流了。就当地地势说，这段汶河如有支流，只能是北岸从东北向西南流的河；如引以济南岸的泊，还是要先入干流，变成正流的水。宋礼这里故意不说清楚，是古代官吏愚弄皇帝的惯用手法。

马常泊后来叫马场湖，当时和南旺、蜀山通为一湖，后来逐渐分开，才有不同名称。马

宋礼像

常泊也就是古代的茂都淀，马常是茂都的音转，古代汶水是入淀的。宋札的开浚是利用旧天然河道疏通的。王琼《漕河图志》（刊于弘治九年，即1496年）记载："（宋礼）又用汶上县老人白英计，于东平州东六十里筑戴村坝，旧汶河口筑霸，遏汶水西南流，由黑马潜（沟）至汶上县鹅河口入漕，南北分流。"又说：汶水自戴村坝20里至阳城湖，又30里汇白马河，又8里过黑马沟，又10里过鹅河，又10里出鹅河口，共约80里，南北分流为漕河。

筑戴村坝自南旺分水的计划是"汶上老人"白英提出的。由于白英的功绩，后人长期纪念他，到现在当地还有关于他的许多故事性的传说。坝长180丈似宋氏原估数字，坝实长5里13步，到天顺五年（1461）又增高增厚。

宋氏所修坝及南旺分水口并不完善，明后期已有人指出。分水处南北分流，没有控制。一直到成化十七年（1481）杨恭始建南旺南北闸，节制南北分流水量。南闸叫柳林闸，在分水口南5里；北闸叫十里闸，在分水口北5里。"十里"可能即宋礼所说的"十路口"。这时上距宋氏开口已整整70年。第二年（成化十八年），管理河、漕的官吏又建议戴村坝修减水石堰，得到批准。原来戴村坝上游北岸有一条小支流，名坎河。坝成后，汶水大时多从这里溢入汶河故道。坎河口堤坝常需修复，这次建议应当就是把坎河口坝改土为石。但不知实施的结果如何。

白英像

隆庆末年（1572）总理河道万恭创建坎河口石滩，并作记立碑说：“弘治中，汶大溢，势不能决戴村，则溃裂而假道于坎河口……若建瓴而下，南流遂微。治水者议堤坎河口，岁堤岁败，莫如之何？……坎河东注者日澌月流，注南旺者几绝。”这是说弘治以后坎河口处于自然状态。据刘天和《问水集》（成书于嘉靖十五年，即1536年），这一时期水易涨溢，修了戴村以下的堤防，并于东西两岸各修滚水坝两座，减水闸两座，排洪。万恭当时令工部主事张克文用人夫15000多名，于坎河口修成堆石滩，长宽各1里；到万历十七年（1589）总理河道潘季驯又改石滩为石坝，长40丈，面宽1丈5尺，底宽1丈7尺5寸，深入土4尺，出土3尺，用以泄洪。这时才算完成了戴村枢纽。以后坎河口坝屡次修整，清代延长到126丈8尺，分为滚水、乱石、玲珑三坝。

南旺南北闸建成后约10年（弘治三年，即1490年），以兖州通判常驻南旺分水处，管理各闸的操作和每年河道的疏浚岁修。再后13年（弘治十六年，即1503年）南旺分水代替了堽城分水。

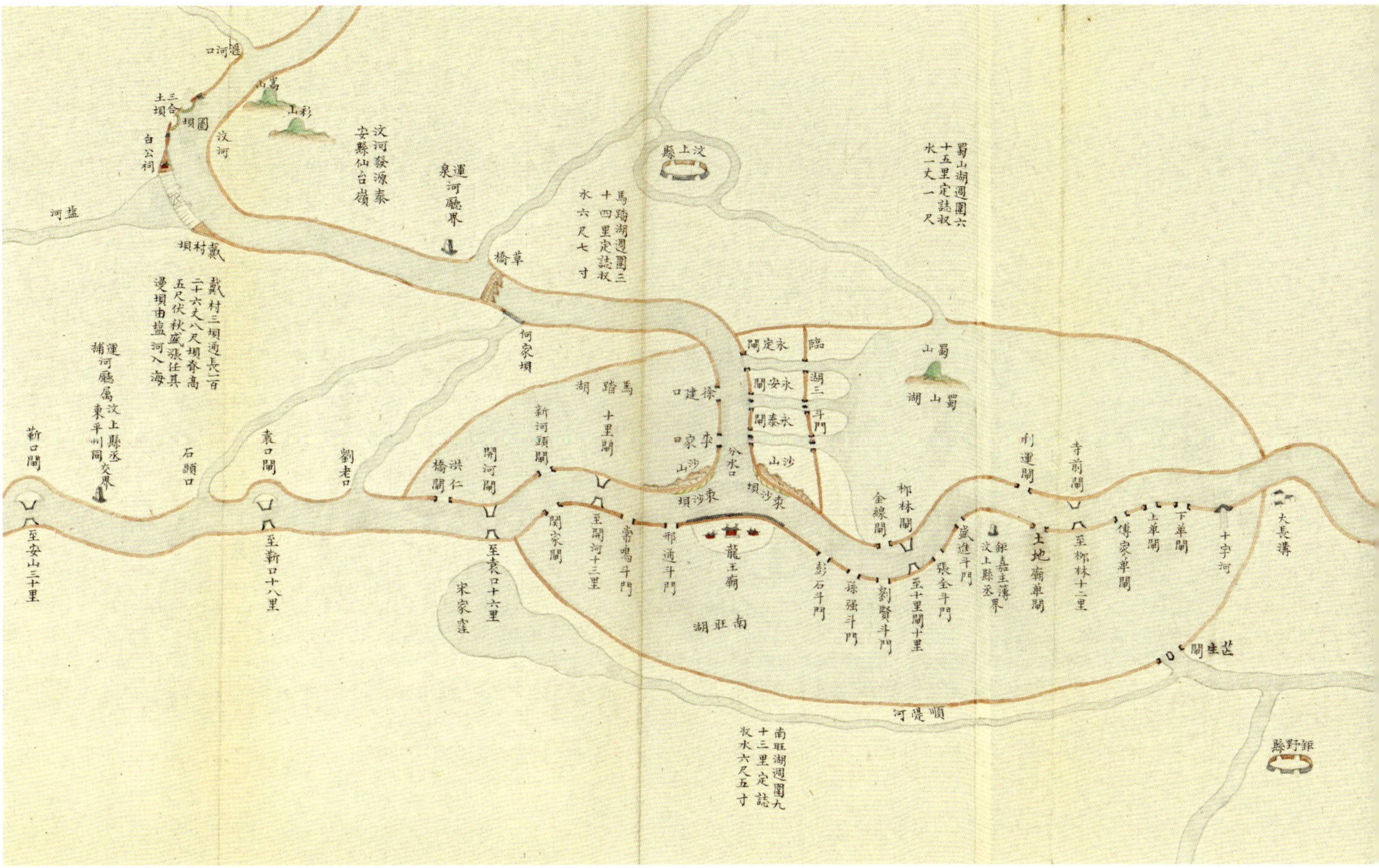

清光绪年间《山东通省运河情形全图》中的戴村坝与南旺枢纽

三、南旺分水记载的几个问题

（一）南北分水量的比例

分水口初建时只是一个河口，汶水从东来，与运河道垂直，直冲运河西岸，分流南北。如果在这里建有鱼嘴或其他分流控制，以明代的技术水平是可以大致控制分水量的。若没有控制，水量就主要受南北河道情况（特别是河道比降）和河道建筑物情况（特别是闸门的情况）等影响。此外，汶水流量的大小也有关系。宋礼时仍以天井分水为主，此处分水比例是否曾有设想或实际量测不得而知，可能是没有过。成化以后，南旺分水受到重视并建南北闸，才有南流占十分之三、北流占十分之七的说法，后来又说成是北六南四。这一说法的来

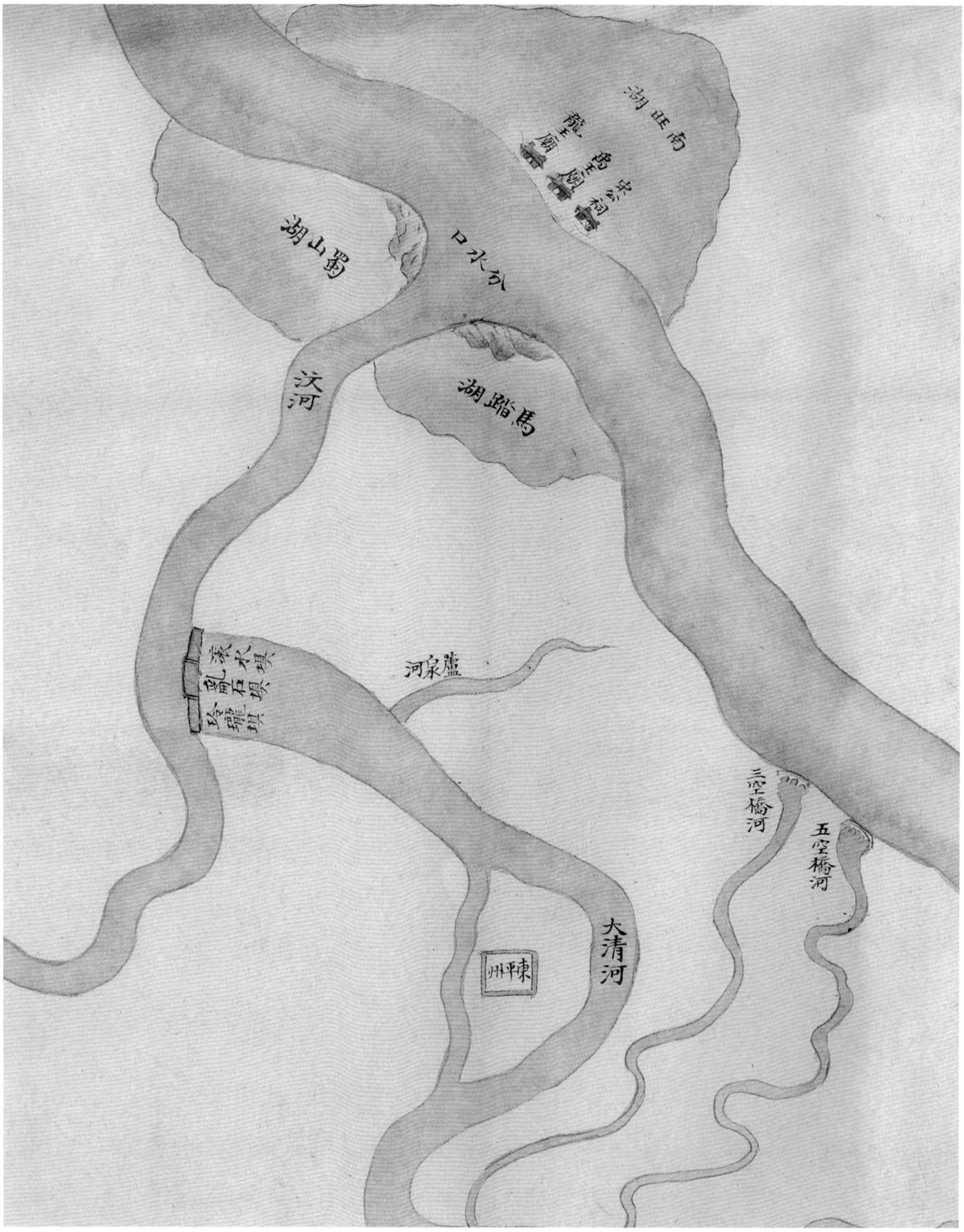

清乾隆时期《大清河源流图》中的戴村坝、南旺分水口情形

源不可考，真实性更值得怀疑。因为一般来说，既建了南北闸，通过闸门的操作，可以控制水量，这一比例无实际意义。南北河道情况及闸门数量变化很多，这一比例是在什么情况下才会发生的？又如何测定的？也无记载。

万历时袁黄说："贮六分之水者其闸长，贮四分之水者其闸短，分寸不可易也。后之当事者以私意增闸而水之分数紊矣。紊而常淤，固其宜也，顾不此之察乃更闸而东焉。"意思是，北段闸河长所以分水多，南段闸河短所以少。清人胡渭把闸长短理解为两闸间距离的远近。

清康熙后期张鹏翮（康熙三十九年至四十八年为河道总督）认为："分水之法，上闸（柳林闸）石底高三尺许，下闸（十里闸）石底卑三尺许，故南少而北多也。"这是当时流行的说法。

和张氏同时的张伯行（康熙四十二年至四十四年为济宁道，管理会通河）说："查南旺分水口往南例系三丈，往北例系七丈，是合南北运河而总计之不过十丈宽耳！"似乎他又以分水口南北河宽为过水多少的限制。

张伯行认为南三北七为明代制度，还认为当时已改成南七北三，不知道是什么时候开始改的。他建议改回来，为张鹏翮所驳，问他是何时、何人改南三北七为南七北三,三、七比例有什么实际凭据？若改回来，又如何改法？

到乾隆二年（1737），直隶河道总督朱藻又上奏说：南闸底原比北闸底高，所以水北六南四；后来由于维修的凿低加高，现在北反高于南3尺，所以反而成了北三南七。建议恢复旧制。山东河南河道总督白钟山反驳说：宋礼定南北分流，杨恭修南北闸又改了办法，康熙四十八年修过十里闸，六十年修过柳林闸，并没有变动底高，现用水平较准，仔细测量，分水口脊高于南闸1.15尺，北闸2.2尺，仍系南高北低。

后来在分水口做了些挑水工程，增加北流水量，但以北河道仍觉水量不够，而且始终也不清楚南北比例究竟是多少。当时认为这一比例是会通河全河所有闸门全开时的分水情况，所以在乾隆三十八年（1773）春开汶河大坝放水入运时，做了一次试验。方法是：

（1）自南旺北至临清344里，南至韩庄339里，两段约略相等，关闭通湖及河旁所有闸门，河上闸门全部打开；

（2）正月二十五日开坝放水，二月初一日南水抵韩庄（正月是小建）共行5日，初二日北水抵临清共行6日，北流与南流的平均流速比是5：6；

（3）自下而上逐塘（两闸间河段）铺灌6尺深，依次闭闸门，至二月十五日，南段已铺至柳林闸，亦即339里之河身水深都到了6尺，共用24（正月二十五日至二月十五）日；北段十九日才到十里闸，亦即344里间水深也到了6尺，共用28日；

（4）最后四日（二月二十五日至二十九日）应为全部水流都向北流。运河各段宽度约略相等。不计次要因素，我们可以粗略估算：24日 × 每日平均南流水量≈28 × 每日平均北流水量+4日 × 每日平均南流水量。

结果是，南北分流比实近于南六北四而不是北六南四。

（二）南北高差

《明史·宋礼传》记载："自分水北至临清，地降九十尺，置闸十有七，而达于卫；南至沽头地降百十有六，置闸二十有一，而达于淮。"《明史·河渠志》则记："自南旺分水北至临清三百里，地降九十尺，为闸二十有一；南至镇口三百九十里，地降百十有六尺，为闸二十有七。"二说已互相矛盾，沽头（在沛县东南）南至镇口（徐州北）还有八九十里，高差竟都说成是116尺。实际清人已指出，这两个数字是抄袭元代揭傒斯的《重建济州会源闸碑》致误。碑文说："置（会源）闸以分其流，西北至安民入于新河，埭于临清地降九十尺，为闸十六，以达于永济渠；南至沽头地降百十有六尺为闸十。"明人误以济宁分水算起为南旺分水算起，《山东运河备览》指为《明史》之误，实万恭等已有此说而相沿不改。

这两个数字后来讹益传讹，袁黄说是南旺至安民山（安山）地降九十尺；清康熙初朱之锡说是"南旺南距台庄高一百二十尺，北距临清高九十尺"；乾隆时不少人也认为南旺高于台庄116尺。

根据近代测量结果，济宁旧船闸底，高于鲁南诸湖及蔺家坝（在微山湖南端）河底仅1—2米，堤顶也相差不多；高于临清旧闸底也不过7—8米，和116尺及90尺差得太多。元代尺度较今尺为小，但每尺亦在0.30米上下，116尺和90尺可以粗略折合为35米及27米左右。自元代至近代六七百年间淤积变化，不大可能淤高二十几米，不知何故，需要根据黄河泛滥淤积的可能、地形变化、里程及置闸情况等，另文详考。

（三）南北置闸数

《行水金鉴》载："（永乐九年六月乙卯）会通河成，河以汶泗为源。汶水出宁阳县，泗水出兖州府，至济宁州而合。置天井闸以分其流，南流达于淮，而河则其西北流也。由开河过东昌府入临清县。计三百八十五里，深一丈三尺，广三丈二尺，役军夫三十万，用工十旬，蠲租税百一十万二千五百有奇。自济宁至临清置闸十五，闸置官，立水则，以时启闭，舟行便之。"

这是宋礼初开时规模。自天井闸至临清，元代有16闸。宋礼是完全照元代情况复修的。《明史·宋礼传》说向北置闸17（又误从南旺算起），这已是后来的情况。又说向南至沽头置闸21，也是后来情况，元代只有10座。《明史·河渠志》说自南旺分水北至临清置闸21，向南至镇口置闸27，共48座，这是更后的情况。宋礼后，陈瑄管理漕河，"自淮至临清，相水势高下建闸四十有七"。陈瑄卒于宣德八年（1433）。宣德及以前，淮北除滨淮之新庄闸外，至沽头别无闸，则沽头至临清陈瑄时已增至40余闸。

四、南旺枢纽的运用

前文所述基本上是明中期以前的情况，也只涉及狭义的南旺分水。广义上说，自戴村坝以下，如何家坝、王岩口（曾建过坝）等的溢洪济北运，南旺各湖的水柜调蓄作用和河湖相连的大量闸和斗门，以至于开引河向南济运等，都属于南旺分水范围。堽城坝虽废弃不用，洸河仍有附近泉水注入，南至天井闸。天井闸由于泗水及洸水的流入，仍起分水作用，也有月河及马场湖调蓄等措施。

（一）何家坝

汶水自东而西，洪水过大时自坎河口坝溢向西北故道。主流由戴村坝折向西南由南旺入运，有时水量还是太多，便会冲坏西堤。西堤上曾有过十几个缺口，其中有王堂、王岩、何家等口。明后期就在王堂及何家口建滚水坝为溢洪设备，清乾隆以后仅剩何家坝一处。乾隆十七年（1752）改何家坝为石坝，高不过三五尺，长20丈。坝下游有支河引溢出之水自袁口闸以北运堤上的石头口入运，也可以自开河闸北的刘老口入运。

明钱谷、张复合画《水程图》册之南旺

（二）马踏湖

马踏湖在汶河之北，和南面的蜀山、马场以及西面的南旺湖同为济运水柜。明弘治时马踏和蜀山统称南旺东湖，它北面才是马踏湖和伍庄坡湖，南面是蜀山坡湖和马场坡湖，各湖通连为一。后来北面通称马踏湖，南面通称蜀山湖。再南是马场湖，已和蜀山湖分开。各湖自明代逐渐建成了堤防、闸坝等。

马踏湖在明末清初时周围34里，圈堤5900余丈，其中运河堤占2600多丈。西面运堤上有宏（一作洪）仁桥单闸和新河头闸，有人说都是雍正三年（1725）建的。南面汶河堤上，明代有北月河口、王士义口及徐建口，都建有单闸；清雍正、乾隆时主要为徐建口及李家口，重建石闸，各宽1丈。闸下各有引渠入湖，长约千丈。冬天挑浚分水口南北河道时，汶河口筑坝堵塞，汶水分由各口流入湖内；夏秋水大时亦由各口分减入湖。春夏粮船北来时由宏仁桥和新河头二闸放水济运。

北
盐河（汶故道）
石头口
袁口闸
刘老口
戴村坝
汶河
开河闸
宏仁桥闸
马
宋家洼
踏
王岩口
何家坝
民堰
新河头闸
关家闸
黑马沟
十里闸
徐建口斗门
李家口斗门
湖
温家口
常鸣斗门
邢通斗门
分水龙王庙
主坝
彭石斗门
孙强斗门
刘贤斗门
金线闸
永泰斗门
永安斗门
永定斗门
民
汶上县
黄姑寺闸
南旺湖
柳林闸
堰
杨家河
张全斗门
盛进斗门
蜀山湖
引
河
小土地庙单闸
利运闸
民
寺前闸
牛头河
芒生闸
堰
十字闸斗门
民
堰
冯家坝
大长沟

南旺分水示意图

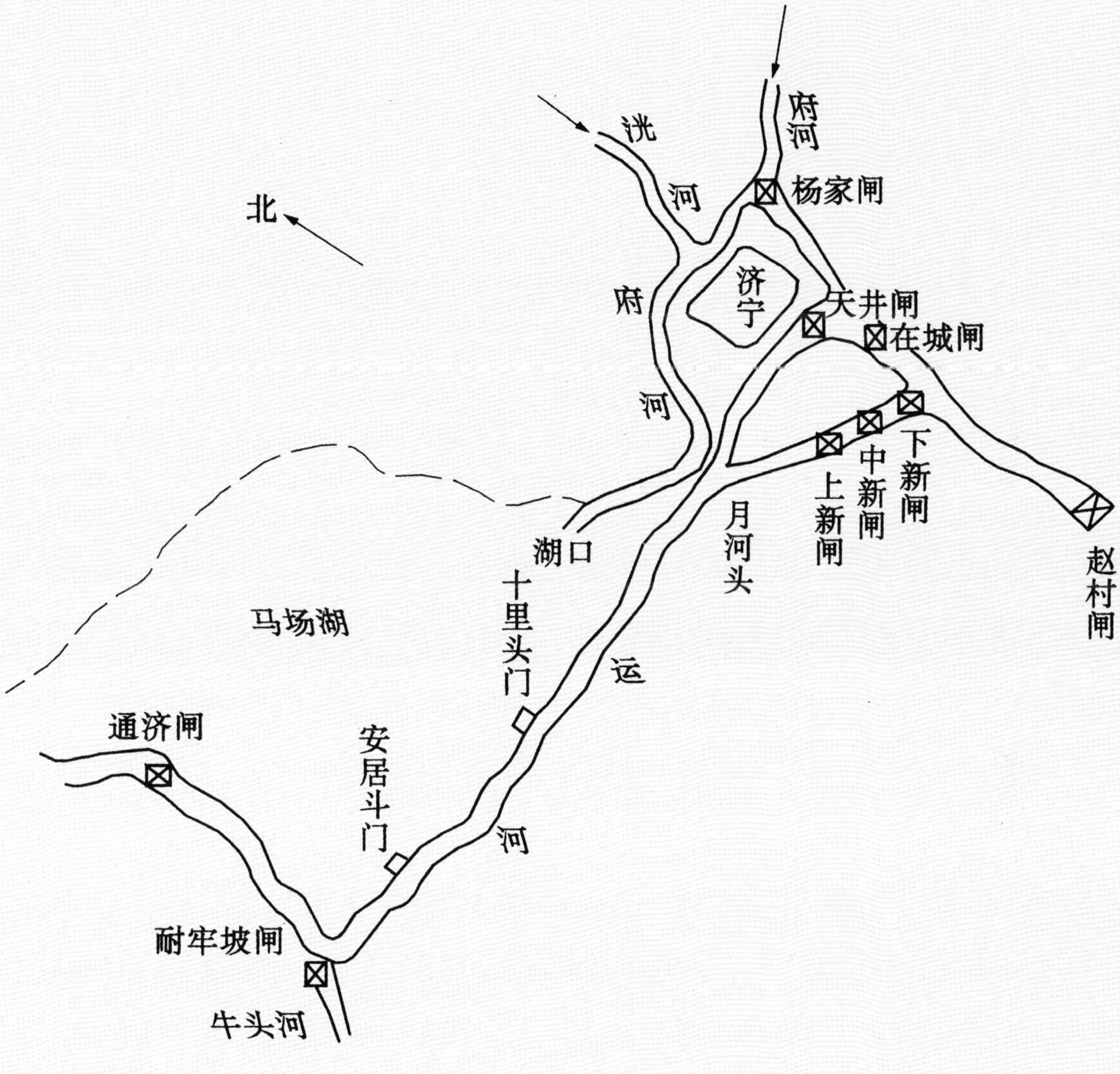
府河
洸河
杨家闸
北
济宁
府河
天井闸
在城闸
下新闸
中新闸
上新闸
赵村闸
月河头
湖口
十里头门
马场湖
运河
通济闸
安居斗门
耐牢坡闸
牛头河
济宁分水示意图

马踏湖景区

（三）蜀山湖

明末清初蜀山湖周围65里，靠湖运堤3800多丈，湖堤3500多丈，后来又有增筑。湖北汶堤上，明代有徐家坝、田家楼、南月河三引水口，建有单闸。清代改建，依次改名为永定、永安、永泰三斗门，下面各有引渠。斗门作用和马踏湖上的相同。自分水口南之金线闸和利运闸放水济运。金线闸建于明代，原在寺前闸南，乾隆二十五年（1760）向北迁移了十几里。利运闸建于明嘉靖元年（1522），清代重修。

湖东堤上建有一些涵洞，泄东面坡水入湖。自汶上县城有杨家河通湖，是泄坡水及泉、泊等水入湖的河道。湖南面明万历时建有冯家坝，泄蜀山湖洪水入马场湖，清康熙时堵塞。

明代后期自柳林闸南至十里闸北，经马踏湖和蜀山湖修有北、南月河。每隔一年九、十月南旺挑浚时，船由月河行走。到明末和清代月河废弃了，南旺大挑改在十一月，和明前期一样。

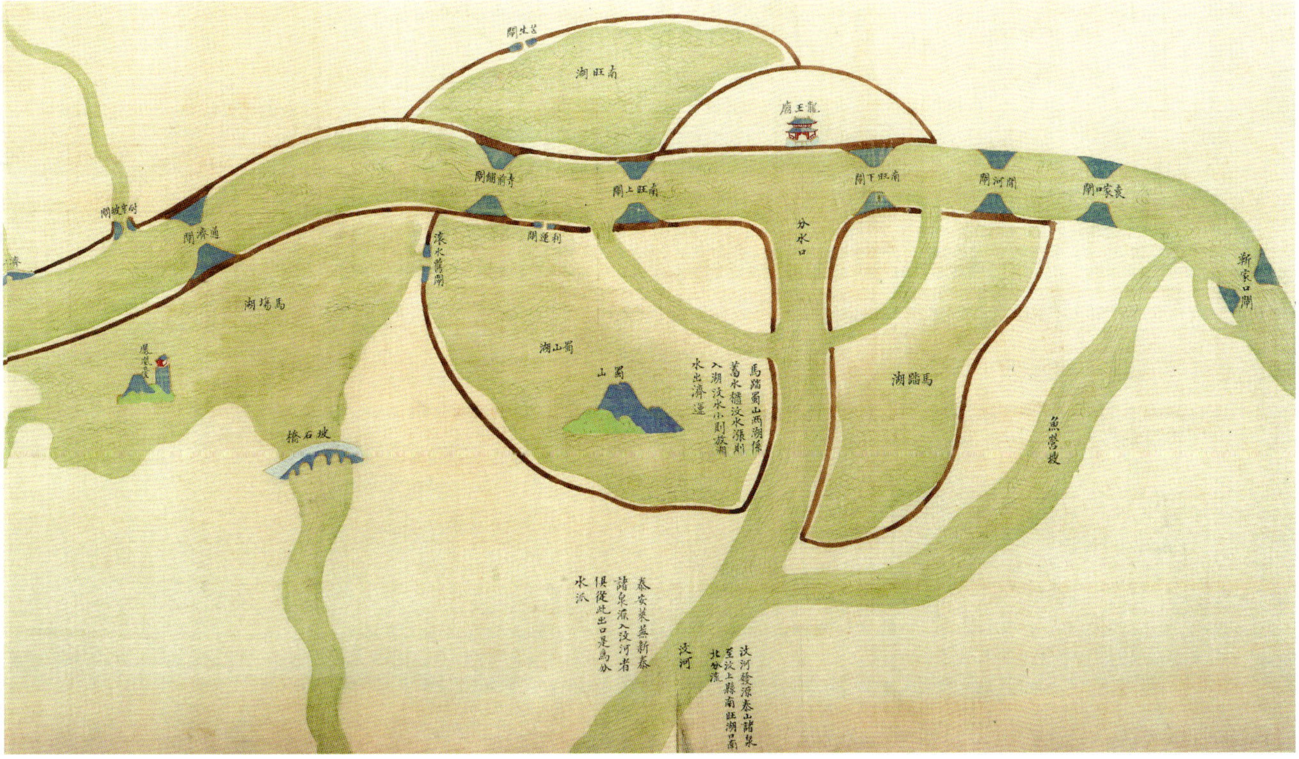

清康熙后期《运河图》中的马踏湖、蜀山湖、南旺湖

（四）南旺湖

南旺湖原为运河东西岸各湖之统称，后来成了西湖的专名。明末清初湖周围93里，圈堤15600余丈，其中运堤3600多丈。东堤正对分水口处明代有十几座斗门收汶河涨水入湖，斗门下各有引渠。清初剩了8座，乾隆时剩了7座。春天运河水小时，可由南面的十字河斗门放湖水济南运，也可由北面的关家闸（乾隆以前尚有五里铺闸）放水济北运。

自明中期以后，南旺湖周边垦田不少，朝廷屡次议论废田还湖，清乾隆时北部宋家洼已成民田，有引河排水。

湖西南岸有芒生闸，是明前期的建筑。闸南为牛头河，下通济宁西的永通（耐牢坡）闸和鱼台的广运闸入南阳湖。明初曾由永通闸至广运闸行运；中期曾自芒生闸至广运闸与运河交替行运，水大时走牛头河，运河用于排洪；后期废为排水河道。清乾隆时芒生闸毁，改为双涵洞引水，由牛头河至南阳湖济运。

（五）马场湖

马场湖在济宁西，明末清初周围40里，乾隆时湖堤长4000余丈，另有靠运堤。明代自冯家坝收蜀山湖余水，自南面安居、十里铺、五里营三闸放水济运，三闸各有引渠。明正德时在济宁城东建杨家坝，截府（泗）河、洸河的水绕城，西流入湖，用以巩固城防，后废，明末又筑，清代保留未改。自冯家坝废后，马场湖遂专蓄府洸河水。乾隆时五里营闸已废，在湖西另有口也可以通运。

五、堽城及南旺枢纽的泥沙问题

会通河上，明代定期浚淤口有南旺及夏镇（今微山县）南之三河口两处。清代改三河口为彭口，另增加济宁和临清两处。泥沙均来自天然河流，都是隔年大挑，其中南旺枢纽工程量最大，明代规定用夫16000人。

南旺淤积来源于汶河之沙。汶河算不上多沙河流，但淤积还是有的。堽城和南旺都存在着淤沙问题。元代开会通河后50年就有大规模疏浚洸河的记载。当时认为汶水含沙量有所增加，指出“近年泰山、徂徕等处，故所谓山坡杂木怪草盘根之固土者，今皆垦为熟地。由霖雨时降，山水涨逸冲突，沙土萃贯汶河，年复若是，以致汶沙其浩浩若彼，而洸因以淤淀也”，“闸司不知虞此……非知所先务矣”，由此提出水土保持概念。

（一）堽城的泥沙处理

元代以堽城分水，怕泥沙淤积洸河水道，不怕淤堽城下游汶河。明代以南旺分水为主，问题正相反。

（1）元人主张伏秋汛时，关闭堽城闸门，拒绝高含沙量的洪水入洸并及时清除闸前淤沙。

（2）元开会通河时，主持者马之贞强调堽城应修土坝，洪水时任其冲决，沙随水去。并立碑告知后人不要因为岁修费工而改筑石坝，以致坝前积沙，抬高河床，决溢成灾，坝也会失掉作用。30年后改为石坝时因地基多沙，石坝当年即被冲毁且乱石壅水成灾。

（3）明代弘治时议废堽城分水，为防止下游汶河淤积，主张保留石坝拦阻来沙，是一种拦沙坝的设想。

（二）戴村的泥沙处理

明嘉靖时刘天和指出“淤沙直至南旺，河皆平满”，后果是水大易涨溢，由故道流走；水小渗入沙下，渗漏消耗在三分之一以上。疏浚后的泥沙堆放于两岸，遇风又吹入河内。

（1）当时有人建议在戴村以上春城口建拦河石坝，旁修涵洞，开渠引水入下游至南旺。洪水时挟沙自故道流走，水小时由涵洞引清水，既避渗漏，又免下游淤积。

（2）戴村坝的溢洪道坎河口坝，最初为沙坝，每年水大冲决，挟沙流入故道。后来汶河正流直冲坎河口坝，改建石滩；又以过水太多改建石坝，但只可滚水不能过沙，坝前及河道淤积成了问题。明后期有人主张恢复土坝，有人主张修闸引水，引清拒浑，洪水时水全走故道。

（3）清代坎河口三坝，北为玲珑坝，中为乱石坝，南为滚水坝。当时认为伏秋洪水上清下浊，水由坝滚入故道，沙由玲珑乱石空隙随水冲走。冬春水小上下都是清的，坝前另筑一道临时土坝（叫春秋坝）拦水入运。这样，水不泛滥，沙不停淤，问题就解决了。

实际拦水入运，多则下游溢决，少则不足济运，且坝前淤积等问题仍然存在。所以屡次改建，争议很多。

（三）南旺分水口的泥沙处理

分水口淤沙主要靠挑浚，而堆放挑出的泥沙也成了问题。其次是以水柜为沙柜，澄淤吐清。

（1）南旺疏浚，明代为三年两次，范围是柳林、十里二闸间河道。每次正月动工，二三月完工。隆庆末，万恭以冬天工作艰苦，改为头一年九月至十月，后又改为两年一次，并与挑浚月河错开，即一年大挑正河，一年小挑月河。明末又改到冬天，清代沿袭不改，只是没有月河。冬天汶河口和上下二闸都筑坝堵塞，挑浚完后再开放；非疏浚年则收汶水入蜀山、马踏两湖存蓄，备来春济运。明代已有人建议把汶河口临时土坝改建为石闸，清代也常有人提出这一主张。

（2）明代已有人主张收蓄汶河洪水入蜀山、马踏湖，把水柜兼做沙柜。清代反对者认为，湖淤后会失掉水柜作用；赞成的认为，入湖之沙大半沉积在斗门以内的引渠中，可随时挑浚而不致淤湖。

清乾隆时在入蜀山湖的永泰等三斗门内各开引渠一千几百丈，渠末端各建临湖下闸，拦蓄浑水时闭下闸，引水入渠在滩地沉沙后，再开下闸放清水入湖。

清代南旺（西）湖逐渐失掉水柜作用，而被视为沙囊，洪水时由临运八斗门掣沙入湖，在引渠内淤积并及时疏浚。

（3）浚河、湖的泥沙，明清都苦于两岸堆积成山，既不便于再堆放，又怕雨水再冲入水内。明末运河东岸原有月河已被堆沙堵塞。清康熙时靳辅把堆沙填入旧月河内，别开新月河。又在东面稍远处开一周围四五百步的“寄沙囊”堆积沙土，每年转移重开，到乾隆时囊及月河都没有了。

（4）分水口汶河南北两岸清初有束水大坝，坝后堆沙下坍，雍正六年（1728）在沙山下各建束沙坝长七八十丈拦护坍沙。当时又议广泛修筑护沙崖，并在临河面钉桩厢板，崖板之间填土筑纤道，一举两用。

南旺分水口历史长，问题多，工程结构复杂，变更也多，各时期的情况不尽相同。上述的泥沙及运用主要是明后期到清乾隆时的大致情况。

第四篇

黄河农田水利及泥沙利用

从历史上看多沙河流的水利特征

——放淤与排沙

我国北方河流多半是含沙量大的河流，黄河是一个典型。所含的泥沙有三个特征：一是泥沙量多，特别是洪水时；二是泥沙颗粒细，悬移质多；三是泥沙含有大量可用于农作物的养分。由于这些特性，我国古代北方的水利特别重视泥沙问题。治水思想不单从水着眼，有时还从泥沙着眼，以沙为主，不但要兴水利、除水害，而且要兴沙利、除沙害。这反映到水利工程的各个方面，形成了多沙河流的水利特征。

对重水不重沙的问题，九百多年前北宋王沿说过一句很值得注意的话。他说："夫漳水一石，其泥数斗，古人以为利，今人以为害，系乎用与不用尔！"用与不用有个认识问题。看惯了含沙量少的清水河流，就会忽略或者竟然忘记了泥沙的作用，至少忽略了泥沙有用的一方面，因而不去利用它。例如在农田水利方面，习惯于清水灌溉，只想利用水，就会把泥沙看作不利之物，千方百计地排沙、除沙。其实，反过来搞放淤的，又只想用泥沙，也会把水看成是多余的，设法排除水。这也是用与不用的问题。此外，还有个能用与不能用的问题，那就是技术问题。用水技术很复杂，用沙技术也不简单，水沙混合，让它们都能兴其利、除其害，其艰巨性可想而知。解决了认识问题以后，就应在技术上寻求综合利用的可行办法，不能有所偏重。

北方多沙河流从地质年代开始，携带大量泥沙逐渐在下游淤积成广大平原，

玛多县星星海湿地（沈立传作品）

成为历史时期农业的主要发展地区。黄河中下游成为世界古文明发祥地之一，和这有直接关系。我们的祖先经过不断的实践，对泥沙利弊问题有相当多的认识，在技术问题上也不断进行过探索。

一、历史上关于泥沙的规划性意见和战略性措施

对于多泥沙河流的治理，从利用泥沙的角度看，不设堤防，不加治理，任其横流，未尝无利。因为河水泛滥会形成自然落淤。洪水为灾是害，落淤是利。11世纪北宋进行放淤时，反对者说："漳河、滹沱……指决河所侵便为淤田。"当时反对王安石的人说，有人向王安石建议

“决白马河堤（白马，今滑县，当时有黄河堤），以淤东方之田”，意思是决黄河淹灌（现在的山东、河南、安徽、江苏等省）大片土地，实行自然落淤。他犹豫了一阵，终因水灾影响大作罢。这是沙利、水害两者有矛盾，权衡轻重的实例。实际上这些考虑有一定的实践基础，后来并有所发展。清代前期对滹沱河、永定河和漳河的治理，反对筑堤的议论很多，他们都强调洪水落淤可以肥田。乾隆初（1740年左右）方苞指出：“浑河（永定河）经流本不甚大。其挟众壑之泥沙而沛然莫御者，惟伏秋之涨为然。而河行固安、霸州时，其故道本无堤岸，故散漫于二邑一二百里之间，旬日水退，而土人谓之铺金地者，皆泥沙之所停也。”类似“铺金地”的说法，黄河两岸也有，所谓“黄河不落骂名”，有水淹之害，也有淤田之利，有一定的补偿。

和方苞进行讨论的河臣顾琮提得更明确。他说：“治浊流之法，以不治而治为上策，如浑河、滹沱等河之无堤束水是也。”又说：“因其水性狂澜，迁徙无定，设遇水大散漫于数百里之远，深处不过尺许，浅止数寸……沙淤多沈于田亩……虽民田间有淹没，次年收麦一季，更觉丰裕，名为一水一麦之地，尚不为甚苦！”

这种想法可以叫作泛水落淤。除多泥沙外，他们还提出一些先决条件，如洪水量不大，淹没不深，洪水时期不长和不妨碍耕种，等等。这种想法虽太极端，但在适合的条件下未尝不可行。埃及的尼罗河，因为泛滥有一定的范围，有一定的时期，下游淤灌形成大片肥沃土地，成为埃及农业基地，一般认为埃及发达之早且形成最古老的文明，这是原因之一。

除非像汉代贾让提出的治河上策那样，以“不与水争地”来对待洪水，否则洪水之灾还是不能忽视。所以顾琮等也提出“散水匀沙”的代替策略，所谓“散其势（指水流）所以少其力也。力少则无冲决之虞，水浅则无淹没之患”，“永定河既然有堤，难言不治而治，惟用此匀沙之法”。这种策略实际上近于贾让的中策。贾让中策提出穿漕渠于冀州地，使民得以溉田，分杀水怒，就是“散水”；填淤加肥，民田适治，就是“匀沙”。清代具体治河措施除等似贾让提出的筑遥堤外，还有多建减水坝、多开引河等。对洪水是分减疏散，对沙是均放匀铺。

所谓引河，是把河道分成多数分支，引河头用减水坝控制。引河的缕堤叫拉沙埝，洪水期间可以随着冲决泛滥。埝外远处建有遥堤，洪水分流到引河，在埝和遥堤之间泛滥落淤，水退后可种一季麦。稍后又有人提出废弃引河上的堤防。这些办法当时曾局部实施，结果水灾仍大于淤利，不得不进一步想办法。

和这种散水匀沙相近的一种理想办法，是古代相传的沟洫制度的设想，是利用一套沟洫水网把大量河水和泥沙引灌到广大土地上。这和泛滥落淤稍有不同，是把水流限制在沟中进行有控制的浸灌和放淤，有水沙之利而无水沙之害。

关于沟洫的设想，前人说法很多：有的着眼于防洪治河，有的侧重讲蓄水、排水，有的着重讲灌溉，有的着重在治田，有的着重讲水土保持，等等。清代嘉庆初年，沈梦兰指出沟洫到处可以利用，北方更适宜，因为北方地平，河流多泥沙。纵横的沟流可以肥田。他还指出沟洫有十五利，如旱潦有备，淤泥肥田，平整农田，容纳洪水，等等。沟洫虽每年要挑浚，可是等于给农田施肥，而且比一般施肥要省工得多。

不过沟洫始终是个设想，除限于当时社会条件难于普遍推行外，技术上也有很大困难。

乾隆时已有人指出："虽有沟洫，其如所过辄淤，四散奔突何哉！"说明引输渠道淤积，水大冲决泛滥及清水排泄等问题不易解决。

散水匀沙及沟洫制度多指在河流下游或中游。在河流上源、山谷溪涧，古代也有类似措施，和现在水土保持的概念相近，就是利用山溪雨洪淤地灌田。这种办法明代叫淤灌。古代起源甚早，是劳动人民的创造，遍及北方各省，多半是自发的、小规模的，最初和治理规划没有联系。到清代乾隆八年（1743），曾有人提出可作为根治黄河泥沙的一种措施，未被采纳。

根据用沙的观点，从散水匀沙到引水放淤，是从半自然落淤到有控制的人工放淤。引水放淤起源也很早。到明清时，大致可分为上中游河滩地引洪水淤漫造田、上中游开渠浊水淤灌、下游放淤肥田改良土壤、引水淤洼和落淤固堤等。这些措施除末两项外，对治河虽有影响，但以农田水利为主。引水淤洼和落淤固堤这两项治河方法，在清代黄河和海河水系上还曾掀起一个放淤固堤的高潮。乾隆四年（1739）左右，陈宏谋整治南运河堤防时，把放淤作为一个根本措施，有较全面的计划。清代后期（19世纪后半期），有人认为多沙河流应在遥堤、缕堤之间放淤，清水归槽刷深河床是治河的战略措施。

水道原以过水为主，沙积水壅既失水之利，而沙之利也无从发挥。积沙必须排除，否则就会决溢改道。像黄河这样的大河，从历史上说，人工排沙只能是局部的，轻易改道危害太大。古代的办法主要是筑堤防守，于是堤防逐渐加高，河身抬成悬河。汉代贾让把筑堤当作下策，另有人提出以水攻沙之说，明代潘季驯综合二说提出以堤束水、以水攻沙。以水攻沙是以水排沙，以河治河。可是以堤束水需要岁修岁守，治河不能一劳永逸，只能年年修守。

二、古代的农田放淤和淤灌

早期记载的农田水利，北方多于南方。农田灌溉很少专指清水浸润。秦始皇于公元前246年开始修建郑国渠，"用注填阏之水，溉泽卤之地四万余顷"，即引含沙量大的泾河水进行淤灌。汉武帝太始二年（前95）修建的白渠，也是浊水淤灌。当时的民歌"郑国在前，白渠起后……泾水一石，其泥数斗，且溉且粪，长我禾黍"，明确说明引泾灌溉不但利用水，而且利用泥沙肥田。

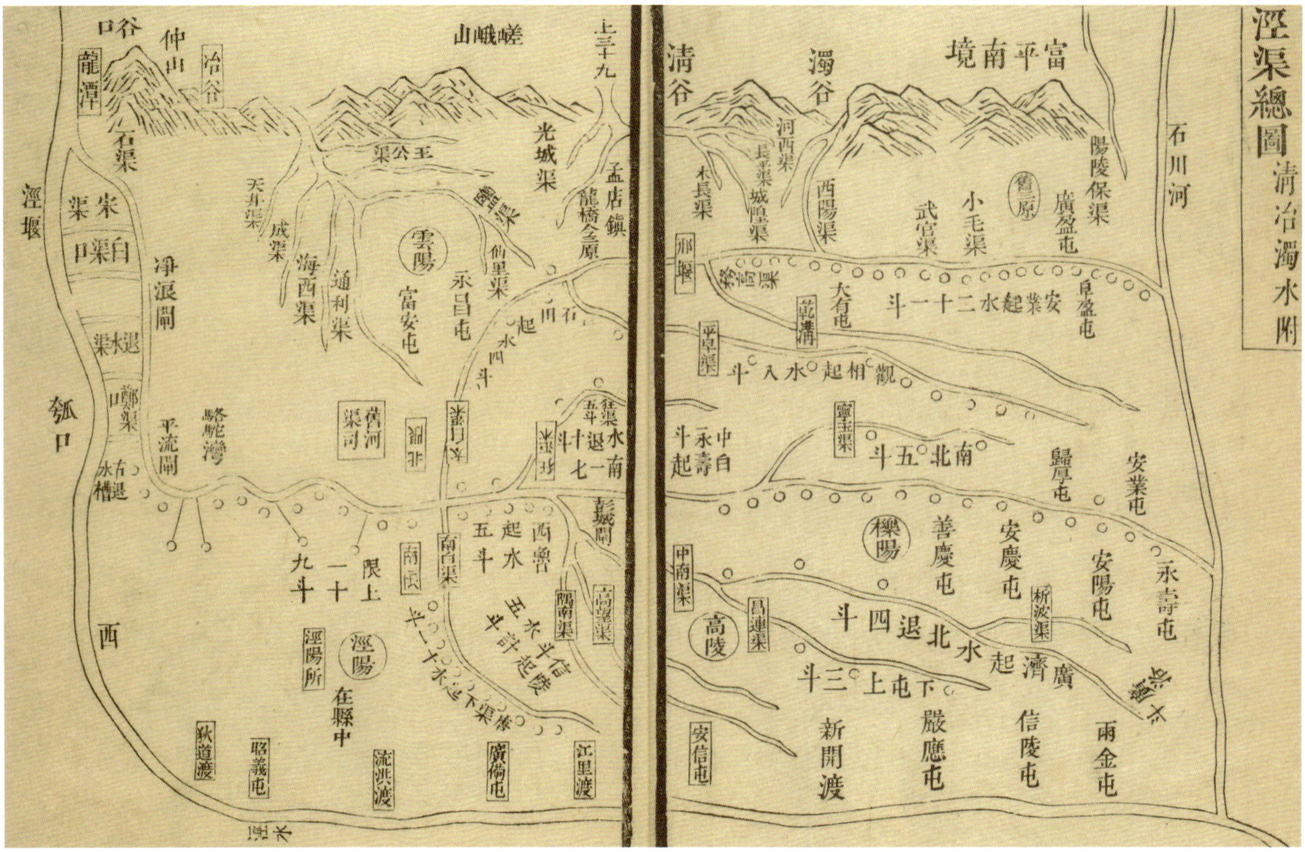

泾渠总图

西汉末年（前6）有名的贾让治河三策，在中策里提出引黄灌溉、淤灌放淤能改良沼泽盐碱地。东汉末蔡邕（185年前后）也指出引泾灌溉“黄潦膏凝，分稼茂止”，“白渠水带泥淤，溉田益其肥美”。

北宋强调利用泥沙。熙宁年间（1068—1080）搞了一个空前的大放淤高潮，在短短几年内，共淤地五万顷以上。放淤的水源是黄河、汴河、漳河、滹沱河等大河以及涧谷的山洪。汴河有放淤及淤灌的传统，首先被利用，而且引用最多，这是由于汴河是人工渠，容易控制。唐中叶以后，常因汴水“水温而泥多，肥比泾水”，四月到七月引水淤灌，暂停航运。

宋代以后放淤和淤灌仍然在劳动人民中间广泛使用，几乎遍布北方各省。明清两代有记载可查的，在河北有漳河、南运河、滹沱河、永定河等；在山东有汶河、小清河等；在山西有汾水、涑水等。在黄河干支流上则西起宁夏，东至陕西，河南、江苏等省也有记载。但由于统治阶级的反对和压制，不可能大规模进行，记载很不完整，谈不上河流的统筹规划，自然，技术上的总结改进也受到更大限制。反对者轻视农田水利，忽略泥沙的有利面，其理由不外乎是与河防及通航等有矛盾。有人也知道“久淤之地，其利十倍”，但又从防河观点提出：“利不十不兴。河水淤田利一而害十。淤田所获之利，视决河所损孰多孰少？”还有的是治水思想不同，从束水攻沙观点出发，认为分引河水是河患的根源，提出“河一分于荥阳之鸿沟，再分于郑国之诸渠，其不贮迟填淤者几何矣！淤填而河噎，不下决不止矣”。这是西汉张戎说法的延伸。更多的反对理由是技术上的问题，如引水口不易设立（特别是在黄河上），输水渠的淤积，洪水放淤易出事故，清水排泄无出路，以及放淤质量无保证，等等。这类技术上提出的意见很多是对的。但这应该是作为研究改进的课题，而不是消极反对的理由。

上源山溪引洪淤灌，也是很古老的传统。相传秦代以前已在关中出现；山西则相传在西晋已有，唐初有明确的记载。北宋已把劳动人民长期的实践经验总结推广，效果显著。所谓“每春夏大雨，泉水河流浊如黄河矾山水，俗谓之天河水，可以淤田”，措施有开渠筑堰等。金、元继续有发展。明代把这类措施叫淤灌。清代人指出山西“收灌溉之益，恒舍大川，而争经流之清泉及骤涨之浊潦”。清末有人统计山西省引浊水灌溉的有二十四个县，据其中二十二个县的不完全统计，有较大涧谷渠道一百二十九条，多半是几百年的旧渠。小涧谷则无法统计。类似情况在陕西、甘肃、内蒙古、山东等省区都有。

清代早期，蒲松龄说：山东山地淤灌“得力在堰，缺处宜早修，水口宜急塞，或加填叠，一则不致冲决，二则雨水落淤，名为‘天下粪’。……谚云：‘地无唇，饿煞人！’”说得很形象。

上中游河滩地引洪漫淤造田，比前两种似乎出现得较晚，但清初已有明确记载，至少有两三百年的历史。永定河干支流、滹沱河干支流、渭河干支流、汉水干支流上都有这类措施。

三、河渠堤防与泥沙

水道淤积导致堤防决溢，泥沙成了治河的主要问题。从历史上说，《周礼·考工记》已经指出“善沟者水漱之，善防者水淫之”，淫就是淤积加厚。看起来泥沙本身是无所谓的，只要

李家峡水库（惠怀杰作品）

换换位置，从河床移到堤上，就可转害为利。可是实施并不容易。西汉末年张戎提出集中水量冲刷河道，重在“漱”，是束水攻沙说的先驱。稍后，东汉初有人提出“左堤强则右堤伤，左右俱强则下方伤”。清代有人解释东汉王景治河“十里立一水门，令更相洄注”是在缕堤、遥堤之间放淤，是“千年无河患”的根本原因。这也可以备一说，是“淫”的想法及措施。

束水攻沙是明代明确提出的。实际应用在北宋主要运道——汴渠上早有记载。值得提出的是，浊水运渠的独特性及其特有问题的解决方法，在唐宋汴渠上有不少经验，很可能是世界上独一无二的特殊经验。

汴渠是唐宋最重要的运渠，水源是引黄河浊水。当时其他运渠上设有大量船闸、堰埭。北宋船闸技术很先进，汴渠却不设船闸，主要因为设闸后水缓沙淤，梗塞渠道。汴渠采取的方法是整治河道，刷沙防淤，一方面是陡坡度，一方面是束水狭河。所谓“渠有广狭，若水阔而行缓，则沙伏而不利于舟”，“浅处为锯牙，以束水势”，“为木岸河狭河，扼束水势，令深驶”。锯牙是一种短挑水坝，木岸是桩梢护岸。这些工程配合完整的堤防，就可以达到束水攻沙的目的。

多沙运渠上，应当附带提出的另一问题，是引水口不易固定。汴渠口由于黄河经常摆动和水口容易淤积，几乎全靠年年疏浚和改口，或者干脆多设几个引水口。

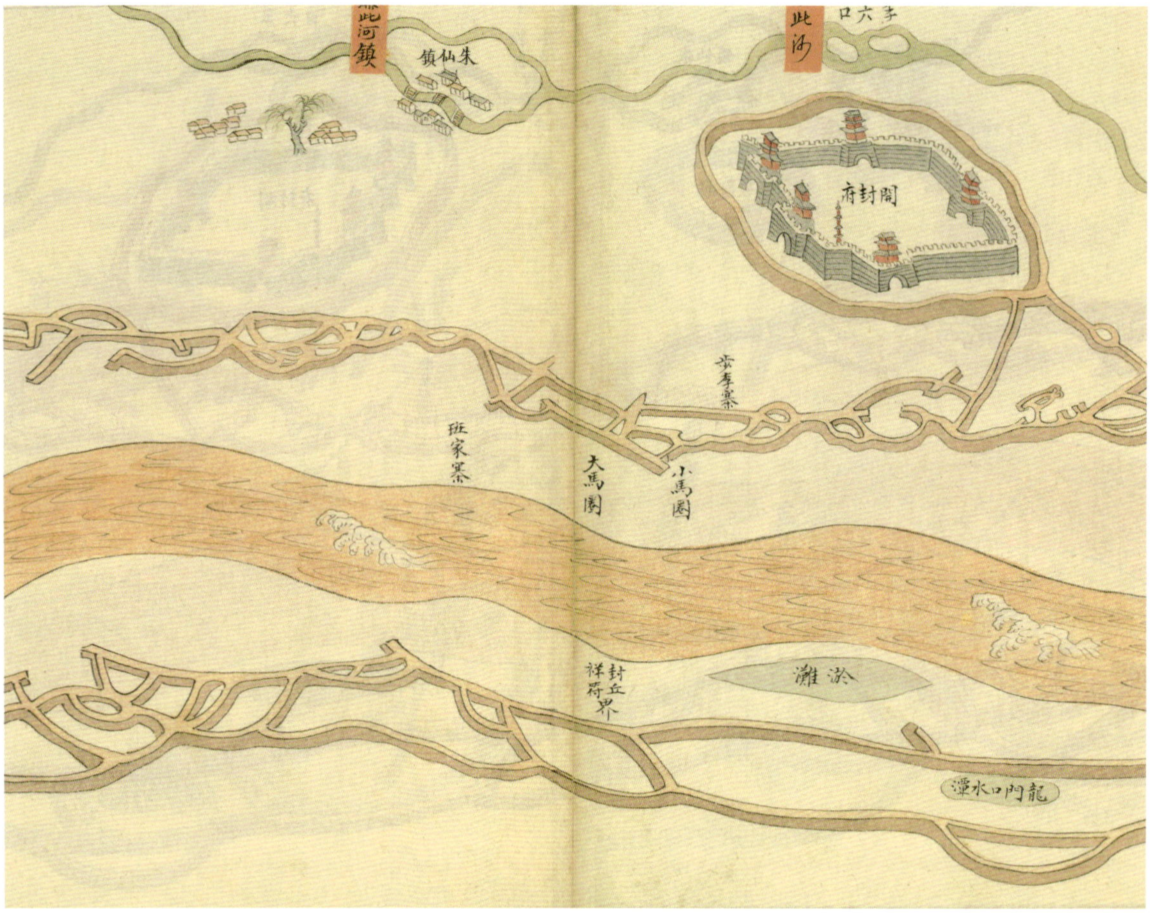

《圣谟治河全书》黄河全图中开封府附近黄河淤滩

明代中叶以后，经过潘季驯等人的努力，束水攻沙的理论和实施已成为此后两百年治黄的主流。伴随束水攻沙的发展，落淤固堤的议论和实施也继之而起。

明隆庆末（1572），万恭记载当时已有的治河经验说：“以人治河，不若以河治河也。夫河性急，借其性而役其力，则可浅可深，治在吾掌耳！法曰：……如欲深中，则南北堤两束之，冲中坚焉，而中自深……欲浅河以为洲……反用之耳！其法：为之固堤，令涨可得而逾也。涨冲之不去而又逾其顶，涨落则堤复障急流，使之别出，而堤外水皆缓，固堤之外悉淤为洲矣。”这是“漱”“淫”的发展，同时说明这是一事物的两方面。潘季驯在提出筑遥、缕两重堤防的同时，也提出“放水淤平内地以图坚久”，主张在两堤间放淤，认为淤高后可以代替缕堤，并曾局部实行。

明清两代固堤放淤不断发展，到清代乾隆、嘉庆时形成一个高潮，在黄河上游西自河南武陟，东到苏北到处使用。永定河、南运河上也普遍使用。乾隆早期，将固堤放淤用作整治南运河的主要手段，也被视为治黄的最好办法。近百年间，几乎年年都有较大的放淤工程。

当时固堤落淤有两大类，一种是外滩落淤，多半是用一些简易办法，自然落淤，如岸旁植柳、设置柳坝以至于较复杂的木龙护岸或短堤等。另一种用得最多的是两堤间放淤，细分有遥、缕堤间利用格堤放淤，缕堤后加筑月堤放淤，埽工背水面洼地筑月堤放淤，决口堵筑利用堵口堤坝淤平跌塘等。放淤规模小至长宽几十丈，大至纵横三五十里；放淤历时往往连续几年，每年汛期淤若干次。技术上，流水放淤和静水放淤都有发展。

道光初年，固堤放淤骤然大量减少。当时的社会条件极易叫人退缩消极，特别是官吏从私人利害出发，不愿轻易冒险。早在乾隆十六年（1751），直隶总督方观承就借口情况特殊，奏请永远禁止在永定河上放淤，获得皇帝批准。当时陈宏谋一针见血地指出：“（官吏）动色相戒不肯举行者……不过曰：岁帮缕堤，暂可御汛，何苦涉险乃尔！……明知其为费省功巨，经久良图，而私计自便曰：何苦乃尔！”

结语

多沙河流上的水利，是水沙混合体的兴利除害，泥沙之重要不亚于水。我国古代从长期实践中认识到这一点，所以古代北方水利有下列特征：

（一）反映在治理思想上

1.泛水落淤——自然淤肥田

2.散水匀沙——宽堤、浅水淤田
- 沟洫制度的设想
- 山溪引洪淤灌

3.引水放淤——农田放淤（包括浊水灌溉）
- 固堤放淤

4.束水攻沙——河渠水道的治理

（二）反映在实践上

1.农田水利——浊水灌溉
- 放淤肥田（包括改良土壤）
- 河滩放淤造田

水土保持——山溪引洪淤灌

2.治河防洪（以堤防修守为中心）——束水攻沙
- 固堤放淤（外滩，堤背）

3.运渠渠化（无闸、堰渠化）——狭岸整治、急水冲沙
- 引水改口
- 定期浚淤

我们的结论是：用水有蓄、引、调、配、排等一系列的措施；用沙也应当有相应的系列措施。问题的解决则有待于现代技术的发展。

必须指出，泥沙不是一个过渡性的问题，不是水土保持成功后就不存在了！相反，有水利就有泥沙之利。泥沙的多少是相对的，现代所谓的清水河流，也有泥沙问题。国内大河如长江含沙量虽然较小，沿岸湖泊却是个老大难问题。国外如埃及的尼罗河含沙量也不大，它的洪水淤灌效益在历史上享有盛名，但19世纪埃及水利也是有过教训的。忽视了泥沙问题，就会导致其变利为害。

历史上中国多沙河流的泥沙问题与治沙措施

我国北方多沙河流号称善淤、善决、善徙。预计通过人为措施减轻或避免河槽淤积，将来是可能的。渭河多沙，几千年来未改过道，淤积却很有限，是一个明证。各河河性不相同，但是否有改“恶”为“善”的办法？是值得探讨的。历史上有不少多沙河流演变情况和治沙措施的记载，可供借鉴。这些情况和措施可以概括为下列各种类型。

一、古鸿沟水系的缓流沉沙

这一类类似现代渠首有沉沙池的水流，有的沿程还有沉沙区。典型的例子是古代的济水，传统的说法认为济水发源于晋南、豫北，东南流，在今郑州北面穿过黄河，过河后向东流，再折向东北，经过鲁西鲁北，自今黄河口以南入海。所谓穿过黄河，实际河北段是黄河支流，河南段是黄河的分支。

在汉代以前，济水自黄河分出后就流入广大的荥泽，所挟泥沙一部分沉积在泽内，再向东又和南侧的圃田泽通连。圃田在今郑州东，中牟西，是古代有名的大泽。再东稍北有乌巢泽（春秋时名恶曹）等沼泽。再东北至今山东西南部，在今定陶、菏泽之东有菏泽，济水穿泽东北流，注入最有名的巨野泽，出巨野泽后合汶水，再东北流。战国时黄河正流在济水之西，二水常并称为“清

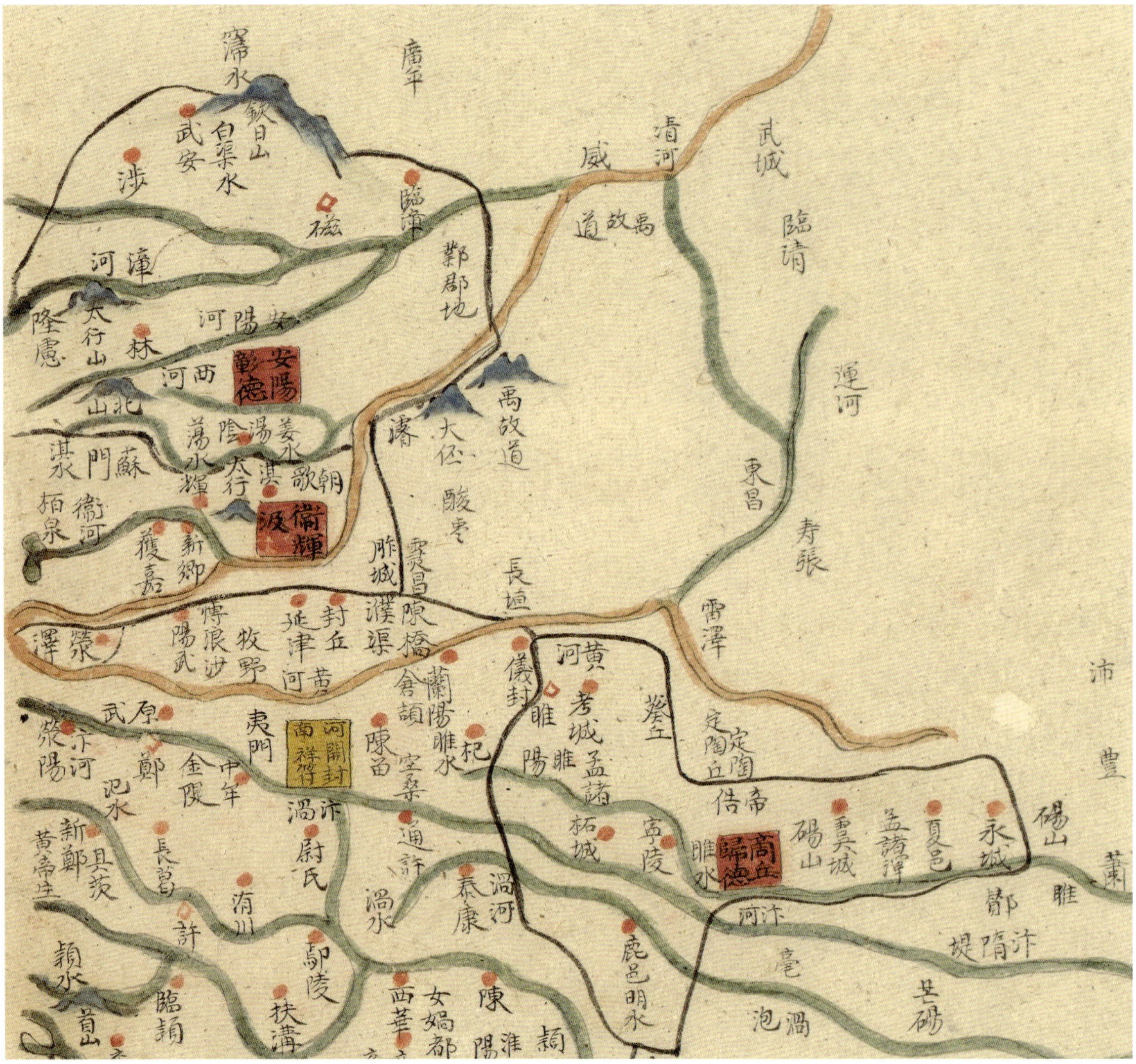

《皇明职方地图》河南地图中的荥泽

济浊河”。济古又作泲。泲原意是去掉渣滓的液体。从黄河分出的多沙水流由于在荥泽及其下游的一系列沼泽中陆续沉淀，比黄河正流清得多。

从黄河分水的口门叫荥口，战国末年修建了水门控制。到东汉时（2世纪左右）荥泽已淤平，济水在泽东不远处分成南北两支，到菏泽又汇合。这一段中间还有些分汊也重新汇合。这种现象可能由于上游沼泽失掉了沉沙能力，济水含沙量增加所致。从菏泽向东南分出一支，正流在巨野泽以上到南北朝末期（6世纪末期）也已湮没。巨野泽以下以汶水等为源，变成了后代的大清河，东南分支也没有了。北宋时两支都重新开凿利用过，但已是引清水为源了。

春秋之前，黄河无堤防时，荥口稍东，河道向东北转折处，似曾南北滚动，有水向东溢出，所谓河雍（一作灉），大致是一片湖沼，从这里向东有一条沮水，后来叫睢水，下游入泗水。河雍为睢水沉沙区，大致在战国后即淤平。睢水上游淤没于西汉时，东汉时仅剩下游。

战国前期自荥泽开渠。另由古河雍所在开沟直接引黄河水，二渠在今开封西北汇合，这就是鸿沟，汉代也叫狼汤渠。下游向南一支是正流，后来又叫沙水，向东一支就是睢水。鸿沟首段与济水混流，济水向东，折向东北；鸿沟向东南，折向南，睢水继续向东南。睢水之北又开了一条汴渠，向东流。据《水经注》记载，汴渠之北还有一条黄水，最初可能是从济水分出，首段是乌巢、黄池以南的沼泽。这些水道都是从陂泽引出，又经过一些陂泽，缓流泥沙。据《水经注》记载，黄水自黄池（在今封丘南）向东，下游过大荠陂、孟诸泽、丰西泽等入泗；汴水自少海蒲关泽（在今开封附近）东引，下游过大荠陂、孟诸泽又叫获水；睢水早期亦自今开封附近陂泽东南流过白羊陂等；沙水和汴水类似，过今开封附近陂泽南流，下游也有不少陂泽。

汴水和沙水是经过人工开设的渠道，过陂泽时多从边沿穿过。这是因为陂泽中不便航运，泽在渠道旁可以疏流囊沙，纳浑吐精济运，可以算是另一类型。

这类河道的变化都是先淤满沉沙区，再淤断上游，中下游陂泽逐渐缩小。如果中下游有清水支流汇入，就能长期存在。战国后黄河堤防逐渐完备，引黄的鸿沟和汴渠渠首有水门控制，通航靠人工疏浚。西汉末东汉初黄河在荥口及古河雍地区泛滥，大水时济水、汴水、鸿沟等流域水灾严重，有60多年，到王景治河后，才改变了这一局面。

王景治理黄河和汴渠，在荥口上下修建多数水门。所谓“十里立一水门”，引黄水入汴渠，引水渠交叉纵横，干渠南侧圃田泽仍然起吞浑吐清的沉沙作用，到隋唐时才湮没，东汉后汴渠疏浚维修较频繁；鸿沟南支、沙水，也时有疏浚；其次，睢水也疏浚过。

二、汴渠的急流挟沙

古汴渠由泗入淮，接邗沟通江。隋炀帝大业元年（605）开通济渠，直接入淮，就是唐宋的汴渠（下文称汴渠，古汴渠改称古汴）。对古汴说是裁弯取直，就泥沙说，古汴沿线陂泽淤没，疏浚维修不易；就新汴路线说，自今开封以下大体和古睢水平行，有点像古睢水的重开，到今安徽境才偏离睢水，直向东南入淮。和古汴相比，新汴沿线没有分支和陂泽，有较完整的堤防，因而逐渐淤积，成为地上河。

汴渠通流的500多年间，在引黄河水为源、防止泥沙淤积方面积累了不少经验。主要是靠人工维修，经常采取措施，稍一停顿就会淤塞，特别是渠首段，汴口一岁不修浚，水就不能引入。

渠刚修成13年（大业十四年，即618年），就因为一年不修，不能通航。唐中期，安史乱后，刘晏勘视汴渠（8世纪60年代）就说：“河汴有初，不修则毁淀，故每年正月发近县丁男，塞长茭，决沮淤，清明桃花已后，自然安流……顷因寇难总不掏拓，泽灭木、岸石崩，役夫需于沙，津吏旋于泞，千里泗上罔水行舟。”到唐末（9世纪末）又以失修淤断。直到后周显德时（10世纪50年代）又开浚通航。宋朝南迁（在1127年），没过几年下游就淤成了平地！到乾道五年（1169）楼钥北行所见的汴河变成了道路，有的地段修建了房舍，开成农田。

汴渠上采取的防淤措施，不外乎：

（1）不修船闸或节制闸及拦河堰埭。

（2）较古汴渠维持较陡的坡降。唐开元二十七年（739）曾于下游开广济新渠，自虹县向东南取直，至淮阴之北入淮，避免自泗州到淮阴的淮河一段航程。渠成后水流陡急，不便行船，作废。北宋时都认为汴渠水流急，行船易出事故，屡次派专人或下诏书埋葬船破溺死的“流尸”。还由于水流急，容易冲毁沿河的桥梁，曾打算（天禧元年，即1017年）普遍改成“无脚桥”。每年开引水口时也注意陡坡刷沙。

北宋后期，据沈括《梦溪笔谈》记载，汴渠自开封至入淮口平均地面坡降约1∶7700。如果河床在地平面下深度差不多，平均河床比降也等于地面坡降。

（3）宋代的另一措施是修“木岸”束狭河身。除通常小规模治理外，曾两次普修木岸：嘉祐元年至治平三年（1056—1066）“置狭河木岸”，只修了商丘以西至汴口段，堤距限阔30丈（一说15丈）。另一次是元丰三年到五年（1080—1082）修狭河岸600里。

（4）更主要的是每年冬至前半个月到一个月闭汴口，停航疏浚，来年二月末、三月初再

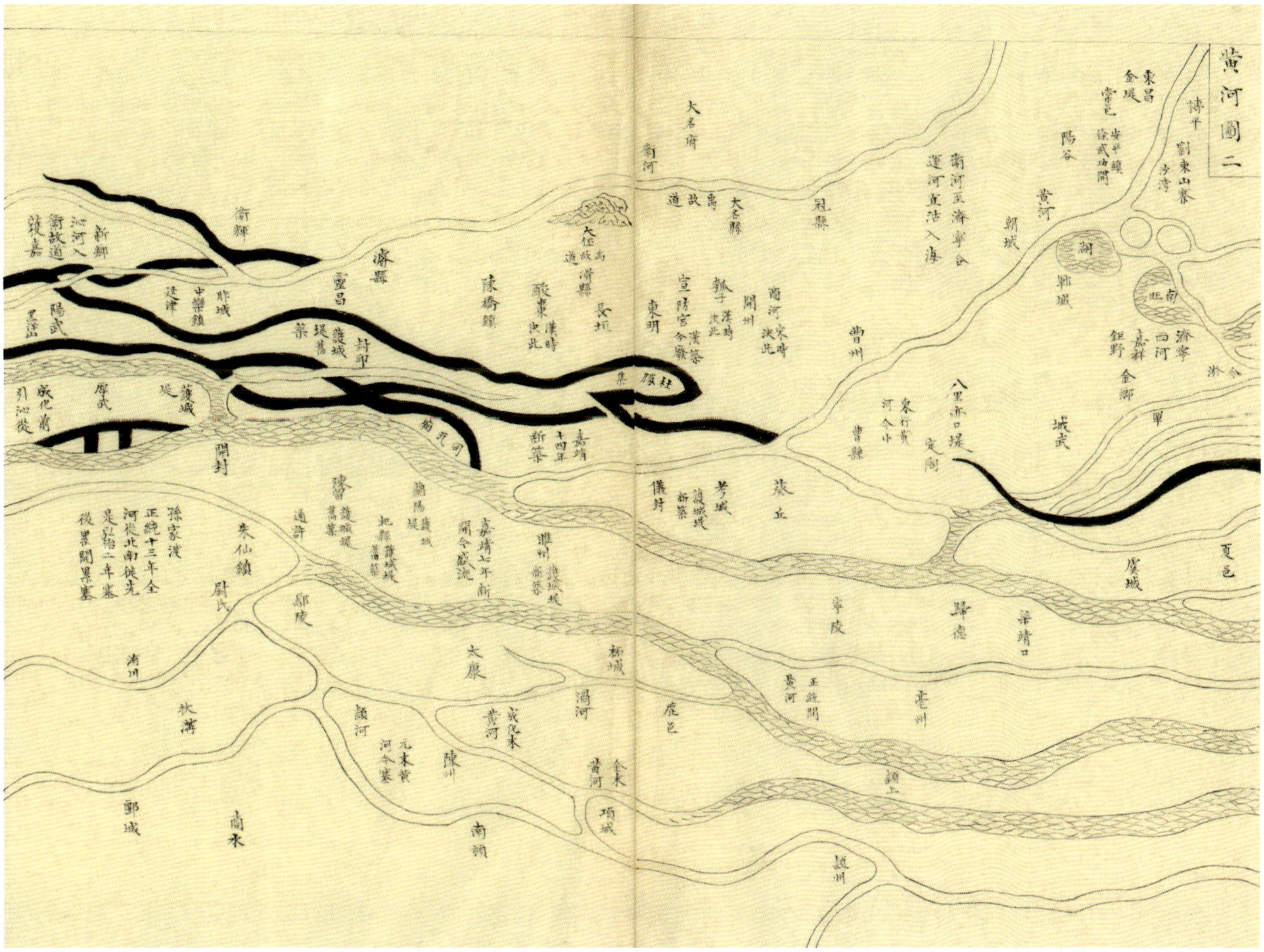

《郑开阳杂著》黄河图二

开口行运。如此费工很多，所以每年通航不过200天。

尽管有这许多措施，据《梦溪笔谈》记载，北宋后期自开封至今睢县一带河道已淤高不少，河底比堤背平地高1丈2尺左右。

（5）北宋元丰二年（1079）改引洛河清水为源，利用陂塘及水柜调蓄补充，号称清汴，但不十分成功，还要引一部分黄河水。

汴渠不如古汴耐淤，与古汴沿程陂泽沉沙有关。

这种急流挟沙河流的另一个例子是北京附近的金口河。金大定十年（1170）自京西石景山附近引卢沟河浑水开河，东至通州北入白河，目的也是便利漕运。修成后坡降过陡（约1∶500），水流冲刷两岸，木岸也不能抵御，不便航行，就堵死了。后来元初重开，也由于同样原因废弃。到元末开金口新河，河道偏南，还是无法改善，也作废了。

三、海河水系的散水匀沙

清代海河水系的永定河、漳河、滹沱河下游筑堤防后，决溢不断。自康熙以后（18世纪）认为筑堤不如无堤的议论很多。理由是，筑堤水不得散，泥沙不得匀，河道淤高，决溢成灾；无堤仅伏秋汛水漫流，不为大灾，泥沙匀铺肥田增产，“一水一麦”得到补偿，河道又不致淤高，可是洪水灾害还是要设法避免的。

清人说漳河“有十功：曰获粳稻，曰易膏沃，曰填污下，曰通舟楫，曰资莲藕，曰备旱干，曰增林木，曰省粪畜，曰聚鱼虾，曰广薪刍”；又“有十过：曰克城郭，曰溺性命，曰阻贸易，曰决堤防，曰没村落，曰坏封植，曰混阡陌，曰淤稼禾，曰苦栖息，曰悲迁徙”。如何因功取利，因过避害，就有人主张在海河水系的多沙河流上宽筑遥堤，让浑水在一定限制内散流匀沙。或者筑双重堤防，水小走固定河床，水大有控制地引水落淤在两堤之间，水落时清水仍回河床内。这种方案并未大规模实行，技术上也有困难。

还有一种情况是河道某一段内散流匀沙。明代前期治黄不得法，下游常南北决溢。弘治时北岸修成太行堤，水以南方为壑。到嘉靖时南岸堤防也逐渐完备，决溢集中在商丘至徐州间，多在北岸。自嘉靖三十七年至隆庆三年（1558—1569）最典型。嘉靖三十七年七月曹县新集（对岸距商丘30里）河淤250里，北岸大决，分为两支。一支自砀山之北，流向单县东南段家口分为6股，冲入运河，转入黄河；另一支自砀山坚城集至郭贯楼分为5股，由徐州小浮桥东注黄河。11股分水，水散沙匀。水散就浅，最浅的深一二尺；沙匀就淤，主流迁徙无定。

7年后各股都淤得差不多了，又大决沛县等处，河水横流，大致分南北二支，下分为13股。自沛县湖陵漫流至徐州，一片汪洋。以后不久，潘季驯治黄，提出就故道筑堤、束水攻沙等方案。

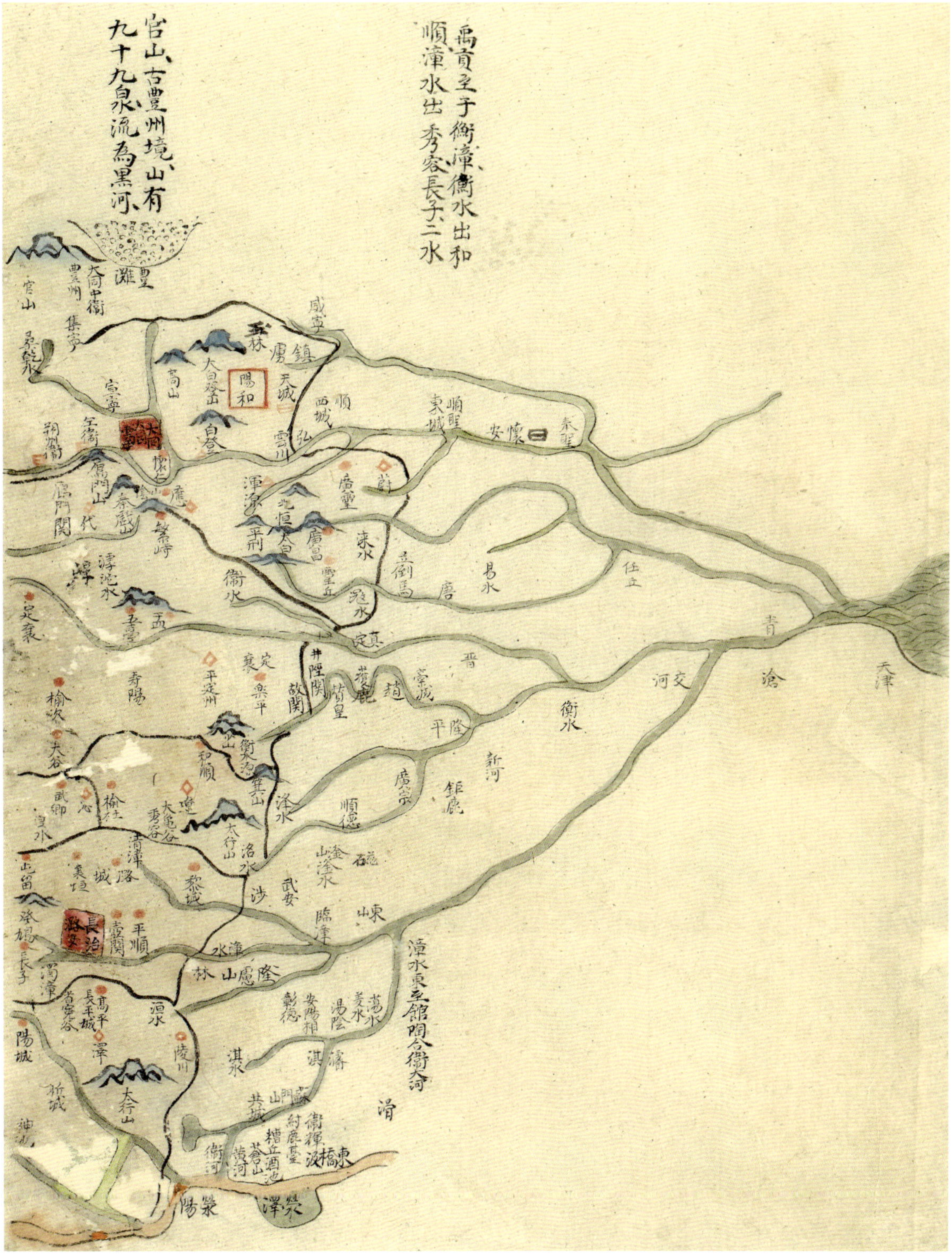

《皇明职方地图》山西地图中的清漳与浊漳

清徐扬《乾隆南巡图》卷四阅视黄淮河工局部

四、明清治河的束流刷沙

潘季驯治黄提出筑堤束水、以水攻沙的策略并付诸实施。清代靳辅、陈潢继承他的说法，并有所改进，影响了清代200多年的治河，堤防修守有的到现在还沿用他的意见。效果是河道比较稳定，但河床淤积日高，决溢仍不见少（当然不能完全归罪于这一方法）。束水的工程包括一系列堤防的修守。堤防中最主要的是遥堤和缕堤，缕堤是进攻性的，用以束水冲淤和刷深河床；遥堤是防守性的，用以抵御洪水。

缕堤堤距不易确定，太近则每年易决坏，太远则和遥堤没有区别，失掉束水的作用，结果是缕堤的效果不大。潘氏已经认为有些堤段缕堤不足为重，并认为防洪的遥堤是最主要的，这样就承认了宽堤约拦洪水是最主要的。潘季驯治黄后期提出淤滩和放淤固堤，也可以说是承认了沙不必尽刷，淤积到有利地点更好些！

五、黄淮合流的清流释沙

以清释浑这一概念也是潘季驯提出的。金代黄河夺淮后到明代下游淤积已很厉害。当时黄、淮、运在清口交汇，黄河的淤积影响淮水和运河。淮水出流不畅，中游成灾。潘季驯加高高家堰，扩大洪泽湖，调蓄淮河洪水，反对另开河道使淮水单独入海。其理由之一就是叫淮河清水出

清口冲刷下游河道的淤积，至少减轻淤淀。清代陈潢进一步说明稀释黄河浊水浓度，容易挟沙流走，以清释浑的概念提得很明确。他们都认为放淮水入黄对冲刷下游和海口段河道是有利的。

几百年运用的结果，对下游河段不能说毫无作用，可是副作用是不小的。黄河倒灌淮口，浊水沉淤，清水被壅，不易流出。尽管潘季驯之后，高家堰屡次加高，洪泽湖水位也相应抬高，所谓蓄清敌黄，以及在清口做了大量工程，企图避免淤堵，使清水畅出，可是并未成功，淮水还是不易流出来。这就造成了淮水下游出路艰涩，中游决溢成灾，里下河也因而成为重灾区的复杂局面。近代淮水水灾问题是直接受明清这类措施影响的。

六、人工放淤的疏流囊沙

明清两代在多沙河流上进行洼地放淤、固堤放淤和滩地放淤等，目的虽在利用泥沙，但也可以降低水流含沙量。放淤后的清水有的不能回入正河，堤滩放淤澄浑吐清是可以再回主槽的。当时有人设想这可以减少河道淤积，但规模较小，效果不显著。北宋熙宁时（1068—1077）曾引用汴渠、黄河及滹沱河的浊水进行大量农田放淤。清代曾在黄河下游及海河水系上利用放淤整治河道，形成一个高潮。南运河一度规划用这种方法普遍整修，在实施的河段，效果还是好的。

中国古代泥沙利用之一

——农田淤灌及放淤问题

河流含沙量多到一定限度就会引起水流性质的变化，形成浑水（多泥沙）与清水（少泥沙）河流的质的差异。泥沙悬移质平均粒径以及化学成分的不同也会使泥沙本身的性质和一般泥沙概念有质的差异。或者这些质的差异只是某一方面的，但也是值得注意的。这些质的变化所引起的水利问题，水利措施和水利工程（和一般清水河流中的相比）的一些相应变化，恐怕还有进一步考虑的余地。我国古代劳动人民对这一类问题的一些想法和看法，特别是在长期生产实践中所积累的经验、所形成的概念和想法，尽管有不少是粗糙的，初步的，甚至有的是非科学的，可是还应当给予适当评价。这里仅就古代淤灌（用这一名词表示浑水灌溉实际是灌溉放淤的综合措施）和放淤问题做一些介绍。

一、古代引浑水灌溉的概念是淤灌

在灌溉工程中泥沙淤积之害一般看得较重，为防沙而作的研究不少，但泥沙的有利方面也值得思考。北宋时王沿（11世纪初）说过：“夫漳水一石，其泥数斗，古人以为利，今人以为害，系乎用与不用尔！”王沿的意思是：漳水虽多泥沙，利用它就可以兴利，不利用就是害。用与不用一方面是主观上愿不愿利用，一方面是受技术水平等客观条件限制，能不能利用。但在发展中往往是先想

北宋佚名《柳荫云碓图》

利用，再逐渐摸索有关的规律，逐步提高技术水平，克服客观困难。过程是由“愿”到“能”。当然，这一过程需要一定的时间，技术水平的提高需要大量的劳动。淤灌和放淤可以说是古代劳动人民通过生产实践掌握了关于泥沙的有利一面，用它来兴利。

我国农业灌溉问题，从黄河流域开始，所遇到的大多是多泥沙的河流。从实践中，劳动人民知道了泥（暂时用泥这一名词来表示粒径细的泥沙，用沙表示较大粒径的泥沙）的好处，因而提到灌溉就不但指出水分浸润问题，还指出淤泥施肥问题。

关于农田水利最早的一批历史记载中，有很多处提到淤灌，如《吕氏春秋》记载公元前4世纪时魏人史起引漳水灌邺（今河北临漳县）的农田。

“水已行，民大得其利，相与歌之曰：邺有圣令，时为史公，决漳水灌邺旁。终古斥卤生之稻粱。”

“斥卤”指碱卤地，可能是盐碱地或沼泽地。盐碱地通过水的冲洗，可以有所改良，放淤的作用或许更大些。如果是沼泽地，那么大部分要靠放淤了。

更明确的是稍后的记载。公元前95年（汉武帝太始二年）白公引泾水灌田4500余顷，名白渠。“民得其饶，歌之曰：‘田于何所？池阳、谷口。郑国在前，白渠起后，举臿为云，决渠为雨。泾水一石，其泥数斗，且溉且粪，长我禾黍。衣食京师（指汉代都城长安），亿万之口。’”

这明确指出泾水淤泥的好处是“且溉且粪”。溉是水的浸润，粪是淤泥施肥。也有人解释为从田间渠道中挖出淤泥施肥，解释为直接淤灌恐怕更确切些。我们再引两段记载就更明白了！《史记》记载公元前3世纪秦始皇初年，韩国水工（水利工程师）郑国在秦国凿泾水开渠时，“……郑国曰：‘始臣为间，然渠成亦秦之利也。’……渠就，用注填阏之水，溉泽卤之地四万余顷，收皆亩一钟。于是关中为沃野，无凶年”。

“填阏之水”，阏即古淤字，唐人颜师古解释是：“注引也。阏读与淤同，音于据反。填阏谓壅泥也，言引淤浊之水灌咸卤之田，更令肥美，故一亩之收至六斛四斗。”这说明是直接灌浑水肥田。

后汉蔡邕（2世纪人）作《京兆樊惠渠颂》说：“阳陵县（在今陕西咸阳东北）东……泾水……溉灌维首……清流浸润，泥潦浮游，曩之卤田化为甘壤……谓之樊惠渠……歌曰：‘……黄潦膏凝，多稼茂止。’”

所谓“黄潦膏凝”就是引浑水，也就是唐人长孙无忌（7世纪人）所说的“白渠水带泥淤，灌田益其肥美”。

这里所说淤灌的好处，除直接肥田外，还有改良盐碱地、沼泽地的作用。汉代贾让（公元前1世纪人）的治河三策提出多从黄河穿渠引水，他说：“分河流通渠有三利，不通有三害。”三害中的第二害是“水行地上，凑润上彻，民则病湿气，木皆立枯，卤不生谷”，指地上河流的两旁土地因地下水位升高，发生沼泽化、盐碱化，人因而生病，农作物也不能生长。三利中的第一利是“若有渠溉，则盐卤下湿，填淤加肥”，就是通过淤灌改良盐碱地、沼泽地。

淤泥可以肥田及改良土壤，后来就利用它这些特性，有放淤的措施。同时由于和清水灌溉有区别，灌溉的概念就和放淤分而为二。近代灌溉的概念是来自国外，对泥沙的概念是有沙无泥，有害无利，只防不用，以清水灌溉为灌溉的唯一范畴。

二、放淤问题

放淤措施汉代已经有了。以淤灌改良沼泽地则纯为放淤而无灌溉，如汉武帝时（公元前2世纪末）：“……穿渠引汾溉皮氏（在今山西河津境）、汾阴（在旧荣河县境）下，引河溉汾阴、蒲坂（在今山西永济境）下，度可得五千顷。故尽河壖弃地，民茭牧其中耳，今溉田之，度可得谷二百万石以上。……发卒数万人作渠田。数岁，河移徙，渠不利，田者不能偿种。久之，河东渠田废，予越人，令少府以为稍入。”

如果茭牧是牧草、菰苇一类的植物，那么进行灌溉的地区似为河滩沼泽地，不是缺水地。“稍入”的“稍”就是后来梢料的梢（从前的解释很牵强），应当是芦苇杂草等。所以这一地带引汾水和黄河灌溉，可能主要是为了放淤。

魏晋以后至唐，放淤记载极少，到北宋王安石变法时期（11世纪70年代），放淤（也有一部分淤灌，主要是放淤，以下不再分析）达到最高峰，北宋以后则进入低潮。元明清时期放淤又分为两类，一是农田放淤，目的在肥田和改良土壤；一是河工放淤，目的是固滩护堤。以下所谈的只限于第一类。

唐代在汴渠上已有放淤措施。北宋人沈括说：“……宿州……唐人凿六陡门发汴水以淤

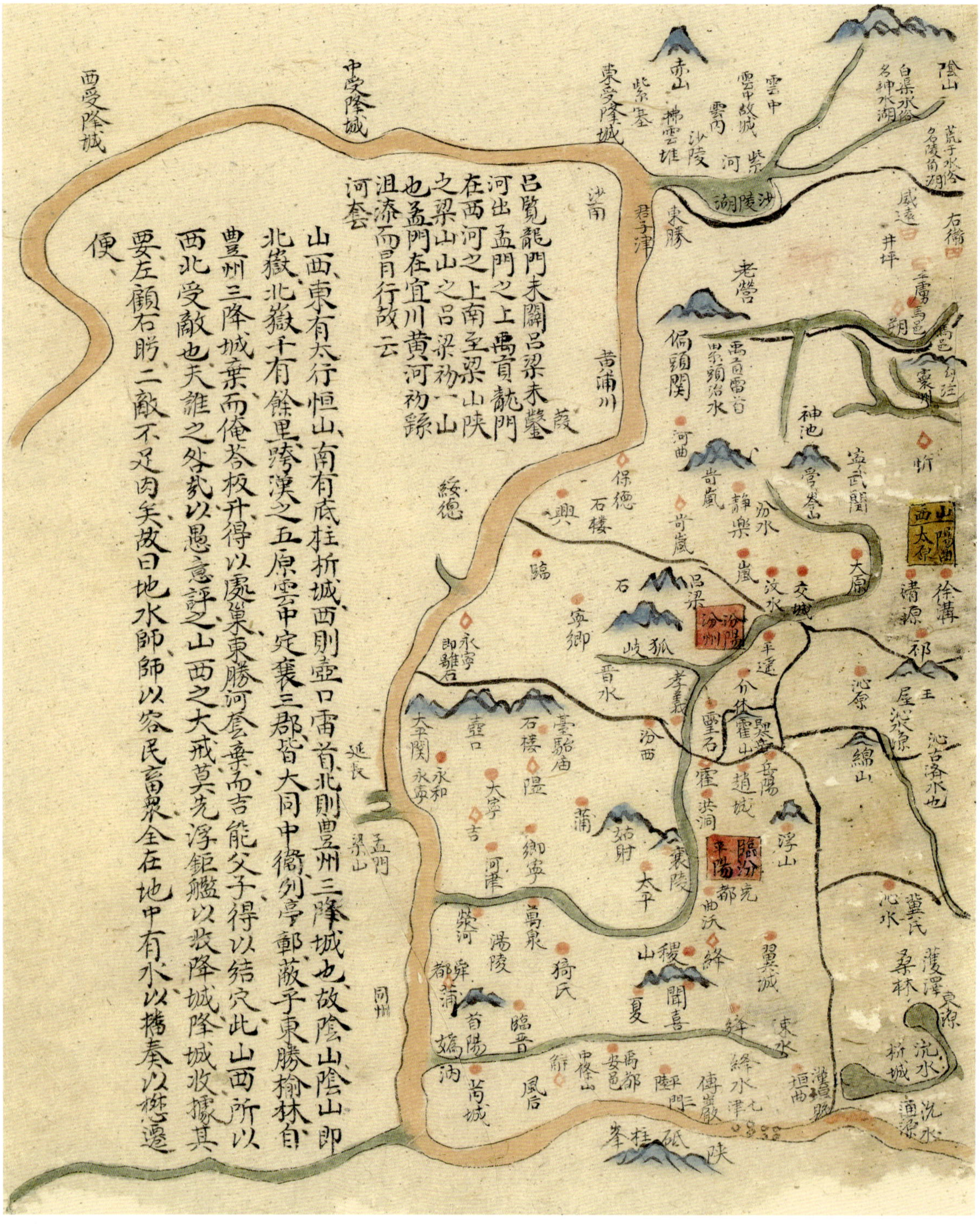

《皇明职方地图》山西地图中的黄河与汾水

下泽，民获其利，刻石以颂刺史之功。则淤田之法其来盖久矣。”

又同时人苏轼说：“数年前朝廷作汴河斗门以淤田……偶读白居易甲乙判有云，得转运使以汴河水浅不通运，请筑塞两河斗门。节度使以当管营田悉在河次，若斗门筑塞无以供军。乃知唐时汴河两岸皆有营田斗门。若遇水不乏，即可沃灌。”

汴渠是唐宋时期的主要运河，水源是引黄河水，下游接淮水，唐时两岸已开有斗门引浑水淤灌或放淤。

在王安石变法以前，北宋已有不少放淤成果，变法中的农田水利问题不少是根据人民群众的经验而扩大推广的，如11世纪初的李防“徙知应天府（治今河南商丘），凿府西障口为斗门，泄汴水淤旁田数百亩，民甚利之”。

这发生在变法前六七十年。

宋仁宗时王沿主张引用漳河水淤灌，也在变法前三四十年。作为变法时期放淤措施的技术根据之一的绛州正平县（今山西新绛县）的放淤经验及其推广，也是在变法前进行的。

大兴农田水利是王安石变法的主要内容之一，放淤又是农田水利的主要内容之一。也可以看出当时农田水利的概念及其主要内容的看法，和现代差异最大的恐怕就是利用泥改变土壤或肥田问题。因此，当时放淤运动规模是巨大的。

（一）利用的水源

首先似乎是引汴水，因为它既是浑水又是渠化河道，容易控制，可能还有一些过去的经验，靠近宋时的政治经济中心（开封）。宋神宗熙宁二年（1069）变法开始，同年十一月“颁农田水利约束”（又叫农田利害条约），同时开始引汴水淤田。

后来陆续利用漳河水、黄河水、滹沱河水、胡卢河水等。最后推广到山西一带，利用“谷水”（山丘地区地面径流）淤灌。

（二）淤田规模

这次淤田的规模，所涉及的区域，包括现在的陕西、山西、河北、河南等省。其中以汴水两岸为最多。根据当时官吏的报告，淤田成果（有统计数字的）大致如下：

熙宁五年（1072）闰七月，程昉奏引漳、洺河淤地凡二千四百余顷。

六年（1073）十二月，令（程）昉、（韩）宗师及京东转运司各差官同考实以闻。还奏得良田万顷，又淤田四千余顷（在漳河及滹沱河两岸）。

八年（1075）四月，又引永静军（治河北东光县）双陵口河水，淤溉南北岸田二万七千余顷。八月，知河中府陆经奏，管下淤官私田二千余顷。

十年（1077）六月，（程）师孟、（耿）琬引河水淤京东、西（今河南、山东等地）沿汴田九千余顷。七月，前权提点开封府界刘淑奏淤田八千七百余顷。

元丰元年（1078）二月，都大提举淤田司言京西淤官私瘠地五千八百余顷。

元丰二年以后就没有大规模放淤了。淤田投资仅熙宁七年到十年（1074—1077）的三年中，就达到了155400余贯（不包括地方投资）。这一数字约占当时中央财政总收入的千分之一。

上列淤田面积不是同时统计的，可能计算时有重复，当时的奏报也靠不住，一般偏于夸大。但即使打一大折扣，数字还是不小的。同时还有许多地区的淤灌未统计在内。

（三）淤田的实际效果

在当时有一定效果，这可以从下列几方面看出。

（1）当时的奏报，如“累岁淤京东、西碱卤之地，尽成膏腴，为利极大”，不会完全是虚构。

据当时记载如“帝（宋神宗）曰：大河源深流长，皆山川膏腴渗漉，故灌溉民田，可以变斥卤而为肥沃。朕取淤土亲尝，极为润腻”可知，至少有一部分淤田是有一定质量的。

当时还记载有农民群众要求放黄河水淤田和申请购买淤田。

（2）在技术上有一定根据，不完全凭主观想象，如熙宁九年（1076）“程师孟言：河东（约当今山西省）多土山高下，旁有川谷，每春夏大雨，众水合流，浊如黄河矾山水，俗谓之天河水，可以淤田。绛州正平县（今新绛县）南董村旁有马璧谷水，尝诱民置地开渠，淤瘠田五百余顷。其余州县有天河水及泉源处，亦开渠筑堰。凡九州二十六县，新旧之田，皆为沃壤。嘉祐五年（1060）毕功，缵成《水利图经》二卷，迨今十七年矣。闻南董村田亩旧直三两千，收谷五七斗。自灌淤后，其直三倍，所收至三两石……尚虑河东犹有荒瘠之田，可引大河淤溉者”。

值得注意的是，这是农民创造的经验，可能是长期积累的经验。所谓“尝诱民置地开

清康熙年间《黄河图》中黄河上的挡水泄水闸坝

渠，淤瘠田五百余顷”，“诱民”是官僚们归功于己所要的字眼。所引水源是山丘区地面径流、谷水。淤灌效益显著，农作物收获量增加3—6倍。这一经验是成功的，而且得到总结，写成《水利图经》。当时已大面积推广，再利用时应当有效。

后来山西一带的农民似乎继承与发扬了这一经验，并将其演变为近代拦洪淤地的一种水土保持措施。

（3）淤田质量已有鉴定分类，当时是有实践经验作为根据的，如："熙宁五年（1072）二月……侯叔献等言，见淤官田，今定赤淤地每亩价三贯至二贯五百，花淤地价二贯五百至二贯。见有七十余户乞依定价承买。欲作三年限输纳，仍于次年起税。"

花淤、赤淤，意义不详。花淤似指淤积不均匀。

（4）当时实际主持淤田的如侯叔献、程师孟、杨汲等，搞水利都是颇有能力，颇有经验的，不会完全失败。当时记载说："当时人淤田，只要泛淤。（杨）汲随地形筑堤，逐方了当。以此……遂有成功。"

当然这些效果恐怕是有限的，因为：①封建时代，统治阶级工作的最后目的是加强剥削劳动人民。即是愿意干的官吏，对这些有利于人民的繁重工作，热忱也是有限的。何况大多数官僚是为了个人升官发财，欺骗、愚弄、强迫、说谎是常有的事，工作效果可以想象。所以"漳河、滹沱……指决河所侵便为淤田"也是完全可能的。②技术水平有限，有不少受时代限制在当时是不可克服的困难，因而效果是有限的。③短短的10年中（熙宁二年至元丰二年，即1069—1079年）即使没有上列因素，技术上没有多大问题，成果也不会很大的。这需要较长的时间。④即使有一些效果也不能巩固维持下去。特别是元祐以后（1086年以后）政治上保守派上台，彻底推翻了新政。淤田之利成了昙花一现。

北宋以后，劳动人民仍坚持利用浑水淤灌和放淤，保持这一有用的经验，能比较全面地看待泥沙问题。相反的，统治阶级上层人物，除对巩固堤防的放淤还有时关心外，对农田放淤不但漠不关心，有时反而压制。当然这一方面由于技术上确有困难不易克服，和其他的水利问题的矛盾不易解决，但主观方面的不重视和片面地看问题，放弃这一方面的工作，也是主要原因之一。元、明、清三代的统治者对水利最关心的是漕运，其次是河工。因为这些工作搞不好，会直接影响他们的统治基础，至于农田水利则是行有余力才去干的事，放淤更是细微末节了。

农民自发的放淤，北方各地区都有实例，下面引证一些具体例子。从这些例子中可以看出当时大致情况。

1. 在现在的河北省

明代刘天和（16世纪初）记南运河上"沧、德、天津之间，河决无岁无之。亦有水不甚盛，河不甚盈而决者，非尽由堤岸卑薄也。一则盐徒盗决以图行舟私贩，一则碱薄地土盗决以图淤肥，一则对河军民盗决以免冲决彼岸，巡守当严而防察当豫也"。

这主要是为了维持漕运，不考虑放淤问题，只单纯防止农民放淤。

清代陈宏谋于乾隆元年（1736）十一月得授天津道。“在天津常乘小舟咨访水利，得放淤之法。凡汛水盛涨多挟沙而行，导之从堤左入，堤右出。如是者数四，沙沈土高。沧、景诸州，悉成沃壤。公喜曰：老河兵真吾师也。”

这是比较抱肯定态度的一个实例。所谓沧、景诸州悉成沃壤显然是夸大，但可以说明有一定规模和成效。

又清代乾隆六年（1741），“开通漳河故道……直督孙文定公嘉淦复奏，漳河之性汹涌奔湍，拥挟沙泥，虽有淤田之利，实多冲决之虞”。

从以上三例看，明清两代在漳河、南运河等河流上，农民在官吏的压制防止下仍有放淤措施。陈宏谋向老河兵学的办法没有见到详细记载，但可以说明放淤在技术上已有一套办法。

2. 在现在的山东省

明代刘天和说：“汶河淤田盗决，对岸盗决之弊与卫河同。”农民在汶河流域也同样想放淤而被禁止。

明代高苑（县名，今并入博兴县）知县冯文盛《支脉沟议》（约在16世纪）说：“清沙泊之水患乃孝妇河之决而下注，非以小清（河）之故也……则清沙泊之受水实长山（旧县名，今并入邹平市）遗之也。今不争于上游之长山而争于下流之高苑，何也？盖水浑则利其来以沃田，水清则欲其泄以布种，此二百年来所为盗决不已也。”

这说明农民利用小清河等浑水肥田，用了200多年（可能远超过200年），也说明农民自发放淤的局限性。他们当时受地位限制不可能照顾到全局，官吏们则只是消极否定，不是积极地想办法排泄清水，解决上下游的矛盾。

3. 在现在的山西省

如清代雍正七年（1729）“侍郎韩光基疏陈涑水开渠筑坝蓄泄杜弊事宜……查涑水……自猗（氏）及临（晋）（今二县合并为临猗县）沿河居民均资灌溉。缘涑水浑浊，每当冻河开河之际，田亩一经灌溉，肥饶倍常，故愚民混行私决堤堰，横筑十坝，拥水漫田，以致余流南注，渰及石桥等洼下村庄。且上河村庄筑坝截流，下河村庄竟不能受涓滴之惠”。

这说明因淤灌而壅水漫田，水量较大，没有适当排水措施，淹没低下村庄。同时因上游引水过多，使下游缺水。

宁夏平原黄河两岸金秋金色稻田

4. 在现在的宁夏回族自治区

如清代光绪三十四年（1908）宁夏将军台布等奏开垦马厂官荒时说："至宁夏地低河高不忧旱而忧潦，稻秧既苗，民间辄澄浑撤清，借黄流淤泥当作肥料。撤出之水汛滥四溢。从前各渠均有清水沟及暗洞，借资宣泄，乱后充塞。"

这说明宁夏种水稻有淤灌施肥的经验。

5. 在黄河中下游，陕西、河南、江苏等省

也有个别地区进行淤灌。如明代正统九年（1444）"都御史陈镒言，朝邑多沙碱难耕，县治洛河与渭水通，请穿渠灌之。诏可"。

至于引黄淤灌问题，一般是从河工观点上加以否定。一些治河名家当然也知道"久淤之地，其利十倍"，可是，他们仍片面地多方否定在黄河上或黄河支流上放淤或淤灌，如明代潘季驯（16世纪）说："滨河田地每利于黄河出岸淤填肥美，奸民往往盗决。盖势既扫溜，止须掘一蚁穴而数十丈立溃矣。"农民不是不知道黄河决口的危险，而又"往往盗决"，可见农民是深知其利。

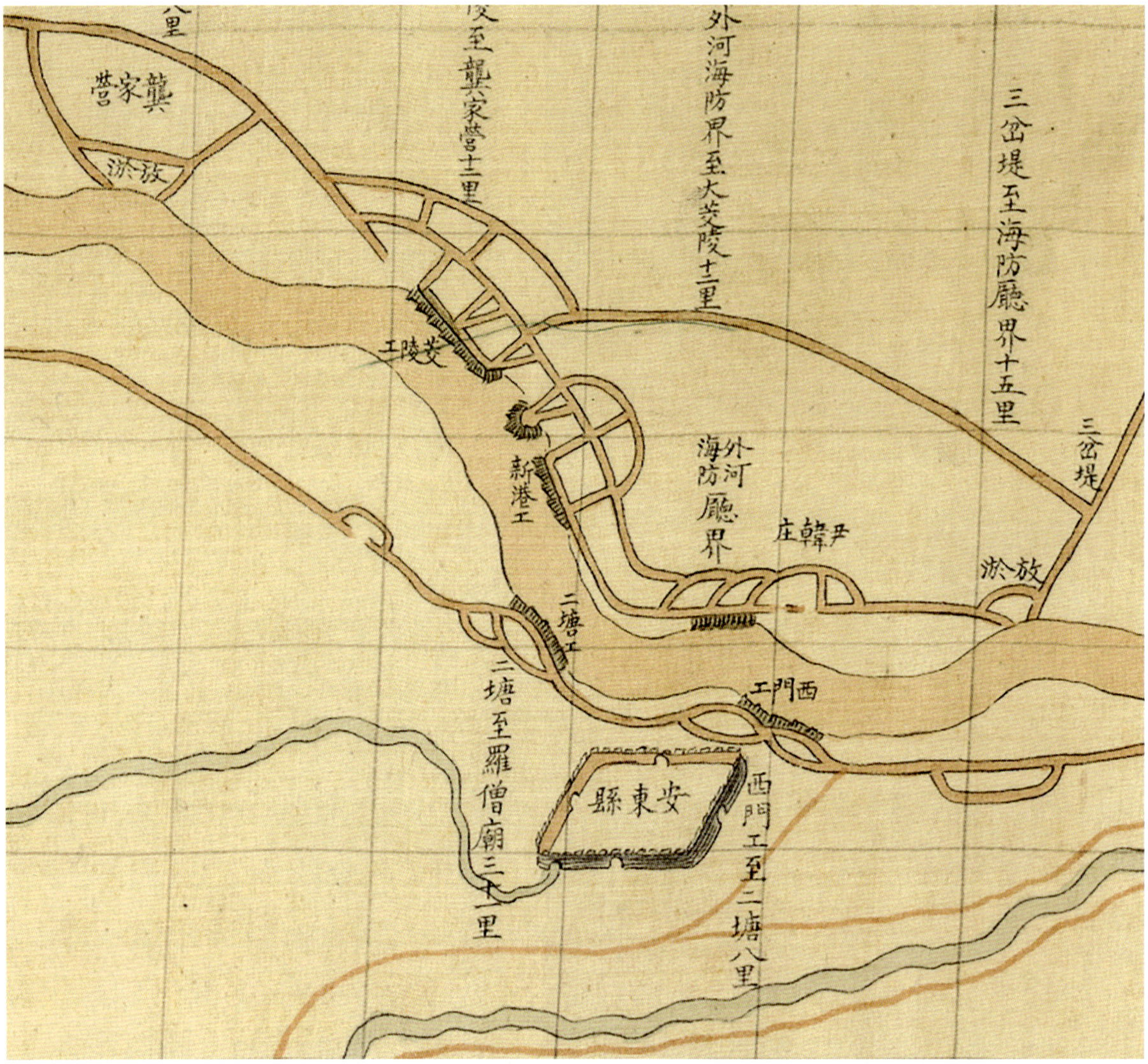

清乾隆年间《南省黄河图》中的固堤放淤

愈往后反对者提出的理由愈多，反对得愈坚决，如清代靳辅（17世纪人）反对引浑水灌溉。康基田（18世纪至19世纪初人）提出在黄河上不能放淤或淤灌的理由很全面。他评论贾让治河中策说：“……穿渠引黄知腴田而不恤大体，自古为患矣。大河乘高势奔涌而来，力大势猛，顷刻异变，不容间隙，蚁孔之漏渐刷宽深，引溜入内，其害不测（理由一）……让以开水门资蓄泄为中策，而独不可行于黄河。沿河土疏易溃，水门难固（理由二）。即垒石为门而上流之势既泄，则下流之行必缓。水缓沙停，日久淤高，河噎不下，横溢四出（理由三）……况水能溉地，地亦受淤，日久淤高，水又安归（理由四）……引水立水门以时蓄泄，利民用，古法诚有之，惟宜于清水……西门豹魏襄王引漳灌邺田，当时以为利，至今漳水挟沙而入，沃腴变为沙田，无治人而法不可行，况以浊河之石水六泥可轻言引哉（理由五）！”

康基田的说法有不少是引证别人的。当时有一些人把“束水攻沙”理论解释得太绝对，甚至认为西汉河患是鸿沟分水的恶果，后代引泾水、洛水灌溉是黄河下游决溢的主要原因。结论是淤田利一而害十，还进一步引证汉人失败的例子想完全否定淤田。康氏甚至反对他认为“工险而效大”的河工放淤。结论是“治河疏于修防，盛言放淤之利，幸功轻试，见险不知止，其可为常法哉！”

6. 也有人不赞成山地筑坝拦淤肥田的水土保持措施

清乾隆八年（1743），河督（南河总督）白锺山驳斥御史胡定筑坝拦沙的建议时说：“如称黄河之沙多出自三门以上及山西中条山一带破涧中，请令地方官于涧口筑坝堰。水发，沙滞涧中，渐为平壤，可种秋麦等语。河流本自浑浊，自出九渡河水即浑浊。河南土性疏散，经行六七百里。潘季驯云：‘流日久，土日松；土愈松，水愈浊。’岂能筑坝堰而遏之使其汰沙澄源，古未有行之者。”

他相信沙来自上游和下游，独不信来自中游。对于淤地的好处更是不值得他一提了！这和他同时代的劳动人民对这一问题的认识形成尖锐的对照。

康熙四十四年（1705）蒲松龄作的《农桑经》中记载：“山地得力在堰，缺处宜早修，水口宜急塞，或加填叠，一则不致冲决，二则雨水落淤，名为‘天下粪’。若水大不可遏防者，则以石叠起水道，使勿刮地成渠。若高堰，则用石和沙灰垒之；或用三合土，如筑墙状，架板打之。谚云：‘地无唇，饿煞人！’信然！”显然这不是蒲松龄的创造。“地无唇，饿煞人”，对于地要求的迫切是形容得深刻生动的。

三、古代淤灌和放淤中的技术问题

综合前面两节所引古代人的议论和事实，淤灌和放淤中出现的问题不外以下几方面。

（一）工作中的错误及事故

（1）某些人强调黄河水力大、水势猛，清水能分引而浊水不能分引，分流时容易引动大溜，形成危险等。这些都是怕出事故，出事故危险太大，不能轻易冒险。这种想法一直到近代还产生能否在黄河大堤上建闸引灌问题。

北宋引汴水淤灌时就发生过这类事故。

（2）澄浑以后的清水没有适当出路或排水系统安排错误，或发生决溢，淹没邻近地区。自发的、局部的放淤，往往发生这类问题。

北宋引黄河、引汴水放淤，都有这类问题。反对派往往以此为口实。

（3）地形高下测量错误或河水位太低，浑水不能引放。或因地形测量错误，浑水放出后不能淤灌指定地区而淹没其他农田和房屋。北宋引黄河放淤，发生过这类事故。

（二）引水、输水的技术问题

（1）有人认为引水闸门不易建立。如康基田说："沿河土疏易溃，水门难固。"靳辅说："惟有坚筑径二三尺小石涵洞以通其流，而近则又畏河之冲，必须于数里之外为之。"

（2）有人指出河床变迁，引水口不能进水问题。汉代引汾水、黄河淤灌汾阴、蒲坂已有"作渠田。数岁，河移徙，渠不利"的记载。就这种问题，潘季驯也指出"河流不常与水门每不相值"。

（3）有人指出严重的淤积问题。靳辅指出："然河善淤，自古记之。通河引灌，虽极卑洼之地一过而平，再过而高，不出数年且深谷为陵。"潘季驯指出："或并水门而淤漫之，且所溉之地，亦一再岁而高矣。"

（4）有人说需要淤灌时正是春旱，河水位太低不能引水。潘季驯说："矧旱则河水已浅，难于分溉。"

（三）澄浑排清及其他的放淤技术问题

（1）有人指出洪水期放淤排水不易，容易泛滥成灾；枯水季放淤，含泥量太少，淤积太薄，无甚效果。

北宋放淤多在春夏两季。当时反对者说："数年前朝廷作汴河斗门以淤田。议者皆以为不可，竟为之，然卒亦无功。方樊山水（即矾山水，农历六月中旬的洪水谓之矾山水）盛时放斗门则河田、坟墓、庐舍皆被害。及秋深水退而放则淤不能厚，谓之蒸饼淤。"

（2）有人认为放淤搞不好，质量不能保证，可能使良田变为沙田。如康基田所说："至今漳水挟沙而入，沃腴变为沙田，无治人而法不可行。"

这当然也与引水技术有关。

（3）有人认为含沙量大，农田淤灌时可能压坏农作物。潘季驯说："……溉田……行于上源河清之处或可，若兰州以下，水少沙多，一灌田中，禾为沙压，尚可食乎？"清代陈潢亦附和这一说法，认为开封以下河水含沙太多："若引以灌田则禾苗必尽被沙压矣！乌可以灌乎？"现代还有人认为浊水淤灌对农作物无益有害。

（四）和其他水利问题或水利措施的矛盾

（1）"束水攻沙"论者从治河防洪观点认为开渠引水会使河水因分而缓，而沙淤、而水高河决，所以淤灌和防洪有尖锐的矛盾。自潘季驯以后大部分的治河名家，如前面提到的靳辅、陈潢、康基田等，都拥护这一说法。

这种说法早在西汉末年（1世纪初）已经有了。王莽时张戎言："民皆引河、渭山川水溉田。春夏干燥，少水时也，故使河流迟，贮淤而稍浅；雨多水暴至，则溢决……毋复灌溉。"

（2）通航渠道中放淤与航运有矛盾。宋代引汴渠和后代农民自发地引运河来淤灌都有这一问题。如北宋熙宁六年（1073），"夏都水监丞侯叔献乞引汴水淤（开封）府界闲田。（王）安石力主之。水既数放，或至绝流，公私重舟不可荡，有阁折者。帝以人情不安，尝下都水分析，并诏三司同府界提点官往视"。

熙宁八年（1075）四月，"管辖京东淤田李孝宽言：'矾山涨水甚浊，乞开四斗门（在汴河上），引以淤田，权罢漕运再旬。'从之"。

牺牲漕运来迁就淤田的事例是历史上绝无仅有的。以后引运河水淤田，就只能是"盗决"了。

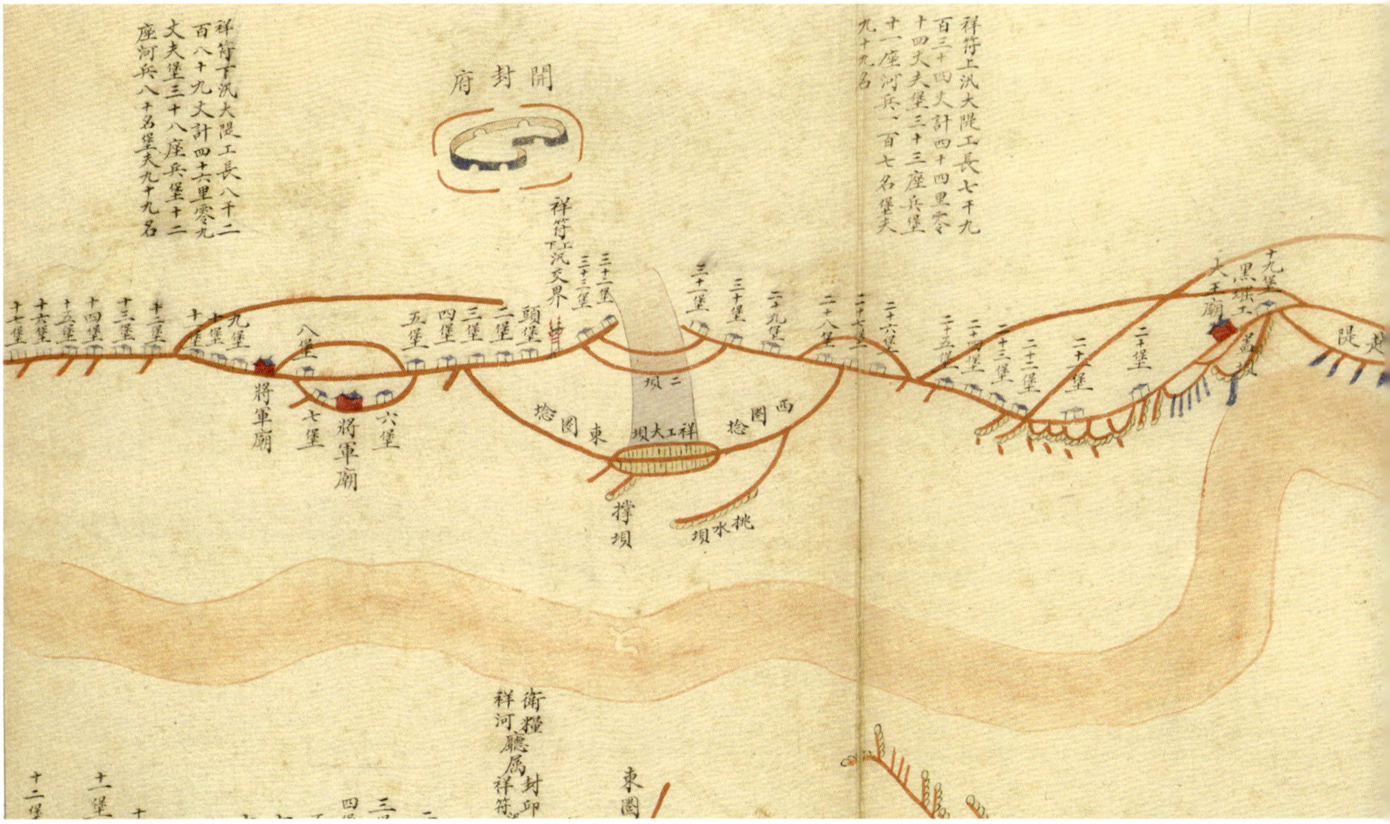

清中期《黄河发源入海图》中开封府境黄河祥符汛堤工情形

四、应有的结论和对淤灌及放淤问题提出的一些设想

（一）泥沙有可以利用和应当利用的一面

地质史上黄河等多沙河流是华北肥沃的冲积大平原的缔造者，多泥沙似乎不那么可怕。问题在于能否摸索它的规律，掌握它的规律，利用它的规律，利用它有利的一面，限制或消灭它的有害因素，使它向有利于人类的方向发展。封建时代黄河为害几千年，但它的一些好处人民也没忘记掉。直到现在黄河下游的农民还有“黄河不落骂名”的谚语。意思是说尽管它决溢时泛滥成灾，但最后还可以淤些田地，不叫你骂它！当然这不是可以让它自由活动，坐等它的恩赐。可是旧时代受社会性质的限制，受技术水平的限制，还是不得不在很大程度上让它任意活动。在社会主义社会中，我们的社会制度就是最根本的保证，保证能控制利用它，兴其利，除其害。技术水平当然也要跟得上。

继承古代劳动人民的经验，把泥沙看作一种资源或至少看作是可以利用的东西，一方面可以在水工上利用它的物理性质，一方面在农田水利中可以利用它的有用的化学成分。放淤可以改良盐碱地、沼泽地；淤灌可以肥田。这都需要加强研究探索。

（二）必须明确浑水与清水水流的差异

几千年来华北各河流，浑浊是常态，清澈是少见的。直接利用清水规律，拿治理含沙量小的河流的经验和理论来对付它们，容易犯脱离实际的错误。同样利用多泥沙的水来灌溉，直接引用有关清水灌溉的那一套也是有问题的。当然泥沙怎么才算多，怎么才算少，也并不能截然划分，同时有大部分规律是共同的，所以直接引用还不是完全不能用。但如果忽略了它们的差异，我们对这些河流的概念就是不符实际的，可能是先有了一套外来概念再去往它们身上套的。

（三）应当明确放淤和淤灌是控制利用泥沙的措施之一

“我们对于黄河所应当采取的方针就不是把水和泥沙送走，而是要对水和泥沙加以控制，加以利用。”笔者认为，对水不但要除水害，更重要的是通过一系列的拦蓄、调配、引输、分配、排泄等技术措施，从各方面加以控制，加以利用，以求得最大的综合效益；对泥沙也同样地要除其害和通过一系列相类似措施来兴利。兴利除害不外乎叫水或泥沙按照人们的需要在一定时间，按一定方式、一定性质、一定数量存在于指定地点，来发挥它的有利作用。

对泥沙的控制利用现在我们最注意的措施是水土保持，这无疑是最重要的。但是否有了这一措施就排斥了其他的可能的措施而不加以考虑？笔者遇到过一位国际朋友（水利专家），他对这一问题的态度，就类似这种态度。我事后很怀疑他是否有多泥沙河流的概念。当然我们要是认为水土保持轻而易举，三年五载就解决问题，也可能有这一态度。

我们不因为保水，就轻易放弃其他的水利措施；同样也不能因为要保持土，就不考虑其他措施。假设华北和西北地区的水土保持要50年以上才能完全收效，黄河和海河水系输往下游和入海的总输沙量按每年15亿吨计算（只计算泥和细沙等悬移质），就有750亿吨。一方面这些泥沙没有适当处理，它还要为害，如淤积水库等；一方面不要忘记黄河下游的“沙”，

黄龙入海

“其实并不是什么沙，而是极为宝贵的黄土”。这些黄土每吨含氮素0.8—1.5千克，磷肥1.5千克，钾肥20千克。以每吨含氮、磷、钾肥20千克计算，50年内可能有15亿吨置之无用而有害之地。这是值得严肃考虑的问题。放淤或淤灌不失为应考虑的一个途径。

（四）含沙量较小的河流，也需要控制利用泥沙，也有放淤问题

即使水土保持生效以后，含沙量降低到1%以下，在科技水平不断提高的基础上，清水放淤还是可以考虑的问题，例如长江的泥沙问题，现在每年有大量泥沙沉积在洞庭湖等地区。它是不管你考虑不考虑放淤，就自动地放了！再如尼罗河淤灌的规律容易为人类所掌握，于是就创造了古埃及的文明。尼罗河在开罗附近的含沙量平均不过1—1.5千克每立方米，然而它是埃及的一种极珍贵的财富。英帝国主义统治埃及时期，为了加速剥削，改造埃及的引洪淤灌系统为常年引水灌溉，使水量得到较多的利用，对农业有好处，可是他们忽略了泥沙的利用和淤灌的优点，给埃及灌区带来了严重的次生盐碱化问题。

（五）淤灌可能防止次生盐碱化是值得研究的问题

我国古老的灌区如泾惠渠灌区自郑国渠起已经2000多年了，始终没有严重的次生盐碱化问题，这是否也和淤灌有关？假使淤灌可以防止次生盐碱化（在尼罗河上是如此）或者每年可以定期放淤消灭盐碱，那么在这一方面的实验研究工作是很有意义的。次生盐碱化问题在世界各地并未得到很好的解决，我们有这样的自然条件不加利用，却走弯路，先把泥沙想尽方法除掉，再用清水灌溉，发生盐碱化后又要大力改良。当然这有一系列的技术问题要解决。可是也可能引水输泥、澄浑排清的技术并不见得比引水防沙、改良盐碱的技术来得更复杂、更难解决些！至少这两种技术可以不必互相排斥，应予以同样的重视和研究。

（六）应加强放淤淤灌的研究

泥沙控制利用和放淤等技术问题是一个关键，可是并不能因为技术没有过关，就轻易否定放淤和淤灌，更不能放弃对泥沙的控制利用，反而因为没有过关更要加强研究。

济南章丘标准化堤防建设施工现场，放淤固堤之跨河取沙

上一节提到古代淤灌和放淤有四类问题，现代放淤的问题还是这四类。古代技术水平不能和现代相比，因而问题的具体内容差异很大，例如上节所提到的：

（1）错误及事故。古代人引大河水淤灌易出事故，更不敢轻易引黄河水放淤，在现代已经完全可以防止。澄清后的清水漫溢淹没问题，现代可以根据条件适当解决。河水位太低不能引放问题，使这一工作受到地区和时间的限制，抬高水位的措施是比较艰巨的。

（2）引水、输水中的问题。引水闸的安全现代已经不成问题，可是这类闸的特点需要进一步研究。黄河上利用虹吸放淤已有较多经验。河床变迁，引水口不能进水问题，现代灌渠引水还有这类问题，只能根据每一工程的具体情况采取措施。引水输水中的淤积问题是现代主要问题之一，迟早需要解决，因此也不能因为这一问题尚未得到解决而否定放淤的意义。

（3）放淤的其他技术问题。放淤季节和时期应根据放淤目的、放淤区的耕作或荒废情况、水位的高低、含沙量的多少和含沙的颗粒级配种种因素决定，也需要进一步研究。

淤积的总厚度，放淤次数，一次放淤的厚薄和淤积层的各层颗粒级配等，怎么样才算最合理，这是亟待解决的问题。至于如何利用现代有关泥沙理论，改进放淤方法和布置等，使淤积均匀并达到上述要求，更是一个主要问题。粗沙砾的防止，特别是推移质的防止或少量引入问题，现代也未完全解决。

直接对农作物本身进行淤灌究竟是有害还是有利，还需要进一步研究。可能是有利也有害，研究的方向是除害兴利。

（4）和其他水利措施的矛盾。古代人所提到的放淤与防洪治河和航运的矛盾，现代并不成大问题。从减少水库淤积问题看，利用泥沙是值得欢迎的，浑水河流因水库建成后，下游变成清水，给河道整治带来了新问题。假使放一些泥沙下去，与治河也并无矛盾。冲洗水库泥沙需要一部分水量，这在综合利用中会与其他需要有些矛盾。水流含沙量太大于发电不利是一个矛盾。水库操作调度时要考虑控制冲洗泥沙问题，工作将增加复杂性和艰巨性，这一系列问题都需要研究解决。

上面根据古代经验，虽罗列了有关放淤及淤灌的一些问题，但一方面由于笔者对这一问题无什么研究，一方面随着现代工程实践还会有大量问题出现，因而不可能一一指出来，更谈不上提出解决方法和途径。可是这是一个有重要意义的问题，是值得我们讨论研究的。

（七）泥沙控制利用的研究可以结合解决水库淤积问题来进行

在现代水利工程中，水库占有首要地位，水的蓄、调、输、分、排主要依靠水库的拦蓄控制。可是水库对泥沙能拦蓄而不易调配和引输，形成水库淤积问题，也影响了水的拦蓄和作用。对这一问题若不采取束手待淤满的态度，不管我们要不要利用泥沙，看来总要对泥沙作适当处理，求得解决。这不妨结合泥沙的控制利用来解决。这当然不仅仅是淤灌和放淤问题。

中国古代泥沙利用之二

——河滩放淤及其他落淤措施

河道水流内部存在着水流挟沙流动和泥沙沉淀壅水的矛盾，表现为河槽的冲刷和淤积。正如其他事物一样，矛盾的两方面势均力敌，不冲不淤只是暂时的、相对的，基本的形态则是不平衡，非冲即淤。在清水河流中水流挟沙能力是矛盾的主要方面，它规定了清水水流的性质。当泥沙量增多成为浑水河流，矛盾的主要和非主要的方面逐渐转化，水流性质也就随着起变化，泥沙沉积问题就突出起来。在治河工程中处理不当，就会出现淤积主槽，冲刷堤岸，形成灾害。反之人们掌握这一规律，利用这一性质，引导它向有利方面发展，使它冲刷主槽，淤积堤岸，就可以转害为利。

我国劳动人民在2000多年以前，根据向自然作斗争的实践经验早就提出了这一问题。记载秦汉以前“百工”劳动技术经验的《周礼·考工记》说：“匠人为沟洫……凡沟必因水势，防必因地势。善沟者水漱之，善防者水淫之。”“漱”就是冲刷，“淫”就是泥沙淤积加厚。意思是沟做得好，应当叫水冲刷加深；堤做得好，应当叫泥沙淤积加厚。为了达到这一目的，劳动人民向多沙河流斗争了几千年，积累了不少经验。后来总结归纳，前者是束水攻沙，后者是落淤固堤。

西汉时黄河水灾严重。王莽时（1世纪初）张戎提出，黄河“一石水而六斗泥”，水的流速大时，自己能冲刷，现在分引太多，河道就淤浅了。堤防屡次加高，水面高于平地，和在墙头上流水差不多。不应当再分引，叫水集中力量

小浪底水利枢纽调水调沙

小浪底水利枢纽工程调水调沙期间，库区水位下降，库底裸露，呈现出沙画奇观

冲刷河道。这是束水攻沙说的最早记载。到东汉初年（1世纪中期）这种说法有所发展，有人说："左堤强则右堤伤，左右俱强则下方伤。"意思是说：左边堤坝强，水就冲刷右边；左右都有坚固的建筑物，水就冲刷下游。这提出利用建筑物束水冲刷河道的办法。

东汉初，黄河水泛滥多年，东南冲入汴渠，淹没现在山东、河南、江苏等省的大片土地。当时有著名的王景治河。不少人认为从东汉永平十三年（70）王景把黄河和汴水分家，治河成功以后，一直到唐代末年（10世纪初）800多年间黄河没有什么严重水灾，比较安定地过了一个很长时期。为什么有这么好的成绩，有各种不同的解释。有不少人认为王景是利用放淤来巩固堤防，取得成功的。

王景治河工程很大，效果较好，可是记载太简单，不能说明当时的真相。最详细的如《后汉书·王景传》："（公元69年）夏，遂发卒数十万，遣景与王吴修渠，筑堤自荥阳东至千乘海口千余里。景乃商度地势，凿山阜，破砥绩，直截沟涧，防遏冲要，疏决壅积，十里立一水门，令更相洄注，无复溃漏之患。景虽简省役费，然犹以百亿计。明年夏，渠成。"

这里边所说的工程措施如勘测、开凿、裁弯取直、修堤坝、疏浚等都比较好解释。只有"十里立一水门，令更相洄注"是什么措施，后人意见不一。特别因为其他措施没有什么特殊之处，总的效果很好，更叫人觉得这一措施不寻常。

明代人徐有贞解释"水门"为上面有控制闸门的滚水堰。明末清初人顾一柔说："夫河……平水则宜置斗门，且多置之，用王景更相回注之意，使不至旁溢。"他认为水门即斗门，十里一水门是很多水门，水更相回注不往外流。

清代人有了较多的河滩放淤实践经验，认为王景这一措施是放淤的人很不少。如咸丰二年（1852）魏源作《筹河篇》，认为水门就是闸，"更相洄注，使无溃漏"是水门在缕堤外遥堤内，大汛时水溢出主槽，在缕堤和遥堤间沉淤后，清水又回到河槽，几年以后，河道刷深，大汛也不能溢过遥堤，"水门可等虚设，故能千年无患"。

光绪十七年（1891）刘鹗作《山东治河续说》，提得更明确。他说："放淤之法其妙无比。后人只间一用之，惟王景用诸全河。王景传云：'十里立一水门，令更相洄注，无复有溃漏之患。'水门者，闸坝也。立水门则浊水入，清水出。水入则作戗以护堤；水出则留淤以厚堰；相洄注则河涨水分，河消水合。水分则盛汛无漫溢之忧，水合则落槽有淘攻之力。"

近人基本上同意是放淤，但具体措施有不同解释的也还不少，如李仪祉认为水门是设在汴渠堤内，更相洄注是从上游的水门流入下游的水门等等。

东汉时期有放淤措施，是完全可能的。王景是否用这一办法，值得怀疑。800年无大水灾和这一办法是否有关更不能断定，但是从这里至少可以看出不少人对河滩放淤评价极高。

一、河滩放淤及落淤措施

放淤等落淤固堤办法，记载较明确，发展较完善是明代以后的事。北宋农田放淤工程很多，河滩放淤则没有记载。束水攻沙曾较多地使用在汴河上。汴河在北宋是主要运道，水源是引黄河水。浑水运河与清水运河不同。宋代江淮运河是清水，设有不少船闸；汴渠是浑水不能设闸，主要是怕泥沙淤积。汴水流速很大，于航行很不利，但为了冲刷河槽，还是不可避免。“渠有广狭，若水阔而行缓，则沙伏而不利于舟。”当时多用建筑物束水攻沙，如“大中祥符八年（1015）……浅处为锯牙以束水势”，“嘉祐六年（1061）……为木岸狭河，扼束水势，令深驶”。

明代束水攻沙说已经发展成为以后治河的主要理论之一，落淤固堤也重新有所发展。两者的关系，据明代隆庆时（1567—1572）万恭记载已有的实践经验说：“以人治河，不若以河治河也。夫河性急，借其性而役其力，则可浅可深，治在吾掌耳！法曰：如欲深北，则南其堤而北自深；如欲深南，则北其堤而南自深；如欲深中，则南北堤两束之，冲中坚焉，而中自深……其始也，假堤以使河之深；其终也，河深而任堤之毁……欲浅河以为洲……反用之耳！其法：为之固堤，令涨可得而逾也。涨冲之不去而又逾其顶，涨落则堤复障急流，使之别出，而堤外水皆缓，固堤之外悉淤为洲矣。”万恭当时曾试验有效。

冲、淤，深、浅是一正一反，矛盾的两面；它是利是害主要看人们能否抓住它的特殊性，“借其性而役其力”，用它为人们服务。

（一）深河的办法和东汉“左堤强而右堤伤”的说法相似

筑过水矮堤落淤的办法是一种流水落淤，后来没有人使用。但是和它相似的有河槽滩唇自然淤积较远滩为高，形成天然矮堤，洪水漫过后可淤积远滩。这一作用从前人经常提到，如明代人说：“遥堤既成……水不迫堤根，水薄而势不冲。纵伏秋泛涨，水上崖以铺淤而崖益高；水落河以刷沙而河益深。”实际上很难这样理想，它的作用是有限的。

清代早在康熙时已有外滩放淤的办法，如康熙三十一年（1692）靳辅说：“大略临河之岸高而近堤之地低。盖以河水出槽之时，沙先停于近河之岸而清水后至堤根故也。及涨消水落，堤根之水……积为深沟，自二三尺以至五六尺不等……今宜于积水上流，量挖一沟引黄直灌积水处所，使其停沙……淤平。见在灵璧县张韩二堡之堤坐受此病……当与一切低洼急行设法淤平者也。”这个办法后来有所发展。

（二）刘天和提出的办法

较万恭早的刘天和“历观堤岸……乃审思备询”，总结劳动人民的经验，提出一些落淤成堤的办法。

（1）最著名的是他的“植柳六法”。六法中第五条是“漫柳”，他说：“凡坡水漫流之处难以筑堤，惟沿河两岸密栽低小柽柳（观音柳、红柳）数十层，俗名随河柳，不畏渰没。每遇水涨既退则泥沙委积，即可高尺余或数寸许。随淤随长，每年数次，数年之后不假人力自成巨堤矣。如沿河居民各分地界，筑一二尺余缕水小堤，上栽柽柳，尤易淤积成高。一二年间堤内即可种麦。用工甚省而为效甚大，黄河用之。”表明此法当时已用于黄河。

和这种落淤成岸办法相似的，如清雍正五年（1727）河道总督齐苏勒说：“黄河斗岸，常患冲激，应改斜坡，俾水随坡溜。坡上悬密柳抵之。既久，溜入中泓，柳枝沾泥，并成沙滩，则易险为平。”此法当时也已实行。

这两种办法，一是植柳，后来多在堤上或滩上栽植。方式是多种多样的。另一种是在堤坡上悬柳以缓溜落淤。这在元代已有，后来河工上常用的是挂柳，龙尾埽（又叫凤尾埽）。到民国时又发展成透水柳坝，落淤性能更好。

清康熙年间《黄河图》中清江浦附近的堤坝与随河植被

（2）刘天和还提出植柳抟聚风沙的办法，也是得自劳动人民。他说：“每见村庄周遭积沙成巨堤，上复多柳，云以御水。询之乃先于平地植低柳成行，以俟风沙抟聚旋自成堤。柳愈繁则沙愈聚，根株盘结，水至，无害也。治河者如之，不亦大省民力邪！然惟涨望平沙，无可取土者方用此法。”

利用风力成堤防，是劳动人民从实践中总结出来的办法。后来用以治沙及固定河滩沙地。

（3）这一系列的办法，统治阶级不甚重视，劳动人民却保留发展，新中国成立以后，1958年在永定河河道整治工程，根据老河工修滩治河的经验，试行植树治河工程，并总结提高。所用方法实际是以上各办法的综合配套。采取的工程措施有：①导流线雁翅林，沿导流线栽种雁翅状排列的一组组的柳树，落淤后逐渐成为新的堤岸线，还能阻滞风沙；②卧柳护坎，是挂柳的发展，是“活龙尾埽”，可以缓溜落淤，保护滩坎；③柳埽盘头，类似河工上的磨盘埽，是保护滩坎或堤岸的骨干工程，也可以挑溜落淤；④沙柳坝，以柳树保护坝坡的土丁坝，坝上游还有护坝林带，可以降低流速，大量落淤；⑤木桩透水坝是柳埽盘头，或沙柳坝头的护底建筑，可以移溜、降速、落淤，调整局部水流。

这些措施同样在黄河下游试用。黄河上用的除这些以外还有：①透水柳坝，可以缓溜落淤，还滩；②活柳坝，是透水柳坝的发展，把高低活柳编成坝；③活柳护岸，是把活柳编在桩上；④挂柳；⑤沉柳，是在水中的透水柳坝；⑥浮柳坝；⑦三级植柳；⑧防沙林，高柳防风，丛柳固沙。除了第⑧以外，主要作用都是缓溜落淤。此外，黄河上还使用了：①活苇坝，作用和活柳坝相同；②低滩种高粱、水红花，也都能落淤固滩。这些都是劳动人民的创造。

（4）以落淤生滩为目的的建筑物，除以上所述外，在清乾隆时期用之有效的，还有木龙。据《宋史·河渠志》载，北宋天禧五年（1021）曾在滑州（今河南滑县）使用，“凿横木，下垂木数条，置水傍以护岸，谓之木龙”。元代贾鲁堵黄河决口时也用过木龙。它们的做法和作用都已失传。清代人用的是一个叫李昞的人设计的，是用竹缆绑扎木材九层做成的。第一层和第八层是用纵木扎成的木排，其余各层是纵横的梁木，长自30丈至50丈，宽3丈至6丈，中间留有空当，空当上面扎木架，架下悬挂竹障（竹片编成的篱障），从空当插入龙底，用它截河底水溜。整个建筑物以竹缆系到堤岸上，撑入水中挑溜。

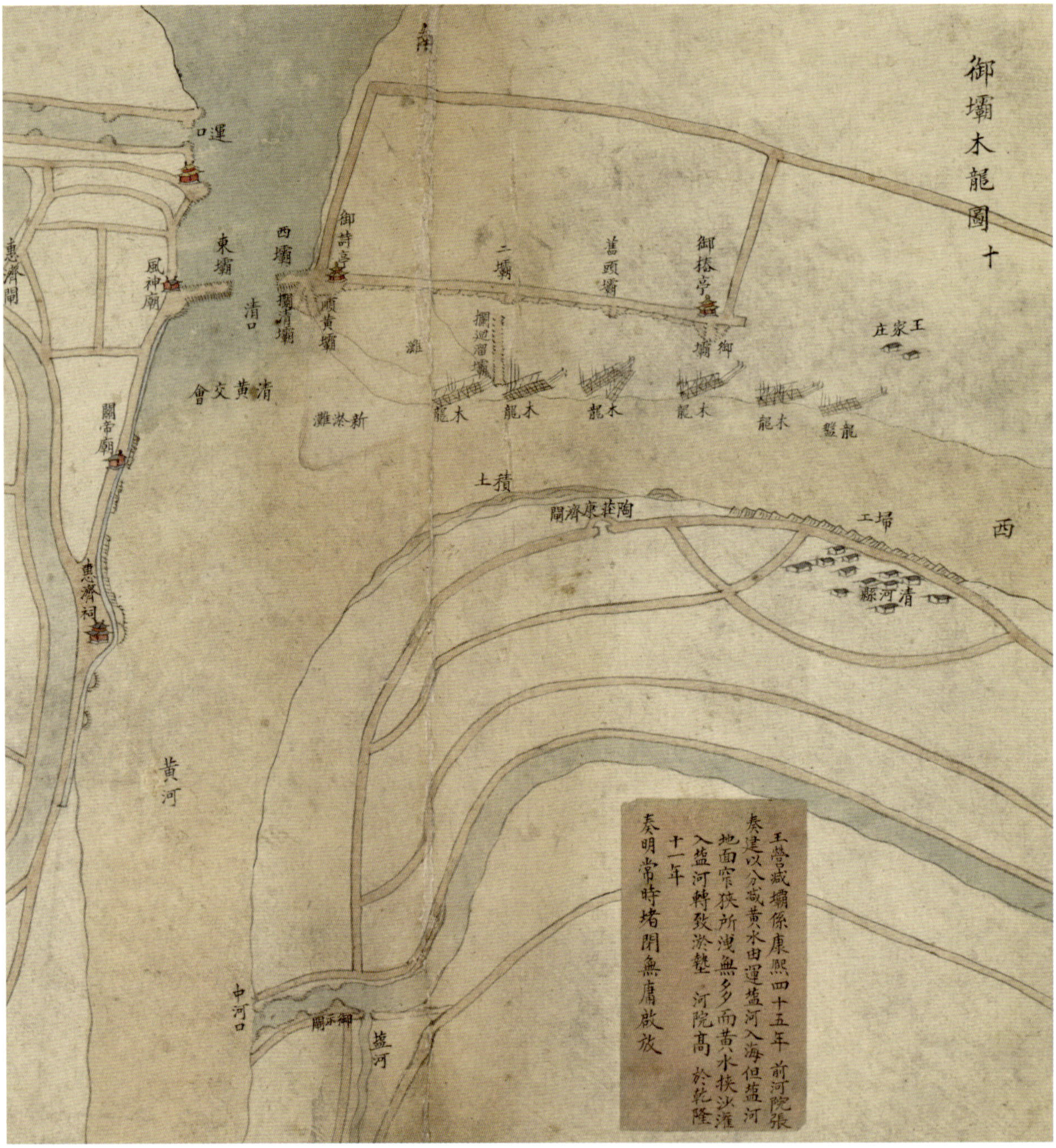

《御坝木龙图》，描绘清口附近陶庄南岸使用木龙情形

木龙在清乾隆四年（1739）开始用在当时黄淮交汇下游的陶庄南岸，效果很好。一架木龙形成的淤滩长度为龙身的四五倍，到乾隆末年这一处连用7架。两架间空当从数十丈到百余丈。当时六七十年间推广到黄河下游各处（从河南到江苏），有专门扎木龙的“勾手”。到嘉庆以后就没大推广。一直到道光元年（1821），清口附近的黄河南北两岸尚有9架，因损坏重扎。

（三）黄河上在缕堤和遥堤之间往往筑有多数横堤，叫格堤

格堤的作用是防止河水决堤后顺遥堤下流。这种堤也可利用放淤。明代潘季驯说：“（汛溢）水退，本格之水仍复归槽（主槽），淤溜地高，最为便益。”清代也有人说：“即有溢水之来，遇格而止，止则成淤，淤则大堤益加巩固。”这是当时人的共同认识。

乾隆十七年（1752）在永定河上曾用过，效果良好。

清末（光绪十六年，即1890年）刘鹗曾把这一办法发展成“筑斜堤以澄淤填堤”。在山东黄河下游大堤民埝之间筑下挑斜堤，形成平行四边形的格堤。在斜堤接民堰的上游建一座滚水坝和滩脊相平，洪水漫滩后从滚坝漫入格内，在民堰后形成水戗。斜堤多在河势坐弯处。斜堤的作用据刘鹗说，“大端有二：其水自上游来者，斜堤以旁面受水，撇溜归河；其自下游来者，斜堤以逼水成洄，挂淤厚堰”。到汛水消落后，泥沙淤垫格内，夹河清水回到正河，可以有助于冲刷主槽。刘鹗说他在山东蒲台县和利津县黄河上曾筑过两道斜堤，都有很好效果。这虽不免过于理想，但效果总是有的。

（四）明代以后在河工上最常用的落淤固堤办法是河滩放淤

这一措施从16世纪后半期记载渐多。如明万历十六年（1588）曾在黄河下游徐邳一带放淤。《行水金鉴》引《明实录》载：“万历十六年正月……放浊溢以固堤岸，谓黄河缕堤修筑加高，而堤内洼下。夏秋间河水外涨，雨水内浸，其堤易坏。欲仿榜栳湾堤势，将徐邳一带堤内洼处，春间开口泄水。其与遥堤隔远者，从便筑小月堤，以防其溢。此计之便者也……”

从上述文献内容可以看出：①此法以前已经用过，如榜栳湾；②所放不只一处；③目的在淤洼，排堤后雨水；④一般于春汛开口放淤；⑤当时已使用月堤。

稍后，万历十九年（1591）潘季驯条议河防未尽事宜说：放水淤平内地以图坚久。缕、遥二堤如重门御暴，法非不善。但缕堤之离河也近，近则势逼而易啮。遥堤之离河也远，远则流缓而堪御。且外河高于内地，积雨盈溢，两水夹攻，势自难守。查得宿迁以南有遥无缕，水上沙淤，地势平满，民有可耕之田，官无岁修之费，此其明效也。独直河以西因地势卑洼，筑有缕堤，然不念坚厚之遥堤可恃而专力于滨河一线之缕，岁岁修守，岁岁患害，则非先年筑遥之意矣。议要先将遥堤查阅坚固，万无一失，却将一带缕堤相度地势，开缺放水内灌。黄河以斗水计之，沙居其六，水进则沙随而入，沙淤则地随而高，二三年间地高于河，即有涨漫之水，岂能乘高攻实乎？缕堤有无不足较矣。即如前年单口一决，地遂淤高；今岁严铺一开，睢邳北岸皆为阜壤。且与其以人培堤，孰若用河自培之为易！至于人夫桩草岁省尤为不资，诚为上策！这一建议第二年得到实施。

从这一段里可以看出：①目的以淤沙连接遥缕二堤，既可免两堤间存雨水，又可以代替缕堤，达到既高且实不须修守的目的；②放淤条件，外河高于内地，大堤坚固；③方法仍是缕堤开一缺口放水，淤二三年；④以河治河，河自培堤，省人力省物力，是上策；⑤受决口后果的启发，有实际经验；⑥尚未提出“放淤”名称及排清水控制进出水口等措施。

到清康熙二十年（1681）左右，靳辅曾在邳州和桃源县两处黄河险工上放淤。方法是在险工埽台上游或下游修涵洞引黄灌到月堤里面，淤堤内洼地或平地，使堤根牢固，并可解决取土问题。在月堤上亦修有涵洞，排清水出月堤，目的是救险工，所谓“堤里一面或系深坑，或系旧日决口积水为潭，深至一二三四丈不等。每当伏秋水发，黄河水面高于堤里之地数尺以至丈余不等。是故设或冲决，便有建瓴难遏之势”。进出水口已建涵洞，但清水尚不是排回正河内。到康熙三十一年（1692）他又说：“凡系险工，可设涵洞者已经饬行兴建，以后宜仿此行之。”又推广到各处了。

同时（1681年左右）他还在徐州长樊坝险工用过。这一处特点是堤内洼地太大，涵洞引淤不够用，方法是在埽台下首挖开一丈多的缺口，引黄内灌。伏秋汛期过后，清水回入正河，几个月间已淤高二三尺，再把掘口堵塞。康熙三十一年，他又想引黄淤邳州旧城以西周围百余里的洼地。担心挖口会出险，改建小闸控制；清水也不能再回到黄河，就设法排到附近运河里。他称这一措施为“灌淤”，认为“其事甚易，其效甚大”。

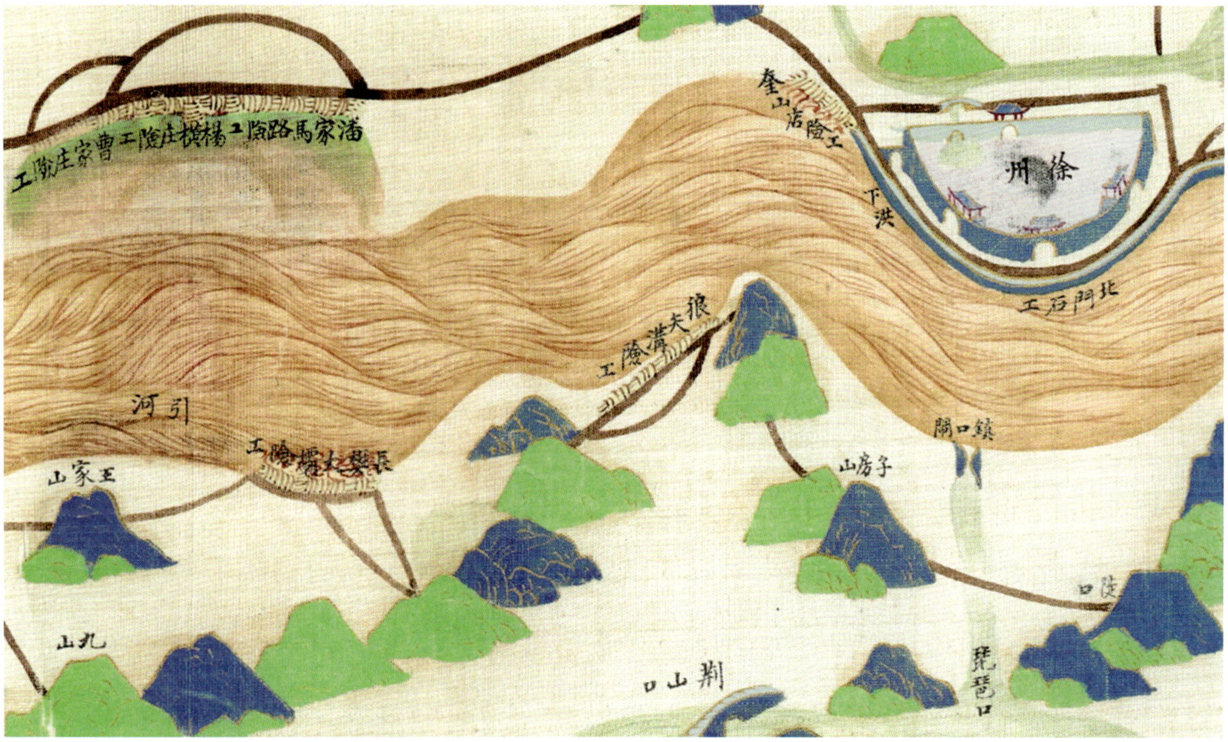

清康熙后期《运河图》中的徐州长樊大坝险工

稍后，康熙四十五年（1706）左右张伯行作了一本书叫《居济一得》，里面谈到黄河两岸应当废除埽工，在险工内先筑月堤，再将埽工两头缕堤开两个水口，黄河水由上口入缕堤月堤之间；落淤后清水由下口排出，水涨一次，地淤一次，可以淤平。这又提出了开上下口，清水由下口回到正河里。这时候已引起人们的重视，并推广使用。后来大量进行放淤工程，基本上是采取他们的这一套办法稍加改进。

二、18世纪的河滩放淤高潮

多沙河流河滩放淤工程，清康熙以后至雍正间也有记载，乾隆时期（1736—1795）最多，嘉庆至道光初年（1796—1830）仍有少数较大的放淤，约一个世纪之久。以后就很少了。这类工程据记载看，消失得很快。实际是这类技术都掌握在劳动人民手里。道光以后统治阶级的官僚文人不再重视，做得少，记载更少。这段时期由于黄河等河流水灾问题不能解决，统治阶级的官吏就试用这一办法，效果虽好，但不十分符合剥削者的利益，而且他们也无意于寻求改进一些有效的办法来谋得治河问题的逐渐解决，因而又放弃了。

使用放淤工程最多的是黄河、南运河和永定河。使用的目的、范围、规模、方法、效果等因各河流性质不尽相同，也有所不同。

到民国国民党统治时期，从1932年到1936年有所谓海河放淤工程，放永定河泥沙到北岸的洼淀。它的主要目的既不是肥田也不是防洪治河，而是减少下游海河的淤沙，便于外国轮船出入天津港。1933年，不顾农民一水一麦的要求，春伏两汛都放水，遭到群众的反对。后来提出的永定河治本计划，有上下游放淤、肥田等计划，也没有实行。

新中国成立后，河滩放淤又在黄河等处试行。此后20年发展很快，在黄河上进行大规模放淤。放淤固堤的形式有：自流放淤、利用涵闸和虹吸等引水、利用扬水站提水放淤，以及使用吸泥船吸泥沙放淤等。

放淤虽可以像潘季驯的设想来代替缕堤，像张伯行的设想来代替埽工，可是这样大规模的整治在封建社会是难以行通的。类似这些设想的，只有陈宏谋在乾隆四年（1739）曾提出以放淤为主来普遍整治南运河的顶冲扫湾险工。他说：

“凡属有堤顶冲扫湾之处，旧有月堤者均宜加帮放淤；旧无月堤者，均宜添建以备将来放淤。至于无堤处，均宜就高阜土脊另建遥堤以为外卫。大抵地势高阜，宜遥堤而不宜月堤。若建月堤于高阜，就不能放淤，徒为积水所浸。倘缕堤有伤，水入月堤，势更湍急，断非月堤所能抵御。地势洼下则又宜月堤而不宜遥堤。若建遥堤于洼地，不但水至，建瓴而下，且难抵御，更使遥堤之内缕堤之外可耕之地常为积水深坑，未由宣泄……此月堤、遥堤义各有所取而地各有所宜也……分别缓急，如缕堤单薄旧有月堤者今岁新建月堤，俟明年加帮然后放淤；如缕堤尚未单薄，虽旧有月堤亦俟明年加帮放淤；如无月堤，则俟明年建筑。至遥堤则以水到浅深为迟速……统计全河今年放淤四十八段，急修月堤遥堤二百一十七段，缓建月堤遥堤二百六十五段，此外可稍缓放淤之旧月堤六十三段，俟下年同今年新建之月堤，参观形势，逐一加帮渐次放淤。约三年内全河险工皆可放淤成功……此后全河两岸凡顶冲埽湾之险工，则缕堤皆有数十丈、十余丈之厚，俨同遥堤。河滩之平工则有遥堤护卫。堤堰相接，即遇暴涨，听其平漫，不劳堵筑，无虞泛溢。惟逼近城垣村

20世纪80年代的吸泥船引黄放淤固堤场景

镇河中窄不能不用草工护卫者，计全河不过五六处。而此建筑遥月堤后不出三年可期安澜之情形也。”

这一计划是以修堤放淤为主提出的全面整治计划，放淤不下一二百段。南运河远较黄河为小，较永定河情况也简单，这不失为一种好的尝试。放淤段宽度不过十丈到数十丈，是较小的。后来实际只放了几十段，计划并未实现。据陈氏所述，在他之前，南运河两岸已经有不少月堤放淤淤平。乾隆三年、四年（1738—1739）共淤成68段。以后放淤记载很少。

在南运河大放淤的同时，黄河上也很重视这一工程，使用的不少。乾隆四年（1739），当时的大学士鄂尔泰查勘黄河下游，提出："治黄之法莫善于挑引、放淤……江南黄河自砀山（现在的安徽砀山县）至海口（在现在的江苏滨海县东）……湾曲之所必成顶冲……一经湾处（挑引河）取直则大溜自平，洼处放淤则顶冲立退……办理已有成效……至审度地势，引河无所用则放淤培岸，利与引河等。其法于缕堤后将越堤帮戗坚固，择背溜处，开倒钩槽二，一放入黄水令其停淤，一放出清水仍令归河……亦以水治水，以不治治之之良法……（以下列举已放淤成功三处，正在放淤的六处，还可以放淤的多处）……凡一处放淤皆可埽工银数千两、万余两不等。如力开引河，复力行放淤则黄河两岸所省生工、旧工、抢修、岁修、埽坝需费何止数十万两！"

他也设想普遍使用放淤方法代替埽工。这一设想虽未实现，却也大量使用。由于缺乏系统记载，特别是小规模放淤往往没记载，放淤次数无法统计。根据《续行水金鉴》《河渠纪闻》等书所载，乾隆60年间（1736—1795）黄河两岸放淤不下五十几次（绝大多数在苏北）；嘉庆至道光初年（1796—1826）30年间在20次左右。实际绝不只这些，如乾隆四十一年（1776）主管黄河的官吏说："近年查勘各厅（修防单位）类此工程（可以放淤的工程）均督令随时放淤，已著成效。"又如嘉庆五年（1800）："现在南河（苏北黄河）之邳北、宿虹、睢南、外河等厅属各工内，即有可仿照而行（放淤）者，自应度势因时，妥为酌办。"这都说明做的不少，但没有具体记录。

放淤范围自河南武陟县至苏北黄河口，使用的地方都是险工，所谓"顶冲迎溜之埽工，后有越堤可靠者"，"埽深水急，内塘低洼（缕堤背水面），积水浸泡（堤背水面存水）……冀水平淤满"，"河溜顶冲之地，镶蛰不已；或内塘低洼，大堤根脚落空；塘后洼地积水取土辽远。放淤以保堤填塘，淤出之土，就地取用"。从各记载归纳起来，不外是：①缕堤后加筑月堤放淤；②缕堤埽工背水面洼地，筑月堤放淤，所谓弃缕守越；③决口处形成的跌塘（冲刷深坑），利用堵口时的堤坝，在中间放淤；④少数缕堤临水面滩地间洼地放淤。放淤在当时技术条件下，搞不好也会出危险，一般统治阶级的官僚们在逐渐取得放淤经验后很怕冒险。大水决堤，他们说是非人力所及，可以推卸责任；因放淤而出险，则责任重大，故放淤是不得已之事。所以第一类放淤很少，愈到后来愈少，第三类最多，占绝大多数，因为决口处堤坝既大且多，不易出险，跌塘深大是必须解决的问题，但他们还是顾虑重重，有种种便利才做。有人干脆主张迎溜顶冲不放淤，“若系拖溜（顶冲以下，水顺堤根）顺溜之工，后面越堤高厚足恃，可即酌量放淤。”也有的因为洪水决破缕堤，进入月堤，而被迫放淤的。

南运河上的放淤规模较小，而黄河上的放淤规模较大，一般效果较好，失败的很少。

放淤区的长宽，从一百几十丈到几十里都有。小规模的如徐州上游南岸韩家山埽坝，

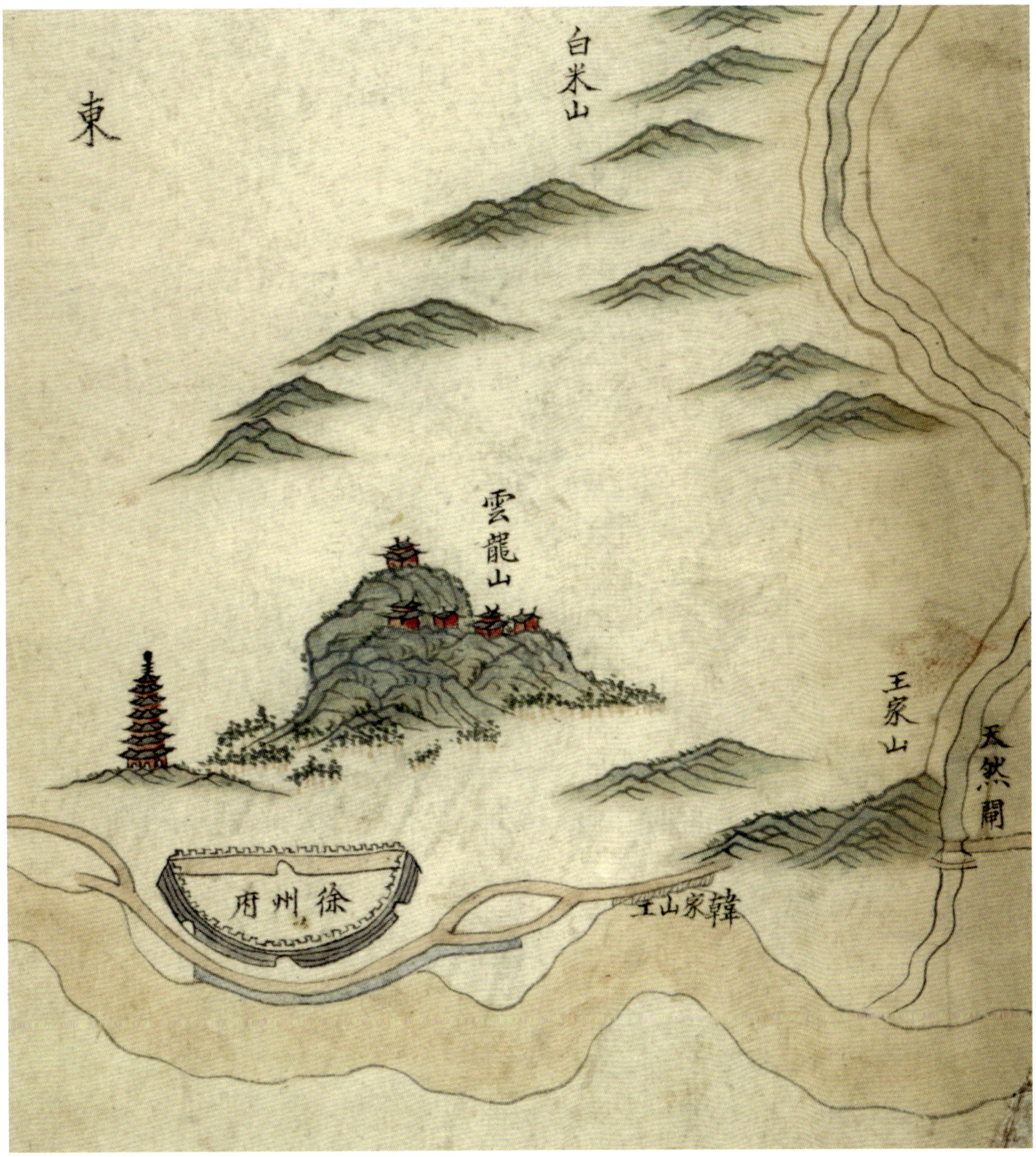

《王家山天然闸图》中的韩家山埽坝

后面是石岸，再后有越坝。埽坝与石岸之间，宽20—40丈，长152丈，是一个深塘，于乾隆四十一年（1776）八月初八日放淤，五六天就淤厚3尺。又如徐州上游北岸孙家集，于乾隆二十年（1755）决口。堵口埽坝后为冲刷坑，深数尺至1丈多，南北90多丈，东西230丈。乾隆三十年（1765）进行放淤，伏秋大汛进水四次即淤满。规模大的如道光元年、二年（1821—1822）河南武陟县北岸马营坝放淤。马营坝原为决口，堵筑后，大坝凸出河心，坝后面北边是月堤大堤，月堤东西长1336丈；西头是越堰，南北长950丈；东头南北堤是堵口时东大坝尾，长1092丈。大堤、月堤及两头堤堰包围的内塘，周围数十里，深塘较河面高下悬殊。第一年六七月放水淤厚1.5—2.1丈，完成十分之八，次年五至七月又放水淤完。又如道光六年（1826）河南北岸武陟县拦黄民堰放淤，堰长3000余丈，堰后北至沁河滩，西至山脚，南北25里，东西30里，地面较黄河滩面低2—6尺，内有村庄30个。因为防守不易，计划淤高肥田。六月初四放水至二十日，河溜南移不能进水。后因有人反对，半途而废。据说受淤的地厚三四寸到三四尺，有370余顷，尚有十分之二未淤或很薄。

大致小面积放淤，少则一次，多则一年几次就可以达到目的。大规模放淤因进水量相对减少，往往需要一年以上。因为出了危险而中途停止，或怕出危险而中途停止的也有。放淤水深和厚度，如河南封丘北岸衡家楼旧决口于嘉庆十一年（1806）放淤，淤积厚度最深到四五丈以上，放水深度达8丈多。

用月堤放淤，一般布置分为三部分，进黄沟、内塘及顺（排）清沟。进黄沟在黄河上一般都采取倒钩式，水口位置在背溜处。倒钩式就是沟口在内塘上进水口的下游，从沟口进入的水逆流而上，进入内塘。这些措施的目的是防止引溜入内塘，发生危险。在背溜处及逆流引水，水虽稍清，但是汛期含沙量大，稍清些也没有什么大妨碍。反之在南运河上，大溜不像黄河那么危险，含沙量又小，进水沟口就多半迎溜开，进水沟亦顺直，引溜入内塘。这样做和排清沟在平面上形成八字，可以引进含泥沙较多的水流。

顺清沟口多在顺溜处，避免河中大溜的倒漩，以便排清顺畅。在黄河上，沟口亦有开在背溜处的。顺清沟主要作用是排清水，有时也用来引水入内塘。内塘进水口除这两个外，可随时增加。究竟要开几个，以及在什么位置开口，要看水量的需要和内塘淤积均匀不均匀。

各进出水口都有控制设施，大规模放淤一般使用闸门，小规模用涵洞等。多半是临时建

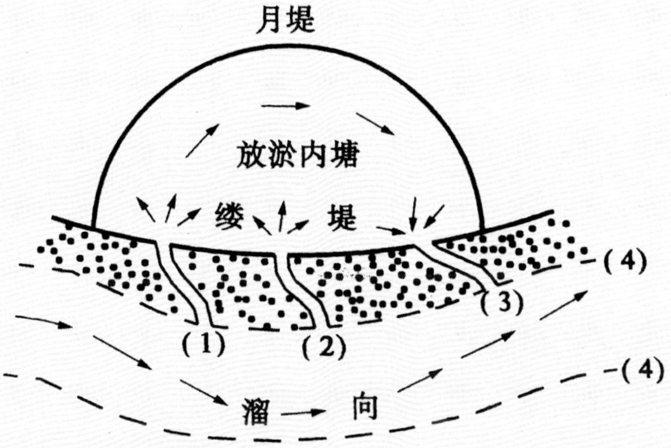

月堤放淤一般布置示意图

(1)(2)倒钩进黄沟。(3)顺清沟。(4)小水时滩地边沿。

筑物或预制木涵洞等。预制涵洞可拆卸移装他处。进黄和顺清沟口为了控制水流，有时也有简单的小挑坝等。沟身有时也用桩工镶砌。

小规模放淤时，内塘多半成半月形或按洼地形状建筑月堤。大规模放淤时，内塘还可以用格堤等一类建筑物分成若干部分。内塘宽大时在缕堤和月堤上还需要许多附属建筑物，如堤后加帮内戗、临水作防风(一种埽工)、月堤上面加子埝，以及必要的挑水坝等。

放淤时期是在汛期，春汛、伏秋汛都可以。可以连续放水若干天，也可以断续进行。可以是静水放淤，落淤后再排清水；也可以流水放淤，上水口进黄，下水口排清，中间落淤。放淤方法一般是漫灌，即多开进水口，以求均匀放淤。流水放淤时，放水前一般先将内塘积蓄清水，再放浑水进入。内塘无清水时，一般先开下水口，从顺清沟倒灌入内塘(特别是进水沟不用倒钩式时)，再开上水口进行连续流水放淤。

清代对于放淤之事，一开始就有人反对。如康熙三十一年(1692)靳辅说道："其事甚易，其效甚大，而人多不知情形，往往畏避不肯举行。"后来则是深知情形而有意反对了。反对的理由有正确的一面，有错误的一面。错误一面有的是技术上的问题，有的是统治阶级为了自己的利益而提出的。后者是主要的，因而大大阻碍了科学技术的发展。

永定河上，在乾隆初年也有人建议用裁弯取直挑引河和放淤等措施来整治，后来也进行

北京门头沟绿山青山：永定河流经落坡岭水库

了放淤。乾隆十六年（1751），直隶总督方观承奏："查河工放淤之法，直隶可用之于南运而不宜于永定。盖放淤必其处本有越堤而缕堤残缺，淤成之后弃缕堤，守越堤，可省工费；又或因以展拓河身。要必有现成越堤，而越堤之内本即有水，借水戗以散泥沙；地势之高下不甚悬殊，乃可行之无患。如越堤内本系干塘则淤沟进水恐有直注之虞；又或因放淤特为加筑越堤是转成多费，俱与放淤本法有悖。至于永定河堤束水渐高，今非昔比，堤外地势在在低下，水出有若建瓴；兼之浑流湍激改变靡常，放淤之议尤不可行。谨当奏明立案以杜后患。"当时封建统治中枢认为，"如其所奏行，令立案永远循行可也"。

方观承反对的理由是：河水面高，堤背水面太低；浑水溜急易改变。提出的条件是：有越堤不需新建，最好是缕堤残缺或用以展拓河身；内塘本即有水。即使这几项理由全部对，也不见得永定河上找不出内外高下不甚悬殊、溜势可利用或可以控制、内塘有水或可先放一些水、有越堤而缕堤残缺或危险的地方。即使当时没有，也不能肯定将来没有，而从最高封建统治者到地方官吏竟决定"永远"不做，"立案"杜后患，由此足可见统治者不问人民利害的丑恶面目。至于这几点本身更片面，永定河和南运河差别也不那么大！筑月堤是否省费，要和其他工程比较；缕堤残缺，恐怕水已进入内塘，自然放淤了；内塘可以先引入水；浑流和内河高低相差，正是放淤的理由和条件；浑流改变，可以设法适应。

放淤发生危险或失败，根据清代人的议论不外乎以下三点。①大溜涌进内塘，成险。一种是由于进水口不恰当引溜入内；一种是由于内塘太宽，不能及时灌满，缕堤坍毁；还有一种是淤满后不注意防守原来埽工，溜势逐渐浸刷新淤，最后大溜涌入。②月堤失事决口。一种是由于月堤堤身不坚固或旧月堤有洞穴；一种是由于月堤久浸水中溃决；还有一种是内塘形成大湖，遇着大风浪，激刷倒塌。③放淤不满或不均匀，特别是大规模放淤，一般不敢进水太多太猛，进水太小又不够。要使放淤均匀或适应垦种，并且各层颗粒粗细及厚薄达到一定要求，在技术上确有困难。

这些不利之处看来不是主要的，也不是不可克服的，清代人也提出"必于未放之先将越堤增培高厚，使水到无隙可乘，放成之后，埽工照旧修守（一段时期）"，以及放淤时一套防守办法和一些工程措施。可是官僚们说："河工放淤……不得已而为之……然究系冒险以化险，非斟酌万全之策。""然履危蹈险老成所戒……反不如知险预防，早夜勤修。"他们反对放淤的原因正如陈宏谋的批评：“动色相戒，不肯举行者……不过曰岁帮缕堤，暂可御汛，何苦设险乃尔……岁帮缕堤……亦未尝不险……顾明知其为费省功巨，经久良图而私计自便曰：‘何苦乃尔！’”实际“私计自便”是他们的阶级本质决定的。

险工的岁修、抢修是当时官僚剥削人民、发大财的好机会。若真正无“险”可守，他们是不愿意的。反之，险工失事还可推是水大，人力难施；放淤失事则无可推诿，清代对这样的决口是要杀人的。所以这些不利之处，在当时的统治者看来是主要的，不能冒大险而失大利。后来经验愈多，也就愈不敢做。这是越到后期放淤工程越少，反对言论越多的原因。最后就没有放淤了。放淤技术只保留在劳动人民手中，广大劳动人民一有机会就用它来为民造福，推动生产发展、科技进步。

三、河滩放淤的意义及应有的推论

以上可以说明不仅泥沙中的肥沃细泥部分可以利用来淤田，它的粗沙砾也可以利用来巩固堤防。尽管古代的具体工程措施是粗糙的，效果也有限，但可以启发我们在和泥沙斗争中，要从多方面考虑，既要考虑利用它的化学性质，也要考虑利用它的物理性质。同时这些经验也告诉我们，在和泥沙斗争中，战略上要藐视，敢想、敢干，战术上要重视。通过实践、总结、研究等一系列的艰苦工作，我们需要一定过程和一定时间来达到目的，但也完全有可能达到目的。

新的办法和措施要在已有的基础上发展，但是要具有利用泥沙的想法来设想这些问题。就已有的措施来说，例如水土保持，不能单纯将它看作是拦泥沙排水、变浑为清（认为清有利，浑有害）的一种措施，应当看作是全面调配水和泥的一个环节，最后希望水和泥的数量能按照需要来保持或移动。又例如地上河和它的堤防，也不能单纯看作是历史造成的包袱，必须把它再冲刷成地下河，而要意识到它有可利用的一面，如放淤引灌等。从这一角度看，可以将它看作是纵向抬高水位和拦蓄泥沙的建筑物，改造它时应当考虑这一因素。

总之，在水流中泥沙沉降、水体流动的矛盾如何解决，以往采取的方法中，最原始的可以叫作“浚沙通水”，没有完全掌握它们互相转化的规律，只单纯用人力改造。后来提出了“束

黄河花园口，抚育民族的母亲河风光

水攻沙”，是想加大水流挟沙能力，使水流中沙的沉淀转化为随水体流动。这是更多地掌握了它们内部的规律并利用它为人类服务，减轻人们浚沙的负担。另一种可以叫作“澄水沉沙”，即把沙沉积在指定地点，减少水流中泥沙沉积的能力，同样使水流剩余泥沙的沉淀转化为随水流动。近代水利科学理论，对清水流规律的掌握远较浑水流为多，因此不少人想以这一办法来变浑为清，再利用清水。和束水攻沙不同的是，前者终极目的是排沙入海，后者是淤积指定地点。以上三种方法的出发点，一般都是看重泥沙为害的一面，不同处是“澄水沉沙”更多地看重水的兴利一面，要甩掉泥沙这一包袱（当然还有一种可以叫作“以清释浑”，即向浑水里加入清水，以增大挟沙力。这可以算作束水攻沙的一种特定形态）。

还有一种是清代人提出的“散水匀沙”。这一概念本来很古老。没有水利工程以前，河流随便泛滥，便可以说是“散水匀沙”，从远古以来它既有害也有利。有了堤防和其他的水利工程以后，对泥沙淤积无法处理，束水攻沙只能局部有效。如海河水系的永定、滹沱、漳河等多沙河流筑堤后就带来不少新问题。有人看到了自然状态的散水匀沙，在某些条件下沙匀可以淤地肥田，水散而不凶，为害不大。于是就极端地主张废堤。但水害还是不能忽视，除了迁民避水等消极办法，有人提出有限制地散水匀沙，多开分支，多设水坝，在遥堤中间留几十里的滩地、任河流游荡等。这样沙害虽然可能有缓和，但淤肥之利也受到限制。水的利用在散水匀沙中一般是居次要地位的。散水匀沙的出发点相对于以上几种方法，是要相对看重径流中泥沙的沉积能力，使水的流动转化为随沙沉降，一般是轻视水的兴利一面。

各种方法，都只能说是全面处理水和泥沙的一方面。我们的方向应当是全面综合利用水和泥沙，兴其利除其害。水可以通过一系列工程措施，如拦蓄、调配、引输、分配，来利用。沙同样也可以通过工程措施来调配、拦蓄、引输、分配，使它按照经济建设的需要，在一定时间，按一定方式、一定性质、一定数量存在于指定地点来为人类服务。应当根据浑水规律，水要流动，沙要沉积，矛盾两方面的可转化性来给予一定条件，采取工程措施。例如根据“澄水沉沙”的概念可以进行拦蓄、调配，根据“束水攻沙”的概念可以进行调配、引输，根据“散水匀沙”的概念可以进行分配，根据“浚沙通水”的概念加以人力的辅助。

目前已有人提出黄河下游引泥沙淤高两岸的措施，这确是值得深思的！对全黄河泥沙处理，虽也有些战略性的设想，但还大有探讨的余地。战术上可以用大量机械力量来落淤，这远非古代人所能想象。但各种落淤的措施联合运用却需要进一步探讨。

中国古代泥沙利用之三

——放淤和淤灌的技术问题

古代放淤工程大都出自劳动人民之手，其优点是符合当地实际情况，经济简单，能就地取材；缺点是受当时条件限制，粗糙、不完善，往往是临时性工程。关于古代放淤技术的记载流传较少，偶尔一鳞半爪，事实往往被忽略或歪曲。这就使经验积累和总结推广受到很大限制，多半依靠劳动人民的口传记忆，加以改进提高。

一、多沙河流放淤的规划性意见

多泥沙河流自然泛滥的结果，形成自然落淤，也就是放淤的原始形态。有了堤防以后，为了放淤肥田或散水匀沙解决河道淤积问题，还有不少人提出决口或类似办法来进行半自然状态的放淤。也有人认为堤防决溢比较没有堤防的泛滥，好处不多，干脆主张废除堤防。他们的主要理由之一是有利于落淤。

控制很少的半自然状态的放淤，北宋熙宁时期（1068—1077）曾经用过。几次大规模放淤大概都是这样，例如引漳河、滹沱河放淤数千顷以至万顷，引永静军（治今河北省东光县）等地各河水淤溉两岸田27000余顷等。有些官僚干脆“决河所侵，便为淤田”。实际和这种放淤是很难分别的。据说当时有人向宰相王安石建议“决白马（在今河南滑县）河（黄河）堤以淤东方之田”，意思是叫黄河水淹灌现在的山东、河南、安徽、江苏等省大片土地来实行自然落淤，因为影响太大，未实行（到熙宁十年，即1077年，黄河从这一带决口，向东南流，真正淹了这一片土地30万顷）。

宋代、明代以后对北方多泥沙河流如永定河、滹沱河、漳河等的治理，反对筑堤的议论很多。他们的主要论点就是没有堤防可以散水匀沙和落淤肥田。从清康熙中期（17世纪末）起，逐渐系统地全面兴建永定河两岸堤防，带来了永定河道淤积和决口问题，不少人从这种论点出发，埋怨筑堤害多利少，所谓："自有直隶以来即有此河渠淀泊（指东淀、西淀等），前乎此者不闻频患水灾。自康熙三十九年（1700）以后，常苦水涝，则永定、子牙二浊河筑堤之所致也。"

乾隆二年（1737）顾琮说："永定河……水性湍悍，拥泥挟沙，善决善淤。卢沟桥以下从前至霸州，由会通河入淀归海，原无堤岸。因其水性狂澜，迁徙无

黄、洮交汇奇观

清嘉庆年间《四省运河水利泉源河道全图》中的永定河、子牙河及两岸堤防

定，设遇水大，散漫于数百里之远，深处不过尺许，浅止数寸……沙淤多沉于田亩……虽民田间有淹没，次年收麦一季，更觉丰裕，名为一水一麦之地，尚不为甚苦。”“自筑堤束水以来……河日淤，河底已高于平地，近年河患，所以尤甚。大凡治水之法莫善于行所无事，故筑堤防水则可，若以堤束水，是与水争地而贻后患也。”这正和束水攻沙说相反。

当时方苞也说：“浑河经流本不甚大。其挟众壑之泥沙而沛然莫御者，惟伏秋之涨为然。而河行固安霸州时，其故道本无堤岸，故散漫于二邑一二百里之间，旬日水退，而土人谓之铺金地者皆泥沙之所停也。”

劳动人民称淤过的地为铺金地，说明自然状态的放淤有有利一面，但水灾的一面应当缩小或转化，这就不能不提到有控制的放淤。所以顾琮又说：“治浊流之法以不治而治为上策，如浑河、滹沱等河之无堤束水是也，此外惟匀沙之法次之，如黄河之遥堤一水一麦是也。查永定河既然有堤，难言不治而治，惟应用匀沙之法。”

这里所说的上策有些和汉代贾让的上策相似，清代人对永定河、滹沱河、漳河的治理类似的意见仍然不少。真正可行的是匀沙法（近似贾让的中策）——一种有控制的放淤。他们提出的办法包括筑遥堤、多建减水坝、开引河等，对洪水是分减疏散，对沙是匀放均铺。顾琮接着说：“于北岸……南岸……各建滚水石坝，开挑引河以资分泄……于新河下游合流（引河仍合为正河）……挑引河将土方堆筑拉沙坝使之出浑入清。但恐水大之时泛溢……拉沙埝外远筑遥堤……设遇水大出槽，散漫拉沙埝外，沙沉于田，清水仍归引河。被淹之地一水一麦，尚不为苦。至引河原系分泄涨发之水，即长易消，不致冲淹庐舍。其引河太近之处酌量环筑护村月堤……此即永定河用匀沙之法以图徐治之大端。”这一建议得到部分实行。

这是把河道开成若干分支、引河。引河的缕堤是一种拉沙埝，可以任意冲决泛滥。埝外远处另有遥堤。引河河头用减水坝控制。洪水分流到各引河，泥沙淤积在埝和遥堤之间，仍可以种一季麦。村镇用月堤保护。同时顾琮又提出干流两岸筑遥堤，河身共留宽10里，来散水匀沙。陈宏谋支持他说：“浑水以无堤为上，让地为次之，皆不与水争地也。永定河业已有堤，一时难言尽废，惟用贾让策于两岸之外远筑遥堤……地面广阔，受水不深。散其势所以少其力也。力少则无冲决之虞，水浅则无淹没之患。而且浊流淤地，清水归淀（指东淀等）。地淤则种麦益肥，淀清同尾闾不塞。不与水争地而地之所获可丰，不筑堤以束水而水之悍性可驯矣。”同时又提出护城镇、迁民，建坝分水，以河滩放淤消灭险工等。洪水时除泛滥于遥堤之间外，还分流入引河，水小则由引河流泄，水大则漫流。“周围数百里之区皆受水之地，即皆为种麦之地，不须抢修，不兴大工。”这些意见也有一部分实现。

稍后（乾隆五年，即1740年）孙嘉淦又提出只用较可靠的引河，引河上不要堤防，说：“金门闸（卢沟桥下游）之引河有东西两股……西股河道俱行旷野之中……河身宽大……系永定河之故道……实足以容纳全河之水……汛水涨发，散入田野，民收肥腴之利。经流归槽，安行故道，并无溃决之忧。即使间有漫溢，不过一二村庄，较之溃堤淤淀之害不及十分之一；即使保护村庄，不过零星疏筑，较之岁修抢修之费亦不及十分之一。”

这一计划得到实行，但是一放水就成了灾，失败了！当时有人说：“从前野旷人稀，可以顺其弥漫；今则野无旷土，人烟稠密，势有不得不为之堤防者。”这说明随着生产力的发展，社会的发展，以筑堤来防洪水是必要的。可是筑堤以后新的矛盾产生了。如何既防水灾又兴水利，既除沙害又兴沙利，也是要在发展中得到解决的，而不是单纯废堤防或采取更好的代替措施所能办到的。

完全有控制的放淤则莫如开渠分引。

清雍正时（1730年左右）的陈仪说：“永定浊泥善肥苗稼，凡所淤处变瘠为沃，其收数倍……河所经由，两岸洼咸之地甚多，若相其高下，开浚长渠，如怀来、保安、石景山引灌之法，分道浇溉，则斥卤变为肥饶，而分水之道既多，则奔腾之势自减。从高而下，自近而远，一河之润可及十余州县。此亦转害为利之一奇也。”

他的意见是分引淤灌可肥田，又可治河，转害为利。永定河上游，怀来、保安、石景山等地，从明代已逐渐做有淤灌工程。乾隆八年（1743）曾有人建议在永定河上游，山西到河北境内，南北两岸各开大渠，灌田800余顷，未实现。到光绪七年、八年（1881—1882）在石景山上游又做了一些规模不大的淤灌工程。当时又计划在石景山以下、卢沟桥以上、永定河出峡处的莺山嘴建坝，在南岸挖渠，“使浑流层递而下，将见百余里地亩沙碛可淤可灌，约得田二三十余万亩。似此一可消永定之淤，二可灌溉宛平、良乡、涿州三属地亩……至若接近南北堤之地，若堤旁节节开留涵洞，使其平时涓涓而出，亦可淤地灌溉，并可使永定河之淤有减无增，河堤日见其高，则河水日见其低耳。一遇汛临之时，责成河员将涵洞即行封闭，使水仍由永定河直流而下”。这是设想以淤灌肥田同时减少泥沙来治河，谈得较具体，但并未进一步试做。

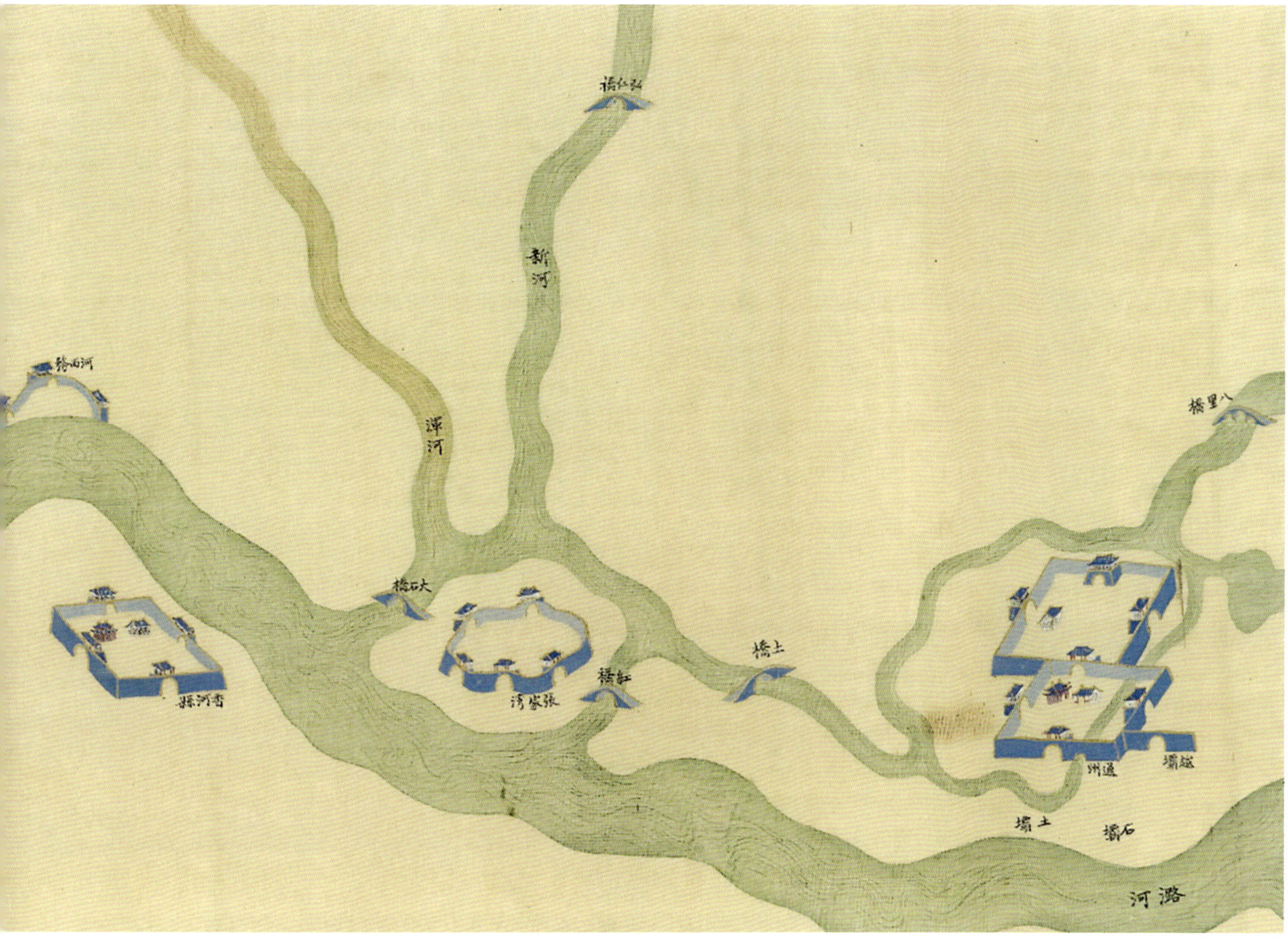

清康熙四十二年《运河全图》中的浑河(永定河)

道光初年(19世纪20年代初)吴邦庆认为这一办法不能在下游应用。他说:“引渠之法惟可施之清流而浊流难,水小则沙停成淤,水大则冲奔难制。且浊流或可施之上游而下游难,上游山岗地坚,下游平地沙松。如永定之水弱时或至断流,盛涨则拍岸盈堤,岂能由人操纵。窃查黄河在江南境(指江苏省)向有放淤之法……今永定河南岸之田,近堤数里皆成碱卤。每逢积雨,水潦下注,良田亦渐成碱滩。北岸则或沙淤,不堪种植;或极洼下,夏秋之间每为泽国。若行放淤之法则不惟陆续可变为良田,而两堤之外地形渐高,大堤保固,势亦差易。”

他顾虑下游开渠淤灌，水量难控制，渠道易淤积；主张漫淤两岸洼地改良土壤，巩固堤防。这也和上述光绪七八年的方案有相似处。

上述淤灌或放淤仅限于两岸有适当条件的地区，范围有限制。和这种想法有联系，把淤灌大规模推行，散水匀沙达到治河和灌田等多种目的的，古代相传有沟洫制度。一直到近代都有人（如李仪祉）主张用这一办法来治水治田。这种制度的设想，在上游类似水土保持，在下游是一种散水匀沙的具体措施，想利用一套沟洫水网把大量河水和泥沙引灌到广大土地上。和听其自然泛滥落淤不同之处，在于把水流限制在沟渠中进行有控制的放淤，叫水不为害。

关于沟洫的设想，前人说法很多，有的着重在防洪治河，有的着重讲排水、蓄水，有的着重讲灌溉，有的着重讲治田，有的着重讲水土保持等。从泥沙观点来讲的，如清嘉庆初年（18世纪末）沈梦兰说："沟洫之制无地不宜，而西北（泛指现在的华北和西北）尤亟。西北地势平衍，河流劲而多浊……黄河……泾、渭……沁、汾……滹沱、永定等河（都是多泥沙河流）……其涨也则浑流汹涌而冲决为患，其退也则河泥滞淀而淤塞为患。古人于是作为沟洫以治之。纵横相承，浅深相受，伏秋水涨则以疏泄为灌输，河无泛流，野无熯土，此善用其决也。冬春水消则以挑浚为粪治，土薄者可使厚，水浅者可使深，此善用其淤也。"这是指出如何利用浊水的水和泥沙。

他又指出沟洫有十五利，"又似不便而实极便者三"："沟洫之设，旱涝有备利一；淤泥肥田，硗确悉成膏腴利二……沟洫既开，缦田悉作圳田利六……河流涨发，时忧冲决，五省遍开沟洫，计可容涨流二万余丈利十一；涨流既有所容，河堤抢筑岁费渐可裁省利十二……每岁须挑淤三五十尺二不便，然河淤足以肥田……今东南种地冬春必罱河泥两次，以粪田亩。以闲时三五日之功而获终岁数倍之入，实二便也。"

这是一种理想的水网化，能散水能匀沙，可以灌溉，可以排水，可以水土保持，可以放淤，可以分疏洪水。在封建社会没有实行的可能，即使有了社会条件，问题也很多，技术困难也很大。如乾隆中（约在1749年）有人指出："浑河水浊而性悍，水浊则易淤，性悍则难制，虽有沟洫，其如所过辄淤四散奔突何哉！"

这和上面提到的吴邦庆的意见相似，因为田间沟洫的淤积可以挑浚解决，引输渠道的淤积，自来是个问题。四散奔突难控制，清水排泄也不易找出路。清代人治永定、滹沱、漳河等多沙河流的议论，仍是有堤、无堤、筑遥堤、减水坝、引河等一套，水网化在北方未试行过。

二、农田放淤和淤灌的类型及有关技术

古代已有的农田淤灌和放淤工程，根据水源的不同，上下游的不同和引灌方法的不同可以细分为四种：①利用山溪雨洪淤地灌田；②上中游河滩地引洪水淤漫造田；③上中游开渠引浑水淤灌；④下游放淤肥田或引浑水淤灌。这类工程技术详细记载虽少，但也可以粗略地看出一些眉目。第一、二类在地区上讲，以山西、陕西两省历史最早，后来甘肃、河北、内蒙古、宁夏、青海等省（区）都有了，山东可能也有，完全是劳动人民的创造和积累。在新中国成立后，特别是近些年有较多的发展，技术上有了比较系统的总结提高，本文不再引用这些成果，读者可参考有关资料。

据1965年记载，陕西、山西、内蒙古三省（区）不完全统计，已有各种各样的引洪漫地和淤灌面积800多万亩。第四类近些年在黄河下游，山东、河南两省已大规模进行。现在有人认为可以当作治黄的战略措施。

利用山溪雨洪及所挟泥沙淤灌，历史很长，根据清光绪《山西通志》记载，这类渠道最早的相传是西晋刘渊时期（304—307）所开。明确的记载唐初（7世纪中期）已有，到北宋（11世纪）经过劳动人民的长期实践，积累了较完整的经验，已经大规模推广。元、明、清的渠道更多。北宋嘉祐五年（1060）山西一带已作过总结推广，即利用春夏大雨后山洪浊水（当时叫天河水）淤田，连同泉水的开渠筑堰，“九州二十六县，兴修田四千二百余顷，并修复旧田五千八百余顷，计万八千余顷（连原有的）。嘉祐五年功毕”。可见当时规模不小。工程有开渠筑堰等，详细记载已经失传。金、元继续发展，到明代这种工程已经叫作“淤灌”。据山西通志记载，到清光绪前期（1875—1892），山西仍是“收灌溉之益者恒舍大川而争经流之清泉及骤涨之浊潦”。意思是说山西主要灌溉水源是泉水和山洪。书中明确记载，用浊水灌溉的有24个县；其中12个县的不完全统计有淤灌田6039.5顷（其余12县无统计）；其中22个县的不完全统计有这类渠道129条（2县无统计）。这些大多数是较大的涧谷，多半有支渠，如北宋所说的马壁谷水，清代还存在，就有五条渠。其他记载含糊或较小的（特别是没有支渠的淤地坝）、没有记载的还很多。渠道多半是几百年的旧渠（唐、宋、金的渠道都有，元、明更多）。陕西北部、甘肃东部这类工程也不少，有许多渠道，也是从明代就有了，清代的更多。

宁夏黄河冬季雪景

这类工程的具体措施，尚未看到系统记载，大体和近来陕西、内蒙古等省（区）总结的情况差不多。

就水源讲，除通常是一个山谷洪水层层使用，分成许多渠道外，有的一个渠道同时引三个谷的雨洪，这两三个水源高程不同。还有的淤灌区，平时引清水水源灌溉，雨洪来时引洪水淤灌。还有的一条峪里面既有清泉水又利用山洪来灌溉，一般是洪水灌区比清水灌区大些。

就拦蓄讲，有拦渠堤堰蓄水，有坝堰（现在叫淤地坝）落淤，有的在半山坡开渠横截山水，还有拒水堰防止乱流。大峪多半有截流堰来分水入渠。堰坝建筑是就地取材，稍高的堰有用灰浆砌石或三合土筑打的；渠道有的还用乱石衬砌。

分水有简单的分水坝、堰，进水口有的用石口，还有的有“水门”。田间有的按高低分成大小区，有的以百亩为大区，10亩为小区来淤灌。田四周有护田堰，村庄有护村堰。

管理制度也很古老，淤灌次序是自上而下。为了防止争水，还有各渠间轮灌的。层层用水的结果有的已完全用完，下游没有余水；有的余水排入河内。

淤灌的目的除灌溉肥田外，有的还为了改良盐碱土或压盖风沙。

这类渠堰有时为大水冲毁。还有的支渠因为淤积太高，一般的洪水不能再上去，因而废弃的。

上中游河滩地引洪水淤漫造田，这类的历史似较第一类为短。明确的记载自清初已有，也有200多年的历史。在山西、河北省的永定河、滹沱河中上游的干支流上，在陕西、甘肃省的渭河中上游的干支流上以及陕南汉水上游干支流上都有。如清雍正七年（1729）统计，河北省在平山、井陉等县，“滹（沱河）冶（滹沱河支流冶河）上游，濒河沙碛之区，立堨（即堰）建坝，排石留泥，淤为膏沃，得田一十五万三千一十六亩有奇”。其中仅平山一县当时已成田330多顷。到乾隆前期（1750年左右）还有所发展，又引用滹沱河支流绵蔓河的水来造滩田。到乾隆十五年（1750），平山县滹沱河有渠33道，冶河有渠11道，共淤滩地440余顷。每块面积最大的到48顷，最小的30多亩，几顷的占多数。近些年这类工程大量发展，据1965年陕西省介绍说：“渭河……中游30万亩滩地中，目前80%已得到不同形式的开发利用。其中约有6万亩经引洪改良，基本上达到稳产高产。”

这类工程布置，清代滹沱河上的办法和现代的差不多。据记载：“平山县……滹沱……独在邑境，山麓夹束，不患铁出，兼水浊泥肥，于上流疏引，布石留淤可以成田，但苦山涨冲突，须石堰捍御……堰立而田成，粳稻甚茂。然淤泥积久，则田高水不能上，须种蜀粟疏之，俾土平而水可上。水旱互易，田乃可久。此滹沱营田之法。冶河泥少，亦如法行之，可以得半……井陉县……引冶河之水……其疏引上流，布石留泥，傍岸筑堰，亦如平山滹沱之法行之。虽荒土砂滩，田皆可成，粳稻畅茂……但遇凿石时，火煅于前，醯（就是醋）沃于后，工力维艰，难以数举也。”

这一段说明这种引洪淤漫滩地造田工程，要在河道比较稳定的滩地上，从滩地上流引水入滩，滩地四周用石做堰，防涨水冲坏，还要做较大的堰。滩地内据《山西通志》记载，还要开畦，用石叠地埂，布石留泥。成田后很多是种稻，种稻时间太长则淤积太高，无法引水灌溉。这里的经验是水旱作物轮种。田太高了，种玉米，雨水或水清时可冲刷走一层土壤，田又降低，再种稻、淤泥。这种工程有时是艰巨的，需要凿石平整滩地。从前常用的凿石办法是火烧后，用醋浇，让石头炸裂。

多泥沙河流上中游开渠引浑水淤灌。在北方河流引水灌溉，如不采取防沙入渠措施，多少都有淤灌作用。可是淤溉目的着重在淤田，或浸润和施肥（水和泥）并重，在工程布置上应当和一般灌溉工程不同，例如清水灌溉在工程上千方百计防泥沙入渠，在淤灌工程则应设法多引泥沙入渠等。由于封建统治阶级的不重视，一方面从河内引水灌溉需要较大的渠道，不是当时劳动人民完全自发的，力所不及，他们的愿望和经验无从体现；另一方面流传记载也不多。大型浑水灌区如陕西引泾水灌溉，在清代因为泥沙淤渠，改为引泉（清）水灌溉，并没有想法克服困难，利用泥沙。所以在工程布置上已找不出古代淤灌工程和一般灌溉的差异。往往工程上仍是为了引清水，不是引泥，而劳动人民则利用它来引泥淤田。如山西南部的涑水河，自唐贞观十七年（643）已开渠灌溉，宋、明、清都有增加，灌溉虞乡（今永济县虞乡镇西北）、猗氏（今山西临猗）、闻喜、绛县等县。当地劳动人民有引洪淤漫习惯，往往在春灌时，淤灌施肥。方法是临时开堤，在河内筑坝壅水漫田。清雍正七年（1729），为了解决上下游的矛盾和排清水问题，曾按地势高下，固定渠口及建坝地址并挑浚排水河道，规定从上到下的轮灌制度。

还有一种结合第二类办法，引浑水淤灌造田的。自明代到清代在永定河上游，保安、怀来各州县和北京西边石景山附近已开渠淤灌。清雍正时期（1723—1735）“稻田最盛。皆于上流疏引，随高下以作沟洫。淤泥停壅，不粪而肥”。其中石景山附近修家庄引河水，

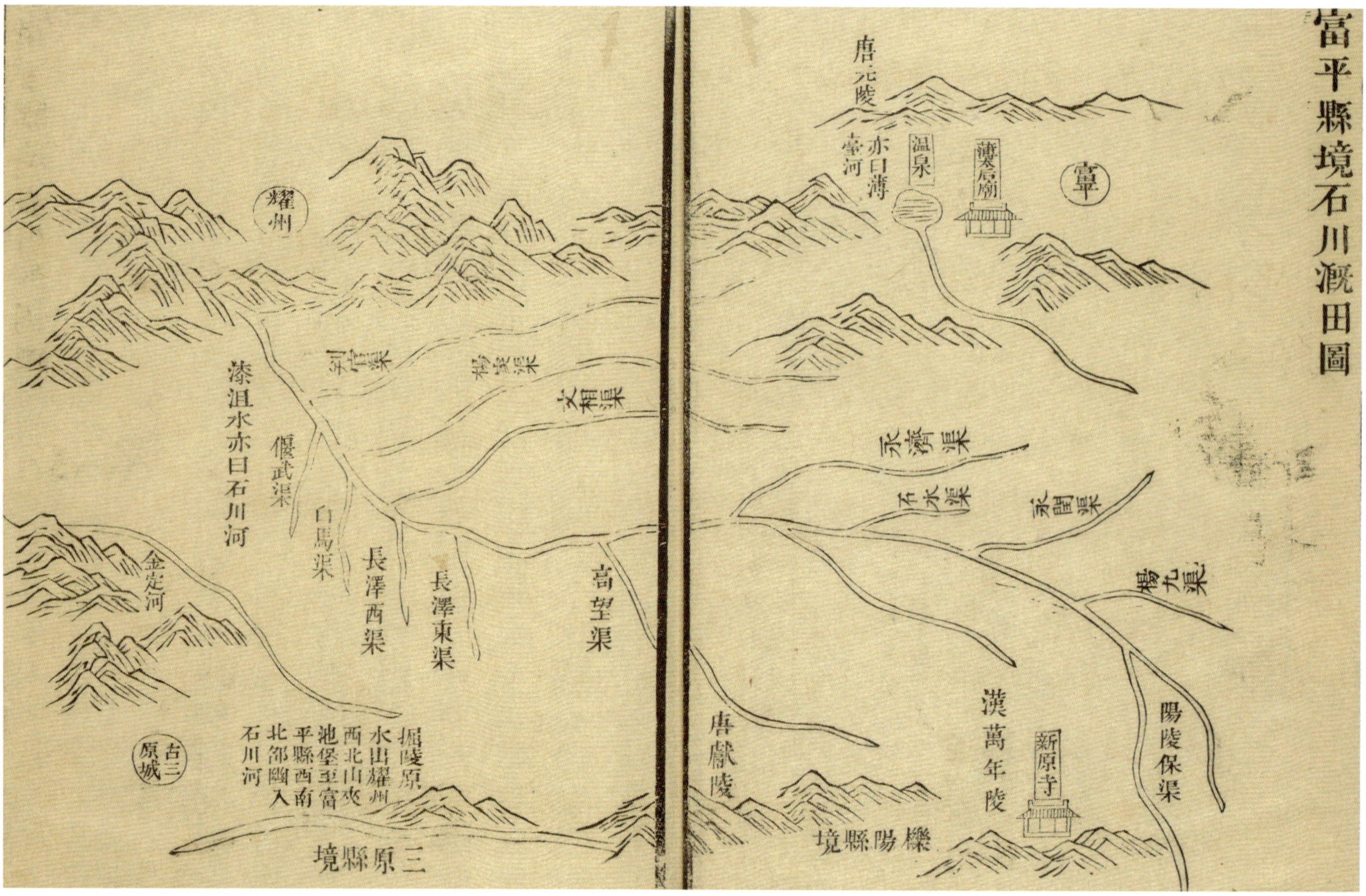

富平县境石川溉田图

“泄水于村南沙沟内”。“地居山麓，大半沙碛。乃农民自营稻田……盖务此者皆晋人……其艺稻之法，布列石渠。即于沙石之上引水留泥。复于四五月河水涓细之时，通水而上，借以插秧。水足则仍泄于本河（这是以后五六十年情况）。每岁大河断涸，时有清流下注，所谓稻田水是也。正定、平山引滹（沱）水植稻亦用此法。”这是引浑水淤灌在沙碛上造成稻田，是山西人的经验。汛期淤成田后，四五月间引清水插秧。到清光绪七年、八年（1881—1882）在石景山下游莺山嘴附近，河南岸发现类似上述的灌区，宽约二三里，长约10里余，已经淤废。主要是“三四月（旧历）间稻田需水灌溉之时，正河水消落之会”。由于田和渠都淤高引不上水，“凡启闭涵洞，疏浚沟渠，在在需人经理。民力难齐，遂废稻田而改种旱粮矣”。

清光绪七年、八年（1881—1882），曾在北京西边三家店以上永定河上，做过六处淤灌工程，目的是“截上游之水使其灌淤，民地化砂碛为膏腴；分下游之势可省挑浚中泓，节勤劳为安逸”。这六处分别为三家店、丁家滩、下尾店、水峪嘴之西河滩、车子崖之野西河滩、琉璃局山嘴之城子村，共淤田二三万亩。所做工程有迎水坝（渠首导流或挑溜坝）、杀水坝（溢流泄水坝）、渠道及支渠、腰闸（节制闸），下流仍排入正河。最大的城子村渠道，灌区长20余里，宽七八里至十一二里，荒地占十分之三四；凿山嘴开引水石渠85丈；石砌杀水坝长50丈，面宽4.3丈，底宽7—13丈，高1—4丈；迎冰桥1座，高2丈，宽1.6丈，长5丈，桥下开涵洞3孔引水，上边防止冰块入渠，冰块由杀水坝溢出；再下边砌束水桥1座，下开涵洞3孔；旁开泄水口门。水大时由杀水坝和泄水口门排泄。迎水坝二道：一长5丈，一长40丈，都是面宽2丈，底宽3丈，高1.2丈。石渠一道长200丈，下接3条土渠，最长的25里，短的15里，腰闸29，支渠21，石磴（渡）槽8。渠口下游正河上筑石堤920丈，挑水坝4道。

民国时期在永定河上游，桑干河、浑河、御河等干支流上办了一些淤灌工程，到新中国成立后才扩展完成。汾河干支流的淤灌历史虽很长，也是新中国成立后才受到重视。

多泥沙河流下游放淤肥田，北宋以后实践不多，技术上很多和河滩放淤相同，近些年才大量发展。

引水的办法，北宋大放淤，在汴河上是用现有的斗门、石础（滚水坝）或干脆决堤放水。到清代淤河旁洼地则采用石涵洞。靳辅论黄河闸坝涵洞说：“耕种之区资减水而得灌溉，洼下之地借减黄而得以淤高，久之而硗瘠沮洳且悉变而为沃壤，一事而数利兴。故既有堤堰，必不可无闸坝涵洞也。涵洞之用有三：一减水，二淤洼，三溉田。”

放淤的方法按放淤地段形式分，最初是漫灌放淤，大面积放水漫流落淤。到北宋放淤已经有所改进，据当时人说：“当时人淤田，只要泛（漫）淤。（杨）汲随地形筑堤，逐方了当。以此免淹浸之患，遂有成功。”“逐方了当”是进一步把漫灌改为按地形分区（方）灌，类似后来的方格放淤，每一方面积可能大些。后来大概也是用类似办法，如清代人说：“南运河……捷地之（减）河……若坚修两堤，将大浪淀等低洼之处圈筑小埝，照子牙河淤蒲淀等洼之法引水填淤，自上而下，则沧（州）南薄减之区渐成膏壤。”放淤区四周筑有小堤，防止漫溢。

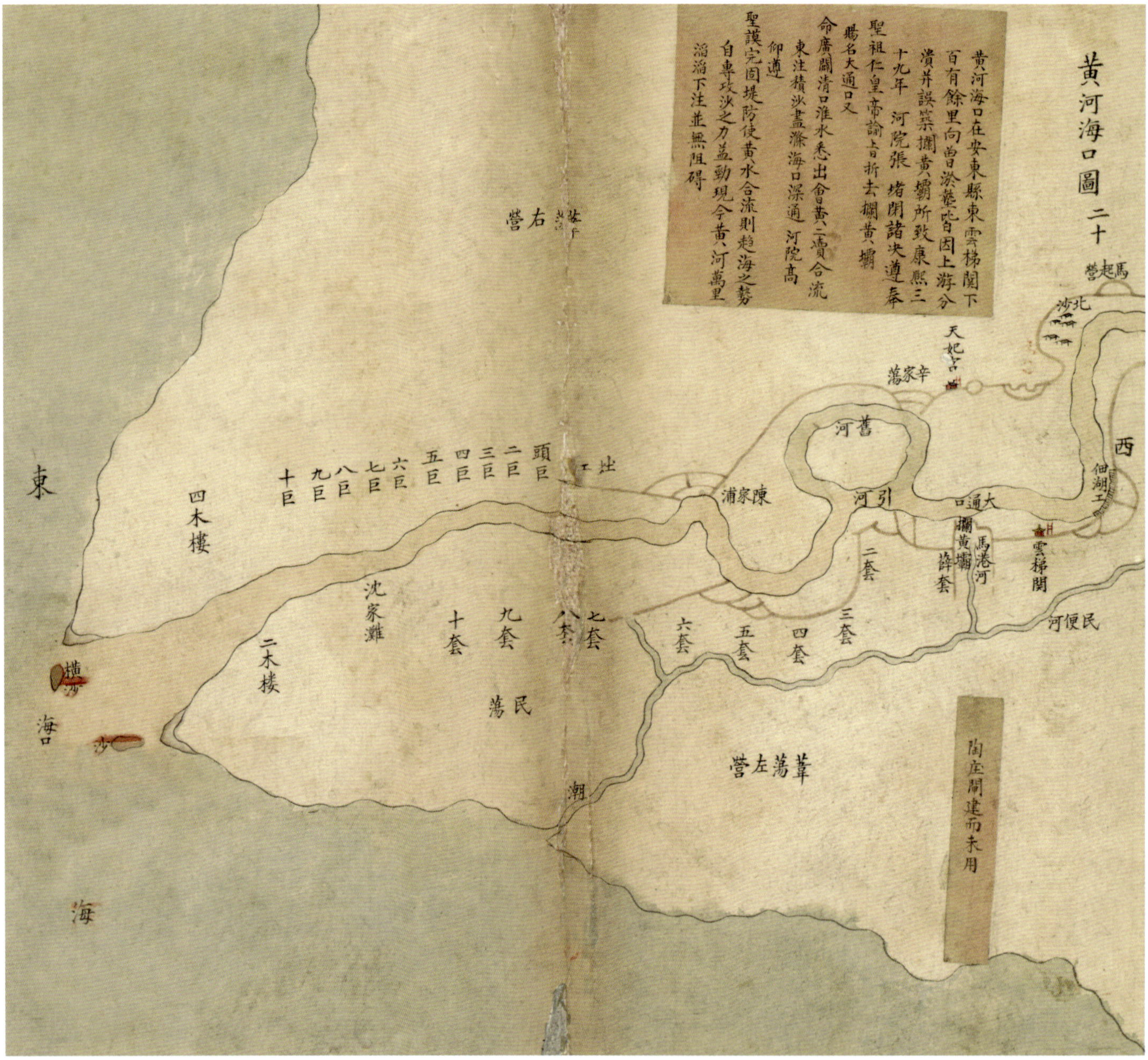

黄河海口圖 二十
黄河海口在安東縣東雲梯關下百有餘里向曾淤墊皆因上游分潰并誤築攔黄壩所致康熙三十九年 河院張 堵閉諸決遵奉
聖祖仁皇帝諭旨拆去攔黄壩
賜名大通口又
命廣闢清口淮水悉出會黄二瀆合流東注積沙盡滌海口深通 河院高
仰遵
聖謨完固堤防使黄水合流則趋海之勢自專攻沙之力益勁現今黄河萬里滔滔下注並無阻碍
馬起營
北沙
天妃宫
辛家蕩
舊河
西
佃湖工
大通口
引河
陳家浦
攔黄壩
馬港河
雲梯關
民便河
二套
三套
四套
五套
六套
七套
八套
九套
十套
沈家灘
民蕩
二木樓
四木樓
頭巨
二巨
三巨
四巨
五巨
六巨
七巨
八巨
九巨
十巨
右營
東
海口
海
潮
葦蕩左營
陶庄閘建而未用

《黄河海口图》中的淤滩

放淤方法按放淤地段灌水形式分，有的是定期静水放淤，多半在汛期放几次；有的是连续流水放淤，如清代人所说："放淤之法，凡汛水盛涨，多挟沙而行。导之从堤左入，堤右出，如是者数四，沙沉土高。"是在汛期用流水放淤。

放淤质量清代人主张用变更进水口位置来控制，如："或谓俗有勤泥懒沙之言，浊水出口，多系沙淤，迤下始成泥淤，苦乐仍属不均。窃谓欲行此法，宜先淤下游。俟下游淤成，再移水口向上，沙淤之地仍变泥淤。"意思是说，水进入放淤区后，粗沙先沉积在上游，细沙后沉积在下游。上游粗沙不宜于农作，所以下游淤成后，引水口再向上移，使原来的上游变成中游或下游，在粗沙上再淤一层细泥，以适应农作的需求。

1929年左右，黄河下游才开始试用虹吸放淤，新中国成立后才建闸引水放淤。

三、记载较详细的放淤技术——河滩放淤

河滩放淤工程大致情况已在前一节中稍有涉及，现作较详叙述。从前的这种放淤资料比农田放淤资料多，实际上两类放淤技术多半可以通用，从河滩放淤技术问题也可以看出一般放淤的技术水平。它们主要的差别，在于河滩放淤是排清水回入正河，有它的特殊要求，农田放淤则看排水出路而定；另一个是农田放淤质量要适合耕种要求，一般要求较河滩放淤为高，但在北方多泥沙河流汛期含的细泥较多，质量要求不过于严格时，还是容易达到的。

1. 在河流较小、含沙量较少的多泥沙河流上进行规模较小的放淤

清代在河北省的南运河上曾经积累了不少经验，在乾隆四年（1739）左右陈宏谋根据劳动人民的这些经验，提出"放淤事宜七则"，是用月堤流水放淤的七条规范或规定。提到的问题不外乎以下几个方面。

（1）月堤平面布置和修筑情况较简单。月堤及所包月洼要长宽合宜，决定法如下：

先看缕堤背水面要放淤的洼地大小，决定月堤长度，长度以能包括洼地保护缕堤为原则。再根据月堤长度，定月洼宽度。一般月洼成半月形，不宜短而宽，以免进水散漫，只淤进水口附近；如下图中ob为月洼宽，则$ob \approx$月堤长abc/π，大致月堤长100丈，宽度为30丈多些；若月堤长50丈，宽度则不到20丈。月堤较短时，半月形还是嫌小，如相连有两处月堤的，可以连作一段放淤。月堤过长亦可隔成两段放淤。月堤最好在地形稍高处修筑。

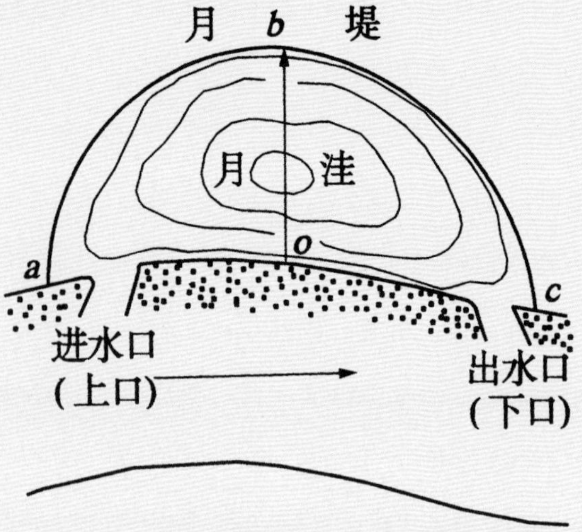

小规模放淤布置示意图

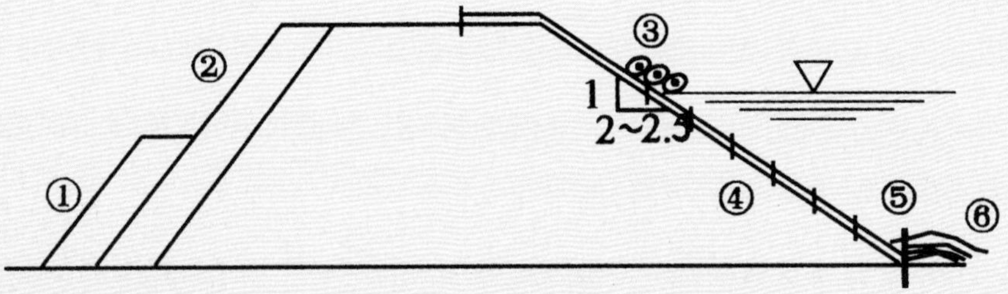

月堤断面示意图

①半戗。②戗堤。③防风埽由。④钉席。⑤编篱。⑥每隔5尺卧柳一丛。

月堤修筑要坚固，这是成功的关键。筑月堤不能用沙土，筑时清理基础，去草，夯硪三遍，每铺土层一尺打夯两遍。筑成后第二年再在背水面加戗堤，才能放淤。旧月堤要堵洞穴，背水面加戗堤，加戗堤时要先将旧堤挖成阶梯形。如果地势较洼，除加戗堤外，还要加更宽的半戗。第一年筑堤，第二年再加戗放淤的原因是旧堤根基坚固，新戗可以防缝隙渗漏。筑堤取土可在月洼内就近取，但必须离堤根2丈，取土坑形成埂格，有利挂淤。月堤两坡及堤面要种草防雨水冲刷，沿堤根每5尺可种卧柳一丛，原有柳树要保存，放淤时可以防风浪。

（2）进出水沟及沟口的布置及修筑。沟身要镶砌，用排桩及捆埽由密砌，成复式断面，加镶后下层净宽4—5尺，上层6—7尺，都是梯形。进水沟（上沟）不宜太深，出水沟（下沟）底深与月洼底相平，原则是不能叫沟水面过高，入月洼后形成顶冲。进水沟（上沟）一般迎溜斜流而入，出水沟（下沟）一般顺溜斜向而出。从平面看，两沟像八字，一般很短。

进出水口（上、下口）要求不同：①下口要开深（同下沟），因为放水时要随着河水位的增高先引水从下口慢慢进入洼内灌淤澄清；上口要浅开，从下口进去的水澄清后，再开上口放浑水急溜进入，遇到清水就落淤。②上口要开在迎溜处，使浑水畅流进洼，进洼后要顺月堤流，不能直冲堤根；下口要开在顺溜处，使清水顺流流出。上口如不迎溜可将沟口上唇缩进5尺，下唇接长四五尺来迎水；下口如不顺溜，可将上唇接长，下唇缩进，来挑大河的逆溜，引出清水。③放淤时，看需要与否随时增添沟口。上沟进水后，月洼已经部分落淤，月堤也见了水，可再开一二个口以控制落淤质量。上口入水不畅就要另开上口。上口水畅，下口不顺，要另开下口，以能上下顺畅、入浑出清、连续落淤为原则。

（3）落淤质量的控制。如洼内上半段先淤高，浑水不能流到下半段，要在下半段另开进水口，使下半段落淤。

月堤两头，像牛角尖，往往落淤不多；中间落淤也高低不平，很难均匀；头一年大致淤满后，第二年可以刨开几段缕堤，叫汛水平漫落淤，就可以淤满淤平。

放淤后，不要在临河筑堤，如月堤高出淤地一二尺即可当作遥堤，拦阻漫溢大水；如月堤和淤地相平，或沿河淤平滩地，也要在月堤上加筑子埝一二尺或另筑遥堤。

（4）放淤灌水时的防护。月堤内一般要先做编柳、钉席等防冲工程和随时挂防风埽由等防风浪工程。灌水时要日夜防守，补缺塞漏，镶护坍塌，准备抢险，如发现月堤出险，可用埽工等堵塞上下沟，截断水溜。

2. 大规模的放淤

黄河水大溜急，含沙量大，放淤规模往往较大，因而做法也有所不同。据《安澜纪要》等书的记载，大致有下列各种情况。

（1）在长堤外（临水面）滩放淤较简单。有时只在较宽的滩面挖一条进黄沟（进水沟），深和堤根滩面相平，距大堤稍远（《安澜纪要》说要60—70丈），怕水猛伤堤。水涨时即进水落淤，再放出清水，这是静水放淤。有时也用流水放淤，在下游另挖顺清沟（出水沟）排出清水，黄水再涨再进。注意疏通沟淤，保护大堤，必要时镶防风埽。

（2）埽工（险工）后放淤，规模较大的月堤主要按地形及放淤内塘形状修筑，不一定是半月形。内塘有时也分格。

挖水口和水沟特别慎重，也有不同做法。《安澜纪要》说的施工次序如下：①在埽工下游背溜处临水滩上筑土围堰，围住大堤；再将大堤挖口，断堤头要盘裹头（一种埽工），留口宽1丈；在盘头处挖槽深1丈，宽3丈，用软草淤土镶填，防冲刷；再用柴层层镶高，出水1丈，防下蛰；②在临水滩面开倒钩顺清沟，开围堰，引水灌满内塘，使内外水位相平，落淤澄清；③于上游迎溜埽段上挖开大堤，成进黄沟，引溜进塘，逼塘内清水由顺清沟排回大河；④流水连续澄淤，数日间即满。

这大概是乾隆大放淤后期到嘉庆时期（19世纪）常用的方法和一般尺寸。进黄沟为什么不开倒钩？为什么口不是在背溜处而是在迎溜处？理由是要放淤就要引溜，溜中水浑淤重，背溜水清淤薄。实际上当时大规模放淤，还是开倒钩河，在背溜处引水，怕出危险。

进黄沟口有的用预制木涵洞，一般尺寸是直径2尺的圆涵洞或1.5尺方涵洞，每节长6—7尺，头大尾小，能套接。第一段内，离口1尺处设闸板；外边离口1尺2寸处四面镶2寸厚板，宽2尺，防止土和木板间渗水冲刷；套接处用油灰勾缝。涵洞设于迎溜处埽段上，挖深槽埋入，洞底和未涨时水面相平，四面加淤土1尺挤紧，上面一层料一层土加高镶厚。河水长时开放。每洞每日可进水2000多方（立方丈）。涵洞数量可根据进水需要安装。

（3）已经合龙的填工后放淤，《安澜纪要》认为进黄口最好用草闸，底柴铺得比较厚，比较保险。方法是：①在深水埽工处，保留上边埽（堵口正坝上游的埽坝，用以保护正坝的），在正坝上挖7丈宽的一个口，深入水2尺；上填纯淤土4层，每层厚1尺，泼水浸湿，踹捣极胶黏为止；稍干后当中留闸门净宽1丈。②用木桩木板做闸（做法可参考原书）。主要是两边立柱，开槽下闸板；底用板铺，闸墙用一层土一层柴填镶，闸上要有启闭设备。③闸下口消力设备，用木托盘宽1丈、长8尺，两边墙高3尺。托盘下游再扎一个3丈见方的木牌，漂在水面上。进水时水由木盘直冲牌上。有的用静水池代替木牌。

这一办法也可以用在大堤后放淤。大堤临水面如果没有埽工，要筑围堰，再挖大堤。挖的深度比水面要低7尺，用一层土一层柴镶压坚实，作为闸底。大堤背水坡要挖掉，改用柴镶成陡墙，进水时，水可直冲木牌。

这些办法说得并不全面，特别是大规模，如内塘数十里、长宽数千丈的放淤，问题比较多，似乎也没有一套成型的做法。根据零星记载，大致有下列几个特点：①更注意后面的月堤等建筑物的层层加固，有时在堵口大坝后放淤，认为后面有二坝、三坝、月堤及正堤等才更放心；②内塘附属工程多，为了保险和需要，如筑挑水坝，月堤上加子埝，镶砌防风埽等；③引黄沟一般总要有三五条，有的主张力求其弯曲，避免大溜直冲，顺清要直；有的进黄、顺清没有区别，都能引水出水。内塘宽大时，引黄沟、顺清沟都需要延长到塘里面，并且还要有分支；淤了一层后还要再挖；④放淤时防护工作吃重，特别是防风浪；⑤防淤时期有的主张避免盛涨，以免危险；⑥淤完后还要防守原有埽工，到淤工蛰实后为止。

中国古代泥沙利用之四

——河工史上的固堤放淤

明万历以后至清代治黄，对下游的战略性意见有：疏浚说，特别是疏浚海口；分支引水说；另开河道说；挽河北流，特别是改行大清河说以及两河轮换说等。但实际执行的是河堤修守，防溢堵决，维持单一固定河道，即由清口合淮水，由安东云梯关金元旧道入海。直到咸丰五年（1855）铜瓦厢决口，改由大清河道至山东利津入海。主张改道北流的人，认为不幸而言中。

这一时期维持固定河道，除培修防守一系列遥堤、缕堤、格堤、越（月）堤等外，还自孟津以下在两岸二三百处险段采用种类繁多的埽工来防护，并逐渐推行一些石工和砖工。如何巩固堤防、清除险工、分减洪水、导溜刷沙等是当时的主要问题。

所采取的其他工程措施不外下列几种，有的曾盛行一时：①减水坝，用以分减洪峰保护堤防。自万历时潘季驯创减坝，下至清康熙前期靳辅治黄又大量增修，到乾隆后期和嘉庆时几乎每年开坝减洪。②挑水坝，用以挑溜防险。较短石激（即石矶），西汉已有。康熙后期在永定河上建长挑水坝，效果较好，清帝令河臣推广到黄河上，并准失败后免予赔修，于是长数十丈至数百丈的挑水坝在黄河下游大量修建。这在后来也是最常用的。③开引河，用以裁弯取直，引溜平险。引河自先秦已有，后来堵口引正溜归故道更是常用的。大量用于险

1956年济南杨庄虹吸引黄工程

工附近也是清康熙帝提倡的，后来极受重视。④堵塞滩地串沟或支河。这是防止引溜顶冲堤防的滩地治理措施，当时也大量使用。⑤堤滩放淤，包括外滩落淤和固堤放淤，用以化险为平。固堤放淤是万历时万恭、潘季驯首创的。清康熙后期到道光前期（18世纪初到19世纪初）固堤放淤曾经形成治河史上的一个高潮。以上五种措施可以单独使用，也可以联合使用，如开引河常和放淤并用等。

针对治河中的泥沙问题，明代潘季驯提出缕堤束水“以水攻沙”，认为是以水治水的良策，理论上虽为清人所称引，实施中并未寄予很大希望。清代后期有些人发展这一说法，提出建对坝逼水攻沙，就是两岸修对头坝代替缕堤，当时只局部试用过，并未受到重视。清代倒有人把固堤放淤提高到战略地位，认为是黄河下游以水治水的上策。

一、万恭、潘季驯提出的固堤放淤

放淤固堤的概念起源甚早，清人已指出，《周礼·考工记》“善沟者水漱之，善防者水淫之”；汉人读淫为厥，“谓水淤泥土留着，助之为厚”，就是放淤。农田放淤或淤灌，秦汉以来，流传不绝。河滩滩唇较高是一种自然落淤现象，外滩采取人工措施的落淤出现得较早，固堤或堤背放淤出现较晚。

（一）万恭说

明代隆庆末年（1572）万恭任总理河道两年多，所著《治水筌蹄》中记载虞城秀才向他提出“深河”和“浅河”的办法，后者是“为之固堤，令涨可得而逾也。涨冲之不去而又逾其顶；涨落则堤复障急流使之别出，而堤外水皆缓，固堤之外悉淤为洲矣”。这是固堤放淤的一种方法，是见诸记载的最早一种。万恭在徐州北的黄河和运河衔接处以及徐州至邳州段都曾试用过，效果良好。

（二）潘季驯说

潘季驯在万历前期四次任总理河道，提出治黄的“以堤束水，以水攻沙”说，就是“深河”法的发展。“浅河”法，潘氏发展为放淤固堤三说。

1. 格堤落淤

遥、缕两堤之间的横向格堤把滩地分隔成格，涨水“万一决缕而入，横流遇格而止，可免泛滥。水退，本格之水仍复归漕，淤留地高，最为便益”。清代人说得更清楚，“即有溢水之来，遇格而止，止则成淤，淤则大堤益加巩固”。

2. 固堤放淤

明万历十六年（1588）漕运总督杨一魁奏请“放浊溢以固堤岸”说，黄河缕堤修筑愈高，堤内（堤背，下文同）洼下，夏秋间堤外有涨水，内有积雨，堤易决坏，“欲仿樗栳湾堤势”

在徐邳段堤内洼处春天开缺口泄水。洼地距遥堤远的，可加筑小月堤防泛溢。这一建议获得批准实行。“放浊溢以固堤岸”和春天开口泄水，语意不清楚，似乎只是放堤内积水。有无放淤效果原文未提及。

潘季驯于同年四月第四次出任总河，万历十九年（1591）提出在邳州“放水淤平内地以图坚久”，“宜将遥堤查阅坚固，却将缕堤相度地势，开缺放水。沙随水入，地随沙高，庶消患而费可省”。这无疑是固堤放淤，但只提开一个缺口并未提加筑月堤防护等。

3. 淤滩代缕

这是潘氏进一步提出的。他说：沙淤地高后，“缕堤有无不足较矣。即如前年单口一决，地遂淤高。今岁严铺一开，睢、邳北岸皆为阜壤。且与其以人培堤，孰若用河自培之为易哉！至于人夫、桩草岁省尤为不资，诚上策也”。他在另一处提得更明确，“驯曰：缕堤诚不能为有无也。宿迁而下原无缕堤，未尝为遥（堤）病也。假令尽削缕堤，伏秋黄水出岸，淤留岸高，积之数年，水虽涨不能出岸矣”。他是受了决口后滩唇淤高的启示，认为不但节省人力物力，而且用河培堤代替人工是上策。

他试图利用泥沙淤积规律，以淤滩代堤防；和“束水攻沙”一样，都是想找出规律后，以河治河，提出战略性意见。

二、清康熙时的固堤放淤

潘季驯治黄后约90年，清康熙时靳辅任河道总督负责治黄，他根据幕友陈潢的意见，沿用并发展了潘氏的一套办法，也进行过固堤放淤。

（一）靳辅以涵洞、缺口、小闸引浑放淤

康熙二十年（1681）左右，靳辅在邳州（在今古邳镇）董家堂、桃源县（今泗阳）龙窝黄河险工段放淤。方法是从埽工上游或下游用涵洞引黄水入埽背月堤内，淤平其中洼地。这些洼地是原有深塘或旧决口的积水潭，对堤防很不利。放淤后的清水从月堤上的排清涵洞排出堤背并不回入河槽。这时已提及堤背后圈筑月堤。

他还在徐州铜山县黄河北岸长樊坝用过。由于坝后洼地太大，改于埽台下开缺口引浑，

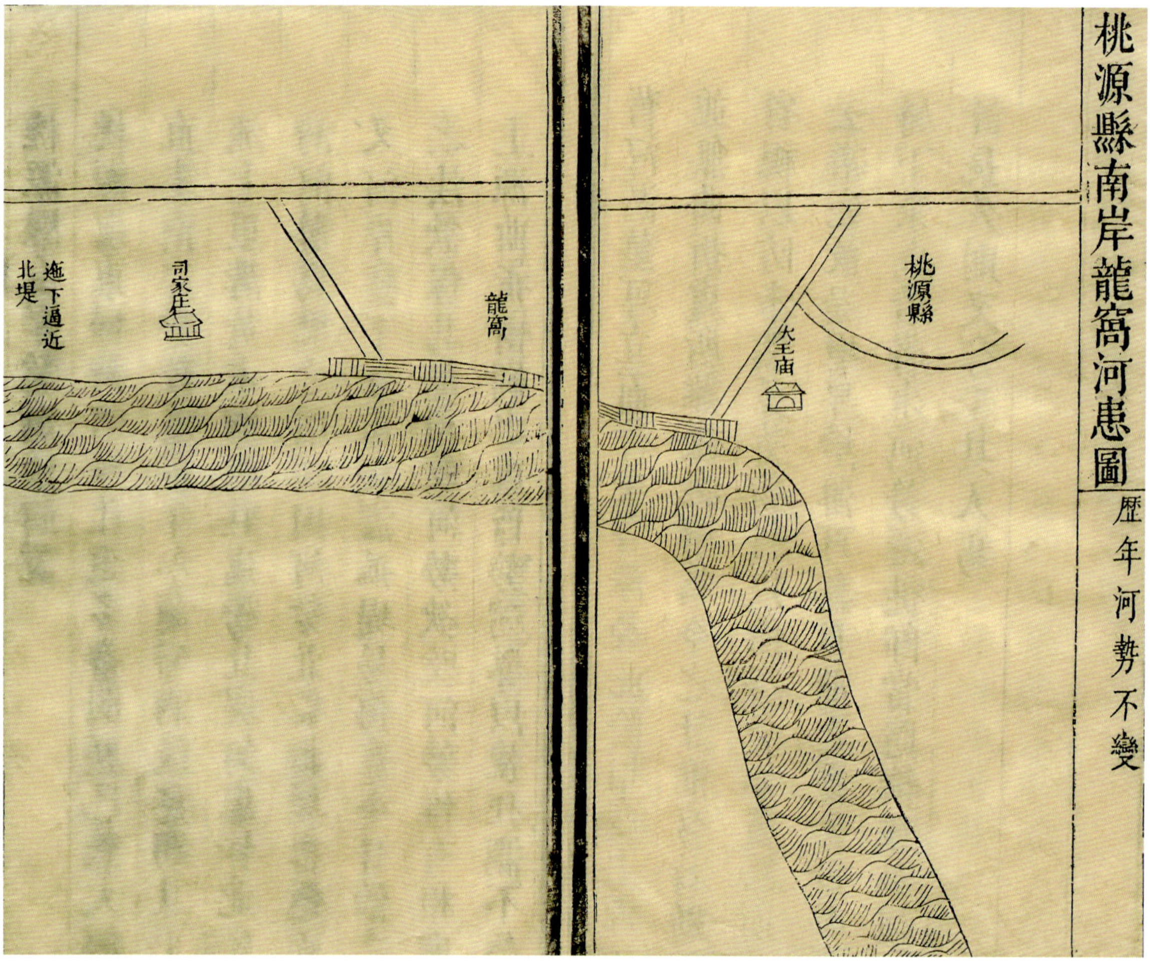

《桃源县南岸龙窝河患图》

伏秋汛后再退清入正河，堵塞缺口，当时即淤高二三尺。还是只开一个口，水涨进黄，水落排清回入正槽。

康熙三十一年（1692）他推广涵洞放淤到各段险工。在邳州旧城以西有周围百余里的一块洼地，改用小闸引黄放淤，排清入附近运河。这不单纯是固堤，还是淤洼，他叫作“灌淤”，认为“其事甚易，其效甚大”。

（二）张伯行论河南黄河放淤

靳辅之后10余年（1706年左右）张伯行著《居济一得》，其中论“埽工宜废”条，把黄河河南段30年（约康熙十年至四十年，即1671—1701年）“民少休息而河亦无泛滥之虞”归功于“以不治治之，坍堤还堤而不下埽”，指出河南的方法是各险工内先筑月堤再废埽，月堤外坡要平缓，堤要高宽而后将埽工两头缕堤先开水口，引水入月堤外缕堤内。黄水自上口入，自下口出，不致积水；而且水涨一次，地就淤一次，不久缕堤内外可以相平，不致成潭。他虽强调月堤的功效，但实际是利用水戗及放淤。在另一条论清口附近黄河《南岸险工建越堤》中也谈到开引水口及引河入缕越两堤间，再从下口排水入正河，“则险工可以不险”，没有涉及放淤。

这实际说明河南黄河上曾进行大量固堤放淤而且有成效，张氏并未完全理解。上口引黄，下口排清回河也是以后常用的方法。

三、固堤放淤的高潮

又后20余年，雍正时又见放淤记载，如宿迁黄河南岸蔡楼汛所属之老堤头越堤长439丈，雍正七年（1729）放淤，改为缕堤。下至乾隆初期不足10年，陈宏谋于南运河上大量放淤并说放淤肥田古已有之，可是没听说过“放淤以筑堤”，只有南运河上有，不知从什么时候什么人开始的，也没有档案记载和有关的规章制度。实际当时这一传统保存在老河工等劳动人民手里，陈宏谋的放淤是老河兵传授的。

（一）南运河固堤放淤

陈宏谋于乾隆三年（1738）任天津道，管理南运河，说当时南运河两岸淤平的月堤极多，险工筑有月堤的大半准备放淤，前一年北河总督顾琮建议大量放淤，得到批准，“嗣以顾公不管河务，格于浮议，放淤涉险，动色相戒，遂未举行”。可见远在乾隆以前南运河已大量放淤，有足够的经验和失败的教训。这些都应在康熙、雍正时或更早些。

1. 当时议论

当时主张放淤和反对的人都不少，所以陈宏谋说：“向之动色相戒，不肯举行者则亦有故，不过曰：‘岁帮缕堤暂可御汛，何苦涉险乃尔！’”“明知其为费省功巨经久良图，而私计自便曰‘何苦乃尔’也，由史起而观其不仁亦甚矣’。”反对的理由是放淤冒险，对负责官吏很不利；主张的理由是省费、功效大，是长期打算、以河治河的好方法。但

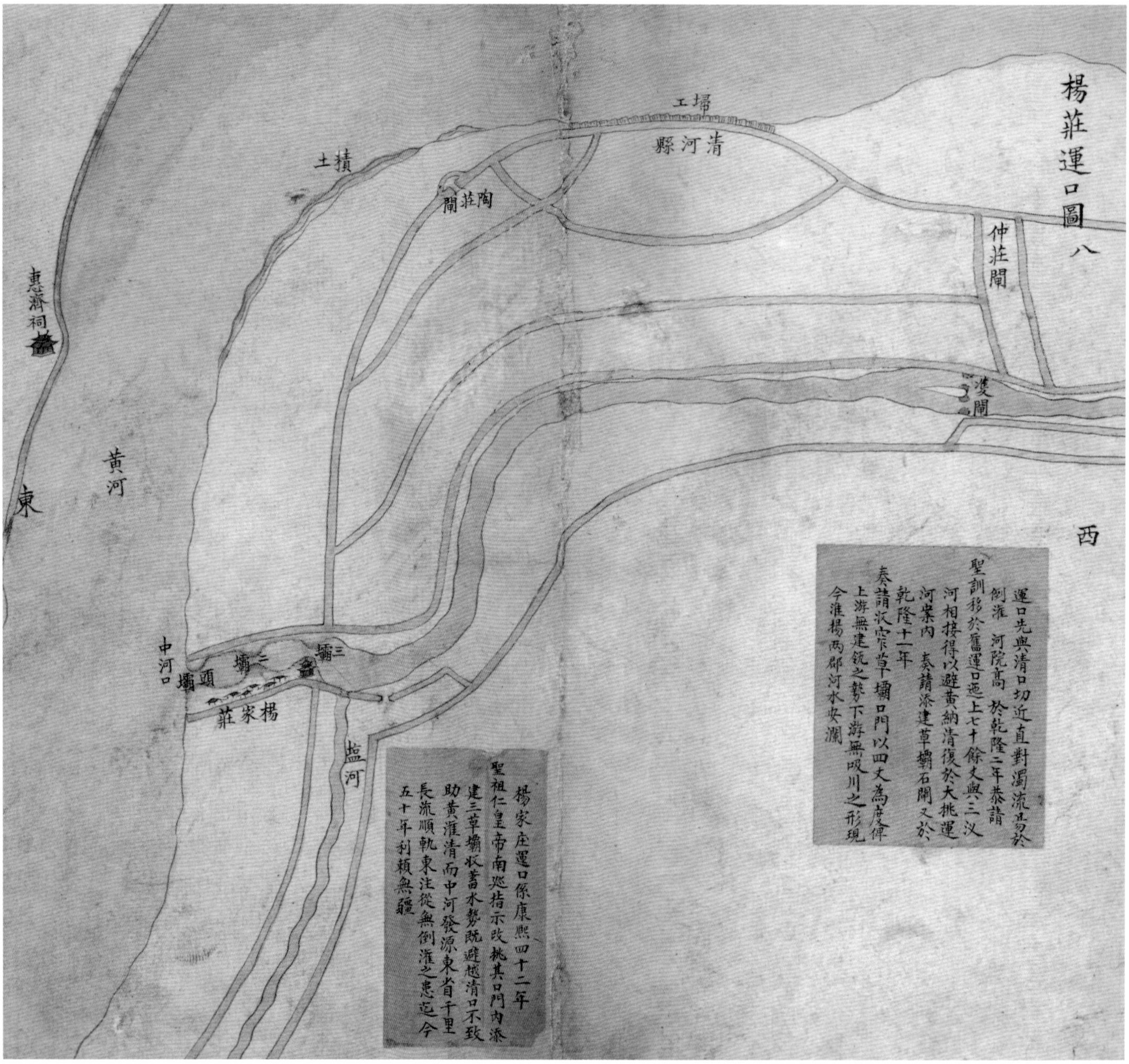

《杨庄运口图》，签注修建草坝及收窄草坝口门情形

此后不及百年，终由于公不胜私，官吏多为自己打算而失事决溢的刑罚又太重，放淤就几乎绝迹了。

2. 陈宏谋的规划

陈氏自乾隆三年（1738）主持放淤，就有全面计划、技术规定、施工组织等。他指出当时南运河由于漳河汇入常有漫决或泛溢。漫决都在顶冲扫湾的险工段，一般都修有官堤，镶砌草坝（埽）；泛溢都在宽阔无险处，一般修有民埝，不能防御大水。

经过查勘估算，他计划分别缓急放淤：①缕堤已单薄，有旧月堤，当年即加帮放淤；②缕堤单薄，需要新建月堤的，明年再加帮放淤；③缕堤尚不单薄，有旧月堤，也等到明年加帮放淤；④缕堤不单薄，没有月堤的明年再建月堤，以后放淤。同时两岸高阜无堤的，修建遥堤代替民埝，以防泛溢；缕堤背虽洼但不能筑月堤放淤，又不便建遥堤的，就每年加帮缕堤；近城镇，河岸逼窄既不能放淤又不便筑堤的，就用草工（埽）防护；全河不过五六处。

乾隆四年（1739）兴工统计，当年放淤48段，急修月堤、遥堤217段，缓建月堤、遥堤265段，稍缓放淤之旧月堤63段。估计三年内全河险工都可以放淤，遥堤亦在三年内完成，南运河全部可以根治。

3. 陈宏谋论施工组织及放淤技术

陈氏提出施工准备及组织工作七条：预算、土方核算、土方运价、官堤民埝的修守、放淤月堤的施工监督、物料的准备和遥堤尺寸、坦坡的规格等。

他还提出《放淤事宜七则》，规定放淤的技术要求：①月堤坚固的标准；②月堤及月洼的设计，长宽、形状、分格、加戗等；③月堤植柳、种草，加帮取土；④淤沟（引浑沟）的设计，方向、深浅、高低、宽窄、镶砌及防护；⑤上下口的设计，就地形定深浅、下口顺溜与上口迎溜、方向、口唇形势；⑥沟及口的改建和增加，保证淤积均匀的设计；⑦施工的注意事项等。

南运河的放淤工程一般规模较黄河上的小，月堤长不过数十丈至三五百丈；淤沟上口迎溜与下口顺溜也和黄河上迎溜、顺溜都要开倒钩河、防止引溜顶冲有差别。

4. 陈氏的成果

陈氏自乾隆三年计划放淤到五年升任江苏按察使，短短的两年中所规划的工程，仅局部实施。三年伏秋汛期曾按顾琮计划淤成20段；四年他自己规划的淤成48段。他离职后工程停止了。后20余年，乾隆三十二年陈宏谋还上奏清帝，建议继续放淤，说：自三年至五年陆续放淤成功的有三十几处，另外可以放淤的有七八十处。大概这是陈氏南运河放淤的最后成果。

（二）永定河的固堤放淤

海河水系的另一条河——永定河的放淤史历时更短。乾隆初期对永定河泥沙的议论，不少人主张散水匀沙，就是分引河水在遥、缕两堤间澄淤沉沙，由于水量沙量均匀散铺，堤间仍可种植一季小麦。陈宏谋主张险工放淤可作为辅助方法，后来也有不少固堤放淤工程。

乾隆十五年（1750）固安县境南岸三工放淤失事。该处原有放淤沟5道，月堤700丈，历年汛期自1—4沟引浑，5沟出清，1沟和3沟已淤满，本年仅剩2沟、4沟进水。五月末大溜冲宽4沟，冲塌两边堤头各丈余，冲坍月堤30余丈，决水下淹固安、永清两县境，入霸州中亭河，七月间堵塞。

第二年直隶总督方观承奏请永远禁止永定河固堤放淤。经批准，立案。当年并堵筑五工放淤旧沟三道，以后永定河就没有这种工程了，滩地放淤还有些。

当时方观承提出南运河可放淤，永定河不适宜放淤，理由是：放淤要有现成越堤，最好在缕堤残破、准备弃缕增越处，可以节省工费，否则新筑月堤更糜费；越堤内要有水，作为水戗，外滩内塘高低相差不多，否则干塘易冲毁；永定河堤束水渐高，引水直下危险，而且溜急易变。当时永定河和南运河情况相似，并无本质区别。第一点，南运河上是增筑月堤来解决，糜费与否要具体计算，不能一概抹杀；第二点完全可以人工控制，放水成水戗；第三点，多沙河流都一样，永定河并不突出，最多只是局部问题，不能因此反对全河放淤，所以这些理由是很牵强的，实际还是陈宏谋所说的“何苦涉险乃尔”。

（三）黄河上的固堤放淤

黄河江南段乾隆初期也大量放淤，据说是乾隆元年高斌重任江南河道总督时创始的。所用方法是旧堤背圈筑月堤，把旧堤斜开两缺口，开倒钩引河引浑水由上口入月堤内塘澄淤，

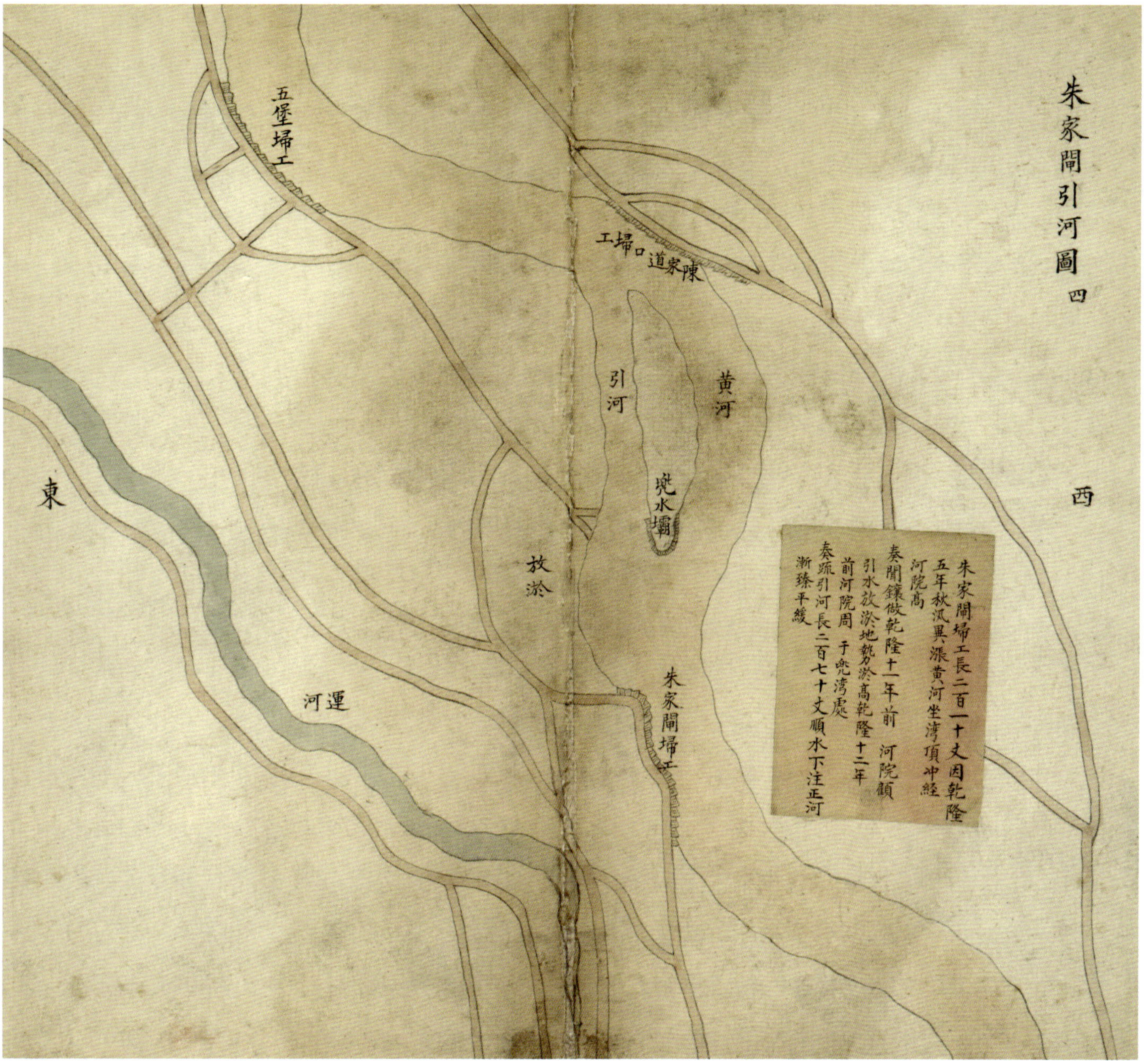
朱家閘引河圖 四
五堡埽工
陳家道口埽工
引河
黄河
兜水壩
放淤
朱家閘埽工
運河
東
西
朱家閘埽工長二百一十丈因乾隆
五年秋汛異漲黄河坐湾頂冲經
河院高
奏聞鑲做乾隆十一年前 河院顧
引水放淤地勢淤高乾隆十二年
前河院周 于兜湾處
奏疏引河長二百七十丈順水下注正河
漸臻平緩

《朱家闸引河图》

清水由下口排入正河，逐渐把内塘淤平。

乾隆四年大学士鄂尔泰视察江南河工，回奏说："治黄之法莫善于挑引、放淤"，"湾处取直则大溜自平，洼处放淤则顶冲立退，今河臣高斌办理已有成效"，历数开引河多处及放淤多处的效果和当时进行的开引、放淤工程。他指出"放淤培岸利与引河等……淤成，则坚实如地……水由地中行。所谓弃缕守越可保万全者，亦以水治水、以不治治之之良法"。

由于当时评价极高并确有实效，乾隆六十年中黄河上不断进行放淤，下至嘉庆、道光时放淤高潮又持续了二三十年。当时还有不少人主张开引与放淤同时并用。

四、黄河固堤放淤的经验与教训

这一时期（乾隆初至道光初，约1740—1830年）由险工放淤到堵口后的跌塘放淤，由大量较小规模到少量大规模，由江南河段发展到河南、山东河段，总趋势由盛而衰。

放淤一般接连放几年若干汛期才能完工，亦有间隔若干年一放、再放才完成的。

（一）成功的经验

放淤成功的多，失败的很少，但一旦失事就可能决溢成大灾。各类放淤情况可从下例看出。

1. 埽后放淤

宿迁县（今宿迁市）北岸皂河汛夏家马路，自雍正十年（1732）筑埽，北靠运河，两河相距仅数十丈。乾隆二十七年（1762）清帝南巡，指令放淤，到二十九年九月河督高晋奏：工长440丈，前两年由两端进黄，上段百余丈，下段90余丈都淤厚八九尺；中段200余丈淤厚二至四尺。本年伏汛改由中间进黄，加淤二三尺；秋汛两次进淤又二三尺，已普遍淤平。现修整上、中、下三倒钩引渠，并在新淤中再挖宽1丈、深3尺的沟，准备当年秋或第二年再淤。这次放淤三年大体完成，是中等偏小的工程。

2. 决口坑塘放淤

铜山县（今徐州市铜山区）北岸孙家渠原无堤防，乾隆二十年（1755）漫滩决口，堵筑后成埽工。二十三年北岸修堤，埽工在堤外，埽后坑塘深数尺至1丈。三十年（1765）放淤，开倒钩引渠，伏秋大汛进黄四次，坑塘淤平，南北长90余丈，东西宽二百二三十丈。八月中淤滩高出水面二三尺，上首堤头裹头暂留20丈挑溜，其余埽段停修，每年省银二三千两，进出引渠仍保持深通，准备续淤。这次规模较小，一年大体完成。

堵口后坑塘有宽长几十里的，需多年放淤才能淤平。嘉庆八年（1803）秋封丘县衡家楼决口，于临河滩面建坝堵筑，次年春合龙，用银964万两。大坝长502丈，内塘水深面阔，周围二三十里。九年夏放淤，十一年又放，八月份淤成，龙门以北原水深八丈余和其他水深四五丈的地方都淤成平地。

工程最大的是道光元年、二年（1821—1822）武陟县北岸马营口放淤。嘉庆二十四年（1819）八月马营坝决口，口门水深至12丈多，当年拨银680万两堵筑，于第二年三月合龙。计用秸料二万几千垛，每垛价银150—200两；开引河800丈，筑大坝327丈，为历来罕见工程。大坝在进水河头，北距马营口30余里，南距南岸广武山根仅400余丈，挺入河心。内塘宽数千丈，周围几十里。道光元年春议放淤，五月进黄、顺清沟2400丈，1000多丈的月堤普镶护埽，加筑子埝等，用银12万两。六月自东坝尾进黄放淤，七月又淤，淤高一丈五六至二丈一尺，完成十分之七八，唯靠月堤处受淤少。

又添抽沟槽，到第二年五月再放，五月末大水，大溜由东坝逼注，直灌内塘，越、缕等堤仅出水3尺，形势危险，急开东坝尾顺清沟排放，并于越堤及相连缕堤筑子埝2000余丈，加镶防风埽工抢护，幸有坝西所进黄水顶托，未失事。内塘亦即淤满，化险为夷。

3. 御溜救险放淤

迎溜埽工，溜势上下不定，镶埽不易，屡镶屡蛰，埽后有可靠月堤，可以避开顶冲，在顺溜、掩溜处开口放淤御险。

乾隆三十三年（1768）萧县南岸徐家庄险工（以前放过淤，留有缺口及裹头防风等防护）因对岸生滩，河溜南来，就加培下段月堤，于七月放淤为平，月堤500余丈改为缕堤，另于其后修新月堤500丈，用银5000两。此后还有三十八年安东县上河汛和四十八年铜山县张家马路等放淤，也很典型。

4. 涨水刷决缕堤，内塘成为水戗，澄淤

乾隆四十九年（1784）秋，兰阳（治今兰考县）北岸铜瓦厢埽工塌卸，抢修后筑月堤280余丈。后两年大水决堤入月堤塘内，塘内水随河水涨落，涨则进黄，落则清水复归正河，至落淤与水平为止。再后三年，该处又有一次类似放淤。

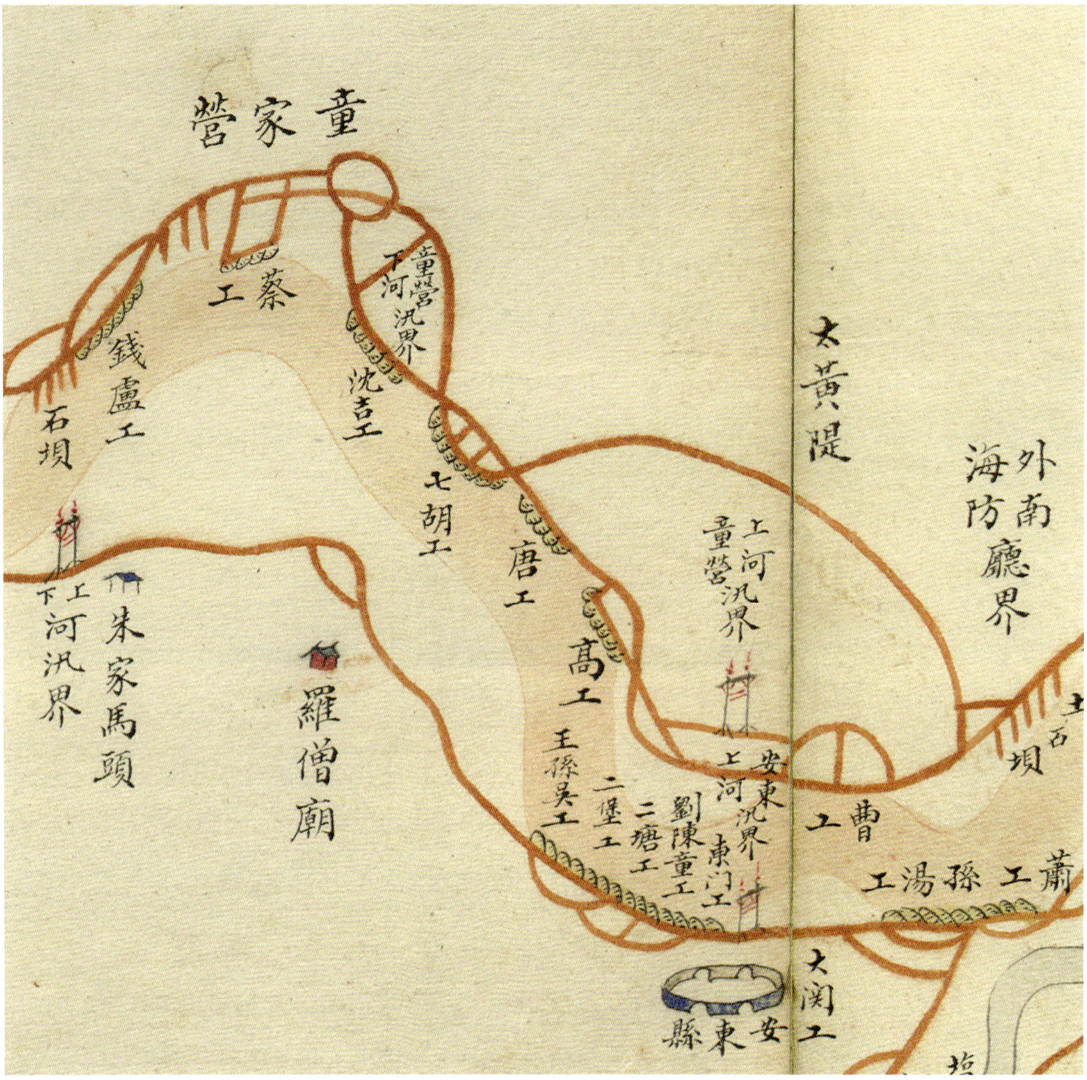

清中期《黄河发源入海图》中的安东县境上河汛

5. 决口堵筑之大坝、二坝、三坝间放淤

砀山南岸砀下汛邵家坝，嘉庆四年（1799）决口，次年堵筑。八年将大坝以内、二坝以外深塘放淤。至道光二年（1822）又在二坝、三坝间深塘放淤。道光二年阜宁县北岸马港口也有一次类似放淤。

这一类一般一年即可淤成。

（二）失败的教训

黄河上因放淤导致决口成灾的情况，未见记载，但有放淤不成、徒费人力财力的记载。这有几种情况：

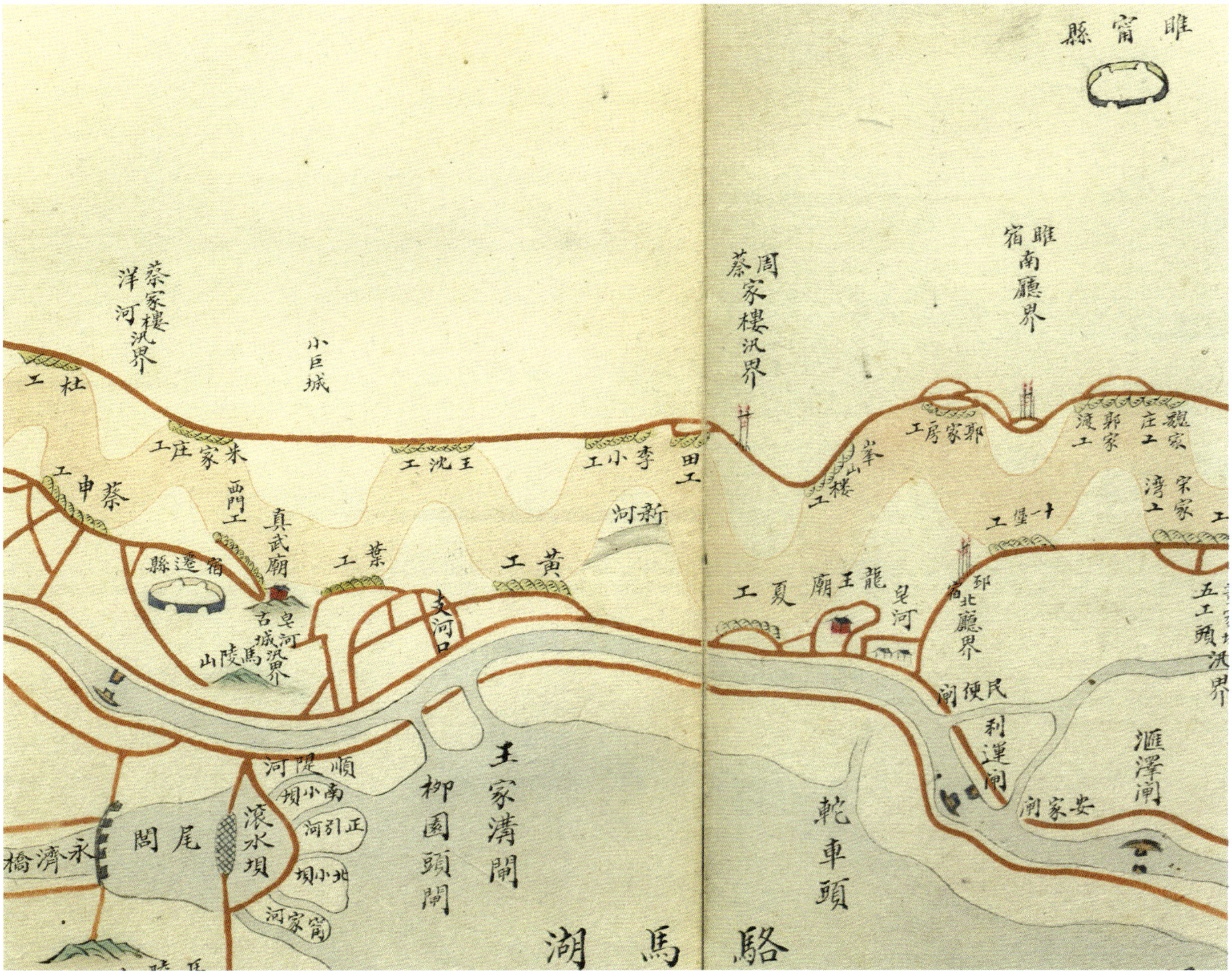

清中期《黄河发源入海图》中的宿迁县附近蔡家楼汛

（1）内塘大，不敢流水放淤。铜山县北岸石林大堤，乾隆二十一年（1756）十一月放淤，因内塘太大不敢同时开进黄、出清二沟使一进一出，只于东端开一小倒钩渠引黄。结果进黄不畅，只淤东部一小段，遂即因水涨危险，堵塞，半途而废。

（2）内塘水面风浪太大生险。睢宁县南岸蔡家楼埽工长540丈，乾隆中放淤，灌满内塘时忽起大风，吹水壅积水堤，急抛大量秸草抢救，料拥堤旁，浪稍平息，幸未出事。

（3）新淤成后不再修守，为大水淘刷又生险工。铜山县瓦房险工乾隆中期放淤，淤成后埽工未再修守，不久水又大涨，新淤很快被冲刷掉，大溜随湾直进，淘刷成1000多丈的新险工。

（4）内塘太大，引黄不能淤满，清水无退路。武陟县北岸拦黄民堰于道光五年、六年（1825—1826）放淤，既以代堰又图淤洼造田。内塘洼地南北25里，东西30里。五年秋做准备，次年春加培堤堰，下护埽，挖沟等费银23000余两。六月放淤10余日，稍高处即未上水，上水浅的也未落淤，塘内38个村庄被淹。七月河溜南移，进黄沟不能引水，就堵塞了。同时开顺清沟排水，低处不能排出，不能秋耕。据当时官吏查报淤地370顷，深由三四寸至三四尺，排不出水的有80多顷，实际得不偿失。

五、汉水上的固堤放淤

放淤并不限于北方多沙河流，南方如含沙较多的汉水上也有，汉水放淤常把肥田和固堤混合起来。

道光二十年（1840），湖广总督周天爵言汉水“挟沙带淤，多湾多滩倍于大江”，以前在险工处多退挽月堤避免顶冲，以致水全力逼注；对面滩地续长，往往一挽再挽，兜溜入袖以致溃决。所以沿用不改，是因为月堤内落淤、耕种，收成一年抵四五年。当地人说汉水含肥“五金、六银、七铜、八铁”，五六月涨水多淤泥，七八月多沙。纠正这些习惯只能因势利导，他建议在堤上多修砖石斗门放淤，水太大就关闭停放。下至光绪九年（1883）汉水上尚有放淤失事成灾记载。

六、清代后期对固堤放淤的评论

黄河上嘉庆前期仍多固堤放淤，且自江南河道发展到河南、山东河道。嘉庆五年六月南河总督吴璥上奏说，江南河道800余里，险湾埽工长数十丈至千余丈不等，计两岸共91处，每年抢修加镶，费用浩大。减少这些工程的办法是埽后有可靠月堤处，冬春挑倒钩引渠准备放淤。从前放淤的江南、山东几处险工都有成效，现在如邳（州）北、宿（迁）虹（县）、睢（宁）南、外河（清河、山阳境）等适宜工段也准备仿照放淤。另一种办法是开引河。

当时关于放淤的议论已不少，大致有以下几种。

（一）康基田说

曾任河道总督、治河多年的康基田著《河渠纪闻》，对放淤的评论很多，力主慎重，是

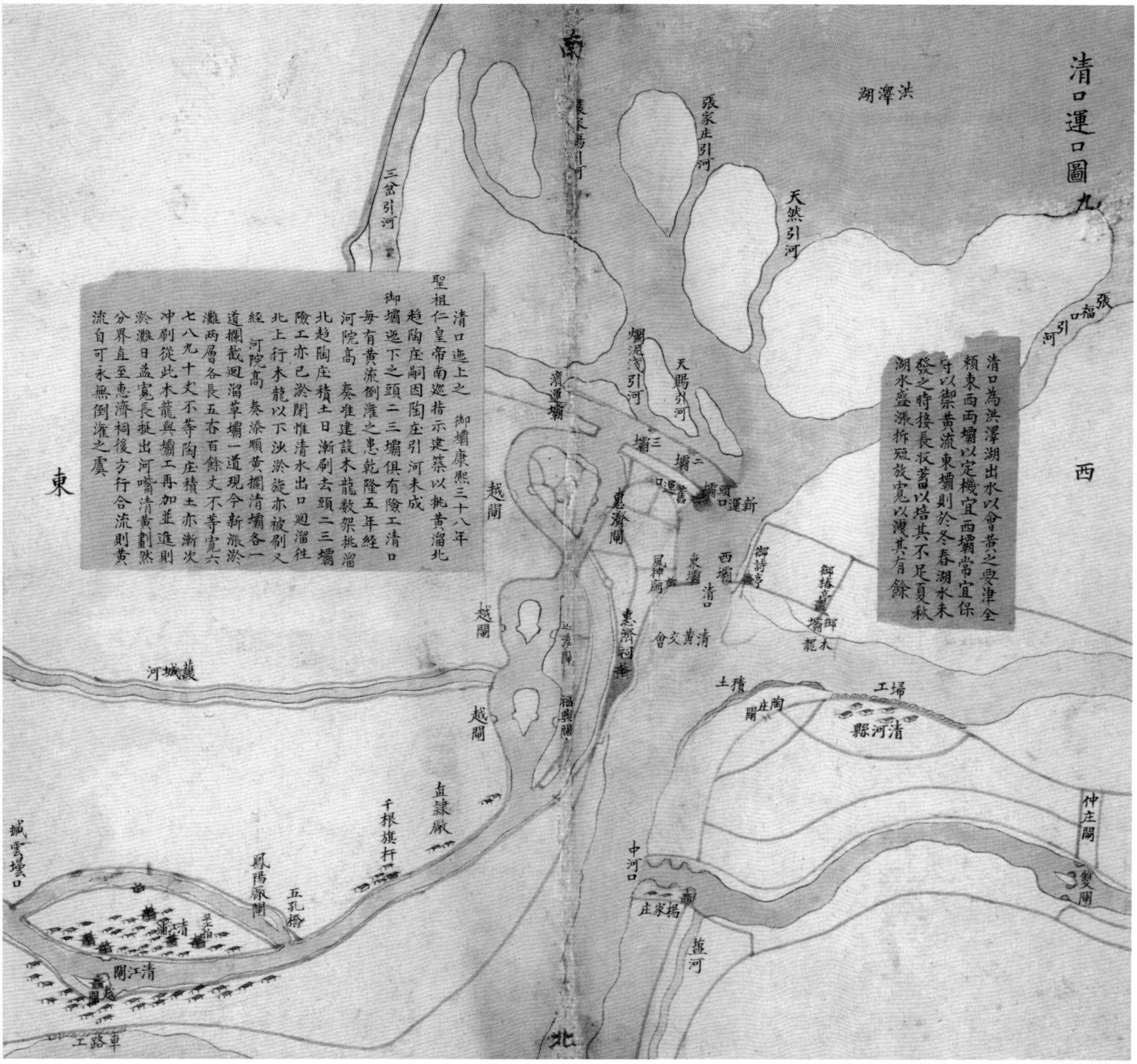

《清口运口图》，签注建坝、开引河束水等情形

风气已转的信号。他的意见可以概括为：

（1）雍、乾两代江南放淤比河南多，效果也好，康氏只承认“南河土性胶结，以放淤为修守良法”，“豫省虽有月、格堤，多不启放，以土性沙松，遇水易溃也”。雍正三年（1725）河督嵇曾筠等大修河南省黄河两岸遥、缕、月、格等堤及埽坝险工，此后20余年决溢很少，康氏认为是大修的效果。这和张伯行认为康熙中期的相对稳定是由于月堤放淤相反。

（2）他认为“河工放淤，工险而效大”。“效”在：河溜顶冲，厢埽塌蛰不已，或内塘低洼大堤脚跟落空以及塘后洼地积水，取土太远等处。放淤可以保堤、填塘、就地取土，费省而功多。

（3）他认为“履危蹈险，老成所戒”。“险”在：内塘太宽时，水不能及时灌满，淤沟刷通中泓，大溜涌进；月堤浸泡日久，易溃决；宽塘遇大风危险等。又新淤极易为续发大水冲刷，溜随湾进，势成入袖，反生更大险工。

（4）未放之前要防护周到，淤成后仍裹护严守。他认为乾隆五十一年（1786）铜瓦厢险工，水决入月堤内，落淤归河，至淤平而止，于是咸称放淤之功而不知裹护堤头之为上计。也就是说，不裹护就可能引溜入塘搜刷，成更大险工。

（5）其结论是，放淤“反不如知险预防，早夜勤修，暇时积土待用，坚筑月堤以防不虞，为有备无患之道。治河疏于修防，盛言放淤之利，幸功轻试，见险不知止，岂可为常法哉”。他认为勤修防可以守险若平，坚筑月堤可以代替淤平内塘，平时积土可以代替就地淤土。总而言之，犯不着冒险放淤，失事罪重。

（二）徐端说

曾任河道总督、一生从事治河的徐端，在其编著的《安澜纪要》中有《放淤》一节，意见和康基田相似，认为未放之前越、缕要加培防护，淤成后埽工不可轻废，否则“利未可必而害已在目前，或利在目前而害在日后，其实利轻而害重，不可不知也”。所谓害在目前是旧月堤上可能有獾洞鼠穴，渗漏失事；害在日后是不守埽，溜入内塘冲淤危险，而且一湾变则湾湾变，影响很大。他综合前人说法列举四种放淤法。

1. 埽后放淤

先在外滩埽工下端背溜处筑土埝，圈住大堤；再挖断大堤，盘裹头，留口门；再于外滩挑倒钩渠引水灌满内塘，形成水戗；然后在迎溜埽段上挖开大堤，引溜进内塘，逼清水由下

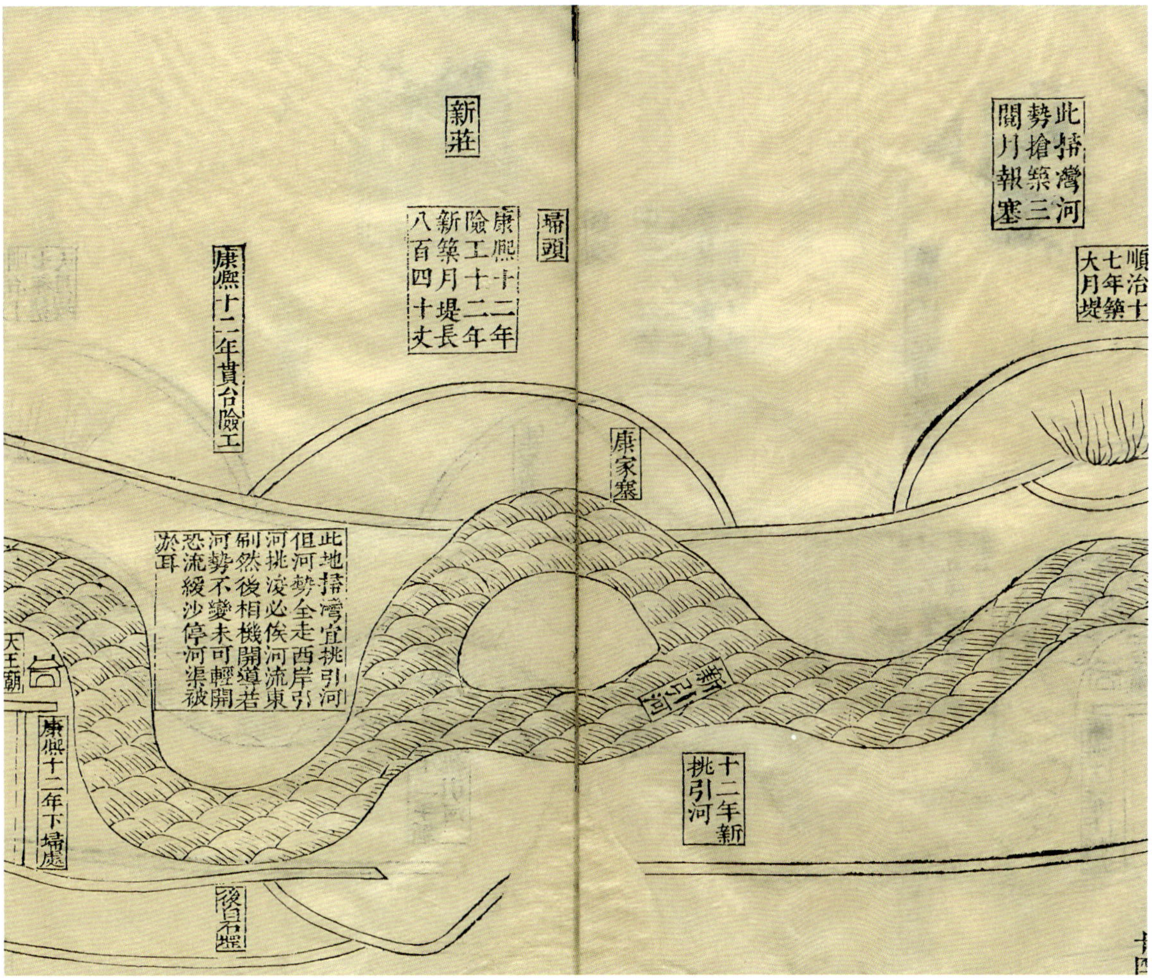

《河防刍议》中的埽坝引河等

端口门流回正河，这是流水放淤，满塘为止。

2. 外滩放淤

在宽阔外滩上加培月堤与大堤相平，周围镶砌防风；挑顺沟，深浅与月堤内塘相同，约离月堤六七十丈，总以溜头不到口门裹头，跌塘在外滩不致伤堤为主。水涨时灌塘放淤，水落时退清（或另开顺清沟），反复几次即可淤成。

3. 木涵洞放淤

洞用长六七尺的若干段方或圆木桶嵌接而成。圆的直径2尺，方的1尺5寸见方。洞埋于迎溜埽段处，上面层料层土加镶高厚。洞口有闸板启闭，进水量大时可以多设几个洞。

4. 草闸放淤

当时海州（今江苏连云港）、阜宁一带农民多用草闸蓄泄水，可以利用放淤，特别适用于合龙坝工处，因为闸底深埋，铺柴高厚，不易失事。在埽工上挖口，一般底长7丈，宽等于埽坝坝身宽度，筑一金门宽1丈的木板草闸，用厢柴做闸墙。闸后扎3丈见方的木牌，以防冲刷。闸板用8寸见方的木梁16块做成。

（三）刘成忠说

光绪初年刘成忠著《河防刍议》，论河工御险有四种办法：埽、坝、引河、重堤。在重堤间放淤，水可以作水戗，泥沙可以放淤，每年淤高，三五年可以淤平，永无河患；即使不能淤平亦可以就淤取土。另一种两岸放淤可以压沙造田。他历数河南黄河两岸及重堤可以放淤的地点。他的结论是放淤造田是“无穷之大利”；“重堤之保险放淤不独免河之害，兼欲收河之利。治河无上策，此则庶几上策欤？然而知之者以为大利，不知者或且以为大害。姑存此说以待事机之会耳”。

（四）刘鹗说

光绪十七年（1891）刘鹗著《山东治河续说》两篇。他解释“善防者水淫之”，就是放淤（见前），并说东汉王景用于全河。

此前50年（道光二十二年，即1842年）魏源著《筹河篇》，解释王景治河“十里立一水门，令更相洄注”为水门设在缕堤上，水涨溢入遥、缕二堤之间，水落时复回缕堤内。刘氏引申为“立水门则浊水入，清水出；水入则作戗以护堤；水出则留淤以厚堰。相洄注则河涨水分，河消水合；水分则盛汛无漫溢之忧，水合则落槽有淘攻之力”。这是说重堤放淤，吞浑吐清，既用沙以固堤又用清以刷河。

他还提出用斜堤来澄淤填堤。斜堤筑在大堤和民堰（相当于缕堤）之间，很像格堤但较短而斜，作用是可撇上游来的水溜，可逼下游水成洄流，挂淤厚堤。光绪十六年（1890）曾在利津、蒲台两处试用有效。

二刘之说可以看作固堤放淤的结论：战略上是上策，战术上可以创造新办法。这到现在还有重要意义。

明清主要固堤放淤工程统计

时期		河段所在		情况		文献根据
年号	公元（年）	编号	河、岸、县、地	固堤放淤	附注	
明万历元年	1573	1 2	徐州北黄运衔接处。 黄河徐邳段。	滩地筑低“围堤”，浑水漫过，落淤，试行效果好。	万恭提出，同时提出束水攻沙概念。	万恭《治水筌蹄》
万历十九年	1591	3	黄河邳州段。	缕堤开口，引水淤平内地，水涨进水，水落出水。	潘季驯还提出格堤放淤和淤滩代缕。	潘季驯《总理河槽奏疏》
清康熙二十年左右	1681左右	4 5 6	黄河邳州董家堂。 黄河桃源县龙窝。 黄河徐州北岸长樊大坝。	涵洞引至险工后月堤内放淤，清水排出堤背。埽工下开口引水，汛后水落排清入河槽。	靳辅放淤，后人认为是清代开始放淤者。	靳辅《靳文襄公奏疏》
康熙三十一年	1692	7	黄河北岸邳州旧城以西洼地。	建小闸引浑，排清入运河。	淤洼兼固堤。	靳辅《靳文襄公奏疏》
康熙十年至四十年	1671至1701	8	黄河河南段若干处。	工后筑月堤，缕堤上开上口引黄，下口排清回槽。	张伯行主张用以代埽工。	张伯行《居济一得》
雍正七年	1729	9	黄河宿迁南岸蔡家楼汛老堤头。	月堤长439丈，放淤为缕。		《续行水金鉴》卷50
乾隆元年	1736	10	黄河山阳南岸上河汛杨家码头埽工。	月堤长392丈，开缕堤放淤。	江南河道放淤，一说是从本年由高斌创始的。	《续行水金鉴》卷50
乾隆三年以前	1738以前	11	南运河上多处。	月堤放淤。	陈宏谋说。	《乾隆·天津县志·艺文》引陈氏各文
乾隆三年至四年	1738至1739	12 13	南运河上大规模放淤。 南运河上大规模放淤。	月堤放淤20段。 又淤48段，一说三年至五年淤成三十几段。	陈宏谋提出全面放淤规划，以去职未完成，并提出放淤方法七条，施工组织七条。	《乾隆·天津县志·艺文》引陈氏各文及《续行水金鉴》卷95
乾隆四年以前	1739以前	14 15	黄河铜山县南岸七里沟。 黄河铜山县北岸茅家山。	放淤成功。 放淤成功。		《续行水金鉴》卷4
乾隆四年	1739	16 17 18 19	黄河桃源县南岸颜家庄。 黄河山阳县南岸真武庙。 黄河山阳县南岸大茭陵。 黄河阜宁县南岸董家堂。		鄂尔泰建议大量放淤及滩地开引河，认为是以水治水的好方法。	《续行水金鉴》卷4

（续表）

时期		河段所在		情况		文献根据
年号	公元（年）	编号	河、岸、县、地	固堤放淤	附注	
乾隆四年	1739	20	黄河海防厅南岸龚家营。		鄂尔泰建议大量放淤及滩地开引河，认为是以水治水的好方法。	《续行水金鉴》卷4
		21	黄河山安厅北岸大飞浦。	月堤长600丈，放淤为缕。	八堡与大飞浦不知是否一处，姑作一处计。	《续行水金鉴》卷4，又卷47
乾隆五年	1740	22	黄河睢宁南岸戴家楼。	埽工长556丈，放淤分为东西两坝。	后又放三次始弃缕守月。	《续行水金鉴》卷49及卷25引《南河成案》
乾隆十一年	1746	23	黄河宿迁迤东，北岸朱家闸。	埽工210丈，后逼近运河，工段生险不已，放淤后更开引河。		《续行水金鉴》卷12引《南河成案》，又《河渠纪闻》卷22
乾隆十二年	1747	24	黄河邳州北岸沈家堂埽工后月堤。	月堤508丈，放淤作缕。		《续行水金鉴》卷46
乾隆十五年	1750	25	永定河固安县南岸三工。	已放淤数年，本年又放，失事决口。	淹固安、永清县境，七月堵。	《续行水金鉴》卷140引《方敏恪公奏议》
乾隆十六年以前	1751以前	26	永定河固安县南岸五工。	堵闭五工放淤旧沟三处。	本年直督方观承奏准永定河永不许再放淤。	《续行水金鉴》卷140引《方敏恪公奏议》又《永定河志》
乾隆十六年	1751	27	黄河睢宁南岸戴家楼。	本年又放淤分为四坝。		《续行水金鉴》卷49及卷25引《南河成案》
乾隆二十一年	1756	28	黄河铜山县北岸石林大堤。	因内塘大，十一月只开一小沟引黄，淤成一小段，因水大，堵塞。	一次未成功的放淤。	《河渠纪闻》卷23，又《续行水金鉴》卷13转引
乾隆二十一年	1756	29	黄河安东北岸下河汛佃湖。	埽工长488丈，本年工尾放淤。		《续行水金鉴》卷47
乾隆二十二年	1757	30	黄河灵璧县南岸张家瓦房。	七月放淤分为东西两坝，四十五年又放，分为三坝，嘉庆十五年淤闭。	《河渠纪闻》记瓦房险工放淤后，不再修守，致水大冲刷又生新险。不知是否张家瓦房。	《续行水金鉴》卷49，《河渠纪闻》卷25
乾隆二十三年	1758	31	黄河宿迁南岸蔡家楼汛，墩郎庙。	埽工长170丈放淤。		《续行水金鉴》卷50
乾隆二十七年	1762	32	黄河宿迁北岸皂河汛夏家马路工头。	埽长452丈，该处南黄北运相距仅数十丈，放淤为平。		《续行水金鉴》卷47

（续表）

时期		河段所在		情况		文献根据
年号	公元（年）	编号	河、岸、县、地	固堤放淤	附注	
乾隆二十九年	1764	33	黄河宿迁北岸皂河汛夏家马路。	工长440丈，本年伏秋进淤三次已淤平，仍修原沟三道，备再放。	前两年放淤，自两头进水已淤高两头，本年自中段进水。	《南河成案》，《续行水金鉴》卷15有转引
乾隆三十年	1765	34	黄河铜山县北岸孙家集。	决口深塘长90余丈，宽二百二三十丈，伏秋进淤四次，已淤高，仍留沟续放。	埽段停修，省银每年二三千两。	《南河成案》，《续行水金鉴》卷15有转引，又《河渠纪闻》卷25
乾隆三十年	1765	35	黄河睢宁南岸戴家楼。	本年又放淤。		《续行水金鉴》卷49及卷25引《南河成案》
乾隆三十一年	1766	36	黄河宿迁南岸蔡家楼汛蔡家马路。	埽长230丈，淤后停修。		《续行水金鉴》卷50
		37	黄河宿迁南岸蔡家楼汛墩郎庙。	工后月堤305丈放淤刷塌。		
		38	黄河宿迁南岸蔡家楼汛罗家庄。	埽工43丈，放淤停修。		
		39	黄河宿迁南岸蔡家楼汛老堤头。	本年又放淤，刷塌。		
乾隆三十三年	1768	40	黄河睢宁北岸赵家庄。	年放淤刷塌附近缕堤785丈。		《续行水金鉴》卷46
乾隆三十三年	1768	41	黄河宿迁南岸蔡楼汛臧家庄。	埽工508丈，放淤为平。	乾隆五十六年后又生险工。	《续行水金鉴》卷50
乾隆三十三年	1768	42	黄河宿迁南岸蔡家楼汛兵九堡。	埽工后月堤510丈，放淤为缕。		《续行水金鉴》卷50
乾隆三十三年	1768	43	黄河萧县南岸萧汛徐家庄。	大溜逼东坝，上下不定，七月开水戗放淤，以月为缕。重筑月堤，估银五千两。	前已放过淤。	《南河成案》，《续行水金鉴》卷16，有转引
有转引乾隆三十六年	1771	44	黄河睢宁南岸戴家楼。	本年为第四次放淤，工闭。	四十年中间又生险工。	《续行水金鉴》卷49及卷25引《南河成案》
乾隆三十八年	1773	45	黄河宿迁南岸蔡家楼汛兵九堡。	又月堤一道600丈，放淤为缕。		《续行水金鉴》卷50
乾隆三十八年	1773	46	黄河安东县北岸上河汛二塘埽工。	长480丈，后有月堤，伏秋汛冲刷危险，放淤化险为平。		《南河成案》，《续行水金鉴》卷16转引，《河渠纪闻》卷26

（续表）

时期		河段所在		情况		文献根据
年号	公元（年）	编号	河、岸、县、地	固堤放淤	附注	
乾隆三十九年	1774	47	黄河宿迁南岸蔡家楼汛墩郎庙撑堤。	撑堤长103丈，放淤为缕。		《续行水金鉴》卷50
乾隆三十九年	1774	48	黄河宿迁南岸蔡家楼汛，小三堡埽工。	工长540丈，放淤废工。	五十三年复生险工。	《续行水金鉴》卷50
		49	黄河宿迁南岸蔡家楼汛，工后月堤。	长665丈，放淤为缕。		
		50	黄河宿迁南岸，洋河汛陈家坝。	埽工长430丈，下首放淤，剩工107.4丈。		
		51	黄河宿迁南岸洋河汛格堤一道。	长233丈，放淤为缕。		
乾隆三十九年	1774	52	黄河山阳南岸唐家堡。	埽工，放淤停修。	以后，时生时淤。	《续行水金鉴》卷50
		53	黄河山阳南岸唐家堡，自格堤头以上，月堤长1000丈。	下段600丈放淤塌卸。	剩400丈作为缕堤。	
		54	黄河山阳南岸，童营汛高家庄。	埽工放淤停修。	以后旋生旋淤。	
乾隆四十一年	1776	55	黄河铜山县南岸，周家庄、韩家山埽坝。	埽内为石岸，相距20—40丈，中为深塘，长152丈，八月进黄出清，淤3尺许。	石岸后尚有月堤。	《续行水金鉴》卷17
乾隆四十五年	1780	56	黄河灵璧县南岸张家瓦房。	本年又放淤，分为三坝。		《续行水金鉴》卷49《河渠纪闻》卷25
乾隆四十八年	1783	57	黄河铜山县南岸，张家马路。	堤后塘内水深1丈左右，秋汛下坝内塘进黄，清水由五道沟外出，淤六七尺。	次年续放淤，秋汛已淤出水面，堤外另生新滩。	《续行水金鉴》卷21，《南河成案》
乾隆四十八年	1783	58	黄河宿迁北岸，古城汛朱家闸埽工。	格堤一道长191丈，放淤，刷塌116丈。		《续行水金鉴》卷47
乾隆四十九年	1784	59	黄河宿迁北岸，古城汛旧五堡埽工。	工后月堤850丈，放淤，下首刷塌65丈。		《续行水金鉴》卷47
乾隆五十一年	1786	60	黄河兰阳县铜瓦厢埽。	水决堤入月堤内，水落清水仍回正槽，涨落几次后淤平。	自然决堤落淤。	《河渠纪闻》卷29
乾隆五十一年	1786	61	黄河宿迁南岸，洋河汛陈家坝。	工尾鱼鳞月堤长183丈，放淤为缕。		《续行水金鉴》卷50
乾隆五十二年	1787	62	黄河郑州北岸十八堡。	埽长百余丈。		《续行水金鉴》卷48

（续表）

时期		河段所在		情况		文献根据
年号	公元（年）	编号	河、岸、县、地	固堤放淤	附注	
乾隆五十四年	1789	63	黄河兰阳北岸铜瓦厢。	工后格堤，内塘深，先放水戗，六月水大决堤入塘，落淤，化险为平。	自然决堤落淤。	《豫河续志》卷20
乾隆五十八年	1793	64	黄河山阳南岸沈家圩。	埽工放淤停修。	嘉庆十四年复生险工223丈。	《续行水金鉴》卷50
乾隆六十年	1795	65	黄河兰阳北岸铜瓦厢。	月堤高厚，大溜曲注危险，开倒钩河引水，水满顶溜外流。	康基田说，似只为水戗，原文未提落淤。	《河渠纪闻》卷18
嘉庆四年	1799	66	黄河曹县北岸曹下汛二十五堡。	堵口大坝生险，本年五月放淤为平。		《南河成案续编》，《续行水金鉴》卷29有转引
嘉庆五年六月以前	1800六月以前	67	黄河江南河段贾家庄（详细所在待考）。	有成效。	江南河道总督吴璥奏请推广到南河各处。	《南河成案续编》，《续行水金鉴》卷29有转引
		68	黄河桃源县北岸七里沟。	有成效。		
		69	黄河睢宁县南岸朱家坝有成效。	有成效。		
嘉庆八年	1803	70	黄河宿迁南岸，洋河汛兵尾旧草坝。	月堤一道长195丈，放淤，下首刷塌，剩130丈为缕。	后于下首仍接筑埽段。	《续行水金鉴》卷50
		71	黄河宿迁北岸，古城汛朱家闸。	工后月堤860丈，放淤，刷塌80丈。		《续行水金鉴》卷47
		72	黄河宿迁南岸，蔡家楼汛小三堡埽。	工长348丈，下首放淤，停修142丈。		《续行水金鉴》卷50
		73	黄河宿迁南岸，蔡家楼汛孟城庵。	月堤长250丈，放淤为缕。		《续行水金鉴》卷50
嘉庆八年	1803	74	黄河砀山南岸砀下汛邵家坝。	堵口大坝、二坝之间深塘，放淤。		《南河成案续编》，《再续行水金鉴》卷57转引
嘉庆九年	1804	75	黄河封丘北岸衡家楼。	堵口大坝后内塘周宽20余里，夏汛放淤守月。		《续行水金鉴》卷45，又《豫河续志》卷2
嘉庆十一年	1806	76	黄河封丘北岸衡家楼。	又放淤，八月淤成，龙门后水深8丈余及其他深四五丈，成平陆。	两头坝工刷去一部，需修守。	《续行水金鉴》卷45，又《豫河续志》卷2
嘉庆二十一年	1816	77	黄河砀山南岸，砀山汛李家楼。	堵口大坝后放淤。	刘成忠《河防刍议》谓本年李家庄放淤，不知是否此处。	《续行水金鉴》卷49

（续表）

时期		河段所在		情况		文献根据
年号	公元（年）	编号	河、岸、县、地	固堤放淤	附注	
道光元年	1821	78	黄河武陟北岸马营坝。	堵口大坝在河滩上，放淤守月，内塘宽数千丈，周数十里，六七月两次进黄，淤厚一二丈，淤成十之八。	厢护、抢修堤堰等准备工作，两年用银10余万两。	《再续行水金鉴》卷54、55、56、57、58、61引《清实录》《两河奏疏》《武陟县志》《清会典事例》
道光二年	1822	79	黄河武陟北岸马家坝。	五六月又放，水大出险，抢修淤成。		
道光二年	1822	80	黄河砀山南岸砀下汛邵家坝。	堵口二坝及三坝间深塘，放淤。		《南河成案续编》，《再续行水金鉴》卷57转引
道光二年	1822	81	黄河安东县北岸马港口。	堵口大坝及二坝之间内塘，不甚宽阔，放淤。		《南河成案续编》，《再续行水金鉴》卷56转引
转引道光六年	1826	82	黄河武陟北岸拦黄民堰。	洼地南北25里，东西30里，可淤田及固堤，准备工程费银2万余两。六月放淤，落淤一部分，内塘村落被淹。七月停闭，清水排不出。	次年正月人工排水始干涸，淤地370顷，厚三四寸至三四尺，积水地80余顷，地低滩高，得不偿失。	《再续行水金鉴》卷61引《武涉县志》、《清实录》及《两河奏疏》，《清续文献通考》卷12
光绪九年	1883	83	汉水京山县张壁口堤。	堤内放淤，六月水大夺溜决口，淹京山、天门、汉川等县，次年二月堵。当事县丞判死刑。	汉水上，清代亦多于迎溜处筑月堤，放淤同时肥田，往往失事。	《再续行水金鉴》卷18
光绪十六年	1890	84	黄河利津段。	民堰及大堤间筑斜堤一道，落淤。	两处共淤出田2000余顷。	刘鹗《山东治河续说》上、下篇，《再续行水金鉴》卷158有转引
		85	黄河蒲台段。	于民堰及大堤间筑斜堤一道，落淤。		
		86	黄河利津县城附近。	筑斜堤落淤，淤平四十几段埽工。		

注：以上86条中，黄河放淤80条，南运河3条，永定河2条，汉水1条。

内蒙古河套唐代水利

唐代边塞水利多与军事屯田有关，唐代内蒙古河套一带成为防御游牧民族南下的要地，在此设置了不少城镇，驻扎军队。这些军队的军需，特别是军粮的供应，一方面从内地运输，一方面就地开垦屯田。河套地理环境相对优越，内地运输可以走黄河水运，屯田可以引黄河干支流灌溉。唐代在这两个方面都做了不少工作，但记载缺略，有大力研讨的必要。本文以德宗建中初年（780—783）一次在今河套开渠屯田的争议为中心，试做较多的探讨。

一、河套沿黄河所设城镇

隋唐在内蒙古河套一带所设重要城镇，下经宋、元、明、清至今已废弃无遗，现在的重要城镇都是清代及以后的设置，所以有必要叙述一下唐代情况。

隋开皇五年（585）于后套设丰州，治所在九原县（今五原县南偏西，当时黄河南支今正流的北岸），辖河套西北部及以北地带，大业初曾改名五原郡。唐代仍为丰州，曾一度改名九原郡，为西部重要都市。其东部原属云州（定襄郡，治大利县，今和林格尔西北），开皇二十年（600）置胜州，治所在榆林县（在今托克托西南黄河南岸）；唐代仍置胜州，但辖境只限黄河以南。

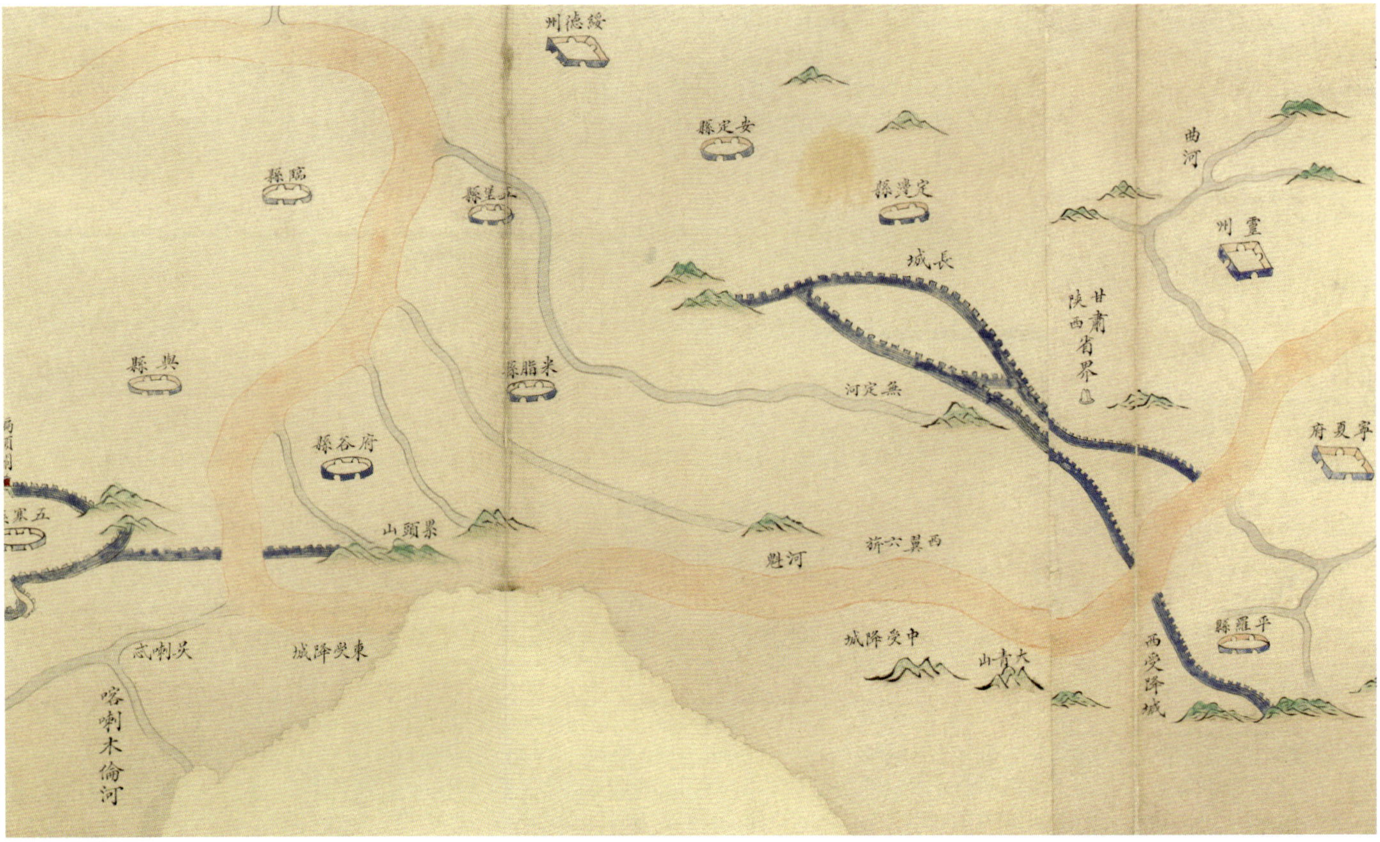

清中期《黄河发源入海图》中的三受降城

（一）沿河的三受降城

唐中宗景龙元年（707），朔方军总管张仁愿率兵北御突厥，修筑西、中、东三受降城，于次年完成。三受降城后成为边防要地。

三受降城都在黄河北岸，据黄河重要渡口。中受降城在今包头市西偏南约30公里，此处当时有拂云堆神祠，突厥南下必先在祠内祭祀，而后渡河南进。东受降城约在中受降城东300里（今直线距离不足150公里），在当时榆林县东北8里，黄河北岸，在今托克托县南约5公里。西受降城在黄河北支（今乌加河，大致为当时黄河正流）的北岸，当时亦称距中城400里，在今五原县西北，乌加河北岸。

三受降城均临河滨，所以有黄河泛滥为害的记载。如：开元初河水坏西受降城，开元十年（722）朔方总管张说在故城东又建新城，以后新城亦屡遭黄河侵袭。元和八年（813）

春，城南面又为河水所毁，城被破坏一半；前一年春，东受降城也被河水冲毁。

（二）朔方节度

开元九年（721），北边置朔方军节度使（治灵州回乐县，今宁夏灵武西南），领单于都护府，夏、盐、绥、银、丰、胜六州，定远、丰安二军及三受降城。

单于都护府（治所在东受降城东北120里，今和林格尔县西北10余里之土城子），是管理少数民族的机构；夏州治今陕西横山县西白城子，当时为朔方县；盐州治五原县，今陕西定边县；绥州治上县，今陕西绥德县；银州治儒林县，在今榆林之南。绥、银二州大部在今陕北，盐、夏大部在今内蒙古鄂尔多斯市黄河南岸，夏州东接胜州，胜州东至黄河。丰州治今黄河之北，单于都护府在其东境；定远、丰安二军在今宁夏境黄河西岸。所以朔方节度使统辖今宁夏境及河套黄河之南北两岸，疆域广阔。开元后期屡次扩大，向南几乎包括今陕北全部。二十九年，朔方节度兼六城水运使，负责自黄河溯流而北运军饷至单于都护府、胜州、三受降城及丰州、灵州等地。天宝八载（749）朔方节度又兼陇右兵马使，辖境远至今甘、青、宁、新各省（区）。

（三）天德军

天宝十二载至十四载（753—755）筑城于大同川西，置大安军（一作天安军，后名天德军）。城居南北要道，南通牟那山钳耳嘴，牟那山南的麦泊是一片沃壤。此城约在乌拉特前旗北乌梁素海东岸，大致在旧安北县境。天宝十四载（755）后，当时的安北都护府曾治此，不知安北之名是否与唐代有关。安北都护府亦为管理少数民族机构，始设于贞观二十一年（647），后数次改名并屡迁治所，以在中受降城最久（自开元二年至天宝八载，即714—749年）。

牟那山即今乌拉山，牟那音转为乌拉。钳耳嘴或即今西山嘴，牟那山南的麦泊应即今之三湖河灌区。安史乱时改安北为镇北，朔方军南下关陕，城为安史军所破。乾元（758—760）后因居民稀少，遂西南移于三里的永清栅（一作永济栅），隋代归大同城，屯驻军马，治所则与镇北都护府同移西受降城，直至元和八年（813）西城被黄河水侵毁，次年又移回天德旧城，并重加修筑。

（四）振武军

天宝初于单于都护府置振武军，乾元元年（758）置振武节度押蕃落使，领镇北大都护府及麟、胜二州。麟州在胜州南，治所在今陕西神木北。此后西部隶朔方，东部属振武，东、中受降城亦多属振武，西受降城属朔方。德宗时撤销镇北部护府，贞元十二年（796）置天德军都团练防御使领丰州及三受降城。后或称丰州都防御使。这一都防御使代替了朔方节度使在这一地区的职责。

各建置的中间变更甚多，晚唐更甚，大体轮廓如上。

二、这一地区的黄河水利

（一）黄河与边防

唐代在这一带防御北方，以黄河为天险筑三受降城于河北岸时，曾有人反对，谓不易守。张仁愿则称筑城虽为了防守，但战术上以进攻为主。以黄河为主的布置是：

沿河有三受降城及天德军，西城（西受降城的简称，下同）东南渡河至丰州80里，西南至定远城700里，北至碛口300里，正东微南至天德军180里。西城之南远以灵武（今宁夏境）为大后方，近以丰州为后方。其北曾置横塞军，移安北都护治之，为西域前哨。灵武为朔方节度使治所，是唐代中期以后西北最重要的军事据点。丰州的重要性，永淳时（682—683）突厥围丰州，都督战死，朝议欲弃丰州，徙百姓于灵州、夏州。唐休璟反对，上疏说："丰州控河遏贼，实为襟带，自秦、汉以来，列为郡县，田畴良美，尤宜耕牧。隋季丧乱，不能坚守，乃迁徙百姓就宁、庆二州（隋宁州治今甘肃宁县，庆州治今甘肃庆阳），致使戎羯交侵，乃以灵、夏为边界。贞观之末，始募人以实之，西北一隅，方得宁谧。今若废弃，则河傍之地复为贼有，灵、夏等州人不安业，非国家之利也。"于是丰州得不废。丰州东至中受降城350里，西至黄河（北支正流）130里，北至黄河40里，北偏西至西城80里，东南至夏州界90里，西南至灵州界90里，东北到黄河80里，南依黄河南支北岸。

西城正东偏南180里为天德军，城在黄河东岸不远处，元和中李吉甫论其冲要："其城居

明仇英《人物故事图》之明妃出塞

大同川中，当北戎大路，南接牟那山钳耳嘴。山中出好材木，若有营建，不日可成。牟那山南又是麦泊，其地良沃，远近不殊。天宝中安思顺、郭子仪等本筑此城，拟为朔方根本。其意以中城、东城连振武为左翼，又以西城、丰州连定远（属灵州，在今宁夏平罗县南）为右臂，南制党项，北制匈奴，左右钩带，居中处要，诚长久之规也。”天德军西南渡黄河（正流）160里至丰州，西南至新宥州600里（新宥州置于元和九年，治延恩县，在今鄂尔多斯市鄂托克旗之南），自州北至天德置新馆驿11所，从天德经州，更东南由夏州乘驿奏事，4天多可至长安。西至西城180里，西北至横塞军城200里，东南至中城200里。

中受降城南以夏州为大后方，北境300余里于牛头、牟那山北置烽堆1800所，西北接天德军。北以牟那山为屏障，南依黄河，为安北都护府治所，时间较长。东至东城（东受降城的简称，下同）300里，西南至丰州界120里，西至丰州城350里，西北至西城界120里，东北至东城界120里。北至碛口500里。碛口在今苏尼特右旗西面，是当时的南北通道。

东城南以胜州为后方，东北至单于都护府120里，为振武节度使治所。振武为当时北边重镇，西至中城（中受降城的简称，下同）300里，北至碛口800里。元和七年（812）城为黄河水所毁，振武节度使张惟清于宝历元年（825）徙城于绥远烽南，可能是向东北移动。

（二）滨河城镇与洪水

濒河扼津渡置要塞，黄河洪水时常泛滥，河道亦有摆动，唐代虽记载缺略，但亦可推知一二。西城于开元初为黄河侵毁，开元十年（722）朔方总管张说于城东别筑新城。自后常为河水所侵袭。元和八年（813）春黄河泛滥，毁城之南半。先一年春东城亦因黄水泛滥浸毁议修，八年振武节度又修复，后10余年亦迁徙，别筑新城。这些洪水是春天的凌汛所致。上游甘肃一带天暖冰解，河套在北，仍寒冷冻结，上游浮冰下壅，形成冰坝，堵塞流水，泛滥成灾。

西城被洪水侵袭次数尚多，不只这两三次记录。《通典》记丰州城西至黄河130里，东北到黄河80里，北至黄河40里，皆指当时正流（今乌加河）。《元和郡县图志》等书则以西城在丰州北偏西80里。若以丰州城为准，北至黄河40里，至西城80里，则西城应在黄河之北三四十里。实际常被河水浸圮，南临黄河并无三四十里的距离。这一矛盾记载说明黄河河道的摆动改移。受降城在中宗时筑，原为濒河而筑。《通典》所记时代在开元天宝间，《元和郡县图志》所记丰州、西城在元和时。所以开元初黄河水在西城附近，距丰州应为80里，后南移远至三四十里外，但亦常被水浸，说明黄河南北摆动，北可至西城附近。所以开元初至元和八年（714—813）百年间，黄河在西城附近水道常泛滥并南北摆动。由此可以推测河套地区黄河水道在唐代常有滚动及泛滥成灾。

（三）唐代河套黄河的水运

黄河上游的水运，虽秦汉已有记载，但语焉不详。北魏刁雍为薄骨律镇（在今宁夏）将，曾自镇下运米谷至沃野镇（治所今人认为在今乌拉特前旗东南，黄河南岸），《元和郡县图志》则记故址在天德军城北60里，在黄河正流之东。唐代向河套一带供应军需，据《新唐书·食货志》载："初，度支岁市粮于北都，以赡振武、天德、灵武、盐、夏之军，费钱五六十万缗，溯河舟溺甚众。"北都即河东道太原府治晋阳（今太原南），是当时中央政权财政部门（度支），每年在今山西一带购粮，由晋北黄河逆流而上，经河套运至今宁夏一带。主管机构各水运院，设在代州（治雁门，今山西代县）。五六十万缗，在前期钱贵时可购粮百万石以上，贞元时可购粮70万石。若运费计算在内，则达不到这一数量。这种运输艰涩，损失亦多。唐代前期已极重视。开元二十九年（741），以朔方节度使兼六城水运使。这六城均为驻军要地，即三受降城及定远军、丰安军（在今宁夏黄河西贺兰山下，今灵武县西约90余公里）及灵州（治所为灵武，在今灵武县西南）城内经略军。后10余年，至德元载（756）唐肃宗至朔方，魏少游为六城水运使。《资治通鉴》胡三省注："朔方所统有三受降城，及丰安、定远、振武三城，皆在黄河外。"多一振武军。振武军置于天宝初年，在上述置六城水运使之后，自应可能。两《唐书》魏传皆记他当时为朔方水陆转运副使，与六城水运使似非一职。转运副使所辖较宽，亦负责灵武等处运输，此时之六城可能包括振武军。

贞元八年（792）五月，吐蕃围灵州，度支曾自胜州运云州（治云中，今大同）、朔州（治善阳，今朔县）米万余石至灵州。

至元和六年（811）冬，韩重华为振武京西营田和籴水陆运使，韩愈论当时边军"开口望哺。有司常僦人以车船自他郡往输，乘沙逆河，远者数千里。人畜死，踣踵交道，费不可胜计，中国坐见耗虚，而边吏恒苦食不继"。韩重华主张开屯田、省运输，供应塞下五城。据韩集马其昶校注，五城为三受降城及振武、朔方二军。贞元十二年（796），

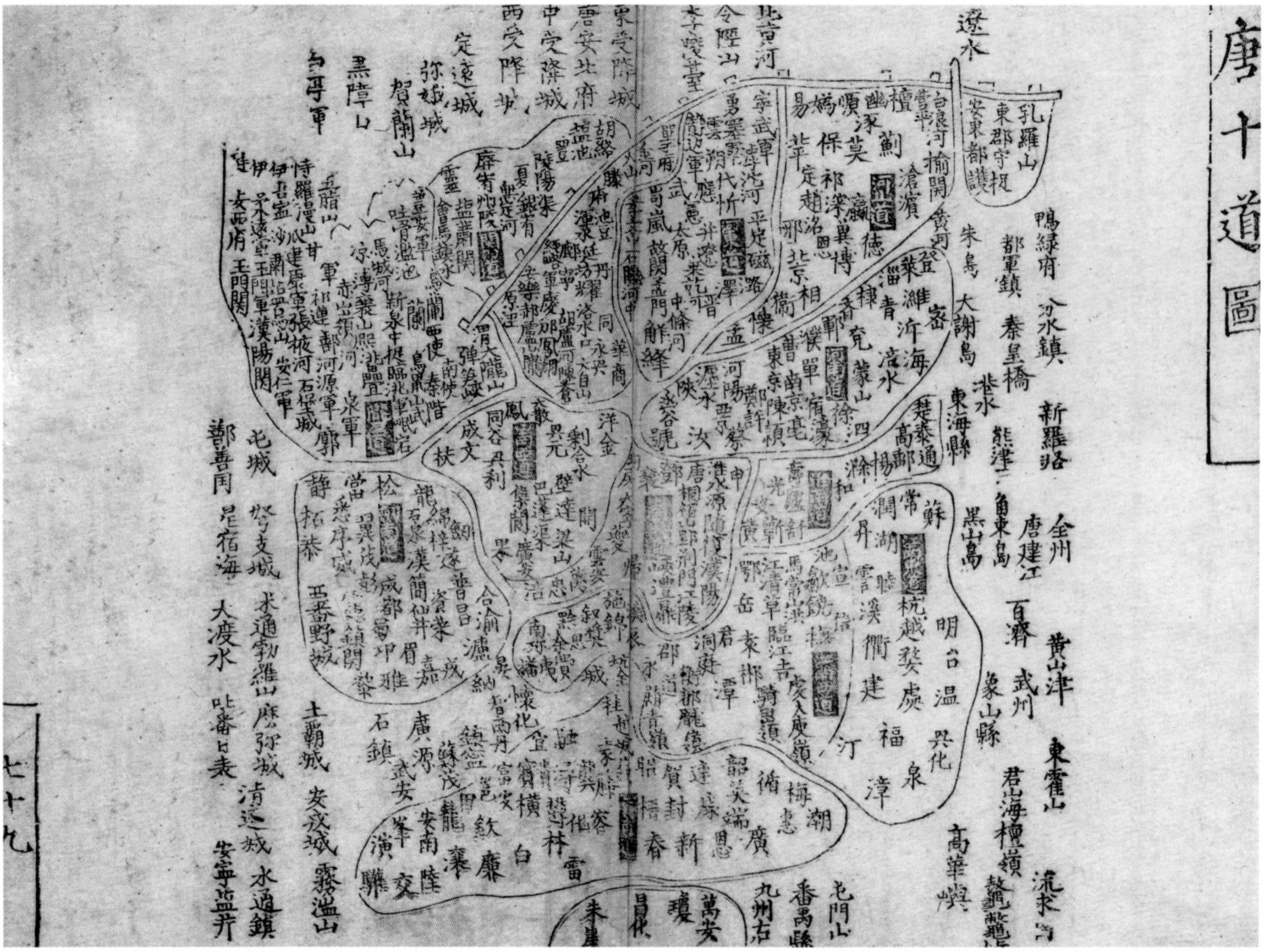

北宋《历代地理指掌图》之唐十道图

朔方节度使不复领丰州、西城及天德军，以振武之东、中二城划归天德军，置天德军都团练防御使，领丰、会二州及三受降城。此后无大变动。如此，元和中所指五城，可能为振武、天德及三受降城，并不远及灵武（朔方）。韩重华亦似以振武一带（今内蒙古河套）为重点。

五城之名，据《旧唐书·张说传》，开元十年（722）“为朔方军节度大使，往巡五城，处置兵马”。这时尚无振武、天德二军。五城可能指三受降城及定远、丰安二军。总之，五城、六城并非专名，可以随时而异，但都近黄河而设，便于水运。

开成二年（837），以代州水运院离营田和发运处稍远，移院于振武。胜州可能是当时起运点，离振武较近，振武境内亦可能有营田。次年，水运使司空舆上报度支，以购置不便，仍移回代州。

（四）内蒙古河套的唐代屯田水利

河套屯田始于西汉，北魏亦有所经营。隋代亦大兴朔方水利。屯田之开，常浚渠引水，以保证灌溉。唐代凡军事要地开置军府，多有水利营田。全国共有屯田992处，分属司农等及州镇诸军。属司农的每20—30顷为一屯，属州镇的每50顷为一屯。皇家苑囿内亦有屯田，用善农者为屯官屯副，御史巡查，属司农的每年三月司农卿和少卿巡行，每年收获以土壤优劣和年成的好坏分三等定成绩；民营的收成以中等年成为收入的标准。需要用牛的屯田，土软易耕的，每1顷50亩给牛一头；坚硬难耕的，每1顷20亩给牛一头；稻田每80亩给牛一头。收获以粟及米为准，凡种杂粮如大麦、荞麦、干萝卜等都折成粟、米的斛斗计算。天宝八载（749）全国屯田收谷1913960石，其中关内道收563810石，河北道403280石，河东道245890石，河西道260088石，陇右道440902石。共占全国的2/3以上。

早在天授元年（690）娄师德为左金吾将军检校丰州都督，率军士屯田积谷数百万，军饷可以自给，不再靠和籴运饷。他还在灵州、夏州经营屯田。后来又被任命主管沿黄河上至今青海一带的营田水利。

1. 建中元年（780）浚陵阳渠的争议

安史之乱后，由于内忧外患，这一带的屯田水利日趋衰落。至建中元年（780），有浚丰州陵阳渠的争议，形成一次政潮。

《新唐书·地理志》载：“丰州九原郡……九原（丰州治所）……有陵阳渠，建中三年浚之以溉田，置屯，寻弃之。”

浚渠事《旧唐书·德宗纪》列于建中元年正月“浚丰州陵阳渠……三月……监察御史张著……弹（御史）中丞严郢浚陵阳渠匿诏不行，削郢官”。则此事在建中元年而非三年。其他有关文献亦记为元年。《新唐书·地理志》误，或记浚渠之事在三年仍进行。此事本末，《资治通鉴》有概括叙述。

德宗建中元年正月，宰相杨炎“独任大政……欲发两京、关内丁夫浚丰州陵阳渠，以兴屯田”。“京兆尹严郢奏：‘按朔方五城，旧屯沃壤之地，自丧乱以来，人功不及，因致荒废，十不耕一。若力可垦辟，不俟浚渠。今发两京、关辅人于丰州浚渠营田，计所得不补所费，而关辅之人不免流散，是虚畿甸而无益军储也。’疏奏，不报。既而陵阳渠竟不成，弃之。”

胡三省注“陵阳渠，在丰州九原县”。

朔方五城，严郢所指应为振武、天德二军及三受降城。

严郢奏疏有两次，其详细内容在《册府元龟》中有记载。当时政治背景是政局稍稳定，德宗初嗣位，奋发图强，加强北方边防。杨炎自道州司马直接被任为宰辅。他整顿财政，改唐代租庸调为两税法，颇有政绩。他的短处是刚愎、喜报恩仇。他主观上想解决北方边军的供应问题，但对于边事不甚了解，发京畿（今关中及洛阳一带）人丁赴边开渠屯田，民间骚动。京兆尹严郢曾在朔方工作，知道其中的利害，就详细统计了五城旧屯及募兵、仓储等具体情况，上疏说：

（1）原有水利屯田甚多，都荒废了，只要有人力耕种就可以了，不必开新渠：“按旧屯沃饶之地，今十不耕一。若力可垦辟，不俟浚渠。其诸屯水利，可种之田甚广，盖功力不及，因致荒废。”

（2）关辅百姓在本地营田，已费多收少。他计算说：“请以内园（似当作苑）植稻明之。上秦地膏腴，田称第一。其内园丁，皆京兆人，于当处营田，月一替，其易可见。然每人月给钱八千，粮食在外，内园使犹僦募不占（雇募不能满额），奏令府司集事（要官府出面强征人夫），计一丁岁当钱九十六千，米七斛二斗。计所僦丁三百，每岁合给钱二万八千八百贯，米二千一百六十斛。不知岁终收获几何。臣计所得，不补所费。”

（3）远至丰州屯田，更是入不敷出：“况二千余里（元和志：丰州南至上都1800里），发人出塞屯田，一岁方替，其粮谷从太原转饷，运直（即值字）至多。又每人须给钱六百三十、米七斛二斗，私出资费，数又倍之。据所收必不登（够意）本。”

（4）关辅因以空虚，与天宝以前不同：“而关辅之人，不免流散。是虚畿甸，而无益军储。天宝已前，屯田事殊。臣至愚，不敢不熟计。”严郢为京兆尹，发民丁事，首当其冲。

（5）严郢第二疏提出，贷款令当地军士屯田，有利无弊：“其五城军士，若以今日所运开渠之粮，贷诸城官田，至冬输之。又以所送开渠功直（工值）布帛，先给田者。至冬令据时估输谷。如此，即关辅免于征发，五城丰厚，力农辟田。比之浚渠，十倍之利也。”

杨炎不但不听，还认为他不积极发民浚渠，使御史张著弹劾他，结果削去其兼职“御史中丞”。到秋天，他又以旱请免租税，杨炎认为他奏报不实，降其为大理卿。

第二年卢杞为相，想陷害杨炎，提拔严郢为御史大夫共同诬陷杨炎。杨炎被贬为崖州司马，距任所百里被缢杀。不久卢杞又以他事构陷严郢，严郢亦遭贬谪而死。

从这一政潮中可看出：①丰州一带以前屯田水利发达，当时已衰落；②只要有人力，便可重新开发；③当时边境虚耗，兵、民人数俱少，兵士虽名额不少，但实际人数减少；④募内地民丁耗费太大，入不敷出；⑤还是补足兵额，以军屯为好。

2. 贞元中的开渠

陵阳渠虽失败，但北边浚渠屯田还是必要的。陵阳渠政潮后的一二十年中，内蒙古河套还是有所兴建。首先在贞元七年（791），夏州朔方县（在今陕西横山县西白城子）开延化渠，引乌水（红柳河支流，红柳河下游为无定河）入库狄泽，溉田200顷。乌水原名黑水，在朔方城（夏赫连勃勃故都统万城）东北。库狄泽为城北古大泽。

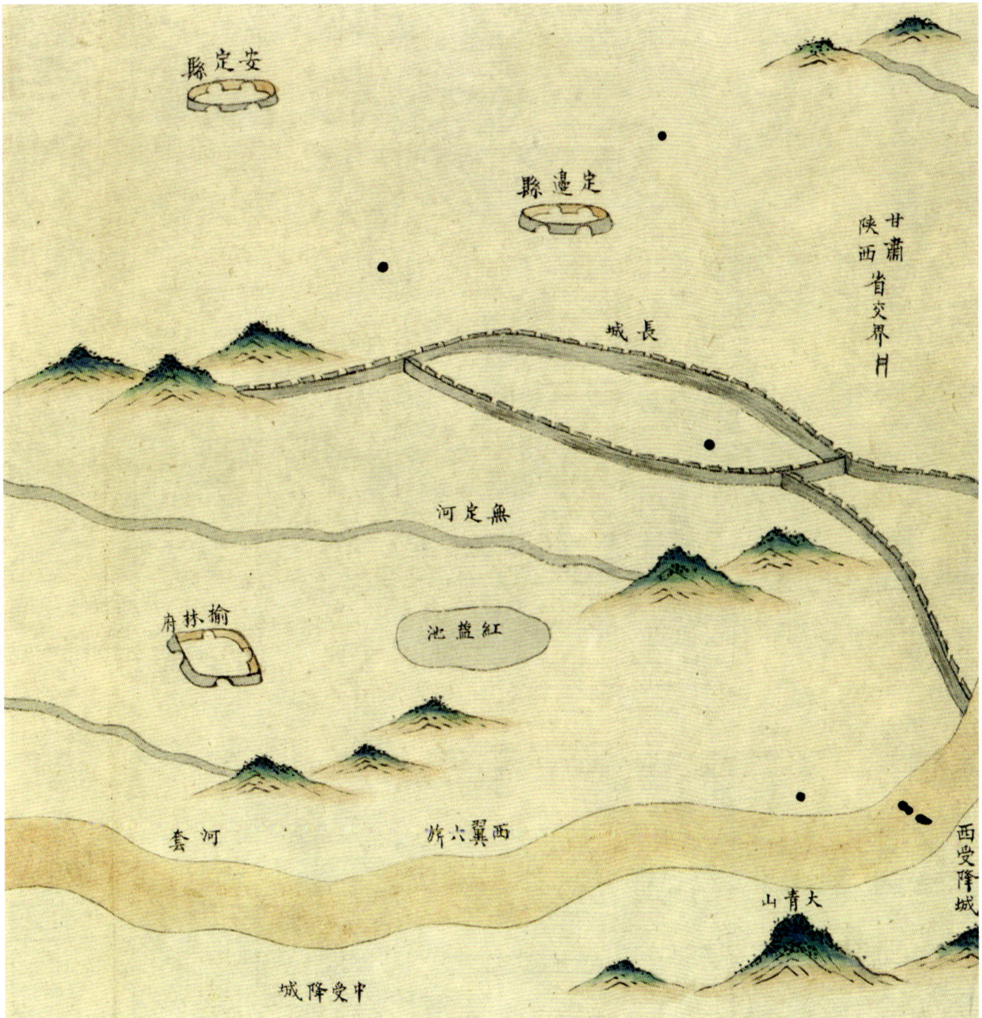

清中期《六省黄河埽坝河道全图》中的河套与无定河

更后数年，贞元十二年（796）九月，任李景略为丰州刺史兼御史大夫、天德军西受降城都防御使，捍卫北边。李景略至二十年正月卒于任，在任8年多。当时北边寒苦，土地瘠卤，边民穷困。他勤俭节约，政令严明，与边民同甘苦。2年后，仓库军械储备充实，雄冠北边。他曾开咸应、永清两灌渠，溉田数百顷。咸应渠不知具体在哪里，永清渠当由永清栅而得名。永清栅建置在天德军前，在天德城西南三里，当时为天德军屯兵所在。灌渠似为供应天德军兵丁而开。

3. 元和中兴时的河套屯田

唐宪宗元和时（806—820）发愤图强，渐次削平割据藩镇。计划加强北边边防。元和六年（811）十一月任李绛为相。第二年冬，他建议“振武、天德左右良田可万顷，请择能吏开置营田，可以省费足食”，得到宪宗的批准，遂令度支使卢坦筹划经费，推行营田。前后4年间开田4800顷，收谷40余万石，岁省度支钱20余万缗，边防因以加强。

详细过程，《新唐书·食货志》及《韩昌黎文集·送水陆运使韩侍御归所治序》中有叙述。

主其事者为振武京西营田和籴水陆运使韩重华。试点开始于元和六年冬，选取贪赃犯法的900多名囚徒，给他们农具和牛就近耕种，共垦田300顷。令其偿还所欠公粮40万石，派人指导耕作。其中可能包括灌溉系统的利用。他们连续两年丰收，除维持生活外，还偿还了欠粮，补充了军粮。到七年冬，他获准进一步开发，再募人为15屯，每屯130人，每人耕田百亩，每屯共耕100多顷，“令各就高为堡。东起振武，转而西，过云州界，极于中受降城，出入河山之际，六百余里。屯堡相望，寇来不能为暴，人得肆耕其中，少可以罢漕挽之费”。八年秋收成很好，一年省度支钱1300万（13000贯）。“六百余里，列栅二十，垦田三千八百余顷，岁收粟二十万石，省度支钱二千余万缗。”

两记载不尽相合，且有误字。当时是屯垦守边，所以要就高地立堡寨，便于守望存储。低地近黄河或其支流，便于灌溉。所谓“出入河山之际”。云州治云中（今大同），其西南境反在振武军东北境之西南。屯田大致从振武东北境，向西南穿过云州境再折而西，南依黄河，北接山丘，直到中受降城，曲折600多里。八年这一年，省公费钱13000贯。《食货志》所记垦田3800余里，“三”应为“四”，“里”应为“顷”。4800余顷应为六年至九年4年间的数字，即：

六年冬各试点共300顷

七年冬增15屯，共300+130×15=2250顷

八年冬共2250顷

合计4800顷

所指4800余顷即《通鉴》所记“四年之间开田四千八百顷”。4年中实种3次（六、七、八共3年）。《食货志》所记误为3800余里。岁收粟：实种3次中，后二年各收20万石，两年共40万石。每岁省公费20余万贯。《食货志》误将“二十”作“二千”。收粮20万石，省公费20余万缗。1石合1缗多。当时粮价并不这样高，可能是将原来未垦田时自外地的运费也算在内。

以上几个资料除错字外还要进一步解释：韩愈说囚徒900人耕种试点地，《食货志》说是300顷，较之后来的15屯，每人耕百亩，是每3人耕100亩；又韩愈说，两年的收获偿还了40万石，还有余。这样每年20余万石，每亩合计收7石以上。这可能由于精耕细作及地为熟地，水和土壤条件较好，同时囚徒待遇极低，节省费用。

增加15屯，每屯130人，据韩愈说这130人共种100顷，这一年只省公费13000贯。15屯耕地1500顷，每顷收益尚不及一贯，可能是因为：生地收成少；水利农具设施投资大；募民需要给工资。这一年共收20万石，主要还是原来的试点田。下一年仍是如此。

元和八年冬，韩重华到长安建议：①再开田4000顷，边地五城可以自给自足；②开田5000顷要用7000人（平均合每人70亩）；③练屯民成兵，一举两得，既耕且战。

主张这一方略的宰相李绛于元和九年二月被罢免。后来的当权者反对，这一建议未实行而罢。反对的理由可能是募民不可能成兵、民屯收益少（如严郢所说）。实际募民实边，开发这一带，费少而效大。

元和六年至九年推行屯垦时，高霞寓是丰州刺史，三城都团练防御使。十年，高霞寓改任他职。到十三年九月，他又为振武节度使，“浚金河，溉卤地数千顷”。似乎他仍推行屯垦政策。金河有两条，一在天德军之北，一在振武军治之北，即今呼和浩特市南之大黑河，下游入金河泊，自泊南入黄河，河口在东城附近。高氏所浚当为后者，振武军治所之县即金河县。十五年，高氏去任改官。

又《通典》记安北都护府境有呼延渠，不知何时所开，但应在贞元《通典》成书以前，当在中城附近。

《新唐书·食货志》又记。

元和末皇甫镈等当政，专务剥削人民，聚敛钱财，“天下营田皆雇民或借庸以耕，又以瘠地易上地，民间苦之”，专用募民或征丁，耕瘠田，夺上田。到穆宗即位（元和十五年，即820年），诏还营田原地，改以兵士耕垦。官收三分之二，兵仅得三分之一，效果是可想而知的。

大和初（827—836），由于灵武、邠、宁地广土肥而荒废者多，又立营田。下至大中十三年（859），毕減为邠宁节度使，招募军士开营田，每年收谷30万石，省度支钱数百万缗，供给河西走廊一带军粮，受到褒奖。

第五篇

其他有关黄河水利史研究

先秦时期有关山西水利的神话传说和记载

关于山西水利的古神话、传说和文献记载不少。本篇取材以《史记》《淮南子》所记为下限，这样可以保证它是先秦的资料。当然也有少量记载，笔者认为是先秦旧说，也同样采取。这些资料包括水旱灾害和治理、航运、农田水利、城市水利、盐池水利等方面。

一、冀州中土的水旱灾害和平治水土

九州即九丘，大水中之洲即小水中之丘。九州之名始于战国，而冀州则特别古老。《淮南子·地形训》载“正中冀州曰中土”，为九州之一。《左传》哀公六年（前489）引《夏书》曰：“惟彼陶唐，帅彼天常，有此冀方。”《山海经·海内经》记九丘有“陶唐之丘”，即冀州。冀州似有广狭两义。《楚辞·云中君》“览冀州兮有余，横四海兮焉穷”中的冀州泛指中土。《春秋·谷梁传》载，桓公五年“郑同姓之国也，在乎冀州”；《淮南子·地形训》载“少室太室在冀州”，虽系泛指，亦有指中原之意。《国语·晋语》中“冀州之土其无令君乎”的记载有指晋意。《吕氏春秋·有始览》载：“两河之间为冀州，晋也。”两河中，西河即秦晋间黄河，东河即先秦时在今无棣附近入海的北流黄河。晋国疆域东及今河北西半，西为山西全部。早期则限于山西，这是狭义的冀州。从“惟彼陶唐……有此冀方”来看，似狭义较为原始，晋国之先封于唐，应即陶唐之丘。泛指中土似引申义。我们可以认为较古之说冀州指晋，即指今山西。

（一）女娲与黄帝的神话

1. 女娲

冀州有很古老的水灾神话。《淮南子・览冥训》载：“往古之时，四极废，九州裂，天不兼覆，地不周载。火爁炎而不灭，水浩洋而不息……于是女娲炼五色石以补苍天，断鳌足以立四极，杀黑龙以济冀州，积芦灰以止淫水。苍天补，四极正，淫水涸，冀州平。”这可以解释为：九州裂是由于水淹大地并将其分为多数洲渚；古以霖雨不止为天漏，即“天不兼覆”，洪水泛滥即“地不周载”而多沉浸；“以济冀州”，据高诱注是“杀之以止雨”，济即霁，指雨止天晴。“以止淫水”，高诱注“平地出水为淫水”，即浸淫的水，焚烧水生植物芦苇等积灰以防潮湿。

河北涉县娲皇宫（2013年）

黄帝像

2. 黄帝与蚩尤

还有一个古老神话是黄帝在冀州战蚩尤，带来水旱问题。近人有黄帝和蚩尤是在今山西西南部作战的说法，并非全无根据。根据之一是冀州即今山西。

《逸周书·尝麦解》载："昔天之初，□作二后，乃设建典，命赤帝分正二卿。命蚩尤于宇，少昊以临四方……蚩尤乃逐帝争于涿鹿之河，九隅无遗。赤帝大慑，乃说于黄帝，执蚩尤杀之于中冀……用名之曰绝辔之野。"中冀即冀州。《山海经·大荒北经》载："有人衣青衣，名曰黄帝女魃。蚩尤作兵伐黄帝，黄帝乃令应龙攻之冀州之野。应龙蓄水，蚩尤请风伯雨师，纵大风雨。黄帝乃下天女曰魃，雨止，遂杀蚩尤。魃不得复上，所居不雨。叔均言之帝，后置之赤水之北，叔均乃为田祖。"

蚩尤是泽居人的领袖或神，这段神话中包括古代旱涝为灾两种问题。应龙攻蚩尤，应龙的传说很多，但解释为堰垄也可说得通。《广雅·释鱼》"有翼曰应龙"，指堤堰两侧有边坡似翼。"应龙蓄水"指堰垄限制泽水的浸淫泛滥，或拦水使不入泽。蚩尤作大风雨则堤堰将冲毁，所以又有女魃下降之说。旱魃致旱流传极久。中冀先有蚩尤、应龙之雨水，后有旱魃之旱灾。后置旱魃于北方，田地始可耕种。

《楚辞·天问》："应龙何画？河海何历？"意为堤堰设在哪里？河海经过哪里？《山海经·大荒东经》载："有山名曰凶犁土丘，应龙处南极，杀蚩尤与夸父，不得复上，故下数旱。旱而为应龙之状，乃得大雨。"堤堰筑在沼泽地，其上无处蓄水，故旱。高地旱时筑堤堰就可蓄水。又《大荒北经》载："应龙已杀蚩尤，又杀夸父，乃去南方处之，故南方多雨。"夸父意为山泽蒸腾之五颜六色的气体，与皋比（虎皮）相似。泽涸则气消，所以说应龙先杀蚩尤，后杀夸父。

又应龙合音则为雍（急读如今之拼音）。《周礼·秋官》有官名雍氏，职掌是"沟渎浍池之禁，凡害于国稼者。春令为阱，擭、沟渎之利于民者。秋令塞阱杜擭；禁山之为苑，泽之沉者"。阱是深陷阱，擭是浅阱内置尖木或竹以伤落阱之兽。"泽之沉"是投毒于池泽毒鱼及水虫。雍即壅塞之壅。

（二）实沈、台骀的神话

1. 实沈

《左传》昭公元年（前541）晋平公有病，占卜的结果是"实沈，台骀为祟"。郑子产说："昔高辛氏有二子，伯曰阏伯，季曰实沈，居于旷林，不相能也，日寻干戈以相征讨。后帝不臧，迁阏伯于商丘，主辰，商人是因，故辰为商星；迁实沈于大夏，主参，唐人是因，以服事夏商，其季世曰唐叔虞……及成王灭唐而封（其弟）大叔焉，故参为晋星……实沈参神也。"

实沈以字义言为多财之低地、沼泽，阏伯为堤堰之大者，所以二者有矛盾。大夏之墟即唐地亦即晋地，最初在今山西西南部，为多水及沼泽地区。

2. 台骀

子产又说："昔金天氏有裔子曰昧，为玄冥师，生允格、台骀。台骀能业其官，宣汾洮，障大泽，以处大原。帝用嘉之，封诸汾川。沈、姒、黄实守其祀。今晋主汾而灭之矣。由是观之，则台骀汾神也（亦作汾洮之神也）。"又说此二者皆"山川之神"。

玄冥为古代相传之水官，师即官长。台骀能治水，疏浚汾洮，筑大泽堤防，开发"大原"。汾即汾河。据《水经·涑水注》载，涑水出谷至周阳与洮水合。洮水"源东出清野山，世人以为清襄山也。其水东径大岭下，西流出，谓之唅口，又西合涑水……然则涑水殆亦洮水之兼称乎”。清人董祐诚谓洮水出今绛县横岭山烟庄谷。山在闻喜县东南90里，跨绛县、垣曲。在闻喜县的叫小横岭，在绛县的名大横岭，在垣曲西北的叫清廉山。清廉、清营、清野、清襄都是横岭山。涻口即烟庄谷口。今地图中有泠口，不知与涻口有关否。

洮水实涑水之南源，下游亦可称洮水（又涑与洮音义俱可通，声韵可通转，义均为洗濯）。涑水为晋西南大河，所以汾洮并称。台骀或曾主持疏通，死而为汾洮之神。

大泽可泛指一较大之泽，亦可解为专名。《山海经·北山经》载：“景山，南望盐贩之泽，北望少泽。”郭璞谓盐贩之泽即解县盐池。其北别有少泽。少即小，则大泽或即指盐泽。盐泽筑堰拦客水，起源甚古。这一神话或即指此事。后世地方志谓台骀泽在今太原城西南晋祠之东数里，已涸。“大原”旧说即指今太原市附近，唯距晋西南较远。晋西南又别有大原，旧说亦纷纭不一。

（三）大禹治水的传说

传说禹治水足迹遍及全国，较早的说法中涉及山西的亦不少。传说帝尧都平阳（今临汾），帝舜都蒲坂（旧蒲州）。相传尧时洪水滔天，“浩浩怀山襄陵”。都城所在自亦不免，且应为治水兴工最早的地区。

《墨子·兼爱中》叙禹治水在今山西或其邻省，是目前可见的较早记载。但文字古奥，又流传错讹，不能尽懂。原文是“古者禹治天下：西为西河渔窦，以泄渠孙皇之水；北为防原派，注后之邸，嘑池之窦，洒为底柱，凿为龙门，以利燕代胡貉与西河之民；东方漏之陆，防孟诸之泽，洒为九浍以楗东土之水，以利冀州之民”。

西河指晋陕间黄河。“渔窦”字有讹误，不可解,清人孙诒让谓其为渭字之讹，“渠孙皇”为蒲弦泽之讹。《周礼·职方氏》载雍州之薮为弦蒲，在汧水上游之旁。孙氏以“渠孙皇”即蒲弦泽，既破字又颠倒弦蒲。

笔者认为这或者是指晋西南，古大夏地区的情况。渔窦即涑渎。渔、涑声韵都可通转，古多以音近假借，所以渔可能是涑。涑水流域古似多沼泽如盐池、五姓湖及古董泽等。《左传》成公六年（前585），晋人谋迁都，诸大夫皆曰：“必居郇瑕氏之地，沃饶而近盬。”杜预注：盬即指盐池。古时郇、荀、孙三字常通用，所以荀卿又作孙卿、郇卿。渠音与盐音相近（声均系牙音，韵为鱼虞，稍有洪细不同）。又瑕字古音与假可通借，亦可

大禹图
（山东嘉祥县武氏祠汉石画像）

转为渠。《水经·涑水注》谓郇在解城东北24里，瑕城在解县西南5里。又春秋时解东南有桑城，《墨子》之“皇”或即指“桑泉”。则渠孙皇为瑕郇桑，均在今运城境，正涑水下游湖泽区。

“防原泒”，防指堤防，原、泒似皆水名。泒水已湮，遗迹仅今唐河上游一段。笔者认为原即《水经注》之原公水，在今汾阳县境，下游入汾水西岸之文湖。文湖又即文水下游，文水即今文峪河，为汾水西岸较大支流。原、文音可通转，所谓原水者应指整个文水而言。泒水疑即汾水，汾有溢音与泒音可通转。《墨子》之泒可能即汾。

“后之邸”，孙诒让以“后”字为“召”之误。召之邸即《周礼·职方氏》等古籍之昭余祁。“余”和“之”、“祁”和“邸”俱可通转。《汉书·地理志》太原郡“邬县”条载：“九泽在北，是为昭余祁，并州薮。”《水经·汾水注》载：“汾水于县（大陵县，在今文水县北）左迤为邬泽。《广雅》曰：‘水自汾出为汾陂。’其陂东西四里，南北十余里。陂南接邬（邬县在今介休市东北）。《地理志》曰：九泽在北，并州薮也。《吕氏春秋》谓之大陆，又名之曰沤洟之泽，俗谓之邬城泊。”许慎《说文》谓邬作溤，为水名，其支流有侯甲水，流经祁县故城（在今祁县东南

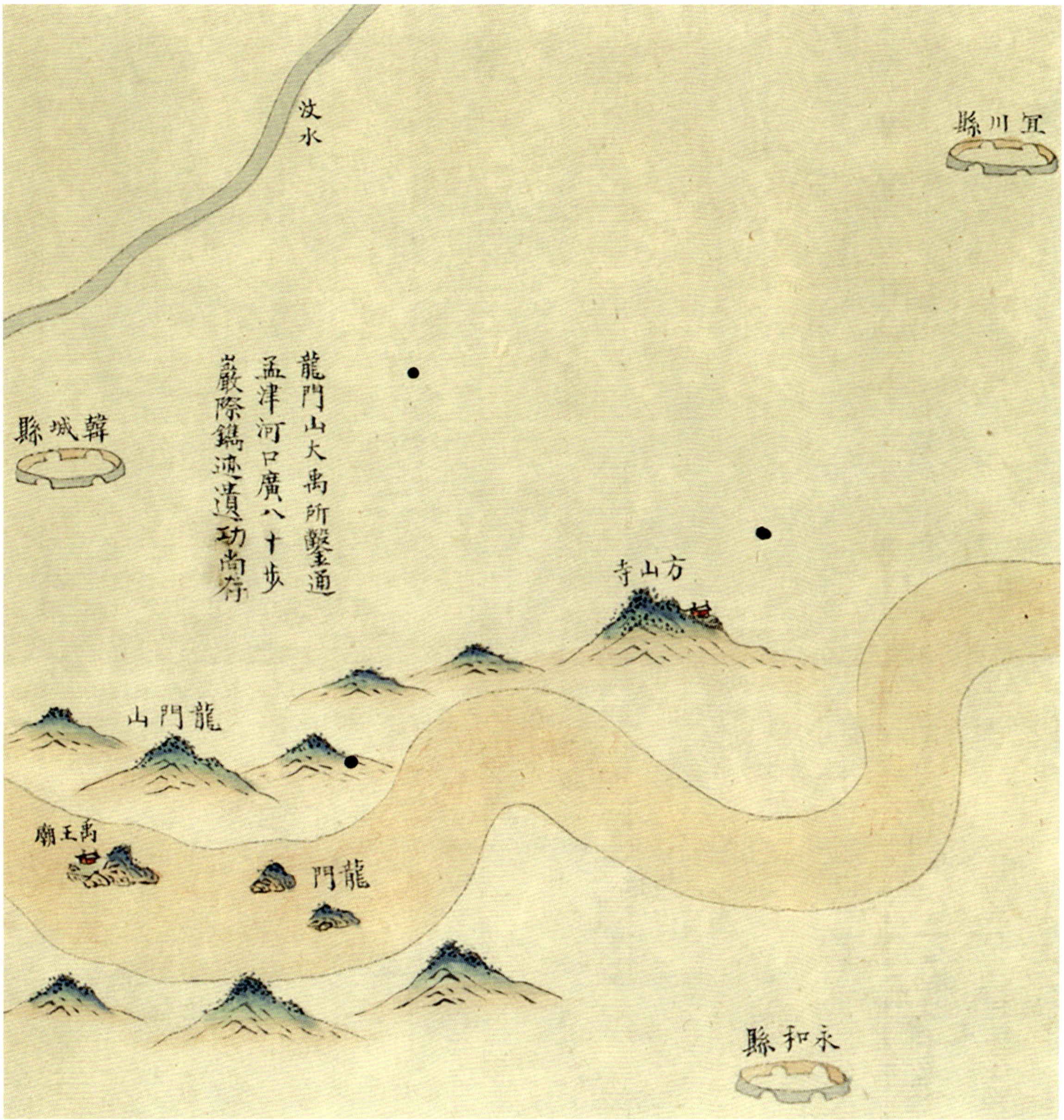

清中期《六省黄河埽坝河道全图》中的龙门

5里）南，自县连延西接邬泽，是为祁薮，即《尔雅》所谓昭余祁。

九泽当是一连串沼泽。旧说北自祁县南至介休、汾水之东为古昭余祁泽，与汾水通连，对岸为文水下游之文湖。《水经·文水注》载：“又南径兹氏县（今汾阳南）故城东为文湖，东西十五里，南北三十里，世谓之西湖（《元和郡县图志》谓‘一名西河泊’），在县直东十里。湖

禹门口上游峡谷（2016年）

壶口瀑布（2020年）

之西侧，临湖又有一城，谓之潴城。水泽所聚谓之都，亦曰潴，盖即水以名城也。”夹汾东西为大片沼泽地，吞吐汾、文二水，总名召之邸。河湖有相应堤防，即“防原派，注后之邸”。

禹所治尚有“嘑池之窦”，即嘑沱河。《礼记·礼器》作“恶池”，池、沱声韵可通转。嘑又作虖、呼、恶等，皆音相近通用。“洒为底柱”，谓黄河自三门分流而过；“凿为龙门”古说今河津市西北之黄河龙门系禹所开凿，以泄洪水者。《水经·河水注》引《淮南子》，“龙门未辟，吕梁未凿，河出孟门之上，大溢逆流。无有丘陵、高阜灭之，名曰洪水。大禹疏通，谓之孟门”。孟门即龙门之上口。又《水经·河水》曰“南出龙门口”。《注》曰：“昔者大禹导河积石，疏决梁山，谓斯处也，即经所谓龙门矣。《魏土地记》曰：梁山北有龙门山，大禹所凿。”古说，禹所凿龙门在今河津市西北，孟门在今吉县西北，壶口之上。吕梁在晋西北，清人谓指河曲县西南之天桥峡。

“漏之陆”，清人解为排泄大陆泽；“防孟诸之泽”，孟诸在今河南东部；“洒为九浍”是指禹疏九河。这几处均不在今山西境。“楗东土之水，以利冀州之民”，上三项水在东土。黄河下游，或排或防，以利冀州中土，则认为治下游以利中游。

（四）黄河山崩造成水灾

春秋时山西黄河似有两次山崩，一在僖公十四年（前646），一在成公五年（前586）。

1.《春秋》经“（僖公）十有四年……秋八月辛卯沙鹿崩”

《左传》载：“沙鹿崩，晋卜偃曰：期年将有大咎，几亡国。”次年晋惠公与秦穆公交战，晋败，惠公被俘。这里说明沙鹿在晋地。《公羊传》载：“沙鹿者何？河上之邑也。此邑也，其言崩何？袭邑也。沙鹿崩，何以书？记异也。外异不书，此何以书？为天下记异也。”《谷梁传》曰：“沙鹿崩。林属于山为鹿。沙，山名也，无崩道而崩，故志之也。其日，重其变也。”三传解释不同，但同以为重要事故。左氏以为在晋地，公、谷不详所在。

杜预注《左传》，谓沙鹿土山名，在元城（在今河北大名县东）东，为晋地。但当时元城为卫地，不属晋；孔颖达《正义》以杜说是根据西汉人的说法。《汉书·元后传》记孝元王皇后的祖父王翁孺自东平陵（今山东济南市东）迁居元城。“元城建公曰：昔春秋沙鹿崩，晋史卜之曰：阴为阳雄，土火相乘，故有沙鹿崩。后六百四十五年宜有圣女兴……今王翁孺徙，正值其地，日月当之。元城郭东有五鹿之虚，即沙鹿地也。后八十年当有贵女兴天下云。”此说显系西汉末王莽当政时，有人托为谶纬以媚王莽者。清人已指出其为附会不实。晋史所卜，没有这种预言，王后亦非兴天下之女。但由此流传以沙鹿为元城郭东之五鹿之墟。《水经·河水注》记元城“郭东有五鹿墟，墟之左右多陷城”，用以解释《公羊传》陷城之说。又记元城县北有沙丘堰，用以拦水。

各说都以沙鹿在黄河上，当可信。《谷梁传》杨士勋疏：“梁山崩（详下）亦壅河。不书壅河者，举山崩为重故也。”应是沙鹿之崩为灾不大，所以传无壅水之说。

是时晋地尚未扩展到山西北部，西河自孟门以下又无此种形势。唯晋豫界处，砥柱以下有山峡，古谓之阙流，山崩有可能，崩亦不为大灾。

沙可读如娑，与阙字声韵俱可通。鹿字与流字音稍转即相近，则沙鹿似即阙流。《水经·河水注》记这段黄河“翼岸夹山，巍峰峻举，群山叠秀，重岭干霄”。郑玄按：“《地说》：河水东流贯砥柱，触阏流，今世所谓砥柱者，盖乃阏流也。砥柱当在西河，未详也。”郦道元按：“郑玄所说非。自西河当无山以碍之。自砥柱已下，五户已上，其间一百二十里，河水竦石杰出，势连襄陆，盖亦禹凿以通河，疑此阏流也。其山虽辟，尚梗湍流，激石云洄，澴波怒深。合有一十九滩，水流迅急，势同三峡，破害舟船，自古所患……魏景初二年（238）二月，帝遣都督沙丘部监运谏议大夫寇慈帅工五千人，岁常修治，平河岨。晋泰始三年（267）正月，武帝遣监运太中大夫赵国、都匠中郎将河东乐世帅众五千余人修治河滩，事见五户祠铭。虽世代加功，水流湍济，涛波尚屯……故有众峡诸滩之言。五户滩名也，有神祠，通谓之五户将军，亦不知所以。”

所描述情况，颇似曾崩岸。五户滩名，与元城五鹿音读相近，西汉预言即牵合为一。魏景初二年遣“都督沙丘部”沙丘部似人名，亦似寇兹官衔，为沙丘段的都督。或“沙丘部监运”相连，可解为沙丘段的运输。如此则阏流段，魏尚称为沙丘。姑存疑，待再考。

2.《春秋》成公五年（前586）夏“梁山崩”

《左传》记：“梁山崩，晋侯以传召伯宗。”传是驿车，可以速行。伯宗路上遇到一个绛（晋都）地人对他说：山崩川竭，一国之君应当减损费用，礼祀山川。《公羊传》载：“梁山者何？河上之山也。梁山崩何以书？记异也。何异尔？大也。何大尔？梁山崩，壅河三日不流。”《谷梁传》载：“梁山崩，不日何也？高者有崩道也。有崩道则何以书也？曰：梁山崩，壅遏河三日不流。晋君召伯尊而问焉。”伯尊即《左传》之伯宗。下文亦记遇绛人事而稍异。

《国语·晋语》记此略同《左传》。梁山在今陕西韩城东南19里。山崩壅水三日不流，又值夏季，似已成灾。

（五）智伯瑶引晋水灌晋阳城

晋水发源于悬瓮山下晋祠内，东流，自晋阳城东入汾水。晋阳城在今太原市西南，东临汾水。春秋末年赵简子筑晋阳城。战国初年魏、韩、赵三家共灭智氏，有智瑶先引晋水灌晋阳城事。《国语》《战国策》及诸子书多记其事。赵襄子素与伯有隙，当时晋国四卿，智伯为首，向韩、赵、魏索要土地，韩魏都给了他，赵襄子拒绝。晋出公二十年（前455）智伯帅韩魏之兵攻赵氏，赵襄子奔晋阳固守。

《战国策·赵策一》载："三国之兵乘晋阳城，遂战。三月不能拔，因舒军而围之，决晋水而灌之。围晋阳三年，城中巢居而处，悬釜而炊。"《资治通鉴》综合各记载记为："（晋阳）城不浸者三版，沈灶产蛙，民无叛意。智伯行水，魏桓子御，韩康子骖乘（《战国策·秦策四》作'韩康子御，魏桓子骖乘'）。智伯曰：'吾乃今知水可以亡人国也。'桓子肘康子；康子履桓子之跗，以汾水可以灌安邑，绛水可以灌平阳也。"赵襄子使张孟谈暗与韩魏谈判，指出赵亡，韩魏也会被智氏吞并。于是三家约定日期反攻智伯军。"襄子夜使人杀守堤之吏，而决水灌智伯军。智伯军救水而乱，韩魏翼而击之，襄子将卒犯其前，大败智伯之众，遂杀智伯，尽灭智氏之族。"

这次攻晋阳城是筑堤引晋水。晋水两岸应有一段堤防，环城四面有堤防蓄水。引晋水应有人工渠道和拦河堰坝。城墙不浸者三版，用夹板筑土墙，一版宽2尺，三版高6尺。当时尺较小，约合今市尺6到8寸。"沈灶产蛙"，"悬釜而炊"，是由于城四周水位高，城内地下水位上升的结果（也可能有一部分入城）。水大决入城则城不能存。城外水深，据汉人说："天子之城高九仞，公侯七仞，伯五仞，子男三仞。"8尺为仞（一说7尺），若以7仞计算等于56尺，减少三版为50尺。按每尺合今7寸计算，合今35尺，约为12米。若以城高5仞，每仞7尺计算，为35尺，减去6尺为29尺，合今约20尺，为6米多。二数平均，约略估计则城外水深在10米左右，所筑蓄水堤防高在10米以上。

汾水灌安邑，绛水灌平阳。今本《战国策》原文如此，但古安邑在今夏县西北，离汾水很远。绛水据《水经·浍水注》为浍水支流，又名白水，"水出绛山东"，在今绛县北。"西

《春秋列国志传》插图之智伯决水灌晋阳

北流注于浍”，在今曲沃东南。绛水与平阳（在今临汾市西南，汾水西岸）相距亦不近。所谓汾灌安邑，绛灌平阳均不可解。后人强为解释均不甚通。且《战国策》今本所载，后世亦有差异。清人所校《水经注》，浍水篇所引“汾水可以浸安邑，绛水可以浸平阳……余睹智氏之谈矣，汾水灌安邑或亦有之，绛水灌平阳未识所由也”，系据《战国策》、《史记》、《括地志》及《资治通鉴》胡三省注等改正。《永乐大典》本《水经注》原作：“汾水可以浸平阳，绛水可以浸安邑……余睹智氏之谈矣，汾水灌平阳或亦有之，绛水浇安邑，未识所由也。”安邑、平阳互倒。

《资治通鉴》胡注引《水经注》，所见郦书与清人所校相合，《永乐大典》本有误。但《梁

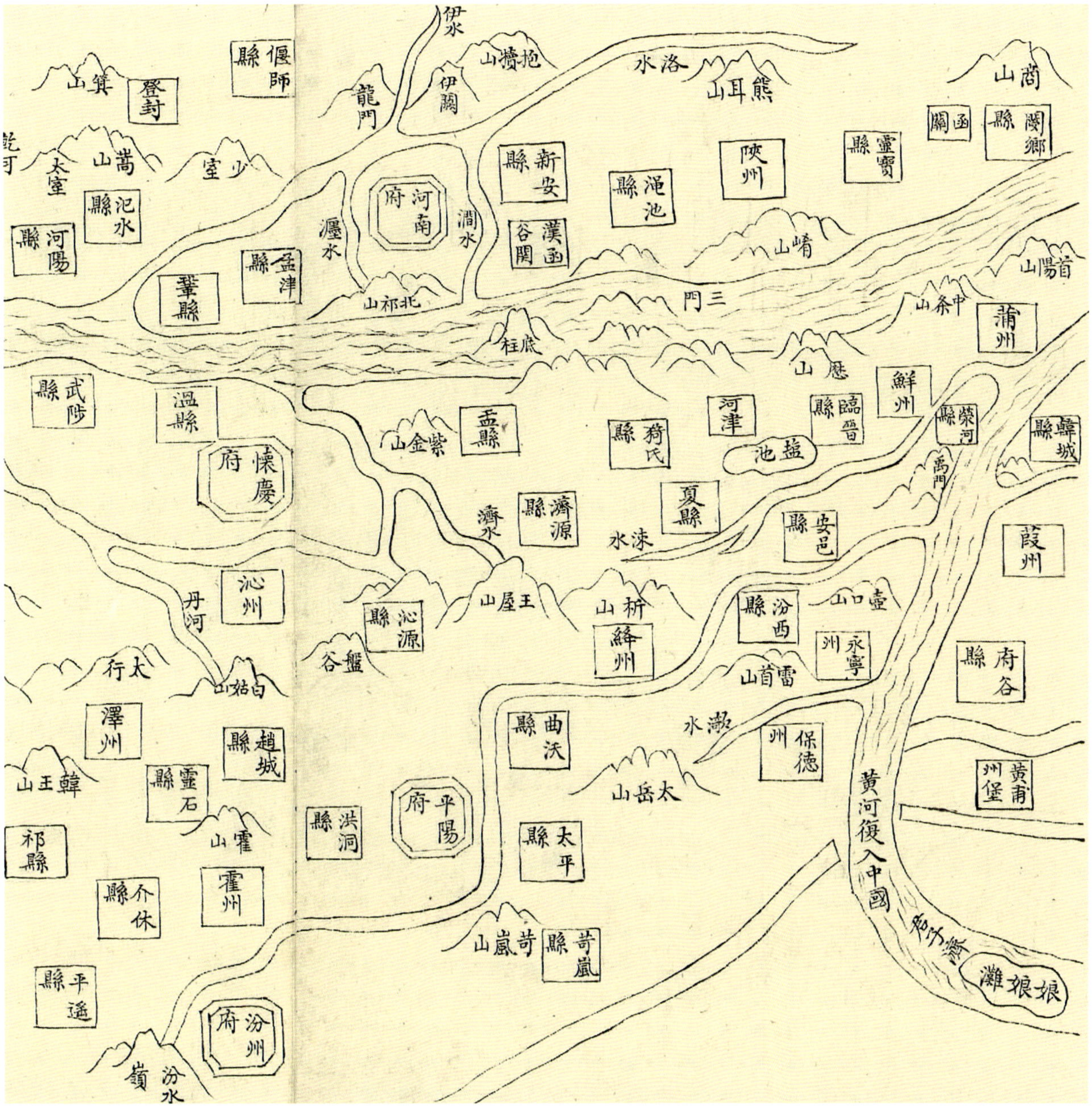

《河防述言》黄河全图中的汾水、涑水与平阳府

书・韦叡传》记韦叡堰肥水灌合肥城，曾说“吾闻汾水可以灌平阳，绛水可以灌安邑，即此是也”。似他当时所见古籍与《永乐大典》本《水经注》相同，与今本《战国策》《史记》俱不合。韦氏又在胡氏之前。

若为“汾水可以灌平阳”，自易理解；“绛水可以灌安邑”，仍费解。故郦道元谓“未识所由”。清人顾祖禹谓“绛水”指“涑水”，似亦无确证，仅据地方志所记。

以二城所邻河水说，古安邑城南有盐水。《水经注・涑水注》曰：“（盐水）出东南薄山，西北流径巫咸山北。《地理志》曰：山在安邑县东南……其水又径安邑故城南，又西流注于盐池。”水自夏县南出中条山，又名巫咸河，后又名姚暹渠，以水入盐池太多，即不能成盐，筑堰障水，导水自盐池北入五姓湖，会涑水。颇疑“盐水”或“盬水”之误，音可通绛，即绛水。

平阳东临汾水，南临汾水支流平水，以在平水北，故名平阳。以智伯引晋水不壅汾水，似当时筑汾水拦河堰，技术上有困难。以此类推，如果筑堤拦汾水灌平阳，不如引平水更易实现。

北宋初年（开宝二年，即969年）宋太祖伐北汉围太原城（即晋阳城），春末筑长堤壅汾水，又引晋水灌城，共围了3个月也未破城。

二、灌溉和航运

据《水经·晋水注》，晋水源头在晋祠内汇为池沼，流出分为二派。北派即智伯故渠，地势较高，东北流入晋阳城郊，灌田；东南出城入汾水。南派则为晋水旧道，经晋阳城南入汾。这是古代较早的灌渠。此外，古籍所载尚有以下几种。

（一）《周礼·职方氏》所记之薮、川、浸

职方氏，官名，掌管全国地图。《周礼·职方氏》篇中记九州主要山、泽薮、川、浸、物产、男女人口比例、家畜及农作物。其中与今山西有关者为冀州及并州，与水利有关者为泽薮、能航行之川、有灌溉之利的浸。

1. 冀州

“其泽薮曰杨纡，其川漳，其浸汾潞。”

泽薮为动植物丛生聚居之地。杨纡，后人解释不一。《吕氏春秋》作“晋之大陆”“赵之巨鹿”；高诱注巨鹿即广阿泽，广一作黄。《尔雅·释地》记“晋有大陆”，郭璞注“今巨鹿北广河泽是也”。广阿或黄阿，与杨纡音可通转。另一说是《左传》定公元年（前509），魏献子田于大陆，杜预注以为大陆是吴泽，在今河南修武县西北，北接山西。《水经·清水注》亦主此说，谓“修武城西北二十里有吴泽水，陂南北二十许里，东西三十里”。这可能是《吕氏春秋》所指的“晋之大陆”。

又沁水中游右岸今阳城县西北汉有阳阿县，西有濩泽水，发源于濩泽城西，东经濩

泽。《墨子》记“舜渔濩泽”。又东经濩泽县南，下游有支流清渊水、阳泉口水、上涧水。阳泉口水发源西北，东经古阳阿县南，东流有支流墨岭水，合注濩泽水。沁水更南流，东岸有阳阿水注入。这一地区似亦多水有泽，阳阿与杨纡音通。笔者认为杨纡也可能指这里。

“其川漳”，川是能通航的河流。漳水应指清、浊二河汇合后之河道，也可能指清漳。

“其浸汾潞”，浸是有灌溉之利的水体。汾即汾水。潞水即浊漳。浊漳中游及汾水中下游多古灌区。

2. 并州

在正北，指今山西北部、河北西北部及内蒙古东南部。“其泽薮曰昭余祁，其川虖池、呕夷，其浸涞、易。”昭余祁及滹池均详上文。涞、易即河北省之拒马河及易水，有古督亢灌区。呕夷水则颇有异说。

呕字据《释文》读乌侯切，一读驱。郑玄注：“呕夷，祁夷与？出平舒。”《汉书·地理志》曰：“参合、平舒，祁夷水北至桑干入沽。”沽字据清人考证为治字之讹，汉代桑干河名治水。所谓祁夷水即壶流河。但壶流河仅为一小水，不足当并州大川。《汉志》又谓“灵丘，滱河东至文安入大河。过郡五，行九百四十里，并州川。”滱河即今唐河。《说文》谓“滱水即沤夷水，并州川也”。《水经注》亦谓“即温夷之水”，清人校改“温”为“沤”。后人多从此说，谓呕夷即滱水。

笔者认为呕夷水即治水，今之桑干河。《汉志》载：“雁门郡……阴馆……累头山，治水所出，东至泉州入海。过郡六，行千一百里。”颜师古注“治音戈之反”。又《汉书·燕剌王传》作台水，台有怡义。以音读言，呕若读乌侯切，则呕夷合音急读即怡音，呕夷水即治水。治水后又名湿水、漯水、洟水等，皆音读之通转。

又如呕读驱音则呕夷、祁夷合音相同，古或以壶流河为治水源。又《水经·汾水注》谓昭余祁又名“沤洟之泽”，沤读驱音，沤洟合音为祁，即祁泽。

（二）《禹贡》所载之航道

汾河大规模航运的记载，始见于《左传》僖公十三年（前647）。这年冬晋国大饥荒，向秦籴大量米粮。“秦于是乎输粟于晋，自雍及绛相继，命之曰泛舟之役。”秦都雍在今陕西凤翔南，绛为晋都，在今山西翼城南。水道运输是溯渭水至黄河，再溯黄北上入汾水，由汾水、浍水至绛。“相继”指舟船络绎不绝，规模不小，是在冬春水小时行运。

《禹贡》以冀州为中央政权所在地，四方贡赋都可由水道运至黄河输纳。《禹贡》分全国为九州，河内冀州为中枢所在。济、河之间是兖州，可由济水、漯水通黄河；海及泰山之间是青州，可由汶水通济水至黄河；海、泰山及淮水之间是徐州，可由淮水、泗水，经过菏水，由济水通黄河；淮水及海之间是扬州，可顺长江转海道通淮水、泗水再转黄河；荆山至横山之南是荆州，可由江、汉等干支流，转一段陆运至洛水通黄河；荆山及黄河之间是豫州，可由洛水通黄河；华山之南，西及黑水是梁州，可由嘉陵江转陆路至汉水，再转陆路入渭水至黄河；山陕间黄河西至黑水是雍州，可自积石山顺黄河至山陕及渭水入河处。

三、城市水利（附盐池水利）

《管子·度地》论修建大城市、都邑必靠山近水。水体应有三级：一是大泽或直流入海的大河，二是河支流（川），三是城市内供水排水渠道。渠道通支流，支流入大河，都邑多在支流入大河处。所谓水内之汭，即干支流相交之锐角内。如春秋晋先都故绛（在今翼城东南），南临浍水，北有一支流；后迁新田（亦称绛，在今侯马市郊），在浍水入汾处，西近汾，东南近浍。韩、赵、魏三卿都邑：韩在平阳，东临汾水，南接支流平水；魏在安邑，在涑水及支流之间；赵在晋阳，东临汾，南临晋水。

（一）春秋时晋迁新田

《左传》成公六年（前585），记晋都由故绛迁新田时的选择。大多数大夫主张迁“郇瑕氏之地”，理由是“沃饶而近盬，国利君乐”，即地近盐池，物产丰富。韩厥反对众说，主张迁新田。他说“郇瑕氏土薄水浅”，即地下水位太高，地潮湿，排水不畅，民易多病。“新田土厚水深，居之不疾，有汾、浍以流其恶。”即地较高，排水排污容易，居民不易得病。又驳“国利君乐”说：“山泽林盬，国之宝也”，富饶处“则民骄佚”，“近宝，公室乃贫”。意思是谋生容易，人们不肯勤奋务农，最终反致衰弱贫穷，不能如新田之可以久居。

山西运城市盐池（2016年）

运城池神庙（2016年）

（二）盐池水利

山泽林盬，国之宝也。川泽之利除《周礼·职方氏》所记外，《左传》宣公十二年（前597），晋楚战于邲，晋将魏锜曾提到“董泽之蒲，可胜既乎”。据杜预注，董泽为“泽名，河东闻喜县东北有董池陂”。《水经·涑水注》：“涑水西经董泽陂南，即古池，东西四里，南北三里。《春秋》文公六年蒐于董泽，即斯泽也。”清人谓在闻喜县东北40里，大约在今东镇附近。泽产蒲柳，可为箭杆。“可胜既乎”，谓用之不尽。董泽应是当时的著名泽薮，蒲可为箭，也从一方面说明泽为国之重要资源。

1. 盐池

盐池也是泽，晋南盐池古有专名，产盐。为当时晋国极重要资源，颇著名。《吕氏春秋·本味》载“和之美者……大夏之盐”，说明当时最好的烹饪佐料有这里所产的盐。大夏是指晋西南。

《水经·涑水注》记今运城南“有盐池。上承盐水，出东南薄山，西北流径巫咸山北。《地理志》曰：山在安邑县东南……其水又径安邑故城南，又西流注于盐池。《地理志》曰：盐池在安邑西南。许慎谓之盐监（二字今《说文》作盬），长五十一里，广六里（今《说文》作里），周一百一十四里（今《说文》作六里），从盐，古声……今池水东西七十里，南北十七里，紫色澄渟，浑而不流。水出石盐，自然印成。朝取夕复，终无减损。唯山暴雨澍，甘潦奔迭（泆），则盐池用耗。故公私共堨水径，防其淫滥。故谓之盐水，亦为（谓）之堨水也。故《山海经》谓之盐贩之泽也……池西又有一池谓之女盐泽，东西二十五里，南北二十里（后名硝池），在猗氏故城南……‘沃饶近盬’服虔曰：土平有溉曰沃，盬，盐池也（原讹作盐监也）。土人乡俗引水裂沃麻，分灌川野。畦水耗竭，土自成盐，即所谓咸鹾也，而味苦，号曰盐田。盐盬之名，始资是矣”。

所述盐味苦是解释“盬”的得名；盐池怕雨涝，筑堰拦客水泛滥，后代亦如此。元魏开永丰渠，隋改为姚暹渠；引客水西入五姓湖，不使入池。历代修拦水堰防山水者不少。堰内环池又有墙，曰禁墙，疑春秋时已有之。

《左传》文公七年（前620），晋自东向西御秦兵，“及堇阴……戊子败秦师于令狐”。又文公八年（前619），“先克夺蒯得田于堇阴”。令狐为汉猗氏县，在今临猗县南，运城之西。堇阴在令狐之东，则在运城附近。颇疑堇即堨音稍转。堇同墐，训涂塞，训黏土，又训沟上道路，义皆与堰堨相近。后代之禁堰或禁墙，禁或即堇音讹转。堇阴即禁堰以北地。

2. 盐池与蚩尤的神话

北宋王禹偁《小畜外集》卷七《盐池十八韵》：“涿鹿城虽近，蚩尤血若何？”原注“世相传，皆云：盐池是蚩尤血，又有□□史传不载。盐池水有时一如□□”。

此等神话，北宋记载不少。沈括《梦溪笔谈·辩证一》曾解释筑堤堰防客水入池的理由：“解州盐泽方百二十里。久雨，四山之水悉注其中，未尝溢；大旱未尝涸。卤色正赤，在版泉之下，俚俗谓之蚩尤血。唯中间有一泉乃是甘泉，得此水然后可以聚。人（又字之讹）其北有尧梢（原注：音消）水，一谓之巫咸河。大卤之水不得甘泉和之不能成盐，唯巫咸水入，则盐不复结，故人谓之无咸河，为盐泽之患。筑大堤以防之，甚于备寇盗。原其理，盖巫咸乃浊水，入卤中则淤淀卤脉，盐遂不成，非有他异也。”

王禹偁记附近有涿鹿城，沈括记有版泉，皆与蚩尤神话有关。沈氏所记之尧梢水即姚暹河之音讹；害卤客水不只是无咸河，防水堤堰亦有多处；害卤原因亦不纯由于淤淀。

顾炎武《天下郡国利病书》卷四十八引《运司新志》记，今安邑“县南二十里，距盐池二里许有蚩尤村。相传黄帝杀蚩尤，身首异处，故别葬于此，而其迹曰泯”。这一传说也逐渐少了。

西门豹引漳灌溉

有明确记载的中国古代大型渠系引水灌溉，以引漳的西门渠为最早，在战国初期，公元前5世纪后半期。西门渠原无专名，或称西门所为渠，或称漳水十二渠，后人简称为西门渠。现为叙述方便，采用这一名称。见于记载的大型灌区，旧说以安徽寿县的芍陂（安丰塘）或河南固始的期思陂为最早，但为大型塘堰，不是引河水的渠系工程。西门渠在当时的邺。邺城遗址在今河北省临漳县西南的邺城镇。古邺县属境大致相当于现在的临漳县、磁县南部、安阳县北部。西门渠西段在漳河南岸，今安阳县境。当时漳河从邺城以西，由东南转向东北流（现为东流），邺城在河的东南岸（今邺城镇在北岸）。渠系东段入今临漳县境。

一、西门豹修渠的历史背景

战国初期是新兴封建制度逐步取代奴隶制度的时代，封建地主阶级处在早期有活力阶段。经济上，生产力较前得到一定程度的解放，反映在农业和有关农业的水利上也必然有新的进展。

当时北方最强的诸侯是魏，推行新制度最积极。魏文侯统治了半个世纪（前446—前397）。他是列国中第一个大批招纳贤士，采纳贤士的意见，进行政治和经济改革的。他所尊重和重用的贤士有卜商、田子方、段干木、李悝（又作克）、吴起、乐羊和西门豹等人。

临漳县邺城博物馆

魏文侯先用魏成子为相，后来用翟璜（一作黄）为相，接着用李悝为相。李悝推行革新事业，主张“食有劳而禄有功，使有能而赏必行，罚必当”，“作尽地力之教”，大力发展农业生产，“富国强兵”。他还总结各地区的“法”，写成《法经》，后代法律多采用它。

和李悝同时，魏文侯还用乐羊为将灭中山，用西门豹守邺，巩固内部。

二、修渠经过及西门豹事迹

当时魏的都城在今山西南部的安邑，文侯似曾迁都邺，或者邺至少是他常去的别都，是他经营东方的重要据点。

西门豹治邺期间是受到魏文侯重用的，但过程中不是一帆风顺。他首先要得到文侯的信任。据记载，他到任以前，魏文侯教他功成名就之术，敬“乡邑老者”，师事贤良，再“求其好掩人之美而扬人之丑者而参验之”。

西门豹像

到任后第一年，他廉洁勤奋，秋毫无私，不大理会文侯的左右亲信。这批人就说他的坏话，导致他被罢了官。他坚决要求再试一年。这一年他大刮地皮，殷勤奉承这些亲信，一年后“文侯迎而拜之”。西门豹表示自己不能再干下去，文侯却让他继续治邺，并让他放手去做。

可是他继续受到攻击。不少人反映他治下的邺，仓库无粮，银库无钱，武库无兵器，公家没有会计账目。文侯自己到邺查看，果然有这些现象，就严厉斥责他。西门豹说：“行王道，财富在老百姓。行霸道，财富在有强大武力者。只以仓库存钱，那是亡国的办法。你想称王称霸，所以我把财富存在民间。”于是一声令下，老百姓马上携带武器粮食，集合起来。文侯大为赞赏，让百姓回去。西门豹认为不能无故动员，失信于民，于是趁势夺回燕人占去的魏国八城。

当时国富兵强，首先要发展农业生产，特别是重要地区的农业。要发展农业，水利是关键。西门豹就抓住了这一环节，所谓“西门豹引漳水溉邺以富魏之河内”。漳水是邺地区的主要河流。在地质年代里，漳河水挟带着山西黄土高原冲刷下来的大量泥沙，自邺西（今磁

河南安阳西门豹祠（2015年）

县岳城水库附近）出山后，沉积成一个冲积扇。冲积扇地势较高，坡度较大，沉积较厚，适宜农业发展。沉积厚、坡度大，容易排水，灌溉不易发生次生盐碱化。冲积扇上部（邺西）漳水河道稳定，河床纵比降大，容易获得落差，引水较易，也适宜修建渠首。冲积扇下部（邺东）漳水游荡，易泛滥成灾。当时除水害，兴水利，治漳引漳是主要办法。自然条件具备了，人事方面还要努力。

由于古代洪水常泛滥成灾，所以大河流域往往有些迷信风俗。商代动辄杀人祭河。战国初期黄河上有嫁女与河或河伯娶妇的迷信。黄河中游，秦人于秦灵公八年（前417）“初以君主妻河”，是以贵族妇女嫁与河伯，溺死于水中。河伯是古代相传的河神。西门豹到邺时，邺也有河伯娶妇之说，理由是不嫁女，河水会泛滥成灾。一批官吏豪强不但不设法治水，还勾结巫觋借水灾迫害老百姓，这比洪水本身更厉害。他们借机敛财分肥，强迫相貌稍好的女子溺死于河中。老百姓一怕女儿受害，二怕应付不了额外剥削，三怕水灾，因而大量逃亡。

西门豹深入了解后，采取极巧妙而富于戏剧性的方式，一方面严厉惩处作恶的乡官巫婆，打击豪强；一方面教育百姓根除这类迷信。这一故事大家都很熟悉，不再重复。克服这些阻力，解决一些思想问题后，西门豹着手兴修漳河水利，发动民众开漳水十二渠，引水灌民田。工程是艰巨的，老百姓情绪上也有波动。但为了长久的水利打算，还是坚持做成功了。灌溉效益显著，据说亩产量提高8倍以上。漳水含泥沙量大，从黄土高原冲刷下来的泥沙含有相当多的植物养分。用这类浑水淤灌，同时起浸润和施肥作用，可以变斥卤为良田，一些盐碱地大幅度增产也成为可能。

到西汉时因为交通干道——“驰道”，穿过12渠，需要修12座桥，官吏认为渠道比较接近，打算合三渠为一渠，并成4条。老百姓认为西门豹原来的规划效果很好，坚决不同意改并。最终维持原状。

西门豹精明强干，严于律己，史载“西门豹性急，故佩韦以自缓”，时刻警惕自己的缺点。可是韩非子记载：“西门豹不斗而死人手……皆世之仁贤忠良，有道术之士也，不幸而遇悖乱暗惑之主而死……”西门豹是被杀的，而且是因为政治问题。这大概在魏武侯时期（前396—前371）。文侯死后，武侯继位不久，李悝罢相。武侯十年（前386）左右，吴起被迫奔楚。西门豹可能就在此前后被杀。

三、史起修渠说

西门豹之后一百六七十年，吕不韦集宾客著《吕氏春秋》。《吕氏春秋·乐成》始记邺地引漳灌溉事，唯所记为魏襄王时之史起，晚于西门豹百年左右，不特详记史起引漳溉邺的经过，且记史起斥西门豹不知引漳，“魏氏之行田也以白亩，邺独二百亩，是田恶也。漳水在其旁而西门豹弗知用，是其愚也。知而弗言是不忠也。愚与不忠不可效也”。魏王遂用史起为邺令，引漳溉邺，“邺民大怨，欲籍史起”。史起不敢再出来，魏王又叫别人继续做完。完工后“民大得其利，相与歌之曰：邺有圣令，时为史公，决漳水灌邺旁，终古斥卤生之稻粱”。过程中遭到反对，成功后受到歌颂，这都与《史记》所记西门豹修渠过程相类似。如史起事是实，则西门豹无引漳事，因为史起痛斥西门豹不引漳溉邺。

吕不韦著《吕氏春秋》后140年左右，司马迁作《史记》。《史记·河渠书》记“西门豹引漳水溉邺以富魏之河内”。又后六七十年褚少孙补《史记·滑稽列传》详叙西门豹凿十二渠及汉初并渠遭到反对。他们只字未提史起。二说矛盾。

东汉初年王充作《论衡》，其中《率性篇》提到“西门豹灌（邺田）以漳水，成为膏腴”。同时人班固修《汉书》，其中《沟洫志》用《吕氏春秋》说，以引漳者为史起，“西门豹为邺令有令名”，可是并未引漳。距班氏之死23年，元初二年（115）“春正月诏：……修理西门豹所分漳水为支渠以溉民田”。见于诏书，应当是当时通行说法。此后40年左右崔寔作《政论》却说：“史起引漳水灌邺，民以兴歌。”到西晋时才有人调和两说，所谓“西门溉其前，史起灌其后”。后人亦不了了之，接受这一意见。《史记》所记倒不排斥史起又修过西门渠，可是《吕氏春秋》所记是无法调和的。

东汉末高诱注《吕氏春秋》时就怀疑史起事迹，但理由并不充分。下面试就三方面分析。

（1）从记载说，《吕氏春秋》最早。一方面，吕不韦著书之年（在公元前240年）上距魏襄王卒年（在公元前296年）仅56年，见闻犹近，不应有误，史起说应可信。唯高诱注“文侯生武侯，武侯生惠王，惠王生襄王。西门豹文侯用为邺令，史起亚之。不得为四世之君臣也”，说史起继西门豹为邺令在文侯时，不知别有根据否？如有根据，则史起时代成问题。

另一方面，《吕氏春秋·乐成》内容及议论似系有为而发，与修郑国渠有关，这就不能排除有歪曲附会的可能，可是主要事实似亦不能捏造。又倡议修渠为史起，修成功的是另一人，但记载中无另一人名；民歌也仅颂“史公”，不及修成者。这都会引起后人怀疑。

西门豹修渠说首见《史记》，晚于《吕氏春秋》约140年，亦不知司马迁有更早根据否？如果褚少孙所记汉初并渠未实行事可靠，汉初人已指为西门豹所修渠，晚于吕不韦著书亦仅四五十年。唯褚少孙所记，只字未提漳水，仅说“河伯娶妇”及“凿十二渠引河水灌民田”。河字当时一般用作专名词，专指黄河。特别是河伯指黄河之神，历来无不同说法。战国时黄河经邺之东境。西门豹是否可能引河水？这里褚少孙和司马迁的记载也有出入。从后来的天井堰十二渠看，则西门十二渠应为引漳。

（2）从时代背景看，西门豹似更有可能。西门豹的时代背景前文已述及。史起在魏襄王时，襄王为文侯曾孙。襄王时邺地已为赵魏边境，归属也有变化。文侯时邺为魏经营东方重镇，武侯时东移到魏县（今河北魏县）。同时赵敬侯迁都到邯郸，距邺仅数十里，控制了漳河北岸。武侯子惠王迁都大梁（今河南开封），政治经济中心都向南移。惠王早年，邺和魏县都为赵属，稍后魏败赵夺回邺，此后常为两国争夺地区。魏襄王时魏势日衰，而同时的赵武灵王却很强。当时邺的归属未见记载，但大体上以漳河为界，似尚属魏。到襄王子昭五年邺属魏，有记载，但仍是赵经常伺机夺取的目标。到战国末年又属赵。

所以襄王时漳河两岸分属赵魏，邺为魏境的最北边，开发邺已远不如文侯时重要。如修渠堰时，只能于南岸施工。这虽不能排除史起引漳的可能，可是如《吕氏春秋》所说："邺民大怨，欲籍史起。史起不敢出而避之。"襄王是否能"乃使他人遂为之"，而对赵人无所顾虑，就值得怀疑了！

（3）古文献记载有分歧倒是常见的。可是像这件事这样，明确说明另一说绝无其事也并不是很多（除非有意辩驳）。司马迁作《史记》好采异说，也应见过《吕氏春秋》，而绝不一及史起，褚少孙也是如此。西门豹事迹除修渠外，见于记载的也不少。最早见于《韩非子》《战国策》《淮南子》等书。韩非与吕不韦同时，称西门豹为"仁贤忠良，有道术之士"，和《吕氏春秋》记史起斥豹为"愚与不忠"恰相反。史起仅此事一见于《吕氏春秋》，绝不见于东汉以前其他文献。《汉书》全抄袭《吕氏春秋》。所以史起生平事迹不详，后人有误为吴起者。可是不能因为这样就断定《吕氏春秋》所记不可信。因为古代传说和记载往往把许多事迹都附会某一名人身上，实际并不可靠。

总之，根据这些分析，可以提出某种解释。

四、三国及东魏的引漳灌溉

邺自春秋以后常为要地。两汉为魏郡治，东汉末为冀州治所。三国魏以为别都，两晋亦为名城，石虎、冉闵和前燕均曾建都于此。元魏南下曾两次议都邺，未实行。东魏、北齐为都城。北周末杨坚平毁邺城，以后南以安阳、东以大名为重镇，邺遂湮没无闻。邺地的水利兴衰和这种变迁有直接关系。

东汉末曹操经营邺城为根据地，在西门渠原有的基础上修筑天井堰，重建灌区。《水经·浊漳水注》记载：

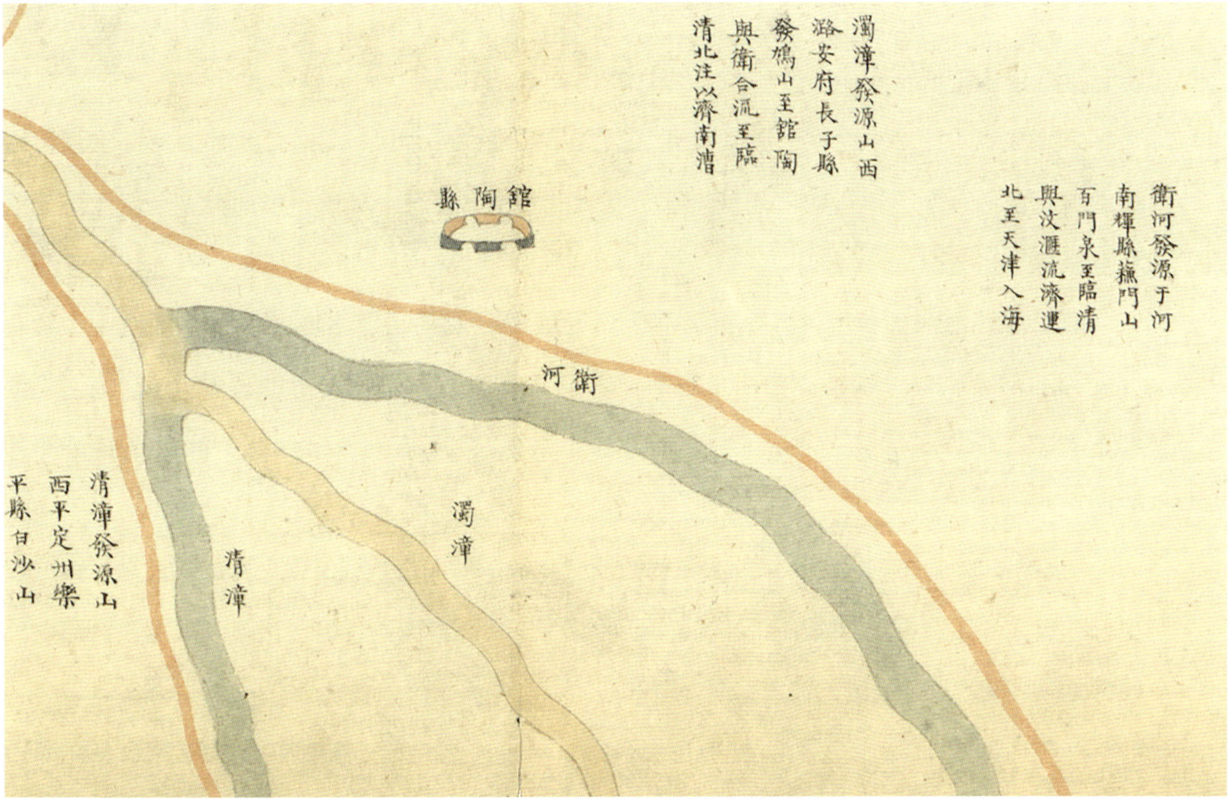

清嘉庆年间《四省运河水利泉源河道全图》中的清漳与浊漳

“昔魏文侯以西门豹为邺令也，引漳以溉邺……以史起为邺令又堰漳水以灌邺田……魏武王（曹操）又堨漳水，回流东注，号天井堰。二十里中作十二墱。墱相去三百步，令互相灌注，一源分为十二流，皆悬水门。陆氏《邺中记》云：水所溉之处名曰晏陂泽。故左思之赋魏都也，谓‘墱流十二，同源异口’者也。”

天井堰十二磴分为十二流，应当是原有十二渠的修复。同源异口是12渠同引漳水，各有口门；磴是梯级，指横拦漳河的低溢流堰；20里中共修了12个堰。从西汉时想并12渠为4渠推测，似乎每3渠为1组，距离较近，相距300步。而4组之间则相距较远，所以12堰分布在20里中。各渠的引水口在堰南端上游，皆悬水门即都设有进水闸门，以节制引水量。12渠口引为12条渠，并未合为一条总干渠，和旧式多水口引水灌渠又稍不同。晋人陆翙《邺中记》记载：

“西门豹为邺令堰引漳水，激（一本作溉）邺以富魏之河南（内）。后史起为邺令，引漳水十二渠，灌溉魏田数百顷……（曹）魏时更修通天井堰，邺（一本邺前有引字）城西面漳水，十八里中细流东注邺城南。二十里中作二十堰。”

二十堰当为十二堰之误。颇疑《水经注》及本段“二十里中”之二十亦为十二之误。因为两堰相距三百步，如系均匀分布，十二堰所占河床不超过十二里。前面分布于二十里的解释有些牵强。

陆氏所述灌溉面积不过几万亩，灌区名晏陂泽，似乎是低洼地区，在邺城南。大约在今安阳北部，临漳、魏县的西南及南部。西晋人张载注同时人左思的《魏都赋》说：“今邺下有十二墱，天井优（堰）在城西南分为十二墱。”所指方位最可靠，灌区在其东即邺城南。

《水经·浊漳水注》又记：“邺本齐桓公所置也……后属晋，魏文侯七年始封此地，故曰魏也……魏武（曹操）又以郡国之旧，引漳流自城西东入，径铜雀台下，伏流入城东注，谓之长明沟也……沟水南北夹道，枝流引灌。所在通溉，东出石窦下，注之湟（一作洹）水。”

张载《魏都赋注》云：“石窦桥在宫东，其水流入南北里……魏武帝时堰漳水，在邺西十里名曰漳渠堰。东入邺城，经宫中东出，南北二沟夹道，东行出城所经石窦者也。”

所述引水入邺城之漳渠堰下游即长明沟，为城市供水渠道，和天井堰不是一个系统。堰在邺西10里，在天井堰之东。自城东石窦（一名石窦堰）流出，东通利漕渠。建安十八年（213）曹操沟通漳水和白沟，开利漕渠，通漕运。白沟是建安九年（204）曹操开的漕渠，沟通淇水、清水、黄河。漳渠堰既是城市给水、漕运和灌溉综合利用的渠首枢纽，应较十二堰规模大。《水经·洹水注》叙洹水自西而东入白沟，在邺南有分支，名新河，北经邺城。新河再分为二，一通白沟，一与漳渠相通，西入漳水。这条水道也沟通漳水和白沟，曹魏时也利用过，至于是否有人工段，无明确记载。通漳处是否就是指漳渠堰，亦不可考。

东魏、北齐都邺，又兴修了一些工程。东魏天平二年（535）高隆之筑邺城南城，修漳水堤，防洪水泛滥，“又凿渠引漳水，周流城郭，造治水碾硙”。所凿之渠似即万金渠，又叫天平渠，是灌溉及城市供水的两用渠道。后代沿用，系单一渠首，所灌地区包括天井灌区，代替了旧有的西门及天井二渠。

又后六年（兴和三年，即541年），曾发夫5万人筑漳滨堰。漳滨堰可能就是曹操创建的漳渠堰。天平初年自洛阳迁都邺城，曾利用水道运送洛阳宫殿拆下来的木材到邺。白沟和利漕渠尚存在，因而漳渠堰亦应被利用。

北周末邺城被毁，漕渠及供水渠道被废弃，灌溉渠道仍应存在。唐代又兴修引漳诸渠道和引洹（今安阳河）各渠道。漳、洹二水为这一水利区的主要水源。

唐代早期重开天平渠，以它为骨干，分引扩建。据《新唐书·地理志》记载：咸亨三年（672）于邺县南五里开金凤渠；次年自邺县至临漳（县治在今临漳县西南9公里）开菊花渠，长30里；又在邺县北30里开利物渠，自滏阳（今磁县）下入成安县。这三条渠都从天平渠分水引灌。另尧城县（在今安阳东20公里）于咸亨三年开万金渠引漳水入齐故都领渠，分引灌田。同时引洹水之渠则有同年开的安阳县西20里之高平渠，东流灌田，下游注入安阳东22里之广润陂。这条渠道在宋时名千金渠，后亦名万金渠。现在安阳县城西的一段仍在发挥作用。天平渠系统历唐、宋、元、明、清各代，几度兴废，天井旧迹宋代似尚有残存。

三国时已建有西门豹祠在邺西南漳水南岸。曹操死前二年（建安二十三年，即218年）令"规西门豹祠西原上为寿陵"，打算死后葬在那里。曹丕作《述征赋》提到"羡西门之嘉迹，忽遥睇其灵宇"。嘉迹即渠道，灵宇即祠。大概在邺城的一些政治人物都很重视西门豹。曹操修墓约120年后，石虎都邺，又重修西门豹祠并立碑记述（在石赵建武六年，即340年）。西门豹祠历代都有维修。北齐高洋天保九年（558）曾因天旱"祈雨不应，毁西门豹祠，掘其冢"，不久又修复了。唐、宋、元、明、清仍崇奉他。明代祠内加上了史起，改名二大夫祠。现在还存有遗迹。1800年来，其位置并没变动过。

五、遗迹及一些推测

《水经注》所述古代邺西漳水之情况，"又东出山过邺县西"下是"东径三户峡为三户津……孟康曰：……在邺西四十里。又东汙水注之，水出武安县山东南流径于（汙）城北……汙水东注于漳水。漳水又东径武城南……漳水又东北径西门豹祠"。

和现在实地印证，三户峡即今磁县岳城水库大坝所在地，距古邺恰40里。稍东入漳之汙水今名香水河。当地人读音，鱼阳韵很相近。汙音转入阳韵即近香音。大概是后人因为汙水名字不好，就改作音近的香水。同样，于城（汙城）转为音近之岳城，或即春秋时之盂。汙水于城东入漳，十余年前修民有渠（自岳城水库引水）时，水道有更改。漳水更东25里经讲

河北磁县岳城水库大坝

武城南。讲武城当即古武城，古城遗址尚在。漳水再东，稍东北转，过西门豹祠遗址前。漳水自此以下河道易变改，今河道屡经变迁，与古代不同。

西门、天井十二磴已无遗迹，天平渠口旧迹尚存，在今邺城镇西约30里，漳河南岸，属安阳县境，西北距岳城水库大坝十里许。1974年秋有人到现场调查说："西门渠闸口在现在的邺城镇西三十里的西高榭村西北约二里的漳河南岸……闸口基石仍清楚可见。从闸口向东南，顺渠向下，在西高榭村的寨门上，曾刻有'西门旧治'四个古朴大字。靠近闸口的地方，保存到现在的还有一段二三里长的渠道。虽经千百年流水淤塞，渠岸还有三丈多高，底口六丈多宽。当地群众把这条沟叫闸门沟。"

所述西门渠闸口，实为天平渠首，历来地志记载无不同说法。高榭村应为高穴村，明《嘉靖彰德府志》引宋志已作高穴，今村头所书村名亦作高穴。所叙渠闸情况应是后人增修结果，并不是东魏或唐代的原建筑。

两百多年前清人李光型（雍正十二年即1734年任彰德府同知）记当时查勘情况，作《天

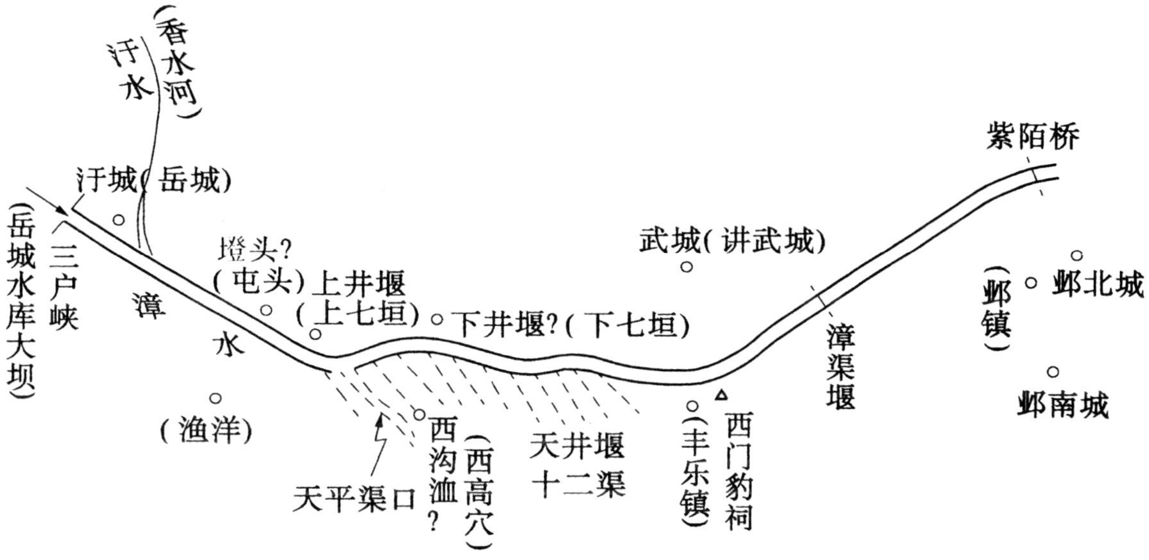

天井堰及天平渠渠首位置示意图

平闸说》:“天平闸旧址在西高穴村滨河高阜间……其闸石前后上下左右至今完具。闸设两门，各阔八尺五寸，自顶至底高一丈五尺，长四丈七尺。河发水涨，流可至闸门，退则不及。传闻之，古于闸外开引渠一道，由渔阳渡口河身高处引水入闸，长二百六十丈。今以水平测量，水头高闸门底二丈。其闸门内正渠经东百余丈转南，旧有子闸一座，基石尚存。复转至东高穴村界，又有小闸一座，年久被土壅盖。”“现在疏通自西高穴村至大青龙渠入洹河共长七十余里，汇归卫河，计可灌田千有余顷”。由所述源流大体可推知古渠位置。地方志其他记载尚多，和较古记载亦没有矛盾。

天井、西门渠所在，后世地方志所记往往和古文献不相符。曹操修天井堰后不及百年，西晋人张载注左思《魏都赋》说堰在邺城西南；东晋陆翙《邺中记》说是引邺西漳水，“十八里中细流东注邺城南。二十里中作二十堰”，则自邺西上游18里引水，灌溉邺城南也很清楚。唯12堰绵亘10余里，邺西18里是从首一堰还是末一堰算起还是问题。

东魏高隆之筑邺都南城，和旧北城连起来也有10里路长。他又修堤，防漳水泛滥，则自晋人所指邺城(北城)之上游10余里已为漳河容易泛滥区。从后代情况看，自今邺城镇上溯18里大约在今京广铁路桥西，丰乐镇附近。自此以下漳河泛滥改道都有不少记载。如西门渠在这里修12磴，历600多年至修天井堰时，因泛滥结果不大可能再有可以利用修复的残存。而且在这种河段上修溢流堰和水门，土疏沙厚，很难施工。

再则12磴；磴指梯级，形容斜坡自上而下，应为形容坡度较陡的河段上拦河溢流堰的名词。一共有12磴也是由于河岸坡陡，300步已有显著高差，所以另筑一级。在坡度较平河段尽可集中筑稍大之堰。300步之上已为壅水回水所及，无需再筑一道。这也说明堰所在应在稍上游。

曹操所修漳渠堰，距邺10里，即在较平段，为一较大之堰，不较大则不能引足够水量供城市及通漕。漳渠堰与天井堰不在一处，亦不是一个系统。天井堰在漳渠堰上游应有一定距离，一灌邺城南，一引水入邺北城。

从这几种理由看，天井堰在邺西18里应指末一堰所在。自末一堰至邺北城18里中，水道大体转向东北流，12渠的灌区在此段之东南面，当邺之南。

“二十里中作二十堰”，二十里亦为有堰段，应自末一堰上溯二十里，至今岳城古三户津附近，尚在天平渠以上十里余，似太靠上游。二十堰为十二堰之误，上文又提出二十里或亦系十二里之误。自十八里处末一堰上溯十二里，距邺为三十里，正在天平渠口附近。

天平渠口附近河床固定，纵比降较陡，但岸高，开渠、修闸、筑坝工程都不能太小。天平渠没有堰，若筑堰壅水则如李光型所描述，水涨时始能至闸，河深不下一两丈，壅水入渠水头一两丈，则堰高须至10米上下。此处河宽三四百米。修筑长几百米高十米之溢流堰，古代亦极困难。故李氏谓古代于上游渔阳渡口别开引水渠260丈，引水入闸。

李氏用水平量测当时渔阳水面高于闸底2丈，当时渔阳河底高于渠道处河底在2丈左右，河床纵比降为260丈降2丈左右，甚陡。现在这段漳河纵比降在二百分之一到百分之一之间，和上述数字相符。漳河洪水根据现代估测，这一段可达7000立方米每秒。

坡陡，洪水大，以古代技术看不易筑溢流堰，筑堰材料可能是堆石，或石笼。三国时稍后于天井堰的戾陵堰，据《水经注》所记即为石笼堰，高1丈，顺坝轴线长70步、横宽30丈。堰上下边坡都较横十纵一还平坦。戾陵堰在古㶟水，今永定河出山口处。天井堰在漳河出峡之下，与戾陵堰位置相似。十二堰的每一堰引水量远较戾陵堰为少。估计每一堰高在1丈以下。

三国时1丈约合今2.4米，如以堰高2米计，以戾陵堰类推，底宽为60米；如为堆石堰底宽还要大些。二堰相距300步，约合今430米，堰底占60米或更宽。水较小时溢流之水过堰即生水跃，一跃初平又过第二堰，连过12堰，绵延10余里，很像一片人造滩。如堰长平均以500米计，则12堰用石不下七八十万立方米，堆石堰可能到100万立方米。堰工加上开渠、立水门，工程量在古代是不算小的。褚少孙补《史记·滑稽列传》记“民治渠少烦苦”，《吕氏春秋·乐成》记“邺民大怨，欲籍史起”，是符合实际情况的。

以李光型所记天平渠道情况来类推，大致水自渠首下流10里左右即可灌田。天井堰的首一堰至10里以下约相当于至末一堰的距离即可引灌。末一堰距邺18里，则在邺西南10里以内即可引灌。李氏谓天平渠可灌田千余顷，《邺中记》记天井堰灌田数百顷，较千余顷为少。唐代延伸天平渠为金凤、菊花等渠，充分发挥渠道潜力，所灌田又不止千余顷。

天井堰灌田数万顷用工数十百万，确需相当魄力才能坚持修成。从东魏兴和三年（541）一次发夫5万人修漳滨堰，修了35天来看，古代大规模动员人力是可能的。漳滨堰似即漳渠堰。曹操修漳渠堰亦非数十百万工不可。堰的规模也比天井堰一个梯级大得多，但不一定是拦河堰，也可能是分水铧嘴等其他类型建筑物。具体情况就无从推测了。

西门渠堰的规模如以上所推测。魏襄王时漳河北岸为赵境，是否容许筑拦河堰，是否可能动员大批人夫而且造成纷扰还能坚持下去？看来是有问题的。这里还需要再提一下！

六、西门渠所在的不同说法及邺城附近其他引漳问题

唐以后地方志对西门渠所在有不同说法。《太平御览》引《郡国志》（唐人曹大宗著）“漳水，建武十一年（石虎年号，即345年）造紫陌浮桥于水上，有天井堰。魏文帝时西门豹为邺令，沉巫处也”。紫陌又名祭陌，《水经注》亦指为西门豹因河伯娶妇沉巫处，地在邺城西北。紫陌桥在邺城西北5里。《太平寰宇记》说的更确切，“（紫陌）桥之下有天井堰，二十里内作十二蹬”。这和晋人所说天井堰在邺西南相矛盾，恐不足信。后代地方志遂有天井堰在今临漳县南之看台村附近等说，则在古邺城东三四十里，距紫陌桥亦三四十里，传讹愈甚。《读史方舆纪要·河南·临漳县》漳水条既记“漳渠在邺西紫陌桥下谓之天井堰，亦曰西门渠”，又记“魏武又于邺西二十八里堰为渠，东入邺城”。误移漳渠堰于邺西28里，28里处为天井堰，非通邺城之渠。

隋唐以前邺城附近引漳除上述诸渠堰外，见于文献者，汉末建安九年（204）曹操攻邺引漳水围城，是在五月（阴历）水涨时，亦不知有堰否？至东晋太元九年（384）慕容垂攻邺也引漳水围城，亦在四五月水发时。当时有决堤记载，所谓堤，似乎是壅水的堰。这两者都是用水攻战，有堤堰也是临时的。

后代地方志有记“石虎修西门旧迹亦分十二磴，相去三百步，令互相灌注。其流二十余里，世号天井堰云”。以天井堰为石虎所建，显然错误，但不排除石虎重修，表明天井堰继续使用。

又有记“野马冈在（安阳）县北三十三里……齐清河二年于冈南，顼城北，虎涧东（虎涧在安阳县西30里野马岗下，顼城在其南5里）堰漳水为清河渠，东流过西门祠入于邺。今废”。北齐有河清年号，清河当为河清。河清二年（563）后于天平渠的开凿差不多30年。如所记可靠，则北齐于天平渠外又有这条渠，唯渠首在安阳县西北30余里则近天平渠首。可能就是河清时重修过天平渠，因而有河清之名，后人遂误为另一渠。

郑国修渠辨疑

我国历史上第一个有水利工程技术人员头衔的是战国末年（公元前3世纪中叶）的“水工”郑国。水工可以解释为水利工程师。郑国以引泾开郑国渠闻名后世。《史记·河渠书》记载开渠过程是：“西门豹引漳水溉邺以富魏之河内。而韩闻秦之好兴事，欲罢（疲）之，毋令东伐。乃使水工郑国间说秦，令凿泾水，自中山西邸瓠口为渠，并北山，东注洛，三百余里，欲以溉田。中作而觉。秦欲杀郑国。郑国曰：‘始臣为间，然渠成亦秦之利也（此下《汉书·沟洫志》多“臣为韩延数岁之命，而为秦建万世之功”一句）。’秦以为然，卒使就渠。渠就，用注填阏之水，溉泽卤之地四万余顷，收皆亩一钟。于是关中为沃野，无凶年，秦以富强，卒并诸侯，因命曰郑国渠。”

一、修渠与“为间”

郑国承认“为间”，当间谍似乎不是很光彩。可是他是韩国人，接受韩国的任务到秦开渠，“欲罢之，毋令东伐”。罢即疲，指消耗秦的力量，使它无暇东出兵。当时秦东伐的首要目标是攻韩。即使郑国当间谍也可以说是爱国：使秦不东伐也是正义的。郑国渠建成后，秦富强了，为统一天下打下经济基础；渠为后世之利，造福于民，又超出了当时诸侯国的范围。这样解释，郑国是无可非议的。

可是从秦的立场说，就可以斥责他是间谍。间谍一词，后世人认为是一个很不好的贬义词，总不是正大光明的人物，常以阴谋诡计为手段。当时似乎并不这

郑国像

样看，至少没看得这样坏。因为战国时纵横捭阖，为了某一国、某一集团甚至个人的利益，挑动国家间的战争、国内政变，以至当权者的斗争、升沉等，是纵横家的正常活动。他们可以朝秦暮楚，今天为秦欺楚，明天为楚骗秦，带着几百个随从周游列国，到处受欢迎，既没有降低身份，更没有被当作间谍。一部《战国策》，几乎都是记载这些人的活动和策划。他们到处出主意、提计策，诸侯们明知他们不可能到处效忠，对谁都是忠心耿耿，还是听取他们的劝告或主动征求意见。如果嫌他动机不纯，不采纳就算了！这在当时是公开的，人人都知道的。实际听不听由你，有利有害你自己判断，所以责任在王侯大臣，游士无责任可负。

郑国被斥为间谍，秦宗室大臣要杀他，在当时并不正常，是别有原因的。第一，开300里的渠道，浇几百万亩地，韩人认为可以“疲秦”，秦人由此富强，看来是秦国的大事，必须由秦王和大臣亲自决定，郑国不过是提出建议和计划；第二，开渠有利有弊，正如郑国最后所说的，弊在不能东伐，利在富强秦国。如果秦并未放松用兵，那就是只得利，未受害，追究郑国的原始动机是多余的。只获利，而无害，就是计划出自敌人也未尝不可采取。追究责任应当追究执政者的决策。根据以上分析来探讨，就可以看出事情的真相。

二、修渠的政治背景

秦始皇元年（前246）“作郑国渠”，开始修渠。当时“秦地已并巴、蜀、汉中；越宛有郢，置南郡矣；北收上郡以东，有河东、太原、上党郡；东至荥阳，灭二周，置三川郡”，韩地仅剩今郑州以南至南阳地区一条狭长地带。秦始皇“年十三岁”，“初即位。委国事大臣”。大臣主要是吕不韦。

庄襄王元年（前249）“以不韦为丞相，封为文信侯，食河南雒阳十万户。庄襄王立三年而薨，太子正立，是为秦始皇，帝尊不韦为相国，号称仲父”。吕不韦独揽大权，“招致宾客游士，欲以并天下，李斯为舍人”。他羡慕四公子为人，招致游士，“至食客三千人”，目的是统一天下。“李斯为舍人”，“不韦贤之，任以为郎”。他还有“家僮万人”。

这时候开渠显然是吕不韦决定的，是吞并天下的一项经济措施。吕不韦出身“阳翟大贾”，阳翟（今河南禹州）是韩之故都。郑国是韩国水工，他入秦最可能是吕不韦招致的，或以游士身份投在吕氏门下，吕不韦采纳他的计划引泾开渠。这一决策事关重大，是重要的政治问题，因而和吕不韦的政治生命有不可分割的关系。

《史记》虽明确记载郑国自己承认“为间”“疲秦”，但那是根据秦代官方的记录，是吕不韦获罪后在秦宗室大臣逼迫下说的。政潮起伏往往会掩盖事实的真相。

三、吕不韦与修渠争议

从郑国的引泾规划看，“并北山，东注洛，三百余里”，能灌溉“四万余顷”，规模是庞大的，汉白公渠以至近代的泾惠渠都小得多，后代也再没有人这样设想过。这样的大工程，在当时的物资及人力条件下，确实是个大负担，会引起强烈反对。有人认为郑国“为间”是有根据的。

从吕不韦发迹的历史及所用手段看，从他当政后想并吞天下，著书“备天地万物古今之事”，又招纳食客数千、僮奴上万看，他真是野心勃勃，好大喜功，敢做敢为。很可能是他主动要求郑国提出修渠的庞大计划，至少是他决定采取大规模的方案。他自己愿意承担责任，这一点也不难从文献中找出蛛丝马迹。

《史记・吕不韦列传》说：“是时诸侯多辩士，如荀卿之徒，著书布天下。吕不韦乃使其客人人著所闻，集论以为八览、六论、十二纪，二十余万言，以为备天地万物古今之事，号曰《吕氏春秋》，布咸阳市门，悬千金其上，延诸侯游士宾客有能增损一字者，予千金。”《吕氏春秋》中《乐成》篇的内容很可能是反映吕不韦和反对修渠者的争议，至少是反映吕不韦对这类问题的看法。

这篇记载的主题是“民不可与虑化举始而可以乐成功”。开头就说禹治水，为百姓所反对，“事已成，功已立，为万世利。禹之所见者远也，而民莫之知”。以下举孔子、子产受民非议，鲁郑仍任用以成功；又举魏文侯信任乐羊取中山例，赞能专任不动摇的人主。后半篇评述史起批评西门豹不知引漳水溉邺，魏襄王任史起为邺令开渠，邺民反对史起，襄王仍坚持修渠成功，民得利后歌颂史起。最后说“魏襄王可谓能决善矣！诚能决善，众虽喧哗而弗为变。功之难立也其必由哅哅邪？国之残亡亦犹此也。故哅哅之中不可不味也。中主以之哅哅也止善，贤主以之哅哅也立功”。

郑国渠自始皇元年开工，到十年尚未修成。吕不韦著《吕氏春秋》时，工程正在进行，规模大，用人多，会有许多人反对。《乐成》篇所描述的情况，生动具体，很像当时修郑国渠的情况，吕不韦驳斥反对者的意见，主张坚持下去，一方面向群众解释，一方面鼓动秦始皇效法“贤主以之哅哅也立功”。

从著《吕氏春秋》的时间的公布方式看，著书时间据《史记》本传是在始皇七年以前。据本书《序意》“维秦八年，岁在涒滩”，滩是申年，始皇六年。高诱认为“维秦八年”是始皇八年，很多人不同意他的说法，有人认为应当从庄襄王元年算起，也就是从吕不韦执政算起。无论怎么算，都是在郑渠开工后六七年，可能是施工最紧张时期。

吕不韦为什么把书“布咸阳市门，悬千金其上”，真的是改一字赏千金吗？看起来内容可改者很多，不同意他的见解更可以成篇地改。吕不韦原意似乎并非如此！这实际是一个宣传手法。悬赏千金是鼓励人仔细看一遍。吕不韦用这种手段宣传自己的主张和意见，从而推行自己的政策。《乐成》篇的内容正好为开渠劳民做辩护。

古代的市是人来往最多的地方。据《周礼·地官·司市》所记，贵族官吏一般是不轻易过市的，到市的是普通老百姓和四方大小商人。吕不韦一方面可以把自己的主张直接告诉秦始皇，另一方面通过这种方式诉诸群众。据《史记·李斯列传》，吕不韦获罪后，主张杀郑国和“逐客”的是“秦宗室大臣”，这说明当时反对修渠和吕不韦的，是这批人及一部分群众。吕不韦是绕过这些人直接向广大群众宣传的。

从《史记》所述“韩闻秦之好兴事……乃使水工郑国间说秦”看，“好兴事”不知何所指，似乎并非单指兴兵东伐。吕不韦当政很可能有一套经济建设的措施和打算，韩趁势派郑国入

陕西咸阳郑国渠泾河大峡谷

秦；也或者是吕氏有开渠设想，要求韩派水工技术人员。据《华阳国志·蜀志》记载，“周灭后，秦孝文王以李冰为蜀守”。如果所说可信，则李冰修都江堰也在吕不韦执政时，因为孝文王即位三天就死了，庄襄王继位，吕不韦即开始当政。当时三晋水工技术似较秦先进。

《史记》载“西门豹引漳水溉邺以富魏之河内，而韩闻秦之好兴事……”，记西门豹引漳灌溉与修郑国渠连文，明确无疑词。《吕氏春秋·乐成》叙史起引漳，并记史起直斥西门豹不知利用漳水溉田。二说抵牾。吕书在前，著书时上距史起时五六十年，不应传闻有误。司马迁著书也看到过《吕氏春秋》，应当知道《乐成》的内容，褚少孙《史记·滑稽列传》叙西汉初年人已认为引漳十二渠是西门豹所开，矛盾虽难解决，但笔者很怀疑吕氏借史起之口斥西门豹是为自己好大喜功做辩护。西门豹未尝不引漳，只是灌溉面积很小，估计不足十万亩，相较于引泾灌溉几百万亩的计划，只能说是微不足道。

四、修渠与“疲秦”

所谓郑国间秦，疲秦人“毋令东伐”，这一点究竟做到了没有？如果开渠是吕不韦的决

郑国渠风光，
日落时分

策，不东伐是和他想并吞天下矛盾的，也就是说开渠尽管开渠，韩“疲秦”的意图不会得逞。从《史记》各篇的记载看，自始皇元年到十年吕不韦下台，甚至到十七年灭韩，秦没有一年停止过东伐。

从表中可见，自始皇三年拔韩13城以后，至十七年未再伐韩，这不见得是疲秦的结果，更可能是形势不需要。《韩非子·存韩》说：“韩事秦三十余年出则为捍蔽，入则为席荐。”韩非入秦在始皇十四年，上推30年，约当秦赵长平之役时。长平之役后10余年间，秦攻下韩的阳城、负黍、城皋、荥阳、上党以至拔13城，都是东伐的形胜要地，韩只剩了南部一条狭

秦东伐信息统计表

始皇纪年	公元纪年	秦东伐及有关史实
元	前246	吕不韦为相国，作郑国渠。击赵晋阳。
二	前245	攻魏卷，斩首三万。
三	前244	蒙骜攻韩取十三城，攻魏旸有诡。
四	前243	拔旸，有诡，三月军罢。
五	前242	蒙骜攻魏，取酸枣等十二城，置东郡。
六	前241	五国（韩、魏、赵、卫、楚，一说无韩有燕）共击秦。拔魏朝歌、卫濮阳。
七	前240	攻赵龙孤、庆都，拔魏汲。《吕氏春秋》书成。
八	前239	击赵反者，嫪毐封长信侯。
九	前238	嫪毐为乱，迁其舍人4000余家于蜀。拔魏垣、蒲阳、衍。
十	前237	相国吕不韦免。大索逐客，李斯上书乃止。斯用事，主攻韩。尉缭入秦。韩王与韩非谋弱秦。齐赵入秦置酒。
十一	前236	吕不韦之河南就国。拔赵阏与、邺，取九城。
十二	前235	吕不韦自杀，贬逐其舍人。复嫪毐舍人迁蜀者。助魏击楚。天下大旱，六月至八月不雨。
十三	前234	东击赵，拔平阳，败扈辙，斩首十万。王之河南。
十四	前233	击赵平阳、武城，拔宜安。韩非入秦被囚死。韩王请为臣。
十五	前232	东击赵至邺、至太原，拔狼孟、鄱吾。
十六	前231	发卒受韩南阳地。
十七	前230	虏韩王安，尽取韩地，置颍川郡，次年韩亡。

窄地区，没有抵抗能力，成了秦的附属国，用不着大兵力就可以把它灭掉。吕不韦不急于灭韩，他下台后，李斯主张攻韩，实际并未发生大战，韩就亡了！郑国入秦时，韩君臣也许有疲秦幻想，正如以后遣韩非说秦想苟延性命一样，只是无济于事的挣扎罢了！

开渠所需的人力物力还有一个来源，吕不韦有家僮万人，嫪毐有家僮数千人，秦的人力似乎并不缺乏。这些僮奴可能是战争中的俘虏。秦兴大工往往使用囚徒，开渠可能使用大批俘虏。从东方虏掠的物力资财恐怕也有相当数量。从这一角度看，开渠不但不能阻止秦人东伐，反而促进了其东伐。

五、事实与冤案

秦始皇九年，嫪毐发动武装政变，失败被杀。除被杀的外，他的舍人有4000家被驱逐到边荒。十年，“相国吕不韦坐嫪毐免……大索逐客，李斯上书说，乃止逐客令。李斯因说秦王，请先取韩以恐他国。于是使斯下韩，韩王患之，与韩非谋弱秦……而李斯用事”。十一年吕不韦就回河南，十二年由于他和东方诸侯来往，秦王怕他造反，下令驱逐他到南方，他饮鸩自杀。偷偷埋葬时“其舍人临者晋人也，逐出之。秦人六百石以上，夺爵，迁；五百石以下不临，迁，勿夺爵。自今以来操国事不道如嫪毐不韦者，籍其门视此”。

“大索逐客”显然是驱逐吕不韦所招致的宾客游士，主要是吕的党羽，受到重用的郑国自难幸免。所以同一事《李斯列传》作“秦王拜斯为客卿。会韩人郑国来间秦，以作注溉渠。已而觉，秦宗室大臣皆言秦王曰：‘诸侯人来事秦者，大抵为其主游间于秦耳，请一切逐客。’李斯议亦在逐中。斯乃上书曰（历叙前代各客卿有功于秦）……秦王乃除逐客之令，复李斯官”。由于郑国开渠而尽逐游士客卿只是一个借口，不过是对吕不韦和他所用客卿压制秦宗室大臣的报复，是一次大政潮。他们要杀郑国，理由更不充分，郑国的辩护是很有力的，要说是韩国间谍，开渠对韩最多不过是延数年之命，对秦则利益无穷，这算什么间谍？实际这一案件不过是政治风暴中的一个插曲而已！

这一工程做了十年尚未完工，可能又拖了几年才修成，也不见得能全面发挥作用，特别是渠道东段。始皇十二年“天下大旱”，不知当时已能引水灌田否？

当时另一后果，是改变了吕不韦的对韩政策，李斯主张急攻韩。是否吕不韦有“宗国之思”，李斯为了避免嫌疑？不得而知。韩人虽然也紧张起来，“与韩非谋弱秦”，这句话也是秦人的看法，实际不过是侥幸图存。由于无力抵抗，只能求助于“笔杆子”，派韩非说秦。李斯、韩非都是荀卿的弟子，彼此很了解。韩非想“荐韩”是很难如愿的，结果他个人的生命也没保住。李斯到韩，虚声恫喝，韩王只有割地称臣，束手就擒了！

总之，战国末年天下一统的思想已经酝酿成熟。列国的民族没有什么不同，风俗习惯、文化语言等差异不大，一般人很难说有强烈的受其出生地影响的国家观念。稍不同的是边远的楚和秦，特别是这两国的宗室大臣，国家观念强些。

秦人文化较落后，秦的富强多半靠客卿的力量。它的宗室大臣和客卿常有矛盾，形成政争。自商鞅、范雎到吕不韦都有这类问题。郑国是一个技术人才，也被牵连到政潮中去，幸而不死，却被扣上间谍的帽子。好在引泾之利是明显的，人民仍以郑国名渠，纪念他的功绩，实际也算为他平反。

出版说明

山东是黄河流域唯一的沿海省份、黄河流域最便捷的出海口，因此被赋予“发挥山东半岛城市群龙头作用，推动沿黄地区中心城市及城市群高质量发展”的国之重任。由此也可见山东在新时代黄河流域生态保护和高质量发展战略中举足轻重的地位。

为认真贯彻落实好习近平总书记关于中华优秀传统文化“两创”的重要指示精神和对山东“三个走在前”的重要指示要求，充分发挥出版界的内容资源、作者资源、品牌资源优势，以精品力作书写新时代黄河精神，使读者能够从历史和专题的角度，生动立体地来认识黄河、了解黄河、感知黄河，更好地传承弘扬黄河文化、提升发展质量，进而为中华民族的伟大复兴提供精神动力和智力支持，按照山东省委、省政府部署，山东省委宣传部策划、山东出版集团组织实施了《黄河大系》的编纂出版。

《黄河大系》为山东省习近平新时代中国特色社会主义思想研究中心重大项目，同时列入山东省社科规划重大委托项目。山东省委常委、宣传部部长白玉刚对项目高度重视，提出明确要求。山东省委宣传部分管日常工作的副部长袭艳春，山东省委宣传部副部长、一级巡视员魏长民对项目编写作出具体指导。《黄河大系》共十二卷二十册，由山东出版集团所属的七家出版社共同承担出版任务。分别是：

《图录卷》精选存世的汉代至1911年关于黄河的历史图画，提纲挈领地体现黄河文化的整体感和黄河文明的立体性，画龙点睛，展示黄河文化的博大精深与兴衰起伏。（齐鲁书社，1册）

《文物卷》分为陶器、玉器、青铜器三册，以历史时期的黄河流域为时空依据，以物说文，精彩阐释黄河作为中华民族母亲河的文化象征意义和厚重典雅的文明积淀。（齐鲁书社，3册）

《古城卷》选择黄河现在流经的主要古城，解说以这些古城为代表的中华优秀传统文化和重要历史遗产，为触摸黄河文明提供实体参照和文化坐标。（山东画报出版社，1册）

《诗词卷》收录中华人民共和国成立前吟咏黄河及其相关重要人文遗迹、重大事件、历史人物、风物民俗的诗词，以古典诗体作品为主。（山东文艺出版社，3册）

《书法卷》以时间为坐标，以书法艺术为参照，梳理展示黄河文化的深厚源流和传承脉络，从文体风格到作品内容实现高度融合。（山东美术出版社，2册）

《绘画卷》古代卷体现黄河文脉孕育的数千年文化精神成果，现当代卷体现黄河精神的发扬创新和时代风貌，用丹青成果再现黄河文化的灿烂辉煌。（山东美术出版社，2册）

《戏曲卷》梳理沿黄河九省（区）戏曲脉络，详述代表性剧种的源流变迁、著名演员、代表剧目及本省（区）戏曲界重大事件等。（山东人民出版社，2册）

《民乐卷》主要展示黄河流域的民间歌咏、器乐、曲艺，精选二十七个国家级“非遗”品类，阐述其文化根源、艺术特点和历史沿革。（山东友谊出版社，1册）

《民艺卷》主要收录黄河流域国家级“非遗”项目中的传统美术类、传统技艺类代表性项目，挖掘、展示黄河文化孕育的传统手工艺的文化内涵与美学价值。（山东友谊出版社，1册）

《民俗卷》重点展现沿黄河九省（区）国家级“非遗”项目中的民俗类代表性项目，阐发黄河流域民俗诞生、发展与黄河的血脉之情。（山东友谊出版社，1册）

《水利卷》详细介绍自古以来黄河水利发展历史，系统展示中华民族探索黄河、认识黄河、开发利用黄河水利的历史，以及黄河流域生态保护和发展的思想史。（齐鲁书社，2册）

《生态卷》重点介绍黄河流域生态特点、生态治理与可持续发展等内容，并对流域生态治理与高质量发展提出建议与对策。（山东科学技术出版社，1册）

这十二卷图书内容各有侧重、自成体系、交相辉映、相辅相成，力求展示黄河文化多元立体的生动厚重形象。

尽管我们怀着美好的初衷，做了不少努力，但是不足之处在所难免，诚恳希望读者和各界朋友批评指正。

山东出版集团

2024年3月